Xpert.press

Die Reihe **Xpert.press** vermittelt Professionals
in den Bereichen Softwareentwicklung,
Internettechnologie und IT-Management aktuell
und kompetent relevantes Fachwissen über
Technologien und Produkte zur Entwicklung
und Anwendung moderner Informationstechnologien.

Bernd Ludwig

Planbasierte Mensch-Maschine-Interaktion in multimodalen Assistenzsystemen

Bernd Ludwig
Lehrstuhl für Informationswissenschaft
Professur für Informationslinguistik
Universität Regensburg
Regensburg, Deutschland

ISSN 1439-5428
ISBN 978-3-662-44818-2   ISBN 978-3-662-44819-9 (eBook)
DOI 10.1007/978-3-662-44819-9

Die Deutsche Nationalbibliothek verzeichnet diese Publikation in der Deutschen Nationalbibliografie;
detaillierte bibliografische Daten sind im Internet über http://dnb.d-nb.de abrufbar.

Springer Vieweg
© Springer-Verlag Berlin Heidelberg 2015

Gedruckt auf säurefreiem und chlorfrei gebleichtem Papier.

Springer-Verlag GmbH Berlin Heidelberg ist Teil der Fachverlagsgruppe Springer Science+Business
Media
(www.springer.com)

Vorwort

Das vorliegende Buch handelt von Assistenzsystemen. Die ursprüngliche Bedeutung von *assistieren* ist *beistehen* oder *helfen*. Ein Assistent ist also jemand, der andere durch eigenverantwortliche Durchführung bestimmter Teilaufgaben in einem komplexen Zusammenhang unterstützt. In diesem Sinn sind alle menschliche Assistenten zu verstehen: ein wissenschaftlicher Assistent eben so wie ein technisch medizinischer Assistent oder ein Assistent der Geschäftsführung. Charakteristisch für diese Beispiele ist dabei, dass sie zu lösende Aufgabe von der Person definiert wird, der Assistenz zu leisten ist. Diese Idee gibt es auch im technischen Bereich und bei Computersoftware. Um also den Begriff *Assistenz*, so wie er in diesem Buch verstanden wird, zu definieren, ist es notwendig, zu überprüfen, welche Eigenschaften von Assistenz, wie sie aus dem Alltag bekannt sind, auch in technischen Assistenzsystemen zu finden sind.

In diesem Sinn thematisiert dieses Buch die Frage, wie *Assistenzsysteme* als *Softwaresysteme* so konzipiert werden können, dass sie den Anforderungen an die zu lösende Aufgabe erfüllen und dabei auch ergonomischen Randbedingungen genügen. Interessant dabei ist ein sehr abstrakter Ansatz, der untersucht, welche Methoden und Verfahren der Informatik, insbesondere der Künstlichen Intelligenz und der Mustererkennung, wie einzusetzen sind, um ein generisches Konzept zu entwickeln, wie Assistenzsysteme systematisch implementiert werden können.

Um dieses Ziel zu erreichen, wird untersucht, welchen Einfluss Ergebnisse zu Assistenzsystemen aus der Psychologie, der Kognitionswissenschaft, des *software engineering* und des *usability engineering* auf die zu verwendenden Verfahren der Informatik haben. Die entwickelte Systematik zur Konstruktion von Assistenzsystemen integriert daher geeignete Methoden aller Disziplinen in einem ganzheitlichen Ansatz.

Die beschriebenen Konzepte werden zurzeit bei der Entwicklung eines Assistenzsystems zur Navigation von Fußgängern umgesetzt. Aktuelle Software und Publikationen dazu finden sich auf der Webseite des Projekts: http://urwalking.ur.de. Weitere Software, Beispieldaten und Anwendungen der Konzepte u. a. für Thymio-Roboter finden sich auf der Begleitwebseite zu diesem Buch: http://www.ur.de/assi.

An der Entstehung dieses Buchs haben viele Personen Anteil. Neben meiner Familie sei allen voran Ute Schmid, Joachim Hertzberg und Günther Görz für ihre langjährige Unterstützung gedankt. Auch viele Studentinnen und Studenten haben durch ihre Fragen

wertvolle Anregungen und Ideen eingebracht und dazu beigetragen, komplizierte Zu-
sammenhänge zu entwirren. Schließlich geht mein inniger Dank an Nicole für zahllose
Tippfehler, die sie gefunden hat, ihre immerwährende Unterstützung und ihr liebevolles
Verständnis.

Inhaltsverzeichnis

Überblick

Assistenzsysteme sollen ihre Nutzer bei der Durchführung einer zielgerichteten Tätigkeit durch Übernahme von Teilaufgaben der Tätigkeit unterstützen. Dazu ist in unterschiedlichem Umfang je nach Tätigkeit und Konzeption des Assistenzsystems Interaktion zwischen Mensch und Maschine notwendig. Viele aktuelle Ansätze, Mensch-Maschine-Interaktion zu verstehen, konzentrieren sich auf die Analyse von in Experimenten gesammelten Dialogcorpora, also Protokollen der Interaktionen zwischen Mensch und Maschine bei der kooperativen Duchführung einer Tätigkeit. Nicht protokolliert jedoch werden die gleichzeitig durchgeführten Tätigkeiten, die dazu verwendete Information und das zur erfolgreichen Durchführung erforderliche Wissen.

Auf diese Weise wird ignoriert, dass Interaktion nur ein Mittel zum Zweck ist, Informationen auszutauschen oder Kooperationspartner zu einer Handlung zu motivieren, die der Erreichung eines kooperativen Ziels, nämlich der erfolgreichen Durchführung einer Tätigkeit, dient. Betrachtet man nur die Interaktion, die während der (zweckrationalen) Kooperation geführt wird, bleibt unerklärlich, welche Gründe einen Kooperationspartner zu einem bestimmten Interaktionsschritt veranlassen. Diese liegen aber gerade in seiner Interpretation, wie weit die (kooperative) Durchführung einer Tätigkeit fortgeschritten ist.

Kooperatives Handeln und die dazu notwendige Interaktion sollen in dieser Monographie zusammengeführt werden. Dazu wurde ein Ansatz der Analyse von Mensch-Maschine-Interaktion entwickelt, der den der Interaktion zugrunde liegenden pragmatischen Prozess simuliert. Auf diese Weise können einzelne Interaktionsschritte aus dem Verständnis des Prozesses und der kognitiven Vorgänge heraus erklärt werden, mit Hilfe derer die Kooperationspartner diesen Prozess interpretieren und auf das gemeinsame Ziel ausgerichtet gestalten.

Zweck der Entwicklung des Ansatzes ist die Konzeption eines konfigurierbaren interaktiven Assistenzsystems, das den Nutzer durch Kooperation bei der Ausführung von Vorgängen in einem Anwendungsszenario unterstützt.

In Kap. 2 wird anhand typischer Beispiele recherchiert, welche Typen von Assistenzsystemen nach dem aktuellen Stand der Technik existieren. Komplementär dazu wird untersucht, welche Formen von Assistenz Nutzer bei der Durchführung ihnen unvertrauter Vorgänge erwarten. Aus beiden Analysen wird ein Katalog von Anforderungen an Assistenzsysteme entwickelt, die den Nutzer interaktiv bei auf ein konkretes Ziel gerichteten Vorgängen unterstützen sollen.

Welche Rolle Interaktion bei der Ausübung von Assistenz spielt, ist Thema von Kap. 3. Es wird offenbar, dass Interaktion zwischen den Kooperationspartnern (in unserem Fall also zwischen Mensch und Maschine) nur ein Typ kognitiver Prozesse ist, die den Vorgang im Anwendungsszenario vorantreiben. In Dialogmodellen, die nur Sprechaktfolgen untersuchen oder von einem schematischen Ablauf der Interaktion für alle gleichartigen Vorgänge eines Anwendungsszenarios ausgehen, fehlt gerade die Analyse der (verborgenen) kognitiven Prozesse, die nicht anhand von Sprechhandlungen beobachtbar sind. Um dieses Defizit zu beheben, werden in Kap. 3 die kognitiven Prozesse typisiert, die zur Erfüllung der Anforderungen an Assistenzsysteme erforderlich sind. Aus dieser Typisierung wird abgeleitet, dass jede Implementierung eines Assistenzsystems heterogene Problemlöseverfahren integrieren muss.

Damit Problemlöseverfahren Ergebnisse ermitteln können, müssen sie mit domänenrelevantem Wissen konfiguriert werden. Bei interaktiver Assistenz besteht dieses Wissen in der Kenntnis über die von Nutzern durchgeführten Vorgänge, bei denen ein Assistenzsystem Unterstützung leisten soll. In einem noch nicht formalisierten Anwendungsszenario ist zunächst unklar, woher dieses Wissen kommen und wie es zur Konfiguration eines Assistenzsystems akquiriert werden kann. Als Lösung für diese Frage wird in Kap. 4 vorgeschlagen, auf das im *usability engineering* etablierte Modell der *Concurrent Task Trees* zurückzugreifen, mit denen Ergebnisse von so genannten Task-Analysen strukturell formalisiert werden können.

Damit *Concurrent Task Trees* von einem konfigurierbaren Assistenzsystem benutzt werden können, müssen sie in einer interpretierbaren Form vorliegen. In Kap. 5 wird gezeigt, wie *Concurrent Task Trees* in Programme des Situationskalküls, genauer gesagt in die GOLOG-Variante des Situationskalküls, übersetzt werden können. Diese formale Theorie des *reasoning about actions* liefert eine semantische Basis für die Interpretation von *Concurrent Task Trees*.

In Kap. 6 wird diskutiert, wie GOLOG-Programme auch bei unsicherem Wissen über die aktuelle Situation und den Ausgang von einzelnen Schritten des zu unterstützenden pragmatischen Prozesses eingesetzt werden können. Für die Anforderungen an Assistenzsysteme hat jedoch auch diese erweiterte Form von GOLOG ein wesentliches Manko: Es können zwar vorgegebene Programme interpretiert werden, aber damit wird nicht die Frage gelöst, wie ein Assistenzsystem ermitteln kann, welche Folge von Schritten einen pragmatischen Prozess bildet, der das zur Lösung einer Aufgabe zugehörige Ziel erreichen kann. Dazu muss das Assistenzsystem planen können. Auf Basis der GOLOG-Simulation von Prozessen wird erörtert, wie *Concurrent Task Trees* in Planungsdomänen übersetzt werden können. Die *Concurrent Task Trees* bilden damit die Nahtstelle zwischen der Modellierung von *user interfaces*, Wissensverarbeitung durch das Assistenzsystem und der Interaktion zwischen Nutzer und Assistenzsystem.

Anschließend werden verschiedene symbolische und entscheidungstheoretische Planungsverfahren verglichen, inwieweit sie für die Anforderungen an Assistenzsysteme geeignet sind. Als Fazit ergibt sich, dass symbolische und entscheidungstheoretische Planungsverfahren miteinander kombiniert werden müssen: symbolische Verfahren erlauben die Konstruktion von Handlungsfolgen, die spezifizierten Vorbedingungen und Effekten genügen, bereiten aber Schwierigkeiten bei der Verarbeitung von unsicherem Wissen. Entscheidungstheoretische Verfahren lösen unsicheres Wissen auf, indem sie Planung, Planausführung und Beobachtung der Umgebung integrieren, entscheiden aber nach stochastischen Kriterien, die verhindern, auf jede konkrete aktuelle Situation individuell eingehen zu können. Als Konsequenz aus dem Fazit wird ein Kontrollalgorithmus entwickelt, der mit Hilfe symbolischer Planungsverfahren eine Sequenz von Aktionen und Entscheidungen der Kooperationspartner plant, die das gemeinsame Ziel erreichen können.

Aktionen in einer geplanten Sequenz werden dabei unterschieden nach vom Nutzer auszuführenden und vom System auszuführenden: Erstere stellen aus der Perspektive des Assistenzsystems nichtdeterministische Aktionen dar und müssen dementsprechend simuliert werden. Letztere werden als „privater" Vorgang des Assistenzsystems verstanden. Damit sind sie mit denselben Methoden formalisierbar wie *Concurrent Task Trees*. Die wesentliche Konsequenz aus dieser Analogie ist, dass erstens die Wissensbasis des Assistenzsystems modularisiert werden kann, und zweitens Systemaktionen als „lokales" Planungsproblem interpretiert werden. Letztendlich wird damit das Leisten von Assistenz auf ein hierarchisches Planungs- und Planausführungsproblem zurückgeführt: Die Beobachtung der Umgebung bei der Ausführung eines Plans für das kooperative Ziel besteht darin, dass das Assistenzsystem für alle im Plan enthaltenen Systemaktionen stets überprüft, ob in der aktuellen Situation für sie ein „lokaler" Plan existiert.

Bei der Planausführung werden im erstellten Plan enthaltene zukünftige Entscheidungen simuliert, indem domänenspezifische heuristische Regeln ausgewertet werden. Sie verallgemeinern die Auswahl nach dem Kriterium der größten Wahrscheinlichkeit zu einer Auswahl nach Multi-Attribut-Kriterien. Die Kriterien werden aus den während des Wissenserwerbs durchgeführten Task-Analysen abgeleitet. In Kap. 7 wird besprochen, wie die Kriterien als Regeln in einer speziellen Programmiersprache für Multi-Attribut-Probleme realisiert werden. Der Kontrollalgorithmus des Assistenzsystems greift auf diese Regeln zu, wenn während der Planausführung rationale Entscheidungen getroffen werden müssen. In diesem Zusammenhang dienen die Regeln als heuristische Optimierungsfunktion, mit deren Hilfe aus den vorhandenen Optionen eine optimale Auswahl getroffen werden kann, um unsicheres Wissen in der aktuellen Situation zu beseitigen.

In Kap. 8 werden der bisher entwickelte Kontrollalgorithmus und die damit verbundene Methodik des Wissenserwerbs dazu genutzt, die in Kap. 2 identifizierten kognitiven Prozesse für in vielen Anwendungsszenarien wiederkehrende Aufgaben bei der Durchführung von Interaktion zu modellieren. Bei der Verarbeitung gerade von natürlichsprachlichen Eingaben ergeben sich Aufgaben, die mit dem eigentlichen gemeinsamen Ziel nur insofern zu tun haben, als die Interaktion dazu dient, unsicheres Wissen aufzulösen. Da die

Sprachverarbeitung aber selbst mit Unsicherheit behaftet ist, entstehen in einem Sprach-
dialogsystem zusätzliche gemeinsame Ziele – nämlich gerade diese Unsicherheit zu beseitigen. Die dazu nötigen pragmatischen Vorgänge können mit denselben Mitteln formuliert
werden wie die Vorgänge im Anwendungsszenario. Fazit dieser Beobachtung ist, dass
ein konfigurierbares Assistenzsystem aufgrund der modularen Wissensrepräsentation zu
natürlichsprachlicher Interaktion befähigt und damit als Basis für Sprachdialogsysteme
eingesetzt werden kann. Damit ist der angekündigte neuartige Ansatz zur Analyse zweckrationaler Mensch-Maschine-Interaktion realisiert.

Interaktive Assistenzsysteme

Gerade wegen der vielen Assoziationen aus dem Alltag ist die Idee der *Assistenz* sehr schwer zu fassen, einzuschränken und präzise zu definieren. In den folgenden Abschnitten soll daher versucht werden, den Begriff der Assistenz anhand einer Analyse der beim menschlichen Problemlösen entscheidenden Handlungsphasen zu erfassen. Grundsätzlich kann in jeder dieser Phasen Assistenz gewährt werden. Aus der Wirkung der Assistenz für den Problemlösevorgang leitet sich dann ihr Typ ab. Die verschiedenen Typen von technischen Assistenzsystemen sollen in dieser Einleitung an Beispielen vorgestellt werden. Aus dem Vergleich der verschiedenen Arten geleisteter Assistenz wird dann für die softwaretechnische Implementierung von Assistenz im Sinn der Taxonomie von WANDKE (siehe [1]) ein Forderungskatalog an ein für bestimmte Aufgaben konfigurierbares multimodales Assistenzsystem abgeleitet. Dessen Konzeption wird später beschrieben.

2.1 Typen von Assistenzsystemen

Den Begriff „Assistenz" zur Charakterisierung einer speziellen Klasse von technischen Systemen aus dem umgangssprachlichen Verständnis des Wortes heraus zu definieren, führt nicht zum Erfolg. Bedeutet nämlich Assistenz die Zunahme von externen Fähigkeiten für die Lösung einer Aufgabe, so ist grundsätzlich jedes technische Gerät, insbesondere aber auch jedes Softwaresystem, ein Assistenzsystem. Schon ein Schraubenzieher eröffnet dem Nutzer Möglichkeiten, die er mit bloßen Händen vermutlich nicht hat. Ähnliches gilt für ein Telefaxgerät, mit dem der Nutzer eine Fotokopie an einen beliebigen Ort versenden kann, ohne sich eines Postboten bedienen zu müssen. Mit einer Rakete können Menschen sogar andere Planeten erreichen – ein technisches Werkzeug, das den menschlichen Handlungsspielraum deutlich erweitert. Die Beispiele machen deutlich, dass dieser Versuch, Assistenz zu definieren, keine Charakterisierung einer Systemklasse ermöglicht, weil zwischen Schraubenzieher und Raumfähre jedes technische Artefakt als Assistenzsystem charakterisiert werden kann.

© Springer-Verlag Berlin Heidelberg 2015

B. Ludwig, *Planbasierte Mensch-Maschine-Interaktion in multimodalen Assistenzsystemen*, Xpert.press, DOI 10.1007/978-3-662-44819-9_2

Wandke [1] eröffnet in seiner Arbeit einen besseren Zugang zum Begriff „Assistenz": Über eine Taxonomie von Assistenzsystemen zeigt er, wie ein Versuch zur Klassifikation von Assistenzsystemen aussehen könnte, der sich am Grad der Autonomie des analysierten Systems orientiert:

- Assistenz kann dadurch erreicht werden, dass einfache Funktionen automatisch, das heißt ohne Auslösung durch den Benutzer, ausgeführt werden. In diese Klasse fallen Systeme wie Autopiloten in Flugzeugen, Antiblockiersysteme in Kraftfahrzeugen oder automatische Abschaltungssysteme für technische Geräte in Haushalt oder Produktionsstätten.
- Die nächstkomplexere Klasse von Assistenz kombiniert verschiedene elementare, nicht notwendigerweise autonome Funktionen eines Geräts. Assistenz besteht in diesem Fall also darin, den Nutzer bei der Durchführung eines vorab definierten, nicht modifizierbaren Anwendungsfalls durch geeignete Bündelung von Funktionen für eine komplexe Aufgabe zu unterstützen. Typische Beispiele hierfür sind Installationsassistenten von Softwareprogrammen, die Kombination von verschiedenen Funktionen wie Telefon, Camera Radio, Navigationssystem und Mailclient in einem Mobiltelefon, automatische Heizungssteuerung in Wohnräumen, oder unterstützende Funktionen für behinderte Personen wie selbstfahrende Rollstühle, die durch einfache Fingerbewegungen gesteuert werden können, oder die Kommunikation von Information über sprachliche oder taktile Modalitäten.
- Die komplexeste Form von Assistenz versucht, die Intention des Nutzers einzelner durchgeführter Schritte zu erkennen, daraus die aktuelle Aufgabe, die gelöst werden soll, abzuleiten und geeignete Schritte vorzuschlagen, mit denen eine effiziente Lösung möglich ist. Typische Assistenten dieser Klasse sind Onlinehilfen für Softwaresysteme, die teilweise mithilfe animierter Charaktere ein anthropomorphes Aussehen annehmen.

In den folgenden Abschnitten soll jede dieser drei Klassen anhand eines Beispiels näher illustriert werden.

2.1.1 „Autonome" Assistenz

Die historisch frühesten, am weitesten verbreiteten und in ihrer Wirkungsweise offensichtlichsten Assistenzsysteme stammen aus dem Bereich der Steuerung von technischen Geräten und Anlagen. Die fortschreitende Digitalisierung und Verbreitung von platzsparender Elektronik hat dazu geführt, dass viele Assistenzsysteme auch für private Nutzer finanzierbar und einsetzbar werden. Vor allem im Automobilbau ist die Idee des Assistenten sehr weit verbreitet. Benmimoun et al. [2] führen wichtige Fahrerassistenzsysteme auf. Fast alle dieser Assistenten zeichnen sich durch autonome Funktionalität aus. Die bekanntesten Beispiele unter ihnen sind: adaptives Kurvenlicht, Reifendruckkontrollsysteme, Antiblockiersysteme, elektronische Stabilitätsprogramme, Kollisionswarnsysteme und seit kürzester Zeit auch Nachtsichtsysteme.

Assistenten dieses Typs führen immer genau eine Funktion aus und unterstützen damit den Fahrer bei der Kontrolle seines Fahrzeugs während der Fahrt. Die Assistenten verbessern die Möglichkeiten des Fahrers zur Aufnahme von Informationen und damit auch zur Erkennung der aktuellen Situation und tragen damit zur Erhöhung der Datensicherheit bei, indem sie die sensorischen Fähigkeiten des Fahrers ergänzen. Nach der Klassifikation von WANDKE leisten Fahrerassistenzsysteme also genau in den Handlungsweisen der Aufnahme und der Integration von Information Assistenz. Sie tragen jedoch nicht zur Entscheidung, zur Aktionsausführung und zur Kontrolle der Handlungseffekte bei. Manche der Systeme sind aktive Assistenzsysteme, beispielsweise das Antiblockiersystem, andere wiederum sind passiv wie etwa ein Nachtsichtgerät, das nur Informationen zur Verfügung stellt, also eine Anzeigefunktion wahrnimmt, aber keine weitere Assistenz leistet. Der Benutzer hat in der Regel keine Möglichkeit, das Assistenzsystem in seiner Funktionsweise wesentlich zu beeinflussen.

2.1.2 Assistenz mit einem fixierten Ziel

Komplexere Assistenzsysteme stellen mehrere Assistenzfunktionen gleichzeitig zur Verfügung. Typische Beispiele hierfür sind Funktionen in komplexen Softwaresystemen. Dazu zählen Funktionen zum Druck von Dateien, die automatisch die Kommunikation mit dem auf dem System installierten Druckertreiber übernehmen genauso, wie Systeme zur Unterstützung der Produktionsplanung und -steuerung. Auch Software, die komplette Abläufe in der Betriebswirtschaft organisiert, wie etwa die Softwarepakete von SAP, leisten Assistenzfunktion, und zwar bei der Ausführung von Aktionen und bei der Kontrolle von Effekten. Jedes Expertensystem, wie es aus der Künstlichen Intelligenz bekannt ist (siehe [3–5]), ist ein Assistenzsystem, da es bei Handlungen Entscheidungsunterstützung anbietet. Offensichtlich ist die Liste an Beispielen beliebig verlängerbar, ebenso wie die Liste an Handlungen, die Menschen mit der Hilfe von Werkzeugen durchführen.

Typisch für alle Assistenzsysteme mit fixiertem Ziel ist jedoch, dass sie nicht für andere als die vorgesehenen Aufgaben eingesetzt werden können. Der Grad an Konfigurierbarkeit des Systems ist sehr unterschiedlich, je nachdem, wie komplex das Assistenzsystem ist. Ein bekanntes Beispiel für einen Assistenten, der verschiedene Funktionen kombiniert, ist das Microsoft-Programm *Outlook* (siehe Abb. 2.1). Es integriert Verwaltung von E-Mails, Kontakte, zu erledigende Aufgaben und einen Terminkalender. Anders als autonome Assistenzsysteme eignen sich als Softwaresysteme realisierte Assistenten für beliebig komplexe und parametrisierbare Assistenzfunktionen. Ein weiteres Charakteristikum: viele Assistenzsysteme, die bei komplexen Abläufen Unterstützung leisten, kommunizieren mit dem Benutzer, um Informationen über die aktuelle Situation zu erhalten – ein unverzichtbarer Vorgang, wie folgendes Beispiel illustriert: ein Buchhaltungsprogramm kann nur in Aktion treten, wenn Buchungsvorgänge, die außerhalb der Aktivität des Pro-

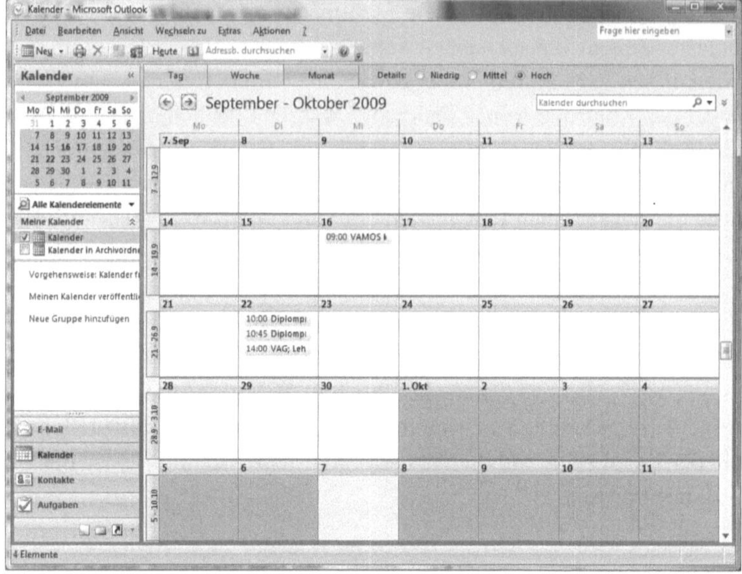

Abb. 2.1 Der Bildschirm des komplexen Assistenten *Outlook*

gramms entstehen, in irgendeiner Art und Weise eingegeben werden. Trotz der Mensch-Maschine-Interaktion ist ist Assistenz mit einem fixierten Ziel in der Regel passiv, d. h. der zu unterstützende Ablauf und die damit verbundene Assistenz werden vom Nutzer angestoßen. Assistenzsysteme mit einem fixierten Ziel funktionieren also tatsächlich wie ein (unterschiedlich komplex einsetzbares) „Werkzeug".

2.1.3 Assistenz durch Intentionserkennung

Eine interessante weitere Klasse von Assistenzsystemen bietet aktive Assistenz an und versucht dabei, die Aufgabe, bei der Benutzer Unterstützung benötigen könnten, anhand seiner Handlungen zu erkennen.

Ein weitverbreitetes Beispiel dafür ist der Office-Assistent, der aus dem Programm-paket Microsoft Office bekannt ist. Genau genommen besteht der Office-Assistent aus einer ganzen Familie von Assistenten, die für jeweils eigene Aufgaben spezialisiert sind[1]. Während die algorithmischen Einzelheiten der aktuellen Version des Office-Assistenten zu den Betriebsgeheimnissen von Microsoft zählen, ist ein Vorläufer-Prototyp in der Literatur beschrieben worden: Horvitz et al. [6] berichten, dass der Vorläufer mit dem Namen

---

[1] Details zu den Assistenten stehen auf der Webseite http://office.microsoft.com/de-de zu Microsoft Office (Letzter Aufruf der Seite: 15.06.2015)

Lumière während des Betriebs einer Office-Applikation versucht, aus den Aktionen des Benutzers seine aktuellen Ziele zu erschließen. Damit dies möglich wird, müssen die über die Benutzerschnittstelle beobachtbaren Aktionen wie das Bewegen der Maus, das Aufrufen eines Menüpunkts, das Aktivieren eines Fensters und auch Untätigkeit des Nutzers über einen gewissen Zeitraum in Bezug auf Handlungen, die mit Office-Applikation durchgeführt werden können, interpretiert werden. Die pragmatische Interpretation von Aktionen auf der Ebene der graphischen Benutzeroberfläche umfasst Themen wie Suche, Verschieben des Aufmerksamkeitsfokus, Nachdenken über die nächsten Schritte und das Rückgängigmachen erwünschter Effekte. Alle genannten Themen beschreiben Problemlösestrategien der Anwender für komplexe Bedienaufgaben. Die Strategien wurden experimentell aus der Analyse von vielen aufgezeichneten Sitzungen von Probanden mit *Lumière* gewonnen. Dabei mussten Probanden die Tabellenkalkulation Excel benutzen und konnten auf einem zweiten Bildschirm die Assistenzvorschläge eines neuartigen Systems betrachten und in ihre Vorgehensweise bei der Lösung der Aufgabe einbeziehen. Tatsächlich jedoch wurden die Vorschläge nicht von einem softwarebasierten Hilfesystem ermittelt, sondern von einem menschlichen Experten, einem so genannten *Wizard-of-Oz* (siehe [7]), der Probanden auf einem getrennten eigenen Monitor beobachten konnte. Aus diesen Studien konnten die Entwickler von *Lumiére* Problemlösestrategien ungeübter Nutzer identifizieren, die von einem Experten viel einfacher und schneller gelöst werden können.

Auffällig an den Benutzerstudien war, dass Experten zwar die Fähigkeit haben, Ziele und Bedürfnisse von Nutzern bei der Lösung einer wichtigen Aufgabe anhand der von den Nutzern durchgeführten Aktionen zu identifizieren. Aber es zeigte sich auch, dass die Experten typischerweise bei Beginn einer Aktionssequenz sehr unsicher waren, welches Ziel der Nutzer gerade verfolgte. In dieser Phase konnten selbst Experten nur schlecht Assistenz leisten. Erst nach einigen Bedienschritten verbesserte sich die Situation, und die Vorschläge wurden präziser und zielgerichteter. Die Studien zeigten darüber hinaus, dass schlechte Assistenz den Benutzern erhebliche Schwierigkeiten bereitete. Obwohl sie davon unterrichtet waren, dass sich das Hilfesystem in einem experimentellen Zustand befand, nahmen sie alle Vorschläge sehr ernst und bezogen sie in ihre Problemlösung mit ein. Falsche Vorschläge sind aber offensichtlich sehr abträglich für die effiziente Lösung einer Aufgabe. Diese Ergebnisse machen sehr deutlich, dass ein wesentliches Kriterium für ein leistungsfähiges Assistenzsystem in seiner Fähigkeit besteht, Vorschläge für Handlungen auf ein Ziel hin zu orientieren.

Aus technischer Sicht besteht die Schwierigkeit, präzise Vorhersagen über das vom Benutzer verfolgte komplexe Ziel zu treffen, wenn erst sehr wenige Schritte bekannt sind, darin, dass einzelne Aktionen mehreren typischen Bedienzielen zugeordnet werden können. Dieser Nichtdeterminismus besteht schon bei der Zuordnung beobachtbarer Interaktionen zu einem komplexen Ziel. Wenn beispielsweise ein Nuzter mehrere Menüs kurz hintereinander aufruft, kann er sich eventuell unsicher sein, wie er eine bestimmte Programmfunktion aktivieren kann. Vielleicht will er aber auch bisher noch nicht genutzte Funktionen entdecken – etwa deswegen, weil ihm nicht klar ist, mit welchen Schritten eine komplexe Aufgabe gelöst werden kann. Bei der Entwicklung von *Lumié-re* wurde daher versucht, diese Zusammenhänge mit Wahrscheinlichkeiten zu beschreiben.

Die Absichten des Nutzers rechtzeitig zu erkennen, ist, wie Studien mit Benutzern bei Microsoft ja gezeigt haben, ein entscheidender Faktor dabei, ob ein Assistenzsystem in der Lage ist, Nutzer dabei zu unterstützen, mithilfe eines Softwarewerkzeugs ihnen gestellte Aufgaben effizient zu lösen. Absichten des Nutzers zu erkennen, aber nicht überprüfen zu können, ob die von Nutzern gewählten Schritte zielführend sind, wäre absurd. Somit ist die Fähigkeit eines Assistenzsystems, Wege zu finden, wie in einer gegebenen Situation eine Aufgabe gelöst werden kann, eine ebenso wichtige Eigenschaft eines leistungsfähigen Assistenzsystems. Natürlich kann ein Assistenzsystem nicht jede denkbare Aufgabe erkennen, sondern muss sich darauf beschränken, bestimmte Aufgabenklassen, für die das Softwarewerkzeug ein Hilfsmittel sein kann, zu unterstützen. Bei der Konzipierung von Assistenz ist also sowohl der Abstraktion bei der Handlungsphase der Zielbildung wie auch der Ausführung von Aktionen eine Grenze gesetzt. Sie hängt davon ab, welche Art von Assistenz zur Verfügung gestellt, und wie detailliert Umsetzung der Assistenz in konkreten Situationen realisiert werden soll.

2.2 Assistenz aus der Sicht des Nutzers

Die Beispiele zeigen deutlich, dass eine Definition von Assistenz über das Spektrum der Funktionen, deren Durchführung ein Gerät oder System für den Nutzer erledigen soll, um damit eine Aufgabe zu lösen, wegen der endlosen Zahl an Möglichkeiten unmöglich ist.

Eine brauchbare Taxonomie darf aber nur eine endliche, ja sogar möglichst kleine Zahl von Unterscheidungen benötigen, um ein überschaubares Begriffssystem zu konstruieren. Aus diesem Grund schlägt Wandke [1] vor, eine Taxonomie von Assistenzsystemen auf einem anderen Ordnungsprinzip als der Funktionsvielfalt aufzubauen. Der entscheidende Punkt liegt laut WANDKE darin, ob ein Benutzer die von einem System angebotenen Funktionen überhaupt einsetzen kann beziehungsweise sie einzusetzen im Stande ist. Dies kann aus verschiedenen Gründen schwierig sein:

- Die vom Nutzer gewünschte Funktion steht überhaupt nicht zur Verfügung.
- Dem Nutzer sind nicht alle zur Verfügung stehenden Funktionen bekannt.
- Der Nutzer ist nicht in der Lage, eine Funktion durchzuführen, weil ein zu hoher sensorischer, kognitiver oder motorischer Aufwand erforderlich ist.

Die Zugänglichkeit von Funktionen ist aber von praktischer Relevanz, weil sie ermöglicht, ein technisches System vollständig, effektiv und effizient einzusetzen.

Assistenz hat also vorrangig die Aufgabe, die Kluft zwischen Systemfunktionalität und Fähigkeiten des menschlichen Nutzers zu überbrücken, d. h. also zu erreichen, dass

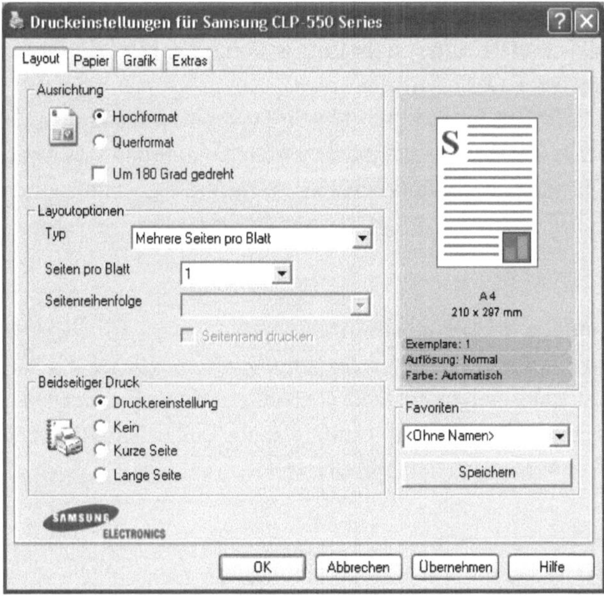

Abb. 2.2 Dialogfenster eines Druckertreibers: Mit Hilfe graphischer Mittel kann bei der Gestaltung von Mensch-Maschine-Schnittstellen dem Nutzer Assistenz bei der Interpretation interner Parameter in Bezug auf eine zu lösende Aufgabe geboten werden

der Nutzer die im Rahmen seines zielgerichteten Handelns notwendigen Funktionen des Systems mit möglichst geringem Aufwand einsetzen kann[2]. Ein Beispiel dafür ist die in Abb. 2.2 zu sehende Schnittstelle, die Assistenz bei der Ansteuerung eines Druckers leistet.

Dass der Nutzer tatsächlich zielgerichtet handelt, ist eine Grundannahme für die Entwicklung interaktiver Assistenzsysteme. Sie lässt sich aus der einem Werkzeug – und genau das ist ja ein technisches Gerät oder Softwaresystem – inhärenten Existenzberechtigung ableiten:

- Ein Schraubenzieher dient dazu, eine Schraube in ein vorgebohrtes Loch hineinzudrehen, um zwei Werkstücke miteinander zu verbinden.
- Ein Flugzeug dient dazu, lange Distanzen in kurzer Zeit zu überwinden.
- Ein Textverarbeitungssystem dient dazu, Text einzugeben, zu formatieren, graphisch zu gestalten und abzuspeichern bzw. zu vervielfältigen.

Aus diesen Beispielen lässt sich verallgemeinern, was in dieser Arbeit unter einer *Aufgabe* und dem *Lösen einer Aufgabe* verstanden wird.

---

[2] Siehe dazu [8], Kap. 11 und [9].

Aufgabe (für die ein Assistenzsystem Unterstützung anbieten kann)
Seit Einführung des GOMS-Modells (*goals, operators, methods, and selection rules*) durch CARD, MORAN und NEWELL in [10] wird die kognitive Fragestellung, wie ein gegebener Zustand eines Systems durch Ausführung von Aktionen in einen gewünschten Zustand überführt werden kann, **Aufgabe** genannt.

Lösen einer Aufgabe (Problemlösung)
Das **Lösen einer Aufgabe** besteht in der Ermittlung einer Folge von Aktionen, deren Ausführung die beabsichtigte Zustandsüberführung herstellen kann, und in der Ausführung der ermittelten Folge von Aktionen unter Einbeziehung technischer Geräte bzw. Systeme als Werkzeuge.

Der zentrale Punkt in dieser Definition ist, dass der menschliche Nutzer für das Stellen der Aufgabe verantwortlich ist, und jedes eingesetzte technische Gerät daher nur eine untergeordnete Rolle als Hilfsmittel spielt. Die menschliche Problemlösekompetenz gibt also den Ausschlag dabei, wie die Lösung einer Aufgabe versucht werden soll. Für die Effizienz und Qualität der Lösung ist entscheidend, wie gut der Nutzer die verfügbaren Funktionen der einsetzbaren Hilfsmittel in den Lösungsablauf integrieren kann. Die Definition beschreibt also keine Systeme, die vollautomatisch funktionieren. Wesentlich ist aber, dass Assistenz in der Lage ist, sich an menschlichem Problemlösen und den dazugehörigen Problemlösestrategien zu orientieren, weil nur auf diese Weise sichergestellt werden kann, dass das technische System und ein dazugehöriges Assistenzsystem harmonisch in den Ablauf des Lösungsvorgangs integriert werden können[3].

Bei der zweckrationalen Lösung von Aufgaben nehmen nach übereinstimmenden Analysen in der Literatur zur kognitiven Ergonomie (siehe [1]) sechs sich ergänzende Aspekte eine zentrale Stellung ein:

- **Motivation, Aktivierung und Zielsetzung**
  Ohne Zielsetzung ist keine Aufgabe definiert; dass dieser Aspekt wichtig ist, leuchtet also unmittelbar ein. Motivation und Aktivierung sind jedoch zwei weitere wichtige Voraussetzungen für die Durchführung von – oft komplizierten – Aufgaben, die mit Hilfe von technischen Systemen gelöst werden sollen. Aktivierung spielt beispielsweise eine wesentliche Rolle bei der Überwachung von prozesstechnischen Anlagen. Im Regelfall läuft alles nach Plan, aber bei Störungen ist es für eine Minimierung von Folgeschäden ausschlaggebend, wie rasch das Personal auf die Störung aufmerksam wird, wie präzise der Gefährlichkeitsgrad eingeschätzt werden kann, und wie effizient

---

[3] Siehe [8], Kap. 11, [11], Kap. 10, 14, und 15 sowie [10].

Gegenmaßnahmen ergriffen werden können. Immer wieder wird bei größeren technischen Störungen deutlich, dass sowohl zu niedrige als auch zu starke Aktivierung zu schwerwiegenden Konsequenzen führen, weil entweder gar keine oder – oft aus Panik – übertriebene oder sogar falsche Gegenmaßnahmen ergriffen werden. Die Kollision eines DHL-Transportflugzeugs mit einer russischen Tupolew Tu-154M der Bashkirian Airlines am 1. Juli 2002 ist ein Beispiel für die Schwierigkeit und Bedeutung der Aktivierung: weil der Fluglotse mit einem Landeanflug auf den Flughafen Friedrichshafen beschäftigt war, übersah er, dass beide Flugzeuge dieselbe Höhe hatten, und eine Kollision bevorstand.

- **Wahrnehmung**
  Damit der Nutzer während der Bearbeitung einer Aufgabe zu jeder Zeit richtig reagieren kann, muss er Zugang zur relevanten Information haben. Die Wahrnehmung aller wichtigen Fakten zur richtigen Zeit kann oft schwierig sein, weil entweder der Nutzer mit der Verarbeitung anderer Signale überlastet ist (wie eben auch im Beispiel oben), oder Signale gar nicht oder nur schlecht wahrgenommen werden können (z. B. interner Zustand technischer Geräte, Hindernisse auf der Straße im Dunkeln).

- **Integration von Information unter Berücksichtigung der aktuellen Situation**
  Die bloße Wahrnehmung elementarer Signale reicht nicht aus, um eine Situation *interpretieren* zu können. Die Signale müssen mit Information aus dem (Langzeit-)Gedächtnis des Nutzers über geltende Tatsachen in Beziehung gebracht werden. Diese Interpretation muss auch erlauben, eine Bewertung der Zielorientierung vorzunehmen. Ein einfaches Beispiel dafür ist die Signalisierung einer Geschwindigkeitsüberschreitung durch ein Navigationssystem. Interpretation von Signalen erfordert also immer Bezugnahme auf Welt- bzw. Domänenwissen (der Messwert des Tachometers hat die Einheit km/h; damit wird eine Geschwindigkeit ausgedrückt; eine Geschwindigkeit von 70 km/h ist innerorts unzulässig, eine Geschwindigkeit von 200 km/h in einer engen Rechtskurve wird so große Fliehkräfte erzeugen, dass das Auto ins Schleudern geraten wird).

- **Fällen von Entscheidungen, Auswahl von Aktionen**
  Aus der Interpretation von Information muss zur Lösung einer Aufgabe in zielorientierter Weise eine Reihe von Handlungen abgeleitet werden, mit deren Hilfe die Aufgabe gelöst werden kann – das heißt also, der Nutzer muss Entscheidungen über sein weiteres Vorgehen treffen und diese Entscheidungen auch umsetzen. Bei der Ermittlung erfolgversprechender Handlungen ist Assistenz besonders hilfreich. Assistenz kann darin bestehen, alle sinnvollen Entscheidungsoptionen anzubieten, aus allen Optionen ein(ig)e geeignete herauszufinden oder eine (optimale) Aktion autonom auszuführen. Diese Form von Assistenz sorgt für den denkbar höchsten Automatisierungsgrad.

- **Ausführung von Aktionen**
  Werden Aktionen nicht autonom vom Assistenzsystem ausgeführt, so kann auch bei der Ausführungen von Aktionen Assistenz geleistet werden. Beispiele dafür sind Bremsassistenten oder elektronische Vorrichtungen zur Motordrosselung bei Erreichen der erwünschten Höchstgeschwindigkeit in besonders stark motorisierten Autos. Allgemein

geht es bei diesem Assistenztyp meistens um die „Feindosierung" bei der Steuerung von Aktoren oder um die Vereinfachung der Mensch-Maschine-Interaktion (beispielsweise Spracheingabe oder multimodale Eingabe für Behinderte).

- **Verarbeitung von Effekten der Aktionen und *feedback* darauf**
  Die Effekte von Handlungen sind oft durch Wahrnehmung beobachtbar. Zur Kontrolle der Wirkung einer Aktion ist es entscheidend, überprüfen zu können, ob diese Wahrnehmungen mit der erwarteten Wirkung der Handlung übereinstimmen. Nicht immer ist eine direkte Wahrnehmung möglich, über die auf Erfolg oder Misserfolg einer Handlung geschlossen werden kann. Assistenz in dieser Handlungsphase bezieht sich also oft auf die Erweiterung der Möglichkeiten zur Wahrnehmung (Ist ein Datum in einem Gerät abgespeichert worden, Ist beim Einparken der Abstand zur Hausmauer noch ausreichend?). Eine erweiterte Assistenz zur Effektkontrolle bewertet die Auswirkungen von Handlung bezüglich einer zu lösenden Aufgabe.

In Tab. 2.1 wird ein Überblick über die verschiedenen Handlungsphasen, die damit verbundenen Aspekte eines Problemlöseprozesses und dafür vorstellbare Typen von Assistenz gegeben. Die Tabelle fasst die von Wandke [1] erstellte Taxonomie von Assistenzfunktionen zusammen. WANDKE legt den Fokus seiner Untersuchungen auf die Frage, welche Typen von Assistenz es grundsätzlich gibt, ohne Aspekte der Implementierung von Assistenzsystemen auf der Basis von Software zu erörtern. Dies ist angebracht, da Assistenzsysteme, wie die bereits besprochenen Beispiele deutlich machen, nicht nur im Bereich von Softwarelösungen vorstellbar sind. Historisch gesehen ist es sogar genau andersherum: Assistenzsysteme gab es zunächst bei technischen, insbesondere großen technischen Geräten und Apparaturen. Für die Künstliche Intelligenz steht hingegen die Frage im Vordergrund, wie man die vorgeschlagenen Assistenztypen algorithmisch realisiert könnte. Diese Frage stellt das Kernproblem dar, das in diesem Buch detailliert zu besprechen sein wird. In Abschn. 2.4 werden zunächst noch sehr allgemein, ohne auf algorithmische Details einzugehen, Anforderungen an die Algorithmik eines Assistenzsystems aufgeführt, die sich aus WANDKES Typen und einigen weiteren Anforderungen, die im Folgenden entwickelt werden, ableiten lassen.

Bevor dies jedoch geschieht, ist ein weiterer wichtiger Aspekt zu betrachten. Es handelt sich darum, *wann* ein Assistenzsystem Assistenz leisten soll: Nach Nitschke [12] hat jeder der Aspekte aus Tab. 2.1, sobald er in einem Assistenzsystem verfügbar ist, noch zwei Dimensionen, wie er ausgestaltet sein kann:

- **Initiative**: Die Assistenz kann *passiv* (also nur auf explizite Anforderung des Nutzers) oder *aktiv* (also auch autonom) ausgeführt werden.
- **Anpassbarkeit**: Die Assistenzfunktionen in einem System können *statisch* (d. h. nicht veränderbar), *adaptierbar* (d. h. durch den Nutzer parametrisierbar) oder *adaptiv* (d. h. vom System selbst anhand von Informationen aus dem Kontext adaptierbar) sein.

Tab. 2.1 Taxonomie für Assistenzfunktionen. Jede Phase einer zielorientierten Handlung benötigt eine spezielle Form der Unterstützung, die von einem Assistenzsystem angeboten werden kann

Motiv- und Zielbildung	
Schaffung eines optimalen Aktivierungsniveaus	Aktivierungsassistenz
Verstärkung eines Motivs	Coach-Assistenz
Hemmung eines Motivs	Warn-Assistenz
Anregung eines Zielwechsels	Orientierungsassistenz
Informationsaufnahme	
Bereitstellung von Signalen	Anzeigefunktion
Signalverstärkung	Verstärkungsassistenz
Erzeugung von Redundanz	Wiederholungsassistenz
Transformation von Signalen in andere Modalitäten	Präsentationsassistenz
Integration von Information, Berücksichtigung der aktuellen Situation	
Bereitstellung von Erklärungen	Beschriftungen, Anleitungen, Hilfetexte
Bereitstellung externer Bezugssysteme	Übersetzungsassistenz
Erklärung von Systemausgaben	Erklärungsassistenz
Entscheidung über Auswahl einer Aktion	
Information über alle Optionen	Angebotsassistenz
Information über ausgewählte Optionen	Filterassistenz
Vorschlag einer Option	Beraterassistenz
Vorschlag und Ausführung, wenn der Nutzer zustimmt	Delegationsassistenz
Vorschlag und Ausführung, wenn der Nutzer nicht widerspricht	Übernahmeassistenz
Ausführung mit Information an den Nutzer	Informierende Ausführungsassistenz
Ausführung ohne Information an den Nutzer	Stille Ausführungsassistenz
Aktionsausführung: Wie soll die Aktion durchgeführt werden?	
Verstärken von Aktionen	*Power*-Assistenz
Verkürzen einer Aktionsfolge	*Short cut*-Assistenz
Alternative Modalitäten bereitstellen	Eingabeassistenz
Effektkontrolle	
Auswirkungen wahrnehmbar machen	Rückmeldungsassistenz
Grad der Zielerreichung bewerten	Kritikassistenz

2.3 Anforderungen an Assistenzsysteme

Die Frage, wann Assistenz zu leisten ist, lässt sich ähnlich schwierig beantworten, wie die Fragen *wozu* und *wie*, die am Beispiel des *Lumiére*-Projekts bereits erörtert wurden: Denn auch die Auswahl des richtigen Zeitpunkts ist eine Entscheidung, die von unsicherer Information über den Nutzer bestimmt wird. Ein Assistenzsystem muss dabei zwei Aspekte unter einen Hut bekommen: einerseits die Integration von Wahrnehmungen in den Entscheidungsprozess, obwohl sie oft zu mehrdeutigen Interpretationen Anlass geben. Andererseits ist das Assistenzsystem gezwungen, eine Assistenzstrategie umzusetzen, die zu einer eindeutig festgelegten nächsten Handlung führt, aber auch Kriterien der Adäquatheit von Assistenz und Kooperation berücksichtigt (siehe [8], Kap. 11). Dieser immer präsente Umstand beeinflusst die algorithmische Umsetzung der in Tabelle 2.1 aufgeführten Assistenzfunktionen. Um in dieser Situation dennoch einer algorithmischen Realisierung von Assistenz näher zu kommen, soll im Folgenden diskutiert werden, welche Inferenz-Fähigkeiten ein Assistenzsystem besitzen muss, um Assistenzfunktionen samt der dafür notwendigen Entscheidungen über Zeitpunkt, Zweck sowie Art und Weise ihrer Durchführung ausführen zu können.

2.3.1 Interaktivität

Auch wenn die Interpretation von Beobachtungen nicht eindeutig ist, muss sich ein Assistenzsystem für eine Hypothese entscheiden, kann sich aber nicht sicher sein, welche die richtige ist. Wie kann es diesem Dilemma entgehen? Eine Möglichkeit ist, die aktuelle Situation wiederzuerkennen und sich zu merken, wie oft in dieser Situation bei Ausführen einer bestimmten Handlung welcher Effekt eingetreten ist. Wenn das Assistenzsystem nun die Wahrnehmung so interpretiert, dass es denjenigen Effekt als gegeben ansieht, der bisher unter identischen Umständen am häufigsten aufgetreten ist, trifft es eine rationale Entscheidung, indem es die Erwartung maximiert, die richtige Hypothese ausgewählt zu haben.

Die beschriebene Strategie soll am Beispiel des Fußgängernavigationssystems ROSE[4] diskutiert werden. ROSE aktualisiert während der Navigation zu einem Ziel ständig ein Benutzermodell, mit dessen Hilfe das aktuelle Interesse des Nutzers abgeschätzt werden soll, dass er weiterhin Assistenz zum Erreichen seines Ziels benötigt. Für den Interessen-Status des Nutzers werden dabei folgende vier möglichen Werte angenommen:

- c: Das Ziel soll noch erreicht werden.
- i: Der Nutzer möchte zwischenzeitlich ein anderes Ziel erreichen.
- a: Der Nutzer hat das Ziel aufgegeben.
- e: Der Nutzer wird von einem äußeren Umstand aufgehalten.

Hypothesen über den Status gewinnt ROSE, indem es aus Wahrnehmungen inferiert. Wie beim Office-Assistenten besteht auch in dieser Anwendung die Schwierigkeit, dass die Wahrnehmungen keine eindeutigen Schlüsse auf den Status zulassen. ROSE hat nämlich im Wesentlichen nur die Möglichkeit, die GPS-Koordinaten für den aktuellen Standort des Nutzers festzustellen. Aus dieser Information lassen sich unter Berücksichtigung einer Zeitreihe von GPS-Koordinaten und Karteninformation über den aktuellen Standpunkt folgende Daten ermitteln:

---

[4] Das am Lehrstuhl für Künstliche Intelligenz entwickelte System ist u. a. in [13] beschrieben.

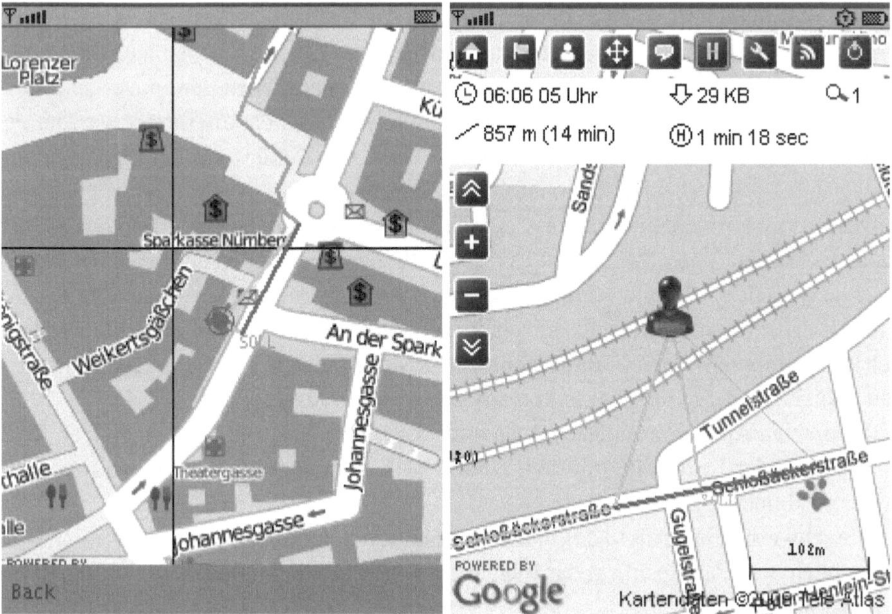

Abb. 2.3 Präsentationsassistenz des mobilen Auskunftssystems ROSE. Der linke *screen shot* zeigt, wie ROSE GPS-Daten in eine für den Nutzer leichter erfassbare Modalität übersetzt und mit Zusatzinformation über nahe liegende *points of interest* anreichert. Der rechte *screen shot* illustriert eine Warnassistenzfunktion von ROSE: auf dem Bildschirm wird graphisch verdeutlicht, dass der Nutzer sich nicht mehr auf dem direkten Weg zum Ziel befindet

- Ist der Nutzer gerade in Bewegung oder steht er an einem Ort?
- Befindet sich in der Nähe des Nutzers ein für ihn interessanter Ort?

ROSE zeigt diese Information für den Nutzer auf dem Display seines Mobilgeräts an, wie im linken *screenshot* in Abb. 2.3 zu sehen. Über diese reine Präsentationsassistenz hinaus kann ROSE auch noch ermitteln, ob sich der Nutzer auf dem Weg zum Ziel befindet oder nicht (siehe rechten *screenshot* in Abb. 2.3).

Desweiteren kann ROSE den Nutzer durch geeignete Hinweise auf seinem Weg zum Ziel unterstützen. Die Effekte dieser Form von Assistenz kann ROSE auch nur mittelbar erschließen: wenn der Nutzer sich ungefähr auf dem Weg zum Ziel befindet, hat er die Hinweise wohl verstanden; ist die Abweichung groß, dann gibt es ein Missverständnis zwischen ROSE und dem Nutzer. Es sei denn, es ist anzunehmen, dass der Nutzer gar kein Interesse mehr am Ziel hat.

Der eben beschriebene Zusammenhang zeigt, wieso das oben eingeführte Nutzermodell für ROSE so bedeutsam ist: wenn ROSE nämlich ein Missverständnis oder eine Änderung in den Interessen des Nutzers vermutet, ist es nicht sinnvoll, die Effektkontrolle weiter durchzuführen. Vielmehr muss ROSE andere Assistenzfunktionen aktivieren: die

Ziel- und Motivbildung spielt in diesem Zustand wieder eine Rolle. Wenn ROSE nämlich vermutet, dass der Nutzer das Interesse am bisherigen Ziel aufgegeben hat, ist Orientierungsassistenz vorrangig: soll das Ziel gewechselt werden? Wird der Nutzer vermutlich aufgehalten, ist Warnassistenz angebracht: der Nutzer muss daran erinnert werden, dass er zu einem bestimmten Zeitpunkt (bei ROSE meist vor Abfahrt des bei der Zielbildung ausgewählten Nahverkehrsmittels) am Ziel ankommen muss.

Die Diskussion verdeutlicht, dass eine falsche Hypothese über den Interessen-Status des Nutzers dazu führen kann, dass ROSE sämtliche folgenden Handlungen des Nutzers falsch interpretiert, und alle seine Versuche zu assistieren, nur zu Verwirrung führen. Andererseits aber kann ROSE anhand seiner autonom erfassbaren Wahrnehmungen nie so viel Information ansammeln und damit die Unsicherheit über den Interessen-Status so weit reduzieren, dass eine Fehlinterpretation fast sicher ausgeschlossen ist.

Der einzige Ausweg aus diesem Dilemma besteht im Nachfragen beim Nutzer. ROSE muss also in der Lage sein, mit dem Nutzer zu kommunizieren, um sinnvoll Assistenz leisten zu können.

Wie schwierig die Analyse des Interessen-Status nur aufgrund autonom erfasster Wahrnehmungen ist, veranschaulicht das folgende Beispiel für die Implementierung des ROSE-Benutzermodells.

In Abb. 2.4 ist ein Ausschnitt aus dem Benutzermodell von ROSE zu sehen[5]: Um Hypothesen für den Interessen-Status des Nutzers zu gewinnen, bedient sich ROSE eines BAYES-Netzes[6]. In das Netz geht einerseits über Sensoren erfassbare Information ein:

- `Lokalisierung`: Damit wird eine Information bezeichnet, die aus den GPS-Daten ermittelt werden kann: ist der Nutzer in Bewegung oder nicht?
- `POI nahe`: Auch dies ist eine binäre Variable; sie ist wahr, wenn sich in der Nähe der aktuellen Position des Nutzers ein für den Nutzer relevanter *point of interest* befindet, und andernfalls falsch.

Im BAYES-Netz sind andererseits aber auch weitere Größen enthalten, die nicht direkt beobachtbar sind, aber einen Einfluss auf den Interessen-Status des Nutzers haben können:

- `unerwartetes Ereignis`: Während der Nutzer unterwegs zum Ziel ist, ereignet sich ein Vorfall, der den Nutzer darin hindert, weiterzugehen: Z. B. ein unübliches Ereignis auf der Straße; der Nutzer kann stürzen; der Nutzer kann gezwungen sein, einen Umweg zu nehmen. Die Liste möglicher Vorfälle kann beliebig verlängert werden. Allen unerwarteten Ereignissen ist jedoch gemeinsam, dass sie den Nutzer auf dem Weg zum Ziel aufhalten.

---

[5] Alle BAYES-Netze in diesem Kapitel wurden mit Hilfe des unter http://aispace.org/bayes/help/ verfügbaren Tools erstellt, das in [14] beschrieben ist (Letzter Aufruf der genannten Webseite am 03.01.2015).
[6] BAYES-Netze werden ausführlich in [15], [16] und [17] dargestellt.

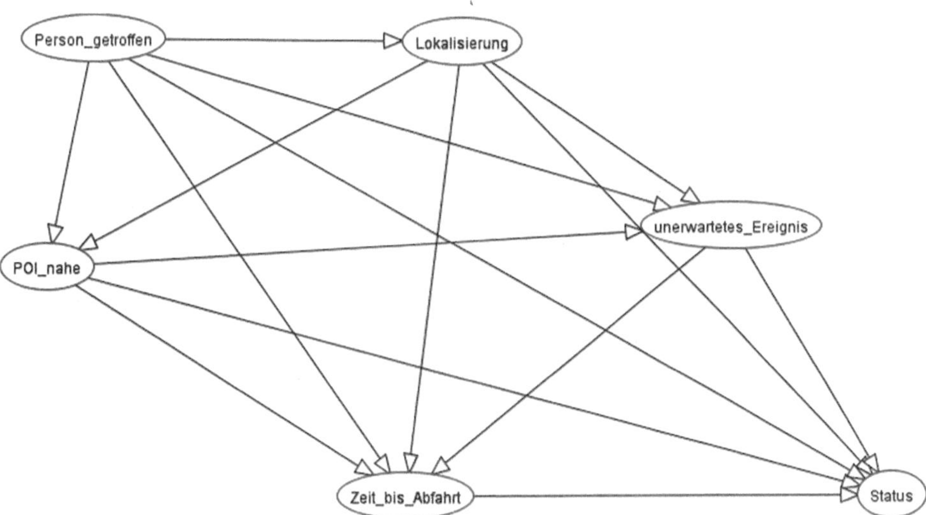

Abb. 2.4 Das Benutzermodell von ROSE: Ein BAYES-Netz repräsentiert die kausalen Abhängigkeiten von beobachtbaren Wahrnehmungen und daraus ableitbaren Interpretationen über den Zustand der Umgebung und den Interessen-Status des Nutzers

- `Person getroffen`: Eine Art unerwarteter Ereignisse verdient eine separate Erwähnung, da sie besonders häufig auftreten kann, wenn der Nutzer ROSE an seinem Wohnort einsetzt. Wer eine bekannte Person – vielleicht sogar nach längerer Zeit wieder – mehr oder weniger zufällig unterwegs trifft, hält sich gerne einige Zeit für eine Unterhaltung auf. ROSE sollte dies bei der Effektkontrolle berücksichtigen und den Nutzer in einer derartigen Situation nicht zum Weitergehen auffordern, wenn die Zeit noch nicht wirklich knapp ist.

Das BAYES-Netz in Abb. 2.4 zeigt eine denkbare Analyse, wie sich die eben beschriebenen Faktoren gegenseitig beeinflussen. Das BAYES-Netz enthält dazu gerichtete Kanten, die wie eine Implikation gelesen werden. Ein Beispiel: Wenn der Nutzer eine *Person getroffen* hat, dann ist eher zu erwarten, dass die `Lokalisierung` keine Bewegung meldet. Wie stark diese Annahme ist, wird in der Theorie der BAYES-Netze durch die bedingte Wahrscheinlichkeit

$$P(\texttt{Lokalisierung} = \text{Nutzer steht}|\texttt{Person getroffen} = \mathsf{T})$$

ausgedrückt. Hier wird die Wahrscheinlichkeit, dass eine bestimmte Information zur Lokalisierung vorliegt, in Abhängigkeit vom Wissen, dass der Nutzer ein bestimmtes Interesse verfolgt, ermittelt. Dies widerspricht der tatsächlichen Situation: Dass die ROSE kann nur aus der *beobachtbaren Wahrnehmung* (Lokalisierung) die Wahrscheinlichkeit der *nicht beobachtbaren Information* (Nutzerinteresse) erschließen. Dies geschieht mit

Hilfe des Theorems von BAYES, das bekanntermaßen folgende Umformung ermöglicht:

$$P(\texttt{Person getroffen} = \top | \texttt{Lokalisierung} = \text{Nutzer steht})$$

$$= \frac{P(\texttt{Lokalisierung} = \text{Nutzer steht} \wedge \texttt{Person getroffen} = \top)}{P(\texttt{Lokalisierung} = \text{Nutzer steht})}$$

$$= \frac{P(\texttt{Lokalisierung} = \text{Nutzer steht} \wedge \texttt{Person getroffen} = \top)}{\sum_{b \in \{\top, \bot\}} P(\texttt{Person getroffen} = b \wedge \texttt{Lokalisierung} = \text{Nutzer steht})}$$

$$= \frac{P(\texttt{Lokalisierung} = \text{Nutzer steht} | \texttt{Person getroffen} = \top)}{\sum_{b \in \{\top, \bot\}} P(\texttt{Lokalisierung} = \text{Nutzer steht} | \texttt{Person getroffen} = b)}$$

Nun kann aus den GPS-Daten darauf geschlossen werden, wie wahrscheinlich die Vermutung ist, dass der Nutzer eine Person getroffen hat. Voraussetzung dafür ist jedoch, dass die Wahrscheinlichkeitsverteilung

$$P(\texttt{Person getroffen} = x_1 \wedge \texttt{Lokalisierung} = x_2)$$

für alle möglichen Werte x_1, die für die Größe *Person getroffen* erschlossen werden können, und für alle möglichen Werte x_2, die für die Größe *Lokalisierung* wahrgenommen werden können, bekannt ist. In der Praxis ermittelt man diese Wahrscheinlichkeitsverteilung dadurch, dass man in Experimenten zu bestimmten Zeitpunkten und in regelmäßigen Abständen in einem Simulationsexperiment oder während des *live*-Betriebs von ROSE die beiden aktuellen Werte bestimmt. Aus einer großen Zahl solcher Messungen ergibt sich eine Datensammlung, aus der nach der Methode der Maximum-Likelihood-Schätzung[7] die gesuchte Wahrscheinlichkeitsverteilung approximiert wird.

Auf die beschriebene Art und Weise kann – mit entsprechend mehr Aufwand bei der Datenerhebung – auch die Wahrscheinlichkeitsverteilung für die Größe `Status` bestimmt werden. Analoges gilt natürlich für andere Größen, die ebenfalls nicht unmittelbar mit Wahrnehmungen assoziiert sind (im Beispiel ist `unerwartetes Ereignis` eine derartige Größe).

In Abb. 2.5 ist zu sehen, wie ein BAYES-Netz, wenn es wie oben beschrieben konstruiert worden ist, dazu eingesetzt werden kann, eine Hypothese über den Interessen-Status des Nutzers abzuleiten. Im Beispiel in der Abbildung wird angenommen, dass sich der Nutzer bewegt (`Lokalisierung` $= \top$), kein *point of interest* in der Nähe ist (`POI nahe` $= \bot$) und nur noch wenig Zeit bis zur Abfahrt des bei der Zielfindung avisierten Verkehrsmittels zur Verfügung steht (*Zeit bis Abfahrt*: w). Aus diesen Informationen und den entsprechend der Graphstruktur ermittelten Wahrscheinlichkeitsverteilungen können nun Annahmen über alle nicht beobachteten Größen erschlossen werden.

---

[7] Eine Einführung in die Maximum-Likelihood-Schätzung geben [18] und [19].

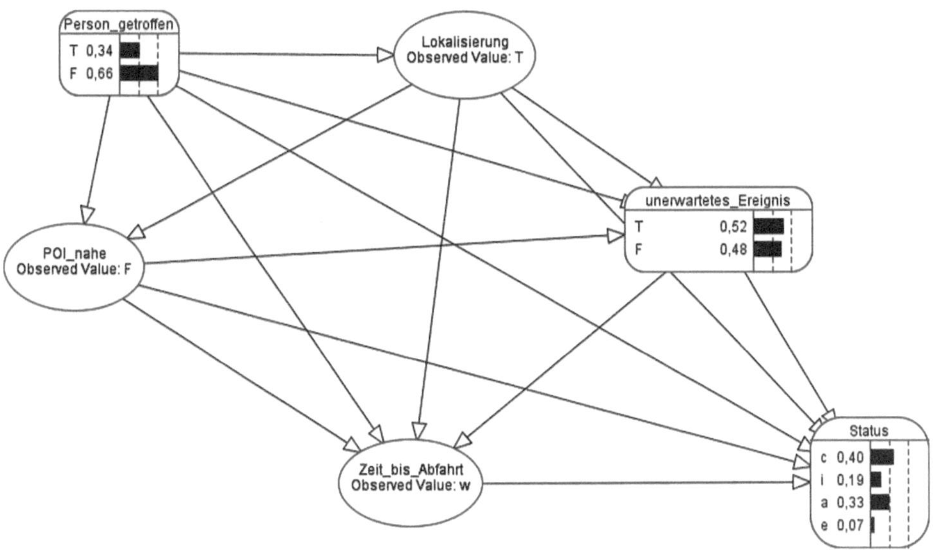

Abb. 2.5 Erschließen von Information über den Nutzer anhand beobachteter Wahrnehmungen und aufgrund der gelernten Wahrscheinlichkeitsverteilungen erschlossener Aussagen

Die Wahrscheinlichkeit, eine Person getroffen zu haben, liegt bei 34 %; die Wahrscheinlichkeit eines unerwarteten Ereignisses bei 52 %. Für den eigentlich gesuchten Interessen-Status des Nutzers gilt:

$$P(c) = 0{,}4, \quad P(i) = 0{,}19, \quad P(a) = 0{,}33, \quad P(e) = 0{,}07$$

Die wahrscheinlichste Hypothese ist also, dass der Nutzer das Ziel noch erreichen will. Nicht viel weniger wahrscheinlich ist allerdings die Hypothese, dass der Nutzer das Ziel aufgegeben hat. Die Wahrscheinlichkeit für ein temporäres Zwischenziel beträgt 19 %, diejenige dafür, dass der Nutzer durch äußere Umstände aufgehalten wird, nur 7 %.

Nach einer *maximum a-posteriori*-Entscheidung[8] nimmt das Assistenzsystem also an, dass der Nutzer weiterhin auf direktem Weg zum Ziel kommen möchte.

In Abb. 2.6 ist eine andere Situation skizziert, in der Hypothesen für den Interessen-Status des Nutzers gesucht werden.

In dieser Situation ist nicht nur der Nutzer in Bewegung, sondern auch ein *point of interest* in der Nähe. Dieser Unterschied in den Beobachtungen ruft eine deutliche Änderung in den Wahrscheinlichkeiten für die verschieden Hypothesen für den Interessen-Status des Nutzers hervor. Die Wahrscheinlichkeit dafür, dass der Nutzer das Ziel aufgegeben hat, steigt auf 83 %. Die drei anderen Hypothesen sind wesentlich unwahrscheinlicher. Eine Entscheidung nach der *maximum a-posteriori*-Strategie ist also erheblich zuverlässiger als in der Situation aus Abb. 2.5.

---

[8] Siehe [20] für eine detaillierte Einführung in und Diskussion von MAP.

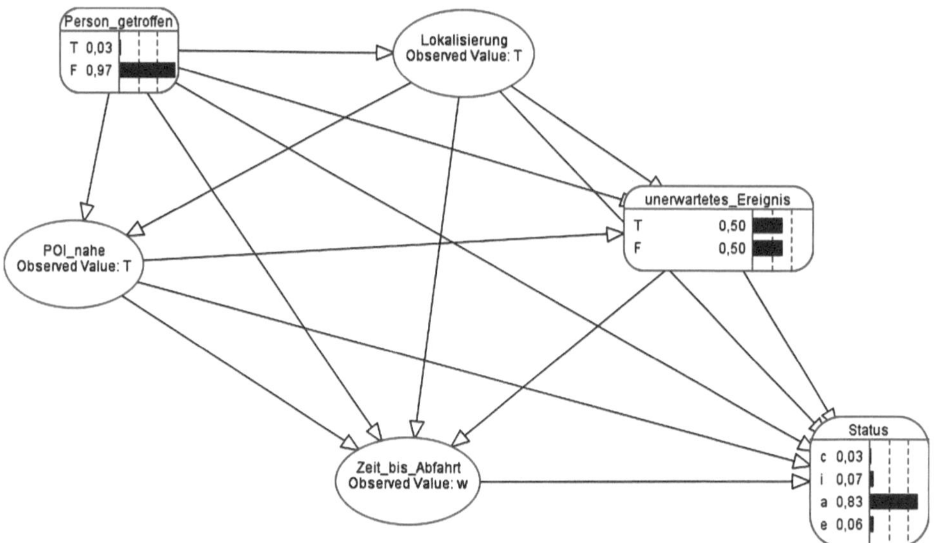

Abb. 2.6 Dieses Beispiel zeigt die a-posteriori-Wahrscheinlichkeiten der nicht beobachtbaren Größen im ROSE-Benutzermodell, wenn sich der Nutzer bewegt, und ein *point of interest* in der Nähe ist

Noch risikoreicher, weil fehleranfälliger, ist die *maximum a-posteriori*-Strategie in Abb. 2.7. In dieser Situation ist kaum mehr Zeit bis zur Abfahrt, der Nutzer bewegt sich nicht auf das Ziel zu, und es ist auch kein *point of interest* in der Nähe. Die Wahrscheinlichkeiten für die Hypothesen zum Interessen-Status des Nutzers liegen bei 27 %, 28 %, 26 % bzw. 19 %, unterscheiden sich also teilweise maximal im Bereich von Zehntel Prozentpunkten. Dass die Werte so eng beieinander liegen, ist anhand der beobachteten Information nachvollziehbar: der Nutzer bewegt sich nicht, obwohl die Abfahrt des von ihm gewählten Verkehrsmittels kurz bevorsteht – warum bleibt er stehen? Es ist sicher kein *point of interest* in der Nähe, die Wahrscheinlichkeit für ein unerwartetes Ereignis beträgt $\frac{1}{2}$, der Nutzer könnte also höchstens einen Bekannten getroffen haben: dafür beträgt die Wahrscheinlichkeit immerhin 71 %. Daher nimmt die Wahrscheinlichkeit dafür, dass der Nutzer das Ziel zwischenzeitlich nicht verfolgt, mit 28 % den höchsten Wert an; der Nutzer ist aber so oft schon weitergelaufen, als er unter Zeitdruck einen Bekannten traf, dass die Wahrscheinlichkeit dafür bei 27 % liegt. Die Differenz von einem Prozentpunkt ist so gering, dass das Risiko der *maximum a-posteriori*-Strategie, einem Messfehler des GPS-Systems aufzusitzen und in Konsequenz dieser Tatsache in ungeeigneter Weise Assistenz bereitzustellen, extrem hoch ist. Schließlich liegt der Unterschied in den Wahrscheinlichkeiten der drei am besten bewerteten Hypothesen innerhalb der Standardabweichung und daher im Rahmen des durch Rauschen im Datencorpus verursachten Fehlers.

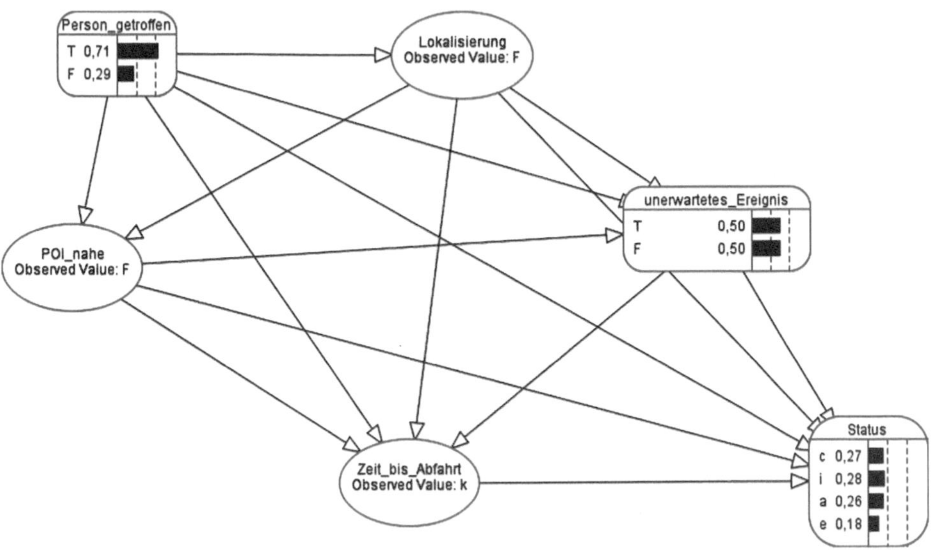

Abb. 2.7 Situation, in der für ein Assistenzsystem eine autonome Bestimmung des Interessen-Status des Nutzers unmöglich ist

Welche Mittel stehen einem Assistenzsystem in einer derartigen Situation noch zur Verfügung, um seinem Verwendungszweck gerecht zu werden, den Nutzer bei der Durchführung seiner Aufgabe zu assistieren?

Offensichtlich benötigt das Assistenzsystem mehr Information über die aktuelle Situation. Da ihm aber keine weiteren Sensoren mehr zur Verfügung stehen, ist es unmöglich, dass sich das Assistenzsystem sozusagen selbst hilft, indem es die Situation durch zusätzliche Wahrnehmungen präziser beobachtet als bisher.

So bleibt nur noch die Möglichkeit, sich vom Nutzer „assistieren" zu lassen und Information, über die der Nutzer eventuell verfügt, von ihm zu erfragen. Statt eines Sensors bedient sich das Assistenzsystem also der Interaktion, um mehr Wissen über die aktuelle Situation zu erhalten.

Die diskutierten Beispiele illustrieren die Tatsache, dass Assistenzsysteme die Fähigkeit zur Interaktion als konstituierenden Bestandteil besitzen müssen. Wenn nämlich Entscheidungen über Form und Inhalt, wie Assistenz geleistet werden soll, von Tatsachen abhängen, die nicht beobachtet werden können, muss der Nutzer sie durch eigenes Nachdenken, also durch Introspektion, ermitteln und dem Assistenzsystem kommunizieren. Abbildung 2.8 zeigt, welche Auswirkung es hat, wenn der Nutzer nicht beobachtbare Information kommuniziert: Die Variable `Person getroffen` hat nun einen bekannten Wert mit $P(\texttt{Person getroffen} = \bot) = 1$. Diese neue Information beeinflusst die Bewertung des Nutzerstatus. Dass das Ziel noch erreicht werden soll, wird mit einer Wahrscheinlichkeit von 38 % angenommen, mit 11 % wird eine Unterbrechung vermutet.

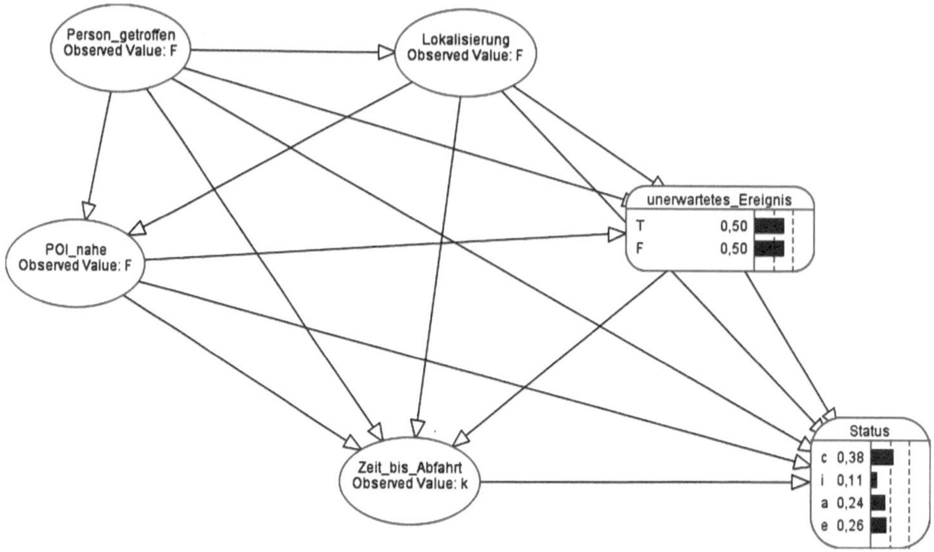

Abb. 2.8 Die Ermittlung des Interessen-Status des Nutzers ist zuverlässiger durchführbar, wenn das System durch Interaktion weitere Informationen über die beobachteten Wahrnehmungen hinaus einholt

Einem gewünschten Abbruch wird eine Wahrscheinlichkeit von 24 % zugeordnet, einem externen Ereignis 26 %. Die neue Information reduziert also die Unsicherheit über den Nutzerstatus im Vergleich zur Situation in Abb. 2.7 erheblich.

Der Unterschied zwischen dem ROSE-Navigationssystem und einem Anti-Blockier-System (ABS) sollte augenfällig sein: Damit das ABS Assistenz leisten kann, muss es nur messen, ob sich die gebremsten Räder noch drehen. Dazu ist eine Kommunikation mit dem Nutzer nicht nur unnötig, sondern sogar unmöglich: wie soll der Nutzer während der Fahrt, in einer Situation, die seine ganze Aufmerksamkeit erfordert, feststellen, ob die Räder seines Fahrzeugs blockieren? Andererseits gibt es eben, wie an den Beispielen oben verdeutlicht, Situationen, in denen für das Leisten von Assistenz Information über Tatsachen entscheidend ist, die nur dem Nutzer bekannt sind.

Die Fähigkeit, Interaktion mit dem Nutzer betreiben zu können, ist also eine unverzichtbare Eigenschaft für Assistenzsysteme, deren Assistenzfunktionen auf – bei autonomer Arbeitsweise – unsichere Information über den Nutzer und die vom Nutzer wahrnehmbare Umgebung angewiesen sind.

2.3.2 Fähigkeit zur Diagnose

Interaktion ist in vielen Fällen auch für eine weitere zentrale Eigenschaft von Assistenzsystemen unverzichtbar: Wenn ein Assistenzsystem Effektkontrolle durchführt und dabei feststellt, dass die eingetretenen Effekte nicht den erwarteten entsprechen, entsteht Unsicherheit über die aktuelle Information, die oft nur durch Interaktion aufgelöst werden kann. Ein Beispiel aus dem ROSE-Navigationssystem mag dies verdeutlichen:

Nehmen wir an, das Navigationssystem führe den Nutzer gerade zu einem von ihm ausgewählten Ziel und gebe dazu die geeigneten Instruktionen. Nun sei aber – was das Navigationssystem nicht feststellen kann – eine Straße versperrt. Dadurch ist der Nutzer zu einem Umweg gezwungen. Die Effektkontrolle wird also in Kürze feststellen, dass die vorgeschlagene Route nicht eingehalten wird.

Bei einem handelsüblichen Navigationssystem ist für diesen Fall keine Möglichkeit vorgesehen, mit dem Nutzer über die Ursache der Abweichung in Interaktion zu treten. Das Navigationssystem kann also zwischen falscher Positionierung und der Möglichkeit eines erzwungenen Umwegs nicht unterscheiden. Insbesondere zieht es überhaupt nicht in Betracht, dass sich der Interessenstatus des Nutzers geändert haben kann. Wegen fehlender Interaktionsmöglichkeiten ist also weder die Unsicherheit einfach zu beseitigen, ob der Nutzer seine Interessen geändert hat, oder ob tatsächlich ein externes Ereignis vorliegt, das vom System nicht wahrgenommen werden kann. So berechnet ein handelsübliches Navigationssystem so lange eine neue Route zum Ziel, bis es im äußersten Fall vom entnervten Nutzer abgeschaltet wird.

Ohne Informationen vom Nutzer über die Sperrung versucht es, den Umweg für den Nutzer zu minimieren, und leitet ihn damit oft wieder auf den gesperrten Wegabschnitt. Ein diagnosefähiges Assistenzsystem würde im ersten Fall in anderer Art und Weise als bisher assistieren und im zweiten Fall seine Wegplanung anhand der vom Nutzer erhaltenen Informationen – eventuell weiß er ja, wie weit die Sperre reicht – aktualisieren.

Die Fähigkeiten zur Diagnose und zur Interaktion ergänzen sich also bei der Reduktion von Unsicherheit über die aktuelle Situation.

Effektkontrolle und damit auch Diagnose sind eine große Herausforderung bei der Entwicklung von Assistenzsystemen, da sie mit einem hohen Aufwand verbunden sind, Wissen über die Anwendungsdomäne explizit zu modellieren. Diagnose beruht nämlich auf zumindest folgenden Voraussetzungen:

- Das Assistenzsystem kennt eine Handlungsfolge, mit der der Nutzer die aktuelle Aufgabe lösen kann.
- Das Assistenzsystem kennt die (in Bezug auf die Handlungsfolge) *beabsichtigten* Effekte jeder Handlung und ist somit in der Lage, Effektkontrolle überhaupt erst durchzuführen.
- Das Assistenzsystem vermag die *tatsächlich eingetretenen* Effekte ausgeführter Handlungen festzustellen.
- Das Assistenzsystem ist in der Lage, *beabsichtigte* und *tatsächlich eingetretene* Effekte zu vergleichen und Abweichungen festzustellen.

Alle hier beschriebenen Voraussetzungen für die Implementierung einer Effektkontrolle in einem Assistenzsystem lassen sich an folgendem aus [21] entnommenen und um die

Klauseln für Diagnose erweiterten Beispiel veranschaulichen. Es handelt sich dabei um eine GOLOG-Implementierung einer Simulation für eine vereinfachte Aufzugssteuerung.

```
  %  A Reactive Elevator Controller with Interactively
  %Generated Exogenous Actions

% Primitive action declarations.

primitive_action(goUp). primitive_action(goDown).
primitive_action(resetButton(N)).   primitive_action(toggleFan).
primitive_action(ringAlarm).  primitive_action(wait).
primitive_action(startFire).  primitive_action(endFire).
primitive_action(callElevator(N)).  primitive_action(resetAlarm).
primitive_action(changeTemp).

% GOLOG Procedures

proc(control, wait : while(some(n,buttonOn(n)),
  pi(n, ?(buttonOn(n)) : serveFloor(n)))).

proc(serveFloor(N), while(-atFloor(N), if(aboveFloor(N), goDown, goUp)) :
  resetButton(N)).

proc(rules, ?(fire & -alarmOn) : ringAlarm : while(alarmOn,wait) #
   ?(tooHot & -fan) : toggleFan #
   ?(tooCold & fan) : toggleFan #
   ?(-(fire & -alarmOn v tooHot & -fan v tooCold & fan))).

% exoTransition under the assumption that at most one exogenous action
% can occur after each control action.

exoTransition(S1,S2) :- requestExogenousAction(E,S1),
  (E = nil, S2 = S1; \+ E = nil, S2 = do(E,S1)).

requestExogenousAction(E,S) :-
  write('Enter an exogenous action, or nil.'), read(E1),
  %  IF exogenous action is nil, or is possible THEN no problem
  ((E1 = nil ; poss(E1,S)) -> E = E1 ;
  %  ELSE print error message, and try again.
  diagnosis(E1,S),
 write('>> Action not possible. Try again.'), nl,
 requestExogenousAction(E,S)).

% Preconditions for Primitive Actions

poss(goUp,S) :- atFloor(N,S), topFloor(T), N < T.
poss(goDown,S) :- atFloor(N,S), firstFloor(F), F < N.
poss(resetButton(N),S) :- atFloor(N,S), buttonOn(N,S).
```

```prolog
poss(toggleFan,S).
poss(ringAlarm,S) :- fire(S).
poss(startFire,S) :- \+ fire(S).
poss(endFire,S) :- fire(S).
poss(callElevator(N),S) :- \+ buttonOn(N,S).
poss(changeTemp,S).
poss(resetAlarm,S) :- alarmOn(S).
poss(wait,S).

% Successor State Axioms for Primitive Fluents.

buttonOn(N,do(A,S)) :- A = callElevator(N) ;
  buttonOn(N,S), \+ A = resetButton(N).
fire(do(A,S)) :- A = startFire ; \+ A = endFire, fire(S).
fan(do(A,S)) :- A = toggleFan, \+ fan(S) ; \+ A = toggleFan, fan(S).
atFloor(N,do(A,S)) :- A = goDown, atFloor(M,S), N is M - 1 ;
 A = goUp, atFloor(M,S), N is M + 1 ;
  \+ A = goDown, \+ A = goUp, atFloor(N,S).
alarmOn(do(A,S)) :- A = ringAlarm ; \+ A = resetAlarm, alarmOn(S).
temp(T,do(A,S)) :- A = changeTemp, temp(T1,S), (\+ fan(S), T is T1 + 1 ;
  fan(S), T is T1 - 1) ;
   \+ A = changeTemp, temp(T,S).
tooHot(S) :- temp(T,S), T > 3.
tooCold(S) :- temp(T,S), T < -3.
aboveFloor(N,S) :- atFloor(M,S), N < M.

% Initial Situation.

atFloor(1,s0).  temp(0,s0).  topFloor(6).  firstFloor(1).

% Restore suppressed situation arguments.

restoreSitArg(tooCold,S,tooCold(S)). restoreSitArg(fire,S,fire(S)).
restoreSitArg(buttonOn(N),S,buttonOn(N,S)). restoreSitArg(fan,S,fan(S)).
restoreSitArg(tooHot,S,tooHot(S)).
restoreSitArg(atFloor(N),S,atFloor(N,S)).
restoreSitArg(alarmOn,S,alarmOn(S)). restoreSitArg(temp(T),S,temp(T,S)).
restoreSitArg(aboveFloor(N),S,aboveFloor(N,S)).
restoreSitArg(requestExogenousAction(E),S,requestExogenousAction(E,S)).

% Main Clause

elevator :- doR(control,rules,s0,S).

% Diagnosis rules

diagnosis(ringAlarm,S) :- \+ fire(S), write('keep calm. there's no fire'),
   nl.
```

```
diagnosis(resetAlarm,S) :- \+ alarmOn(S), write('no alarm at all'), nl.
diagnosis(startFire,S) :- fire(S), write('elevator is already burning'),
   nl.
diagnosis(endFire,S) :- \+ fire(S), write('ok. no more fire'),
   nl.
diagnosis(callElevator(N),S) :-
   buttonOn(N,S), write('be patient. elevator will arrive soon'), nl.
diagnosis(resetButton(N),S) :-
   \+ atFloor(N,S), write('elevator not yet arrived at this floor'), nl;
   \+ buttonOn(N,S), write('nobody waiting at this floor'), nl.
diagnosis(A,S) :- write('no diagnosis for '),
   write(A), write(' '), nl.
```

Im Abschnitt `MainClause` wird die Zielklausel `elevator` definiert, deren Beweis durch einen Prolog-Interpreter die GOLOG-Prozedur `control` ausführt. Sie erfüllt die erste Voraussetzung, da sie die Handlungsfolge festlegt, mit der die Aufgabe der Aufzugsteuerung erledigt werden kann. Im Abschnitt `Successor State Axioms for Primitive Fluents` sind die Effekte jeder definierten primitiven Aktion festgelegt. Die Aufzugsteuerung kennt also alle *beabsichtigten* Effekte einer durchgeführten Aktion. Wenn das GOLOG-Programm ausgeführt wird, konstruiert der Prolog-Interpreter nach jedem Schritt einen Situationsterm, der beschreibt, welche Aktionen bisher ausgehend von der initialen Situation ausgeführt worden sind. Mit Hilfe der primitiven Fluenten und der Vorbedingungen für die primitiven Aktionen stellt der GOLOG-Interpreter fest, ob die *beabsichtigten* Effekte auch *tatsächlich eingetreten* sind. Damit ist die dritte Voraussetzung gegeben. Schließlich ist der GOLOG-Interpreter in der Lage festzustellen, ob die *tatsächlich eingetretenen* Effekte auch die *beabsichtigten* sind: dies ist dann nicht der Fall, wenn die Vorbedingungen für die nächste auszuführende Aktion nicht erfüllt sind. Mit Hilfe der Klauseln im Abschnitt `Diagnosis Rules` stellt der GOLOG-Interpreter genau fest, welche *beabsichtigten* Effekte nicht eingetreten sind. Auf diese Weise führt er eine Diagnose durch, die eine explizite Aussage darüber erlaubt, warum zum aktuellen Zeitpunkt die Aufzugsteuerung nicht funktioniert.

Dieses Beispiel illustriert, wie ein Assistenzprogramm mit Diagnosefähigkeit versehen werden kann, wenn genügend Wissen über die Aufgaben des Nutzers bekannt und geeignet formalisiert ist. An dem Beispiel wird aber noch nicht deutlich, wie ein Assistenzsystem weiter Unterstützung leisten kann, selbst wenn und gerade dann, wenn beabsichtigte Effekte nicht tatsächlich eingetreten sind. Offensichtlich ist die Fähigkeit zur Diagnose nur dann sinnvoll einsetzbar, wenn das Assistenzsystem seine Unterstützung an die aktuelle Situation anpassen kann.

Im weiter oben diskutierten Szenario des ROSE-Fußgängernavigationssystems ist die Diagnose aus einem Abgleich zwischen erwarteten und tatsächlich gemessenen Positionen des Nutzers berechenbar. Klarerweise wird von einem Assistenzsystem erwartet, nicht nur Diskrepanzen festzustellen, sondern auch darauf reagieren zu können. Handelsübliche Navigationssysteme berechnen einfach eine neue Route zum bisherigen Ziel; dies ist sicherlich eine Möglichkeit, auf eine kritische Diagnose zu reagieren; wie weiter oben bereits diskutiert, ist sie aber wenig situationsadaptiv, weil nicht versucht wird, die Unsicherheit über die aktuelle Situation zu beseitigen. Eine viel unflexiblere Art und Weise, auf Abweichungen des Nutzers zur geplanten Route zu reagieren, wäre die starre Meldung *„Bitte wenden Sie!"*, wie sie von vielen KFZ-Navigationssystemen bekannt ist. Mit Hilfe einer derartigen Meldung alleine ist es aber nicht möglich, für die Lösung der Aufgabe hilfreiche Assistenz zu leisten, die den Problemlöseprozess des Nutzers zielorientiert zu unterstützen vermag. Die Diskussion verdeutlicht, dass die Frage der adäquaten, d. h. in Bezug auf die Aufgabe optimale Assistenz bietenden, Reaktion auf eine kritische Diagnose sehr eng mit der Frage, wie die Zielorientierung eines Assistenzsystems hergestellt werden kann, verknüpft ist. Dieser Hypothese soll im folgenden Abschnitt anhand eines Vergleichs zwischen den bisher diskutierten interaktiven Systemen mit einem autonomen System zur Kontrolle eines Roboters weiter nachgegangen werden.

2.3.3 Fähigkeit zur Korrektur

Das Beispiel des ROSE-Navigationssystems gab bereits Hinweise darauf, dass die Fähigkeit eines Assistenzsystems, auch bei nicht beabsichtigten Situationen Unterstützung zu leisten, davon abhängt, wie gut es Diagnosen über die Diskrepanz zwischen beabsichtigten und tatsächlich eingetretenen Effekten in Bezug auf die zu lösende Aufgabe interpretieren kann.

Deutlicher als bei interaktiven Assistenzsystemen wird dies bei autonomen Systemen. In den beiden Skizzen in Abb. 2.9 symbolisiert der große Kreis rechts einen autonomen Roboter, der als Ziel das Feld links oben erreichen will. Der Roboter kann den durch die Umrisse gegebenen Bereich nicht verlassen. Die kleinen Kreise stehen für bewegliche Hindernisse, die sich auf und ab bewegen, und zwar in die von den Pfeilen andeutete Richtung. Über Sensoren kann der Roboter sowohl die statischen als auch die beweglichen Hindernisse wahrnehmen. Genauer gesagt: er nimmt wahr, dass im gemessenen Abstand der Weg nicht frei ist; eine Unterscheidung zwischen verschiedenen Typen von Hindernissen ist nicht möglich. Auf die Diagnose, dass Hindernisse in der Nähe sind, muss der Roboter reagieren, um Kollisionen zu vermeiden. Üblicherweise sind in Robotern Hindernisvermeidungsalgorithmen implementiert, die ein physikalisches Modell realisieren (siehe [22], Kap. 4): der Roboter bewegt sich mit einer bestimmten Geschwindigkeit auf das Ziel zu – daraus lässt sich ein zweidimensionaler Vektor für die Kraft, die den Roboter antreibt, ermitteln. Hindernisse werden auf folgende Weise in das Modell integriert: sie üben eine abstoßende Kraft auf den Roboter aus, die wie der Differenzvektor zwischen Hindernis und Roboter gerichtet sind, und deren Größe vom Abstand zwischen Hindernis und Roboter abhängt. Der Roboter bestimmt seine Bewegungsrichtung dann anhand der Ersatzkraft, die aus der eigenen Vorwärtsbewegung und den abstoßenden Kräften der vorhandenen Hindernisse resultiert.

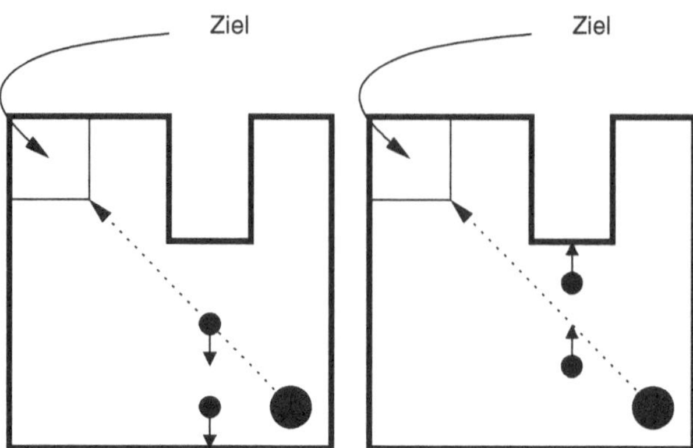

Abb. 2.9 Ein Roboter (symbolisiert durch den *großen Kreis*) bewegt sich auf das Ziel zu. Bewegliche Hindernisse (*kleine Kreise*) versuchen, ihn davon abzuhalten

Im Szenario, das in Abb. 2.9 zu sehen ist, wirken zunächst die abstoßenden Kräfte der statischen Hindernisse auf den Roboter. Da sie umso größer werden, umso näher der Roboter auf ein Hindernis zufährt, wird der Roboter von den statischen Hindernissen ferngehalten, wenn er nicht zu schnell beschleunigt. Zusätzlich wirken auch die abstoßenden Kräfte der beweglichen Hindernisse auf den Roboter. Da er, um das Ziel zu erreichen, die beweglichen Hindernisse passieren muss, wird der Roboter von den beweglichen Hindernissen abgestoßen, je mehr er sich ihnen nähert. Da sich die Hindernisse auf und ab bewegen, wirkt diese abstoßende Kraft permanent gegen die Fahrtrichtung des Roboters in Richtung auf das Ziel. Die Ersatzkraft zeigt tendenziell nach oben und wird den Roboter hinter den Mauervorsprung drängen. Dort ist die Luftlinie zum Ziel aber immer direkt durch die Mauer gerichtet, an der sich der Roboter im schlimmsten Fall für immer „festbeißen" wird. Die statische Mauer löst eine Kraft auf den Roboter aus, die der Vorwärtskraft des Roboters gerade entgegen gerichtet ist. Der Roboter wird sich also der Mauer erst nähern, dann wieder von ihr abgestoßen. Daher wird er schließlich vor der Mauer in eine Oszillationsbewegung übergehen oder, falls sich die Kräfte das Gleichgewicht halten, einfach stehen bleiben.

In der beschriebenen Situation steht dem Roboter nur eine einzige Möglichkeit zur Diagnose zur Verfügung. Er kann die Entfernung zum Ziel berechnen und daraus seine Vorwärtsbewegung neu anpassen, also auf die Diagnose reagieren. Endet diese Reparaturstrategie, wie oben beschrieben, im Stillstand oder in einer anderen Bewegung, die den Roboter auf Dauer nicht dem Ziel näher bringt, fehlt dem Roboter jedoch jede Möglichkeit, zu analysieren, warum seine Fahrbewegungen nicht zum Ziel führen.

Die Reparaturstrategie ist also nicht hilfreich für die Lösung der Aufgabe, weil die Wahrnehmungen aus der Umgebung des Roboters nicht in Hinblick auf die für die Lösung auszuführenden Schritte interpretiert werden. Der Roboter kann die gestellte Diagnose nicht ausnutzen, um seine Reparaturstrategie geeignet zu modifizieren. Dem Roboter fehlt nämlich die Kenntnis über eine Handlungsfolge, die zum Ziel führt. Die Bewegung in direkter Richtung auf das Ziel ist nämlich nur eine Schätzung für einen ersten Schritt zur Lösung der Aufgabe. Der Roboter kann daher keine späteren Situationen vorhersehen, in denen andere Schritte als die Bewegung direkt auf das Ziel die gestellte Aufgabe lösen.

Die Fähigkeit zur Reparatur ist also mit der Fähigkeit verbunden, Zielorientierung so umzusetzen, dass mehrere Schritte zum Ziel eingeplant werden. Das bedeutet aber unmittelbar, dass ein Assistenzsystem mit Zielorientierung Hypothesen darüber generieren können muss, welche Situationen sich aus der Ausführung einer Reihe von Aktionen ergeben können. Das Assistenzsystem simuliert also zukünftige Zustände durch *Probehandeln*, indem es überprüft, ob die eventuelle Ausführung einer Aktion die *beabsichtigten* Effekte erreichen kann. Das Assistenzsystem wird Hypothesen, in denen die *eventuell eintretenden* Effekte nicht mit den *beabsichtigten* übereinstimmen, nicht weiterverfolgen. Diese Auswahl von Hypothesen, die eine hohe Chance haben, zur Lösung der gestellten Aufgabe beizutragen, ist bereits eine erste Form von Diagnose und Reparatur.

Der Roboter kann die eben beschriebenen Eigenschaften umsetzen, indem er die Grundannahme aufgibt, mit einer einzigen Fahrbewegung das Ziel erreichen zu können. Stattdessen kann er eine plausible – beispielsweise an seiner mittleren Geschwindigkeit orientierten – Zahl von einzelnen Schritten voraussehen. Die Schritte selbst lassen sich durch einen Routensuch-Algorithmus wie etwa den A$*$-Algorithmus[9] oder Varianten davon[10] finden. Sofern der Roboter in der Lage ist, seine aktuelle Position – zumindest ungefähr – zu bestimmen, kann er eine Effektkontrolle nach jedem Schritt durchführen. Stimmt die tatsächlich erreichte Position nicht mit der beabsichtigten überein, kann der Roboter eine neue Folge von Schritten suchen, durch deren Ausführung er das Ziel erreichen kann. In der oben besprochenen Szene in Abb. 2.9 wird der Roboter also nicht einfach versuchen auf der Luftlinie das Ziel anzufahren, sondern er wird einen Pfad durch die Umgebung suchen, der Hindernisse vermeidet und dennoch zum Ziel führt.

Offensichtlich ist diese Strategie umso erfolgreicher, umso präziser zukünftige Situationen vorhergesehen werden können. Könnte der Roboter also die Bewegung der Hindernisse aufzeichnen und daraus ihre mittleren Geschwindigkeiten schätzen, hätte er weitere Möglichkeiten zur Reparatur:

- Anhand der Schätzung lassen sich so viele Warteschritte einplanen, bis in einer Situation sich die Hindernisse auf einer Position befinden, die dem Roboter die Passage durch die Hindernisse hindurch ermöglicht.
- Eine Ersatzroute kann berechnet werden, indem berücksichtigt wird, wie sich die Hindernisse bewegen. Auch in diesem Fall werden zur Reparatur Hypothesen über zukünftige Situationen benötigt.

---

[9] Der A$*$-Algorithmus wird in [23] vorgestellt.
[10] Eine bei der Routenplanung oft verwendete Variante ist D$*$; bei diesem Verfahren (siehe [22], Abschn. H.3) wird der Neuplanungsaufwand minimiert, wenn der ursprünglich vorgesehene Pfad nicht eingehalten werden konnte.

In beiden Fällen folgt jedoch aus der Simulation zukünftiger Zustände *nicht*, dass die Diagnose ausgeschaltet werden kann, wenn die für die Lösung der Aufgabe gefundenen Schritte ausgeführt werden. Es gibt nämlich keine Garantie, dass die Schätzung für das Bewegungsverhalten richtig war, und nicht während der Abarbeitung der Schritte unerwartete Ereignisse auftreten, die verhindern, dass die *beabsichtigten* Effekte erreicht werden. Die Effektkontrolle nach jedem einzelnen Schritt ist also eine wichtige Eigenschaft eines Assistenzsystems.

Das Beispiel des autonomen Roboters verdeutlicht aber auch – wie beim ROSE-Navigationssystem schon beschrieben –, dass Diagnose nur dann zielorientiert sein kann, wenn sie beachtet, dass Abweichungen von *erwarteten* Effekten in *allen* Handlungsphasen im Sinn von [1] auftreten können. Zielorientierte Reparatur ist nur möglich, wenn Diskrepanzen der richtigen Handlungsphase zugeordnet werden. Ein zielorientiertes Assistenzsystem integriert dazu die Simulation von Aktionen das Schätzen von erwarteten Werten für unsichere Information, das Ausführen von Aktionen und die Kontrolle von deren Effekten. Durchführung von Assistenz ist damit eine hierarchisch angelegte Aufgabe, die Effektkontrolle permanent in allen Handlungsphasen auszuführen.

2.3.4 Fähigkeit zur Erklärung

Die Bezugnahme auf die richtige Handlungsphase ist auch von großer Bedeutung, wenn das Assistenzsystem Ergebnisse von Diagnosen, Planungen und Aktionen dem Benutzer kommuniziert, wenn es also sein Vorgehen *erklärt*. Was bedeutet *Erklären* als Aktivität eines zielorientierten Assistenzsystems genau? Verschiedene Antworten sind auf diese Frage vorstellbar:

- Das Assistenzsystem sucht zur Lösung einer Aufgabe nach einer geeigneten Folge von Aktionen, indem es zukünftige Zustände simuliert. Heißt *Erklären*, Gründe für die gewählte Schrittfolge angeben zu können?
- Wenn Aktionen ausgeführt werden, vergleicht das Assistenzsystem erwartete mit beobachteten Effekten. Heißt *Erklären* also, die nicht erfüllte Erwartung benennen zu können?
- Heißt *Erklären* darüber hinaus sogar, weitere Konsequenzen eines eingetretenen, aber nicht erwarteten Effekts finden und benennen zu können?
  Insbesondere geht es dabei um Konsequenzen dafür, ob das bisher angestrebte Ziel noch erreicht werden kann oder nicht.

Eine Antwort darauf, welche dieser Fragen für Assistenzsysteme relevant sind, kann aus dem Zweck von Assistenz abgeleitet werden, der von [1] auf S. 144 folgendermaßen bestimmt wird:

> Users or operators have to understand the outcomes of their action and evalutate whether or not the outcome is congruent with their expectations. In man-machine-systems, the outco-

me of an action often cannot be perceived directly. As a result, users need assistance in (1) realizing the effects of their actions and (2) in interpreting these effects as a success or failure.

In einer Umgebung, die ein Softwaresystem verändern kann, ist der Zweck von Assistenz um noch einen Aspekt weiter zu fassen: Nutzer benötigen nicht nur Assistenz bei der Wahrnehmung von Effekten eigener Handlungen, sondern auch von Handlungen des Softwaresystems. Wenn eine Handlung scheitert, ist aber die Motivation des Nutzers, eine für ihn relevante Aufgabe zu lösen, nicht zwangsläufig auch erloschen, sondern besteht in der Regel weiter. Daher gibt es zwei weitere denkbare Leistungen einer *Erklärung*:

- Soll ein Assistenzsystem erklären können, wie eine Aufgabe auf eine andere als bisher geplante Art und Weise gelöst werden kann?
- Bedeutet *Erklären*, wenn aus den Konsequenzen nicht erwarteter Effekte eine bisher vorgesehene Lösung einer Aufgabe unmöglich geworden ist, neue Ziele bzw. neue Motivation oder Aktivierung zu gewinnen?

Sogar neue Ziele konstruieren zu können, wenn die Lösung der aktuellen Aufgabe schwierig oder unmöglich geworden ist, führt über das *Erklären* im engeren Sinn, also das Erklären von erledigten oder noch durchzuführenden Lösungsschritten, hinaus und geht in die Assistenzform der Beratung über. Wie in späteren Kapiteln zu besprechen sein wird, sind auch die technischen Anforderungen an Beratung bei der Zielbildung weitaus höher als beim Erklären – Abschn. 2.3.5 wird einen vertieften Einblick in diesen Aspekt geben.

Anhand eines Beispiels aus der ROSE-Domäne zur Motivbildung (Aktivierungsassistenz) und zur Effektkontrolle (Rückmeldungsassistenz) soll in diesem Abschnitt zunächst argumentiert werden, dass ein Assistenzsystem für Erklärungen möglichst viel explizites Wissen über die aktuelle Situation benötigt, um die Ergebnisse seiner Effektkontrolle in Hinblick auf die zu lösende Aufgabe als Erklärungen zu formulieren. Mit ihrer Hilfe kann das Assistenzsystem dem Nutzer dann leichter die nötige Unterstützung bieten, die gegebene Information wie eine zusätzliche Wahrnehmung in der aktuellen Situation zu verstehen und damit seine Kenntnis über den Sachstand bei der Lösung seiner Aufgabe zu vertiefen.

Diese Anforderungen stellen hohe Ansprüche an die Implementierung eines Assistenzsystems, da normalerweise die systeminterne Repräsentation des vorhandenen Wissens für den Nutzer nicht verständlich ist. Oft wird auch auf ausführliche Repräsentation von aktueller Information zugunsten von schnellen algorithmischen Lösungen bei der Realisierung von *user interfaces* verzichtet. Beispielhaft dafür sind die BAYES-Netze in den Abb. 2.4, 2.5, 2.6 und 2.7. Die Knoten in diesen Netzen sind starke und aus Sicht der vom Nutzer durchgeführten Handlung willkürliche Vergröberungen der Sachverhalte, die in der aktuellen Situation gelten können: Jeder Knoten steht für eine ganze Äquivalenzklasse von Zuständen. Die Knoten sind eben so konzipiert, dass sie die für die Analyse des Interessenstatus des Nutzers notwendige Information für den gewählten Inferenzalgorithmus geeignet repräsentieren, darüber hinaus aber keine Information über die aktuelle Situation speichern.

Genau diese wäre aber für ausführliches, situationsadaptives *feedback* entscheidend, um eine der Aufgabe angemessene Rückmeldeassistenz zu gewährleisten. Daraus die Konsequenz zu ziehen, in den benutzten Modellen mehr Information zu speichern, um den aktuellen Sachverhalt präziser explizit repräsentieren zu können, stößt aber rasch an technische Grenzen: der Suchaufwand zur Berechnung von Entscheidungen und Ergebnissen steigt enorm an; eine Modellierung für ein Anwendungsproblem wird rasch unhandlich, insbesondere dann, wenn Echtzeitverhalten gefordert wird.

Andererseits sind aber gerade diese Algorithmen, die mit „minimalistischen" Zustandsüberführungsmodellen im Suchraum die für eine Anwendung interessanten Bereiche identifizieren, bei der Kontrolle autonomer Systeme sehr erfolgreich: Fast alle modernen Robotersteuerungen modellieren das Kontrollproblem, den Roboter zu navigieren und zielführende Aktionen durchführen zu lassen, als sogenannten *Partially Observable Markov Decision Process* (POMDP)[11]. Das mathematische Modell des *Partially Observable Markov Decision Process* wird auch oft benutzt (siehe etwa [26]), um Dialogsteuerungen für meist natürlich-sprachliche Mensch-Maschine-Dialoge zu implementieren. Dabei wird gerade die Vergröberung des Raums der durch Sprechhandlungen erreichbaren Zustände verwendet, um ein einfaches Zustandsüberführungsmodell der Aufgabe, über die Dialog geführt wird, zu konstruieren. Allerdings liegt, wie oben besprochen, gerade in dieser Vergröberung die große Gefahr, entscheidende Informationen zu verlieren, die unverzichtbar sind, wenn der Mensch-Maschine-Dialog auch die Assistenz thematisieren soll, die das System dem Nutzer leistet.

Das Thema dieses Abschnitts ist ja, dass Erklärungen, die dem Nutzer situationsgerechte Interpretation von Effekten und durch das Assistenzsystem kommunizierte Wahrnehmungen erlauben, viel explizites Wissen über die aktuelle Situation beim Assistenzsystem voraussetzen. Die flache Modellierung von Domäne und Situation, wie sie bei einem *Partially Observable Markov Decision Process* durchgeführt wird, ist jedoch für derartige Erklärungen hinderlich: Nicht nur die Vergröberung des Suchraums jedoch führt zu Entscheidungen, die vom Nutzer nicht erwartete und daher schwer verständliche Effekte produzieren. Vielmehr trägt auch die Art und Weise, wie Entscheidungen für zukünftige Handlungen getroffen werden, dazu bei. Als exemplarischer Beleg für diese Aussage soll Entscheidungsfindung in einer sehr einfachen, aber doch beispielhaften autonomen Kontrolle untersucht werden: Abbildung 2.10 zeigt das Zustandsüberführungsmodell für die Kontrolle der Assistenzfunktion im ROSE-Navigationssystem.

Für den Zustand der Assistenz, der vom Kontrollalgorithmus gesteuert wird, gibt es drei verschiedene Möglichkeiten:

- x_1: Assistenz läuft.
- x_2: Assistenz ist unterbrochen.
- x_3: Assistenz ist beendet.

---

[11] Eine detaillierte Darstellung darüber ist in [24, 25], Kap. 14 und 15 gegeben; später in Kap. 6 wird das POMDP-Modell als Paradigma für interaktives Planen erörtert werden.

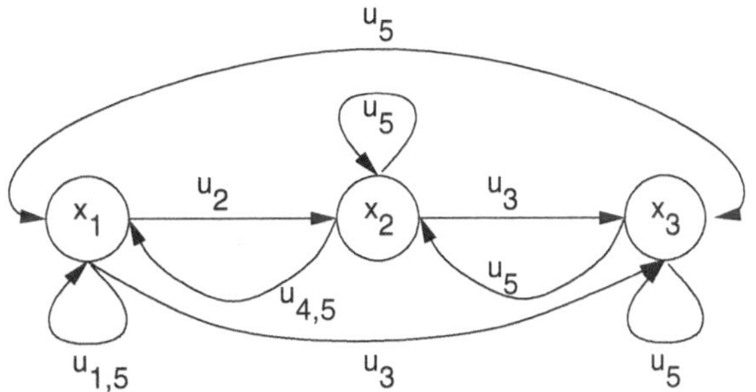

Abb. 2.10 Graph der Zustandsübergangsfunktion für die Kontrolle des Assistenzverhaltens im ROSE-Navigationssystem

Der Übergang zwischen den Zuständen wird durch fünf verschiedene Aktionen, die die Kontrolle durchführen kann, ausgelöst:

- u_1: Assistenz weiterführen
- u_2: Assistenz unterbrechen
- u_3: Assistenz beenden
- u_4: Assistenz wieder aufnehmen
- u_5: Interessenstatus des Nutzers abfragen

Die Zustandsüberführungsfunktion ist durch den Graphen in Abb. 2.10 gegeben. Andere Zustände als die im Graphen eingezeichneten sind nicht definiert und treten daher mit Sicherheit nicht ein. Im allgemeinsten Fall eines stochastischen Entscheidungsprozesses ist der Übergang von einem Zustand zu einem Folgezustand nichtdeterministisch. Aus sehr vielen früheren ähnlichen Fällen lässt sich abschätzen, wie wahrscheinlich welcher Übergang ist[12].

Aus dieser Festlegung der Zustandsüberführungsfunktion lässt sich die folgende Tabelle für die Übergangswahrscheinlichkeiten zwischen zwei Zuständen bei einer gegebenen Aktion definieren:

- Für Übergänge, die in den Zustand x_1 führen:

$$p(x_1|x_1,u_1) = 1 \quad p(x_1|x_2,u_1) = 0 \quad p(x_1|x_3,u_1) = 0$$
$$p(x_1|x_1,u_2) = 0 \quad p(x_1|x_2,u_2) = 0 \quad p(x_1|x_3,u_2) = 0$$
$$p(x_1|x_1,u_3) = 0 \quad p(x_1|x_2,u_3) = 0 \quad p(x_1|x_3,u_3) = 0$$
$$p(x_1|x_1,u_4) = 0 \quad p(x_1|x_2,u_4) = 1 \quad p(x_1|x_3,u_4) = 0$$
$$p(x_1|x_1,u_5) = \tfrac{1}{3} \quad p(x_1|x_2,u_5) = \tfrac{1}{3} \quad p(x_1|x_3,u_5) = \tfrac{1}{3}$$

---

[12] Dieses Lernverfahren wird in [27] eingeführt.

- Für Übergänge, die in den Zustand x_2 führen:

$$p(x_2|x_1,u_1) = 0 \quad p(x_2|x_2,u_1) = 0 \quad p(x_2|x_3,u_1) = 0$$
$$p(x_2|x_1,u_2) = 1 \quad p(x_2|x_2,u_2) = 0 \quad p(x_2|x_3,u_2) = 0$$
$$p(x_2|x_1,u_3) = 0 \quad p(x_2|x_2,u_3) = 0 \quad p(x_2|x_3,u_3) = 0$$
$$p(x_2|x_1,u_4) = 0 \quad p(x_2|x_2,u_4) = 0 \quad p(x_2|x_3,u_4) = 0$$
$$p(x_2|x_1,u_5) = \tfrac{1}{3} \quad p(x_2|x_2,u_5) = \tfrac{1}{3} \quad p(x_2|x_3,u_5) = \tfrac{1}{3}$$

- Für Übergänge, die in den Zustand x_3 führen:

$$p(x_3|x_1,u_1) = 0 \quad p(x_3|x_2,u_1) = 0 \quad p(x_3|x_3,u_1) = 0$$
$$p(x_3|x_1,u_2) = 0 \quad p(x_3|x_2,u_2) = 0 \quad p(x_3|x_3,u_2) = 0$$
$$p(x_3|x_1,u_3) = 1 \quad p(x_3|x_2,u_3) = 0 \quad p(x_3|x_3,u_3) = 0$$
$$p(x_3|x_1,u_4) = 0 \quad p(x_3|x_2,u_4) = 0 \quad p(x_3|x_3,u_4) = 0$$
$$p(x_3|x_1,u_5) = \tfrac{1}{3} \quad p(x_3|x_2,u_5) = \tfrac{1}{3} \quad p(x_3|x_3,u_5) = \tfrac{1}{3}$$

Der Übergang zwischen verschiedenen Zuständen erfolgt deterministisch. Existiert in Graphen eine Kante, so wird der Übergang zwischen den beiden von der Kante verbunden Zuständen mit Sicherheit ausgeführt.

Neben der Zustandsübergangsfunktion verfügt ein *Partially Observable Markov Decision Process* noch über eine weitere Wissensquelle über die modellierte Domäne: In jedem Zustand gibt es zu jeder ausführbaren Aktion eine heuristisch festgelegte Bewertung – den sogenannten *reward* oder *immediate payoff*. Diese Größe sagt aus, wie gut durch Ausführen der betrachteten Aktion im betrachteten Zustand das Kontrollziel erreicht werden kann.

Welche Auswirkungen hat dies Methodik, Wissen über eine Domäne zu repräsentieren auf die Fähigkeit eines Assistenzsystems, präzise Erklärungen abzugeben? Um diese Frage zu diskutieren, sei folgende Definition des *immediate payoff* angenommen:

$$r(x_1,u_1) = 20 \quad\quad r(x_2,u_1) = -1000 \quad r(x_3,u_1) = -1000$$
$$r(x_1,u_2) = -20 \quad\quad r(x_2,u_2) = -1000 \quad r(x_3,u_2) = -1000$$
$$r(x_1,u_3) = 20 \quad\quad r(x_2,u_3) = -1000 \quad r(x_3,u_3) = -1000$$
$$r(x_1,u_4) = -1000 \quad r(x_2,u_4) = 50 \quad\quad r(x_3,u_4) = -1000$$
$$r(x_1,u_5) = -1 \quad\quad r(x_2,u_5) = -1 \quad\quad r(x_3,u_5) = -1$$

Um eine Entscheidung zu treffen, welche Aktion in einem Zustand auszuführen ist, werden alle aktuell möglichen Optionen unabhängig voneinander bewertet. Schließlich wird diejenige Aktion ausgewählt, für die die beste Bewertung ermittelt werden konnte.

Die Realisierung der Kontrolle eines autonomen Systems auf die eben beschriebene Art und Weise ist dazu geeignet, Unsicherheiten in der Auswirkung von Aktionen zu berücksichtigen. Aus diesem Grund wurden oben bei der Spezifikation der Zustandsübergangsfunktionen Wahrscheinlichkeiten verwendet. So kann man auf unkomplizierte Weise der Tatsache Rechnung tragen, dass im allgemeinen Fall die Ausführung einer Aktion in einem bestimmten Zustand nicht immer in denselben Zustand führt, also nichtdeterministisch ist[13].

Aus diesem Grund ist die Entscheidungsfindung etwas komplizierter als oben suggeriert: Die Kontrolle ist sich nicht sicher, in welchem Zustand sich das System zum aktuellen Zeitpunkt befindet, sie hat nur Annahmen über die Wahrscheinlichkeit, mit der jeder der definierten Zustände eingenommen sein kann. Die Bewertung der besten Aktion muss dies berücksichtigen, indem sie nicht nur berechnet, welche Aktion die beste Bewertung in einem einzigen Zustand erhält, sondern sie muss für jeden Zustand die bestbewertete Aktion finden und diese Bewertung mit der Wahrscheinlichkeit, dass sich das System gerade im betrachteten Zustand befindet, gewichten. Es wird also der Erwartungswert des *immediate payoff* über alle Aktionen und Zustände errechnet:

$$V = \max_u \sum_{i=1}^{3} p_i \cdot r(x_i, u)$$

Die Kontrolle entscheidet sich dann für dasjenige u, das den höchsten Wert für V liefert. Die Formel zeigt auch, dass die Annahme, zu jedem Zeitpunkt wäre der Zustand des Systems eindeutig festgelegt, einen Spezialfall darstellt, nämlich gerade den, in dem alle Wahrscheinlichkeiten p_i dafür, dass sich das System im Zustand i befindet, den Wert 0 haben, bis auf eine einzige, die den Wert 1 hat.

Anhand der oben definierten Übergangswahrscheinlichkeiten und *immediate payoffs* sollen die Konsequenzen dieser Vorgehensweise, Entscheidungen zu treffen, weiter untersucht werden: In unserem konkreten Fall wird V auf folgende Weise berechnet:

$$V = \max_u \left(p_1 \cdot r(x_1, u) + p_2 \cdot r(x_2, u) + p_3 \cdot r(x_3, u) \right)$$

Da p_1, p_2 und p_3 zusammen eine Wahrscheinlichkeitsverteilung bilden, gilt:

$$p_3 = 1 - p_1 - p_2$$

Daraus ergeben sich folgende Bewertungen für die einzelnen Aktionen:

$$u_1: \quad 20 \cdot p_1 - 1000 \cdot p_2 - 1000 \cdot (1 - p_1 - p_2) = 1020 \cdot p_1 - 1000$$

$$u_2: \quad -20 \cdot p_1 - 1000 \cdot p_2 - 1000 \cdot (1 - p_1 - p_2) = 980 \cdot p_1 - 1000$$

$$u_3: \quad 20 \cdot p_1 - 1000 \cdot p_2 - 1000 \cdot (1 - p_1 - p_2) = 1020 \cdot p_1 - 1000$$

$$u_4: \quad -1000 \cdot p_1 + 50 \cdot p_2 - 1000 \cdot (1 - p_1 - p_2) = 1050 \cdot p_2 - 1000$$

$$u_5: \quad -p_1 - p_2 - (1 - p_1 - p_2) = -1$$

---

[13] Dies geschieht beispielsweise, weil GPS-Empfänger aus technischen Gründen eine hohe Messungenauigkeit aufweisen. Je nach (nicht vorhersagbarem, da zufälligem) Messfehler, wird bei einer genau bestimmten Bewegung von einer festgelegten Position aus eine vom Messfehler verzerrte Annahme über die erreichte Position ermittelt. Zwar wird vom Messfehler erwartet, dass er nicht vorhanden ist, aber in der Praxis werden bei wiederholter Durchführung der eben beschriebenen Bewegung verschiedene Zielpositionen erreicht, jede mit einer bestimmten Wahrscheinlichkeit.

Beim Wettbewerb um die beste Bewertung konkurrieren gemäß der Formel für V also:

$$1020 \cdot p_1 - 1000 \quad \text{für die Aktionen } u_1 \text{ und } u_3$$
$$1050 \cdot p_2 - 1000 \quad \text{für die Aktion } u_4$$
$$-1 \quad\quad\quad\quad\quad\quad \text{für die Aktion } u_5$$

Die entscheidende Beobachtung bei der Analyse dieses Beispiels ist, dass unabhängig davon, ob Unsicherheit über den aktuellen Zustand besteht oder nicht, der Folgezustand nichtdeterministisch ist: Mit $p_1 = 1$ (d. h.: $p_2 = p_3 = 0$) fällt die Entscheidung für u_1 oder u_3 zufällig (siehe oben): das einzige pragmatische Entscheidungskriterium, nämlich der *immediate payoff*, ist für beide Aktionen identisch.

Nicht einmal, wenn der *immediate payoff* an allen definierten Stellen unterschiedlich ist, kann eine nichtdeterministische Reaktion des Systems ausgeschlossen werden. Um dies zu veranschaulichen, setzen wir

$$r(x_1, u_3) = 10.$$

Damit wird die beste Aktion anhand folgender Bewertungskriterien ausgewählt:

$$1020 \cdot p_1 - 1000 \quad \text{für die Aktion } u_1$$
$$1050 \cdot p_2 - 1000 \quad \text{für die Aktion } u_4$$
$$-1 \quad\quad\quad\quad\quad\quad \text{für die Aktion } u_5$$

Bei dieser Definition der *payoff*-Funktion r ist die Entscheidung deterministisch: einem gefundenen Maximum von V ist genau eine Aktion zugeordnet. In dieser Situation kann die Wahrscheinlichkeitsverteilung für p_1, p_2 und p_3 dafür verantwortlich sein, dass keine eindeutige Entscheidung getroffen werden kann: u_1 wird genau dann ausgewählt, wenn gilt:

$$1020 \cdot p_1 - 1000 > 1050 \cdot p_2 - 1000 \quad \text{und} \qquad 1020 \cdot p_1 - 1000 > -1$$
$$p_1 > \frac{105}{102} p_2 \qquad\qquad\qquad\qquad p_1 > \frac{999}{1020}$$

Abbildung 2.11 veranschaulicht dieses Entscheidungskriterium graphisch. Für die Analyse des Systemverhaltens bedeutsam ist, dass auf den Grenzgeraden immer eine nichtdeterministische Entscheidung zwischen zwei gleichwertigen Optionen stattfindet, ohne dass es dafür ein sachlogisches Argument gäbe. Der Nichtdeterminismus bei den Entscheidungen des Kontrollalgorithmus macht es dem Assistenzsystem zusätzlich zur fehlenden expliziten Information über die aktuelle Situation also geradezu unmöglich, die zu Beginn dieses Abschnitts gestellten Anforderungen zur Erklärung verschiedener Handlungsphasen zu erfüllen: Dem Assistenzsystem steht ja als einzige Information zur Verfügung, dass aufgrund der gegebenen Wahrscheinlichkeitsverteilung für die drei möglichen Zustände der berechnete *immediate payoff* zur Auswahl einer bestimmten aus einer

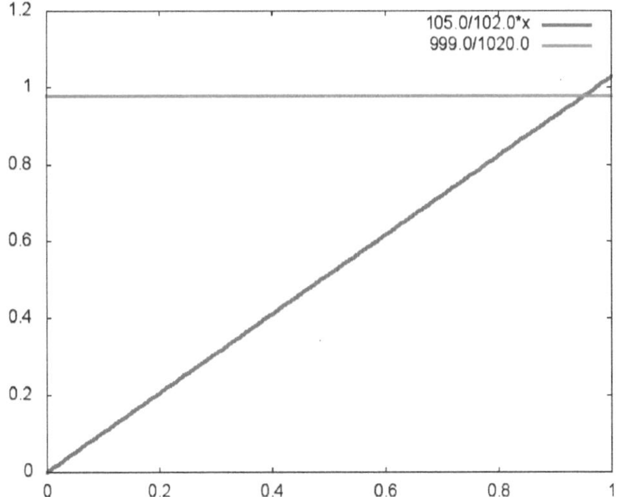

Abb. 2.11 Darstellung der Grenzgeraden, auf denen sich die Entscheidung für u_1, u_4 oder u_5 ändert. Unter der gestrichelten Geraden fällt die Entscheidung für u_5, über der gestrichelten und links von der durchgezogenen Geraden für u_1, über der gestrichelten und rechts der durchgezogenen Geraden für u_4

Menge erlaubter Aktionen geführt hat. Diese Information ist aber für ein Assistenzsystem wenig zweckdienlich, weil sie die Auswirkungen von Aktionen für den Nutzer nicht oder höchstens auf sehr schwer verständliche Weise wahrnehmbar macht. Betrachten wir dazu die drei Möglichkeiten, die das Modell in Abb. 2.10 zulässt:

- $p_1 = 1$, $p_2 = p_3 = 0$: In diesem Fall wird folgende Bewertung berechnet:

$$V = 1020 - 1000 = 20$$

Es wird u_1 ausgewählt.
- $p_1 = p_3 = 0$, $p_2 = 1$: Ist die Assistenz also sicher unterbrochen, gilt:

$$V = 1050 - 1000 = 50$$

Es wird u_4 ausgewählt.
- $p_1 = p_2 = 0$, $p_3 = 1$: Ist die Assistenz beendet, gilt:

$$V = -1$$

Das System wählt u_5 aus, bestimmt also den Interessenstatus des Nutzers neu.

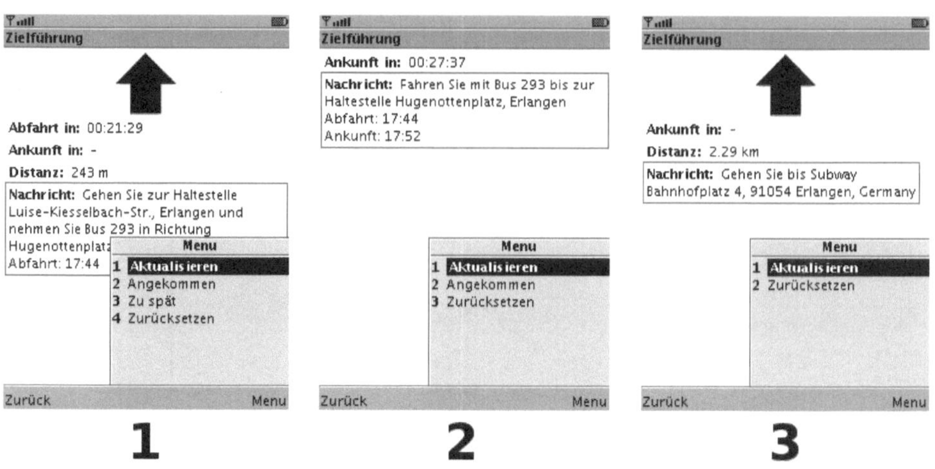

Abb. 2.12 Beispiele für aufeinander folgende Routenanweisungen des Auskunftssystems ROSE

Die drei Fälle zeigen Folgendes:

- Es wird jeweils diejenige Aktion gewählt, deren *immediate payoff* im aktuellen Zustand am höchsten ist.
- Wenn die Assistenz läuft, wird der Zustand nicht geändert. Das System überprüft den Interessenstatus nicht.
- Ist die Assistenz unterbrochen, wird sie sofort ohne Überprüfung des Interessenstatus wieder aufgenommen.

Diese Entscheidungen sind rational auf Grundlage des definierten *immediate payoff*. Obwohl die Festlegung seiner Werte zunächst plausibel schien, stellen sie sich jetzt dennoch als wenig problemadäquat heraus. Vor allem das Überprüfen des Interessenstatus kommt viel zu kurz. Der Nutzer kennt jedoch seine Interessen und wird Aktionen des Assistenzsystems immer in diesem Kontext interpretieren. Aus dieser Perspektive betrachtet, ist das Vorgehen des Assistenzsystems in vielen Situationen nicht nachvollziehbar.

Wenn das Assistenzsystem nun versucht, seine Aktionen plausibel zu machen (Erklärungsassistenz), muss es seine internen Fakten über die verschiedenen Phasen einer durchgeführten Aktion mitteilen. Dazu gehören insbesondere die Phase der Motiv- und Zielbildung sowie der Entscheidung, welche Aktion (aus einer Menge von Optionen) ausgewählt wurde. Die Motivbildung ist im Kooperationsbestreben des Assistenzsystems begründet, mit dem Nutzer ein gemeinsames Ziel, nämlich dessen aktuell zu lösende Aufgabe, zu erreichen. Die Erklärung der Zielbildung dient also vor allem der Vermeidung von Missverständnissen über die Aufgabe und der Planung und Durchführung einer Lösung für sie.

Die Erklärung, die gegeben werden kann, liegt also alleine im Modell für die Kontrolle begründet. Das Modell in Abb. 2.10 definiert drei Zustände, in denen sich das Assistenzsystem befinden kann; sie bilden zusammen mit der *payoff*-Funktion die Wissensbasis für Erklärungsassistenz. Bei einer Entscheidung für u_1, also für die Fortführung der Assistenz steht dem ROSE-Navigationssystem auch noch die Information über das nächste Teilstück der Route zur Verfügung (siehe Abb. 2.12). Aus ihr wird die neue Erklärung dann formuliert. Bei Auswahl der Aktion u_5 wird eine Frage an den Nutzer gerichtet. Ob der Nutzer den Sinn der Frage zum aktuellen Zeitpunkt erkennt, und die Frage in die aktuelle Assistenz- und Interaktionssituation einordnen kann, darüber liegt im Assistenzmodell keine explizite Information vor. Dasselbe gilt für die Aktionen u_2 (Assistenz unterbrechen), u_3 (Assistenz beenden) und u_4 (Assistenz wiederaufnehmen). Was das Assistenzsystem also dem Nutzer über seine Entscheidung mitteilen kann, ist auf den berechneten Wert von V und die Strategie der Entscheidung für die Aktion mit dem höchsten Wert von V beschränkt. Eine Systemmeldung wie etwa

> Ich gebe jetzt keine Weginformationen mehr; das ist das Beste, was ich gerade tun kann.

ist aber wohl für den Nutzer nicht hilfreich, um die Aktion des Systems in den Handlungsablauf zu integrieren. Der Meldung fehlt jeglicher Bezug zum aktuellen Geschehen und jede Begründung für die getroffene Entscheidung.

Dieser Kritik kann sicherlich durch eine andere *payoff*-Funktion begegnet werden; allerdings lässt sich auf Grund der schwer vorhersagbaren Einflussfaktoren auf V kaum verhindern, dass unspezifizierte Effekte, auftreten, deren Begründung keinen sinnvollen Bezug zur zu lösenden Aufgabe hat. Dieser Effekt wird sogar noch verstärkt, wenn nicht nur ein Schritt, sondern eine endliche Zahl T von Schritten in die Zukunft der *payoff* für T Schritte lange Folgen berechnet wird. In einer solchen Situation wird der Wert von V auch noch von den Zustandsübergangswahrscheinlichkeiten beeinflusst. Ist die zugehörige Verteilung nicht deterministisch, kumuliert sich die Unsicherheit weiter, ohne dass dazu eine sachlogische Erklärung möglich wäre.

Also wäre ein Ausweg, das Modell für die Assistenz zu verbessern und mit Hilfe von mehr Zuständen nicht nur den internen Zustand des Assistenzsystems, sondern auch Daten über die Benutzer, in unserem Beispiel insbesondere seinen Interessenstatus, zu modellieren. Derartige Zustände könnten beispielsweise den Status des Nutzers und den Status des Systems miteinander verbinden. Im bisher diskutierten Beispiel des ROSE-Navigationssystems gäbe es dann folgende Zustände:

$$x_1/s_1, \; x_1/s_2, \; x_1/s_3, \; x_1/s_4$$
$$x_2/s_1, \; x_2/s_2, \; x_2/s_3, \; x_2/s_4$$
$$x_3/s_1, \; x_3/s_2, \; x_3/s_3, \; x_3/s_4$$
$$x_4/s_1, \; x_4/s_2, \; x_4/s_3, \; x_4/s_4$$

Danach lässt sich dann das Zustandsüberführungsmodell und die *payoff*-Funktion anpassen. In diesem ausführlicheren Modell sind mehr Informationen über den aktuellen Zustand enthalten: der Interessenstatus liefert eine Begründung für die Entscheidung, die dem Nutzer auch plausibel kommuniziert werden kann:

Anscheinend benötigen Sie zur Zeit gar keine Routenanweisungen. Deshalb werde ich keine Weginformationen mehr geben.

In einem interaktiven System, in dem der Nutzer auf Systemmeldungen reagieren kann, bestünde dann sogar die Möglichkeit zu widersprechen:

Doch, ich brauche immer noch Routenanweisungen!

Problematisch bei dieser Vorgehensweise, die aktuelle Situation durch Vergrößerung der Zustandsmenge präziser zu erfassen, ist jedoch, dass immer komplexere Verteilungen für die Wahrscheinlichkeiten, mit denen einzelne Zustände eingenommen werden bzw. mit denen der Übergang von einem Zustand in einen anderen modelliert wird, geschätzt werden müssen. In der Literatur hat sich die Erkenntnis aufgrund vieler praktischer Experimente (siehe z. B. [25, 28]) durchgesetzt, dass ein großer Zustandsraum nicht handhabbar ist, weil nicht genügend Daten für das Schätzproblem zur Verfügung stehen können. Dies bedeutet aus der Sicht der Entwicklung eines Assistenzsystems, dass stets ein Kompromiss zwischen Detailliertheit des Modells und seiner Lernbarkeit eingegangen werden muss. Dieser Kompromiss stellt einen Verlust an Information über die aktuelle Situation dar. Er zieht eine Verschlechterung der Fähigkeit des Assistenzsystems nach sich, Erklärungen zu generieren, so dass die aktuelle Situation vom Nutzer mental rekonstruiert werden kann. Dies ist aber eine wesentliche Voraussetzung für die erfolgreiche Integration von neuer Information zum Zweck der Situationserkennung.

2.3.5 Fähigkeit zur Relaxation

Eine weitere konsequente Forderung aus der Fähigkeit eines Assistenzsystems, eine Diagnose tatsächlich eingetretener, aber nicht erwarteter Effekte zu stellen, ist die Anforderung, dass das Assistenzsystem den Nutzer dabei unterstützen kann, die Phase der Motiv- und Zielbildung wieder aufzunehmen. Zum Zweck einer effizienten Orientierungsassistenz sollte ein Assistenzsystem den Wechsel zu einem anderen Ziel unterstützen können, falls für die ursprüngliche Aufgabe keine Lösung mehr möglich ist.

Ohne diese Fähigkeit würde ein Assistenzsystem die Unterstützung des Nutzers beenden, sobald der aktuelle Lösungsweg für eine Aufgabe sich als undurchführbar herausgestellt hat. Genau dieses Verhalten jedoch würde dem Wesen der Assistenz widersprechen, die, solange sie nicht explizit gestoppt wird, immer einen neuen Weg finden muss, die aktuelle Aufgabe zu lösen, solange ein solcher Weg noch existiert. Das neue Ziel sollte verständlicherweise den bisherigen so ähnlich wie möglich sein. Um ein neues Ziel zu finden, muss der Zustandsraum nach einem geeigneten Punkt, dem neuen Ziel, durchsucht werden.

Schwierig ist die Frage, von welchen Prinzipien die Suche gesteuert werden kann. Es gibt sehr viele Zustände, die vom aktuellen aus erreichbar sind, aber mit dem ursprünglichen Ziel gar nichts oder höchstens sehr wenig gemein haben. Alleine schon die Frage der Ähnlichkeit zwischen Zuständen ist problematisch: Beschreibt man die Ähnlichkeit von Zuständen durch die Zahl identischer Eigenschaften zwischen den Zuständen, hat man noch lange kein geeignetes Kriterium für den Vergleich von Zuständen: War beispielsweise im Szenario des ROSE-Navigationssystems das bisherige Ziel durch eine Busverbindung am 15. September um 18:03 Uhr definiert, ist der Zustand, in dem die Busverbindung zum selben Ort, zur selben Zeit, aber am 17. Oktober gewählt wird, anhand der Zahl der identischen Eigenschaften dem ursprünglichen Ziel ähnlich, aber in pragmatischen Sinne alles andere als brauchbar. Algorithmische Verfahren, die es ermöglichen, einen Vorschlag für ein modifiziertes Ziel zu ermitteln, sind unter der Bezeichnung *Relaxationsverfahren* bekannt. Der Begriff Relaxation bedeutet, dass die Anforderungen an das bisherige Ziel so lange in möglichst kleinen Schritten abgemildert werden, bis ein neues, erfüllbares Ziel gefunden ist. Sie basiert auf heuristischen Funktionen, mit deren Hilfe der Nutzen und Schaden der Modifikation eines Zustands im Vergleich zum ursprünglichen Ziel bestimmt werden kann. Zlotkin und Rosenschein [29] definieren den Abstand $d(s, f)$ zwischen zwei Zuständen s und f, wenn es eine Folge $o = [o_1, \ldots, o_k]$ von Aktionen gibt, die s in f überführt, unter Bezug auf die Kosten der einzelnen Aktionen:

$$\text{Cost}(o) = \sum_{1 \leq i \leq k} o_i \tag{2.1}$$

$$d(s, f) = \min_{o} \text{Cost}(o) \tag{2.2}$$

Zur Bestimmung von $d(s, f)$ müssen also alle Pläne durchsucht werden. $d(s, f)$ ist dann reflexiv und symmetrisch und erfüllt die Dreiecksungleichung; damit kann die Funktion als Metrik auf dem Zustandsraum definiert werden, mit deren Hilfe Abstände zwischen Zuständen ermittelt werden können[14]. Die Relaxation von Zielen ist aber auch unter Verwendung solcher Bewertungsfunktionen keine einfache Aufgabe. Insbesondere ist es schwierig, systematische Ansätze dafür zu entwickeln,

- welche Eigenschaften eines Ziels überhaupt relaxiert werden dürfen,
- welche Eigenschaften keinesfalls relaxiert werden dürfen,
- welche Eigenschaften eher als andere relaxiert werden dürfen,
- und welche Werte einer Eigenschaft für die Relaxation überhaupt interessant sind.

Ein Beispiel: wie kann ein Navigationssystem in einem Suchraum ein anderes dem Anwendungszweck angemessenes Ziel finden? Kann es eine Heuristik dafür geben? Was soll die Heuristik wie bewerten? Sprechen logische Argumente für eine Kombination von relaxierten Werten, die ein neues Ziel konstituieren, sprechen persönliche Argumente dafür oder sprechen Argumente über erwartetes Verhalten (z. B. des Nutzers bisher oder des Nutzertyps bisher) dafür?

---

[14] Ähnliche Metriken werden im Fallbasierten Schließen (*case bases reasoning*) untersucht und angewandt. Einen Überblick über diese Thema gibt [30].

Aus technischer Sicht ist allen Varianten gemeinsam, dass sie einen Ansatz dafür zulassen sollen, mit dessen Hilfe die Eigenschaften des Ziels (oder eines als Ziel in Frage kommenden Zustands) zumindest partiell geordnet werden können. Zweck eines derartigen Ansatzes ist, die Suche nach einem alternativen Ziel heuristisch zu steuern. Zur Definition solcher heuristischer Ordnungen des Suchraums gibt es in der Literatur vier Ansätze:

1. Als Gewichtsvektor. Mittels Funktionen auf linear gewichteten Merkmalen (vergleiche etwa [31]) wird pro Merkmal ein Score berechnet, der mit anderen Merkmalen verrechnet wird. In der Regel ergibt sich dabei eine reelle Zahl als Bewertung für jeden Zustand, so dass Zustände sogar total geordnet sind.
2. Als probabilistisches Modell, meist unter Einsatz der BAYES-Regel ([32]) oder informationstheoretischen Größen wie Mutual Information (siehe [33]).
3. Als explizites relationales, symbolisch beschriebenes Modell der partiellen Ordnungen über mehrere Attribute hinweg (etwa in [34]).
4. Als logische Formeln ([35–38]).

Die Anforderung an ein Assistenzsystem, die Fähigkeit zu besitzen, Ziele relaxieren zu können, stellt also aus technischer Sicht eine weitere Erhöhung der Komplexität eines Assistenzsystems dar: es muss in der Lage sein, im Suchraum anhand partieller Ordnungen navigieren zu können, um unter Zuhilfenahme eines Ähnlichkeitsbegriffs im Suchraum schnell Alternativen für ein gegebenes Ziel finden zu können.

Für die Umsetzung aller in diesem Abschnitt aufgestellten Anforderungen bietet sich aufgrund ihrer Heterogenität eine hybride Systemarchitektur für die Realisierung eines Assistenzsystems an. Sie erlaubt es, für einzelne Assistenzfunktionen spezifische, möglichst gut geeignete Problemlöseverfahren zu integrieren. Auf diese Weise soll, wie in späteren Kapiteln weiter ausgearbeitet wird, die Realisierung konfigurierbarer, an verschiedene Anwendungen adaptierbarer Assistenzsysteme unterstützt und vereinfacht werden.

2.4 Zusammenfassender Überblick

Bevor jedoch das Konzept in seinen einzelnen Aspekten vertieft diskutiert wird, sollen zunächst noch einmal Anforderungen an Assistenzsysteme, die sich aus Sicht der Künstlichen Intelligenz an die Algorithmen zur Realisierung von Assistenz stellen, zusammengestellt werden:

- Assistenz ist **zielorientiert**. Ohne Zielorientierung kann das Assistenzsystem nicht prüfen, ob eine einzelne Handlung Konsequenzen hat, die später verhindern, dass der Benutzer sein Ziel erreichen kann.

- Assistenz ist **interaktiv**. Autonome Assistenz erfordert sichere Entscheidungen bezüglich des Ziels, welche in Szenarien mit subjektiven Parametern nicht getroffen werden können.
- Assistenz erfolgt **über mehrere Schritte hinweg**. Um das Ziel zu erreichen, müssen mehrere Teilziele, die sich gegenseitig beeinflussen, koordiniert werden.
- Assistenz kann auch bei partieller Beobachtbarkeit von Situation und Nutzer geleistet werden. Ohne diese Forderung könnte Assistenz nur in vollständig kontrollierten Umgebungen geleistet werden.
- Assistenz muss nichtdeterministische Aktionen behandeln können. Die tatsächlichen Effekte von Handlungen und das Verhalten der Umwelt sind nicht kontrollierbar.
- Assistenz *soll* in der Lage sein, existierende Problemlösekomponenten zu integrieren. Dafür sprechen methodologische Gründe wie die einfachere Erweiterbarkeit und Anpassbarkeit des Assistenzsystems. Mitunter sind die einzelnen Schritte der Assistenz so komplex (z. B. Navigation), dass ohnehin spezielle Repräsentationen und Algorithmen verwendet werden müssen.

Literatur

1. H. Wandke, Theor. Issues in Ergonomics Sci. **6**(2), 129 (2005)

2. M. Benmimoun, A. Pütz, A. Zlocki, L. Eckstein, in *Proceedings of the FISITA 2012 World Automotive Congress, Lecture Notes in Electrical Engineering*, vol. 197 (Springer Berlin Heidelberg, 2013), S. 537–547. 10.1007/978-3-642-33805-2_43. http://dx.doi.org/10.1007/978-3-642-33805-2_43

3. J.C. Giarratano, G.D. Riley, *Expert Systems: Principles and Programming*, 4th edn. (Course Technology, 2004)

4. K. Darlington, *The Essence of Expert Systems* (Prentice Hall, 1999)

5. J. Liebowitz (ed.), *The Handbook of Applied Expert Systems* (CRC Press, 1998)

6. E. Horvitz, J. Breese, D. Heckerman, D. Hovel, K. Rommelse, in *Proceedings of the Fourteeth Conference on Uncertainty in Artifical Intelligence* (Morgan Kaufmann, Madison, 1998), S. 256–265

7. J.F. Kelley, in *CHI '83: Proceedings of the SIGCHI conference on Human Factors in Computing Systems* (ACM, New York, 1983), S. 193–196. http://doi.acm.org/10.1145/800045.801609

8. A. Dix, J. Finlay, G.D. Abowd, R. Beale, *Human Computer Interaction*, 3rd edn. (Pearson Eduction, 2004)

9. R.C. Houghton, Jr., Commun. ACM **27**(2), 126 (1984). http://doi.acm.org/10.1145/69610.357985

10. S. Card, T.P. Moran, A. Newell, *The Psychology of Human-Computer Interaction* (Lawrence Erlbaum, 1983)

11. C.D. Wickens, J. Lee, Y.D. Liu, S. Gordon-Becker, *Introduction to Human Factors Engineering*, 2nd edn. (Prentice-Hall, Upper Saddle River, 2003)

12. J. Nitschke, Assistenz bei auswahlprozessen. Ph. D. thesis, Humboldt-Universität zu Berlin (2004)

13. B. Ludwig, B. Zenker, in *IMC 2009, CCIS*, vol. 53, ed. by D. Tavangarian, T. Kirste, D. Timmermann (Springer, Rostock, 2009), *CCIS*, vol. 53, S. 97–107

14. D. Poole, A. Mackworth, R. Goebel, *Computational Intelligence* (Oxford University Press, 1998)

15. J. Pearl, *Causality* (Cambridge University Press, 2009)

16. A. Darwiche, *Modeling and Reasoning with Bayesian Networks* (Cambridge, 2009)

17. D. Koller, N. Friedman, *Probabilistic Graphical Models – Principles and Techniques* (MIT Press, 2009)

18. I.J. Myung, J. Math. Psychol. **47**(1), 90 (2003). http://dx.doi.org/10.1016/S0022-2496(02)00028-7

19. L. Fahrmeir, R. Künstler, I. Pigeot, G. Tutz, *Statistik – Der Weg zur Datenanalyse*, 7th edn. (Springer, 2010)

20. H.W. Sorenson, *Parameter Estimation: Principles and Problems* (Marcel Dekker, 1980)

21. R. Reiter, *Knowledge in Action: Logical Foundations for Specifying and Implementing Dynamical Systems* (MIT Press, 2001)

22. H. Choset, K.M. Lnych, S. Hutchinson, G. Kantor, W. Burgard, L.E. Kavraki, S. Thrun, *Principles of Robot Motion – Theory, Algorithms, and Implementations* (MIT Press, 2005)

23. N. Nilsson, *Principles of Artificial Intelligence* (Morgan Kaufmann, San Francisco, 1980)

24. M.L. Puterman, *Markov Decision Processes: Discrete Stochastic Dynamic Programming* (Wiley-Interscience, 1994)

25. S. Thrun, W. Burgard, D. Fox, *Probabilistic Robotics* (MIT Press, 2005)

26. J. Williams, S. Young, IEEE Audio, Speech and Lang. Process. **15**(7), 2116 (2007)

27. R.S. Sutton, A.G. Barto, *Reinforcement Learning: An Introduction* (MIT Press, 1998)

28. B. Thomson, J. Schatzmann, K. Weilhammer, H. Ye, S. Young, in *NAACL-HLT '07: Proceedings of the Workshop on Bridging the Gap* (Association for Computational Linguistics, Morristown, 2007), S. 9–16

29. G. Zlotkin, J.S. Rosenschein, *Negotiation and Goal Relaxation* (Elsevier, 1991)

30. M.M. Richter, *Handbuch der Künstlichen Intelligenz* (Oldenbourg, 2000), chap. Fallbasiertes Schließen

31. M.T. Gervasio, M.D. Moffitt, M.E. Pollack, J.M. Taylor, T.E. Uribe, in *IUI '05: Proceedings of the 10th international conference on Intelligent user interfaces* (ACM, New York, 2005), S. 90–97. http://doi.acm.org/10.1145/1040830.1040857

32. I. Schwab, W. Pohl. Learning user profiles from positive examples (1999). citeseer.ist.psu.edu/schwab99learning.html

33. S.Y. Jung, J.H. Hong, T.S. Kim, IEEE Trans. on Knowl. and Data Eng. **17**(6), 834 (2005). 10.1109/TKDE.2005.86. http://dx.doi.org/10.1109/TKDE.2005.86

34. W. Kießling, in *VLDB '02: Proceedings of the 28th international conference on Very Large Data Bases* (VLDB Endowment, 2002), S. 311–322

35. G. Brewka, T. Eiter, Artif. Intell. **109**, 297 (1999)

36. G. Brewka, in *Fuzzy Sets, Logics and Reasoning About Knowledge*, ed. by H.P.D. Dubois, E.P. Klement (Kluwer, 1999), S. 381–394

37. G. Brewka, T. Eiter, in *Proc. 6th Intl. Conference on Knowledge Representation and Reasoning, KR-98* (Trento, Italy, 1998)

38. G. Brewka, J. Artif. Intell. Res. **4** (1996)

Interaktion mit Assistenzsystemen 3

Im vorhergehenden Kapitel wurden Anforderungen diskutiert, die aus dem Interesse erwachsen, dem Benutzer bei der Verwendung eines Softwaresystems Assistenz zu leisten. Dabei hat sich herausgestellt, dass die Fähigkeit zur Kommunikation mit dem Benutzer ein wesentliches Charakteristikum eines leistungsfähigen Assistenzsystems darstellt, um die zur Lösung einer aktuellen Aufgabe notwendige Information zu erhalten. Bei der kooperativen Lösung einer Aufgabe ist also Interaktion ein integraler Bestandteil der Lösung. Insofern stellt jeder zweckrationale Dialog die Verbalisierung von (einigen) Handlungen während der Lösung der aktuellen Aufgabe dar. Diese Handlungen werden festgelegt von den in Abschn. 2.3 erläuterten kognitiven Prozessen bzw. ihren algorithmischen Realisierungen in einem Assistenzsystem. Somit drängen sich mehrere Fragen auf:

- Wie bestimmen eigentlich die (pragmatischen) Prozesse, die für Assistenz bei Lösung der aktuellen Aufgabe sorgen sollen, welche Inhalte in der Interaktion zwischen Nutzer und Assistenzsystem thematisiert werden?
- Können diese in einer Weise systematisiert werden, die es erlaubt, ein Assistenzsystem für verschiedene Assistenzaufgaben (d. h. unterschiedliche Assistenzfunktionen oder je nach Bedarf andere Domänen) zu konfigurieren?

Neben diese Fragen tritt noch eine weitere: Interaktion ist auch unverzichtbar, um die aktuelle Aufgabe selbst festzulegen. Der Gegenstandsbereich der Interaktion geht also über die reine Problemlösung hinaus und erfasst auch Themen, die daraus entstehen, dass die Problemlösung durch Kooperation erreicht werden soll. Damit kann aber auch die Organisation der Kooperation zur einer aktuellen Aufgabe werden, die zu lösen ist. Ergibt sich nun eine endlose Expansion von Gegenstandsbereichen, Interaktionsthemen und kognitiven Prozessen?

Während diese zweite Frage ab Kap. 5 erörtert wird, geht es in diesem Kapitel um die Frage der Systematisierung der Fakten und Prozesse, die Thema der Mensch-Ma-

© Springer-Verlag Berlin Heidelberg 2015   47
B. Ludwig, *Planbasierte Mensch-Maschine-Interaktion in multimodalen Assistenzsystemen*,
Xpert.press, DOI 10.1007/978-3-662-44819-9_3

schine-Interaktion in zweckrationalen, kooperativen Szenarien, und damit auch in Assistenzszenarien sein können. Dazu wird zunächst die gegenseitige Abhängigkeit von Interaktionsmodalität und Komplexität des Gegenstandsbereichs der Interaktion beleuchtet, anschließend das Wissen charakterisiert, welches von den Prozessen aus Abschn. 2.3 benötigt oder erzeugt wird und gegebenenfalls auch in der Interaktion mit dem Nutzer thematisiert werden kann. Darauf aufbauend werden die pragmatischen Prozesse danach klassifiziert, in welcher Form sie in der Mensch-Maschine-Interaktion auftreten, und in einem Dialog aus einer kooperativen Problemlösedomäne nachgewiesen. Dabei wird deutlich werden, wie eng Interaktion und Problemlösung verzahnt sind.

3.1 Paradigmen für zweckrationale Mensch-Maschine-Interaktion

Seit die Computer vor einigen Jahrzehnten aus den Rechenzentren in die Büros und Firmen und später dann noch in die Privathaushalte gewandert sind, wird ihre Bedienung immer mehr zur Herausforderung für die Entwickler von Softwareprogrammen[1]. Dies liegt daran, dass immer weniger Experten oder sogar die Entwickler der Softwaresysteme selbst die Programme bedienen, aber immer mehr unerfahrene so genannte naive Nutzer. Dieser Umstand macht es erforderlich, die Abstraktion, die der Programmierer bei der Entwicklung eines Softwaresystems von der Realität vollzogen hat, gedanklich teilweise wieder rückgängig zu machen. Damit soll dem unkundigen Nutzer das Verständnis der Bedienung und Verwendung des Softwaresystems ermöglicht werden. Frühere Programme, die in an Kommandozeilen orientierten Benutzerschnittstellen bedient wurden, folgten jeweils einer eigenen Methodik, mit dem Benutzer zu kommunizieren, und ihm den Zugang zur implementierten Funktionalität zu eröffnen.

3.1.1 Interaktion über graphische Benutzeroberflächen

Seit der Einführung der graphischen Benutzeroberflächen hat sich die Idee durchgesetzt, dass es generische Metaphern gibt, mit deren Hilfe die Bedienung ganz verschiedener Programme vereinheitlicht werden kann. Die berühmteste dieser Metaphern ist die so genannte Desktopmetapher (siehe [3], Teil 2.). Sie kopiert aus dem üblichen Büroalltag, der noch ohne Computer auskommt, Begriffe, Vorgänge und Objekte des Büros auf den Computerbildschirm. So existiert in jeder graphischen Benutzeroberfläche ein Papierkorb, der in Wahrheit nichts anderes als ein spezielles Verzeichnis auf dem Dateisystem ist. Dem Benutzer jedoch wird suggeriert, dass auch der Computer ein Objekt zur Verfügung stellt, in das andere Objekte, die vernichtet werden sollen, hinein geworfen werden können. Um dies zu tun, bedient sich der Benutzer der Maus, mit der er – und auch das ist ein Analogon zur Bürowelt – Objekte in einem geometrischen Raum, nämlich

---

[1] Siehe dazu [1], Kap. 15 und [2].

auf der Bildschirmoberfläche, bewegen kann wie auf seinem Schreibtisch. Für spezielle Programme reichen die Möglichkeiten dieser einfachen Bedienmetaphern jedoch nicht aus, um die komplette Funktionsvielfalt des Programmsystems ausnutzen und aktivieren zu können. Der Benutzer eines kommandoorientierten Programms muss eine lange Liste von Befehlen, die über Tastatur einzugeben sind, auswendig beherrschen, um Programmfunktionen zu aktivieren. Dagegen suggeriert die Desktopmetapher die Möglichkeit, dass der Benutzer eine Programmfunktion aktivieren kann, ohne sich exakt an ihre Syntax zu erinnern. Denn alles, was er gerade wissen muss, wird auf dem Bildschirm mit der hochauflösenden Grafik angezeigt. Leider ist es tatsächlich nicht so einfach. Denn die Vielfalt der Befehle, wie sie auch schon ein handelsübliches Textverarbeitungsprogramm bietet, macht es unmöglich, alle Funktionen in Form eines sinnbildlichen Piktogramms gleichzeitig auf dem Bildschirm anzuzeigen. Dies ist der Grund dafür, dass so genannte Funktionsmenüs eingeführt wurden. Letzten Endes widersprechen sie dem Konzept, dass alles sichtbar ist wie auf einem Büroschreibtisch. Vielmehr sind sie vergleichbar mit einer Bedienanleitung, die vom Programm selbst erzeugt und jederzeit angezeigt wird. Menüs für die Funktionen eines Programms strukturieren daher den Befehlsvorrat aus der Perspektive des Programmentwicklers. Will nun der Benutzer eine bestimmte Funktion aktivieren, muss er das Strukturierungskonzept des Programmierers beherrschen oder zumindest rekonstruieren können. Nur dann kann er wissen, welches Menü und welchen Menüpunkt er aktivieren muss, um eine bestimmte Funktion des Programms aufrufen zu können.

Wie ist dieser Ansatz nun im Hinblick auf die Anforderungen an interaktive Assistenzsysteme zu bewerten? Das Prinzip der graphischen Benutzerschnittstellen ist solange praktikabel, wie sich entweder die Zahl der Funktionen in Grenzen hält, oder Funktionen in verschiedenen Programmen wiederholt vorkommen. Beispiele dafür sind Dateioperationen. Fast jedes Programm bietet die Möglichkeit an, ein neues Datenobjekt anzulegen, es wieder abzuspeichern, und bei einem späteren Programmstart neu zu laden. Die Frage, wie in einem komplexen Grafikprogramm die Rotwerte der angezeigten Grafiken leicht modifiziert werden können (siehe Abb. 3.1), um einen bestimmten optischen Effekt zu erreichen, ist aber bei weitem schwieriger[2]. In der Regel wird es in einem Grafikprogramm keinen eigenen Menübefehl für jede denkbare Funktion geben, die das Programm bietet. Und schon gar nicht für jede Manipulation, die der Nutzer am Bild durchführen will. Meist erfordert dies nämlich die Ausführung einer Reihe von Funktionen. Oft werden sie in so genannten Dialogboxen gebündelt, die thematisch ähnliche Funktionen zusammenfassen und über verschiedene Eingabefelder vom Nutzer die notwendigen Parameter für die Durchführung der Funktion abfragen können. Die Änderung der Rotwerte kann also nur dann gelingen, wenn der Nutzer weiß, welche Dialogbox er aktivieren und wel-

---

[2] Die umfangreiche Dokumentation zum Programm Photoshop (siehe http://www.adobe.com/de/products/photoshop.html, letzter Aufruf der Seite: 24.01.2015) verdeutlicht den Grad an Komplexität, den professionelle Softwaresysteme durch die ständig steigende Zahl angebotener Funktionen inzwischen erreicht haben.

Abb. 3.1 Änderung der Rotwerte eines Fotos mit Hilfe einer GUI. Bevor der Nutzer das Foto manipulieren kann (*linkes Bild*), muss er zunächst wissen, wie er dem Bildverarbeitungsprogramm die nötigen Informationen für die gewünschte Operation mitteilen kann

che Funktion er dort starten muss. Damit ist die Praktikabilität der Benutzeroberfläche des Grafikprogramms im wesentlichen wieder an dem Punkt angekommen, den schon kommandobasierte Programmsysteme ohne Windowmanager und Benutzeroberflächen geboten haben. Dialogboxen und andere graphische Bedienelemente sind also Mittel, die geeignet sind, den Datenaustausch zwischen Nutzer und Programmsystem zu realisieren, aber nicht dafür konzipiert sind, dem Benutzer Assistenz bei der Durchführung einer bestimmten Aufgabe zu bieten, für die er das Programmsystem als Werkzeug einsetzen möchte.

3.1.2   Interaktion in natürlicher Sprache

Ein Ersatz für die graphische Bedienmetapher ist bisher noch nicht gefunden worden. Auch die Entwicklung von Spracherkennungssystemen hat nicht wesentlich zu einer prinzipiellen Änderung des Bedienkonzepts beigetragen. Zwar ist es möglich, manche Systeme mit Sprachbefehlen zu bedienen. Ein besonders herausragendes Beispiel hierfür ist die Bedienung von KFZ-Unterhaltungselektronik. Die Situation beim Autofahren macht es für den Fahrer meist unabdingbar, die Hände am Lenkrad zu halten. Dadurch ist er nicht in der Lage, bestimmte Knöpfe am Armaturenbrett sicher zu bedienen. Allerdings machen es die technischen Grenzen aktueller Spracherkennungssysteme erforderlich, dass sich der Sprecher auf einen bestimmten fest vorgegebenen Wortschatz einschränkt. Damit sind wir auch im Fall von über Sprache zu bedienenden Assistenzsystemen wieder in der Situation, dass der Nutzer das Befehlsinventar auswendig können muss. Etwas flexibler sind in dieser Hinsicht die Sprachbedienungen SIRI von Apple (https://www.apple.com/ios/siri/) und die Spracherkennung von Google (https://support.google.com/websearch/answer/2940021?hl=de), die eine Mischung aus natürlichsprachlicher und UI-basierter Bedienung von Smartphones erlauben.

3.1.3 Die nutzerzentrierte Wende: Erweiterung von Benutzerschnittstellen um Aufgabenanalysen

Diese Problematik wird weiter dadurch erschwert, dass Programme als Werkzeuge in bestimmte traditionell festgelegte und von langjähriger Erfahrung geprägte Arbeitsabläufe integriert werden. Wenn die Organisation der Programmfunktionalität nicht in den Arbeitsablauf passt, und die Benutzer sich auf das neue, ganz anders als bisherige Werkzeuge zu bedienende Hilfsmittel einstellen müssen[3], stoßen sie auf große Schwierigkeiten. Mit dieser doppelten Problematik beschäftigt sich die Mensch-Maschine-Interaktion schon seit vielen Jahren. Die Thematik ist nicht nur bedeutsam für die Entwicklung von Software, sondern für technische Geräte überhaupt. Die Frage nach der Ergonomie einer Bedienkonzeption für ein technisches Gerät ist von herausragender Bedeutung für den erfolgreichen Einsatz des Geräts an sich. Die Lösung dieser Frage ist eine komplexe Aufgabe, hat doch die Ergonomie verschiedene orthogonale Aspekte. Neben dem funktionalen Design geht es immer auch um die Frage nach der eleganten und ergonomischen Präsentation der Bedienelemente. Diese müssen auch einen sicheren Betriebsablauf gewährleisten können, um eine möglichst zuverlässige Benutzung von Geräten in kritischen Arbeitsprozessen, ja sogar sicherheitsrelevanten Abläufen sicherzustellen.

Eine wesentliche Vereinfachung der Bedienung kann nur dann erfolgen, wenn dem Benutzer ermöglicht wird, sein Ziel beziehungsweise seine Aufgabe, die er aktuell zu lösen hat, so zu formulieren, dass er nicht auf das Befehlsinventar des benutzten Systems Rücksicht nehmen muss. Wie kann dies überhaupt möglich sein? Der Kern der Lösung besteht hierin: Programmsysteme verfügen neben den Modulen, die einzelne Programmfunktionen ausführen, über ein weiteres Modul, das einer Zielformulierung des Benutzers entnimmt, welche Aufgaben das Programm selbst durchzuführen hat, damit das Ziel des Nutzers erreicht werden kann. Darüber hinaus muss dieses Modul in der Lage sein, eine Lösung für die ihm zugeschriebenen Teilaufgaben zu konstruieren und diese Lösung auch durchzuführen. Eine derartige Lösung muss aus Schritten bestehen, die Funktionen des Programms benutzen. Das bedeutet also insgesamt, dass das postulierte Zusatzmodul nicht nur die Aufgabe des Auswendiglernens der vorhandenen Befehle übernimmt, sondern auch die Denkleistung, wie bestimmte Aufgaben, zu deren Bewältigung das Programm fähig ist, durchzuführen sind, übernehmen kann. Betrachten wir in diesem Zusammenhang nochmals das Beispiel der Änderung der Rotwerte. Das Zusatzmodul des verwendeten Grafikprogramms müsste also in der Lage sein, zu wissen, von welchen Parametern die durchzuführende Aufgabe abhängt. Sofern diese Parameter vom Benutzer geliefert werden müssten, sollte es Aufgabe des Zusatzmoduls sein, gerade diese Werte abzufragen. Für diesen Zweck muss sich das System der Interaktionsmöglichkeiten bedienen, wie sie die Benutzerschnittstelle zur Verfügung stellt.

Der Vorteil für den Benutzer liegt aber darin, dass er sich die Suche in der Menüstruktur sparen kann. Sind die Parameter schließlich bekannt, muss das Zusatzmodul in der

---

[3] Diese These wird ausführlich aus vielen Perspektiven in [1], Kap. 10–14 sowie u. a. in [4] belegt.

Lage sein, die korrekte Funktion, die die Aufgabe löst, mit den richtigen Parameterwerten zu aktivieren. Dieser Ansatz eines komplexen Bedienprinzips stellt den Entwickler des Programmsystems natürlich vor zusätzliche Herausforderungen. Er muss sich Gedanken darüber machen, für welche Zwecke das Programm eingesetzt werden soll. Damit macht er aber nur explizit, welche Funktionalitäten er implementieren will. Die größere Herausforderung liegt in der Aufbereitung der Ergebnisse dieser Analyse, so dass sie vom Zusatzmodul zur Laufzeit des Programms auch richtig verarbeitet werden können. In der Künstlichen Intelligenz ist diese Aufgabe unter dem Namen *Wissensakquisition* (siehe [5]) bekannt. Ziel ist dabei – anders als in der *Human-Computer Interaction*, das Wissen so aufzubereiten, dass die in Kap. 2 identifzierten kognitiven Prozesse auch algorithmisch effektiv bearbeitet werden können.

3.2 Wissensrepräsentation in der Mensch-Maschine-Interaktion

Stellen wir uns folgendes interaktive Szenario vor: ein Besucher der Langen Nacht der Museen in München[4] ist gerade im Deutschen Museum unterwegs. Er möchte nun in eine andere Veranstaltung der Langen Nacht am Gasteig. Um dort hinzukommen, möchte er die öffentlichen Verkehrsmittel benutzen, die speziell für diese Veranstaltung an diesem Abend Sondertouren anbieten. Gerade diese Tatsache führt dazu, dass das normale Wissen eines Münchners über den Fahrplan der öffentlichen Verkehrsmittel nicht angewandt werden kann.

3.2.1 Explizites Faktenwissen

Glücklicherweise verfügt der Nutzer über ein Navigationssystem, das ihm Informationen über die Verkehrsverbindungen zwischen den Veranstaltungsorten der Langen Nacht anbietet. Um sie sich zu Nutze zu machen, gibt der Nutzer an, dass er zum Gasteig fahren möchte. Das Navigationssystem verfügt aber über einen GPS-Empfänger, und ermittelt damit den aktuellen Standpunkt des Museumsbesuchers. Aus dieser Beobachtung konstruiert das System eine Darstellung seiner Information über den aktuellen Zustand von System, Nutzer und Umgebung. Die Abb. 3.2 zeigt eine Karte der Museumsinsel, in die mit dem Buchstaben A der angenommene aktuelle Standpunkt des Nutzers eingezeichnet ist. Die Karte stellt somit eine Visualisierung des Wissens über die aktuelle Situation dar.

Diese Karte nennen wir die **beschreibende Situation**, in der das Interaktionssystem alle Informationen speichert, die es zum aktuellen Zeitpunkt kennt. Die **beschriebene Situation** hingegen ist diejenige, in der sich der Nutzer gerade auf der Münchner Museumsinsel befindet. Sie kann von der beschreibenden Situation abweichen, wenn der

---

[4] Eine Beschreibung der Langen Nacht der Museen ist unter http://www.muenchner.de/museumsnacht/ zu finden (letzter Aufruf: 08.02.2015).

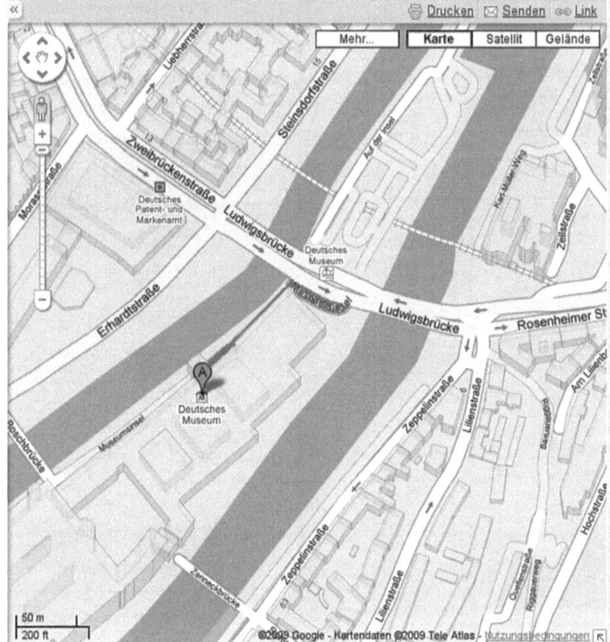

Abb. 3.2   Karte als beschreibende Situation in einem Navigationsszenario

GPS-Empfänger dem System eine falsche Positionsangabe geliefert hat. Die beschriebene Situation ist also die Menge aller Umstände, von denen ein Teil in der beschreibenden Situation formalisiert ist.

Anders formuliert: Die beschreibende Situation ist eine Menge von durch Datenanalyse gewonnenen Aussagen über die beschriebene Situation. Denn Aussagen über die beschriebene Situation gelangen in die beschreibende Situation, indem das Interaktionssystem über Sensoren, wie den GPS-Empfänger, aber auch über Dialog mit dem Anwender die Umgebung beobachtet, und die formale Interpretation der Sensordaten abspeichert. Das Interaktionssystem kann auch Wissen über die Domäne anwenden, um aus den bekannten Fakten Aussagen über die beschriebene Situation zu inferieren.

3.2.2   Inhalte der beschreibenden Situation – Beispielfall Layoutprogramm

Ein anschauliches Beispiel für die Komplexität der Mensch-Maschine-Interaktion mithilfe von graphischen Menüs lässt sich an der Aufgabe darstellen, mithilfe eines komplexen Layoutprogramms ein Etikett für Obstbrand zu entwerfen.

Abb. 3.3 Das *links* dargestellte Etikett ist während seiner Erstellung in einem Layoutprogramm als Druckbogen repräsentiert, auf dem mehrere Objekte positioniert sind. Der Bildschirmausschnitt *rechts* zeigt die Objekte im Layoutprogramm durch eingezeichnete Boxen. Die Arbeitsfläche von InDesign kann somit als Visualisierung einer beschriebenen Situation aufgefasst werden

Die Abb. 3.3 zeigt zunächst, wie das Etikett schließlich aussehen soll. Vollkommen unklar ist aber, welche einzelnen Schritte bei einem Layoutprogramm wie etwa InDesign von Adobe[5] durchgeführt werden müssen, um die endgültige Gestaltung herzustellen. Für das Etikett bestehen unverzichtbare Anforderungen: Erstens soll eine Hintergrundgrafik über das ganze Etikett hinweg platziert werden. Zweitens ist nach den Vorschriften der EU-Spirituosenverordnung[6] die korrekte Angabe der Füllmenge und des Alkoholgehalts in von der Füllmenge abhängigen Schriftgrößen in einem gemeinsamen Sichtfeld zu platzieren und die postalische Adresse des Herstellers in der richtigen Schriftgröße zu positionieren.

Diese formalen Anforderungen – eine spezielle Form von Domänenwissen – sollen so umgesetzt werden, wie sie in der Abb. 3.3 zu sehen sind. Um die Sichtbarkeit des Logos zu gewährleisten, soll über die Hintergrundgrafik eine umrandete, aber im „Inneren" transparente Ellipse gelegt und über ihr das Logo positioniert werden. Betrachten wir nun die Aufgabe aus der Sicht des Programms, beziehungsweise aus der Sicht des Program-

---

[5] Informationen zum Programm finden sich unter http://www.adobe.com/de/products/indesign/?promoid=BPBCQ (Letzter Aufruf der Seite: 08.02.2015).
[6] Die aktuelle Fassung ist unter http://eur-lex.europa.eu/LexUriServ/LexUriServ.do?uri=OJ:L:2008:039:0016:0054:DE:PDF nachzulesen (Letzter Aufruf der Seite: 08.02.2015).

mierers, der ja eine softwaretechnische Modellierung letztlich aller mit dem Programm durchführbaren Layoutprozesse vornehmen muss. Er wird diese Vorgänge in eine Menge von Funktionen zerlegen, die er im Programm realisiert. Die Durchführung von Layoutprozessen in Form einer sequentiellen Ausführung einzelner, geeignet parametrisierter Funktionen wird er dem Nutzer, also dem Graphik-Designer, überlassen.

Der Nutzer wendet nicht nur Funktionen an, sondern benötigt auch mehrere Objekte, die den graphischen Gestaltungselementen des Etiketts entsprechen:

1. ein Objekt für die Hintergrundgrafik
2. ein Objekt für den Hintergrund des Logos der Brennerei
3. ein Objekt für das Logo selbst
4. ein Objekt für die Ellipse „unter" dem Logo
5. ein Objekt für die Mengen- und Inhaltsangabe
6. ein Objekt für die Adressangabe

Die Frage, die erhebliche Fachkompetenz vom Benutzer in der Bedienung des Grafikprogramms erfordert, lautet: welche Folge von Schritten ermöglicht die Gestaltung des Etiketts, wie sie oben beschrieben ist?

Wie auch immer eine mögliche Schrittfolge aussehen kann, in jedem Fall ist nach jedem Schritt vom Layoutprogramm eine neue beschriebene Situation zu konstruieren. Auffällig ist hierbei Folgendes: Das Programm verfügt über vollständige Information über die beschriebene Situation. Dies macht auch den wesentlichen Unterschied zum Beispiel des Navigationsprogramms aus: Die beschriebene Situation ist immer vollständig durch die graphische Darstellung des aktuellen Stands des Etiketts spezifiziert. Intern speichert InDesign dazu Datenstrukturen ab, die den einzelnen Elementen der oben entwickelten Liste von notwendigen Objekten entsprechen.

Das Beispiel weist zudem auf einen weiteren interessanten Punkt in der Mensch-Maschine-Interaktion hin: offensichtlich gibt es mehrere gestalterische Lösungen, die jeweils für sich genommen die Anforderungen an das Etikett korrekt umsetzen. Das bedeutet also, dass es verschiedene beschriebene Situationen geben kann, die jeweils für sich eine korrekte Teillösung der gestellten Aufgabe darstellen. Die verschiedenen Situationen ergeben sich daraus, dass es für die Parameter der auszuführenden Schritte fast zahllose Alternativen gibt: die Position der einzelnen Objekte kann in einer großen Bandbreite variieren, ebenso die gewählten Farbwerte und die Ausdehnung der zu platzierenden Objekte. Jede Kombination von Parametern ergibt eine andere Gestaltung und ein eventuell völlig anders aussehendes Etikett.

Aus logischer Sicht aber sind sie alle gleichwertig. Nichtsdestotrotz würde ein Nutzer einige Lösungen präferieren, andere aber ablehnen, weil sie ihm nicht gut gefallen. Die beschriebene Situation ist also nicht immer ausschließlich formallogisch vollständig spezifiziert, sondern darüber hinaus kann jeder Situation, genauer gesagt jedem Faktum in einer Situation, eine subjektive, von den anderen Fakten unabhängige Bewertung zugeschrieben werden. Im Fall des Etiketten-Designs ist die Bewertung durch die subjektiven ästhetischen Kriterien des Nutzers geprägt. Es sind also diese subjektiven Kriterien, die begründen, warum bestimmte Parameter gewählt werden, und bestimmte andere Parameter nicht.

Abstrahiert man von diesem Beispiel, gelangt man zur Erkenntnis, dass zur Lösung einer vom Nutzer spezifizierten Aufgabe bei einzelnen Teilschritten der Lösung eine unterschiedlich große, aber doch vorhandene Wahlfreiheit bei der Festlegung von Parametern besteht. Es wird auch deutlich, dass Entscheidungen bei früheren Schritten großen Einfluss auf die Wahlfreiheit in späteren Schritten, sowie auf auf die Bewertung einer Lösung durch den Nutzer haben. Die Auswahl von Parametern stellt also ein Optimierungsproblem dar, das lokal bei einzelnen Schritten immer auch globale, d. h. sich auf spätere Schritte auswirkende, Konsequenzen berücksichtigen muss. Eine brauchbare, vom Interaktionssystem vorgeschlagene Wahl der Parameter kann also nur das Ergebnis einer Vorwärtssimulation der Konsequenzen der Parameterwahl sein, wenn das Interaktionssystem dem Nutzer bei der Erfüllung seiner Aufgabe Assistenz bieten will.

3.2.3   Konflikte zwischen beschriebener und beschreibender Situation – Beispielfall Fernsehbedienung

Das Beispiel, das wir in diesem Abschnitt diskutieren wollen, erweitert die Komplexität der Mensch-Maschine-Interaktion in einem zusätzlichen Punkt: die explizite Repräsentation von Diagnosen. Bei dem zu diskutierenden Beispiel handelt sich um ein Online-Bediensystem für einen Fernseher. Insbesondere geht es in diesem Beispiel um die erste Inbetriebnahme des Geräts.

Wir stellen uns vor, dass der Benutzer entweder auf einem Handy oder PDA schrittweise Instruktionen angezeigt bekommt, welche Schritte er als nächste durchführen muss, um das Gerät komplett in Betrieb zu nehmen. Stellen wir uns vor, dass der Nutzer gerade bei dem Schritt ist, das Antennenkabel anzuschließen. Die Situation ist in Abb. 3.4 schematisch dargestellt.

Das Beispiel mit dem Antennenkabel ist typisch für eine ganze Klasse von Aktionen, in denen der Benutzer Handlungen durchführen muss, deren Effekte für die Lösung der Aufgabe essentiell, vom Interaktionssystem aber nicht autonom überprüfbar sind: Das Interaktionssystem kann nur indirekt, und zwar aus der Tatsache, dass der Controller im TV-Gerät kein Signal entdeckt, darauf schließen, dass bei diesem Schritt ein Fehler aufgetreten ist. Dieser Umstand, dass Aussagen in der beschriebenen Situation nicht gelten, die das System bei der Planung aber als Voraussetzung für die weitere Durchführung der ermittelten Problemlösung vorgesehen hat, erfordert die Durchführung einer Fehlerdiagnose und, falls möglich, auch die Durchführung einer Strategie zur Beseitigung des Fehlers. In unserem Beispiel kann das System den Nutzer nur auffordern zu überprüfen, ob das Antennenkabel tatsächlich korrekt eingesteckt ist. Eventuell kann das System dem Nutzer Ratschläge erteilen, wie beispielsweise mithilfe eines anderen Empfangsgeräts ge-

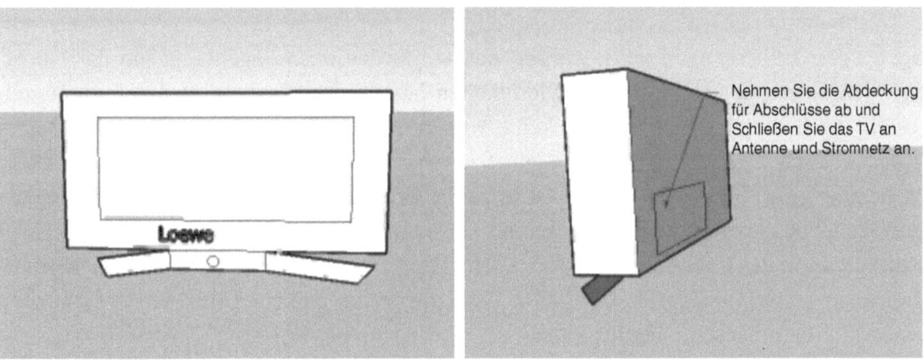

Abb. 3.4 Erklärung zum Anschluss eines Antennenkabels an ein TV-Gerät: links – zu Beginn der Sequenz – das Gerät von vorne. Rechts – im Verlauf der Sequenz werden die Anschlüsse gezeigt

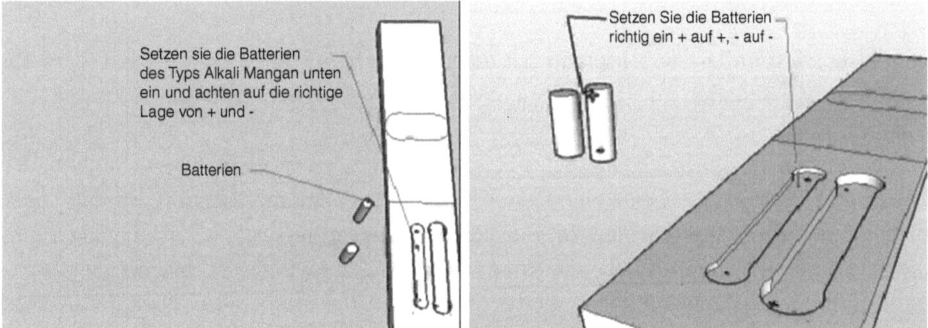

Abb. 3.5 Oberflächliche und detaillierte Darstellung eines Bedienvorgangs: links wird nur kurz dargestellt, wo an der Fernbedienung die Batterien einzusetzen sind. Im rechten Ausschnitt wird detailliert auch die Polung der Batterien erklärt

prüft werden kann, ob die Buchse überhaupt funktioniert, oder ob schon hier kein Signal anliegt.

Andererseits kann es vorkommen, dass der Benutzer nicht versteht, wie er die ihm zugeordnete Aufgabe ausführen muss: diese Diagnose betrifft nicht direkt die Lösung der aktuellen Aufgabe, sondern Schwierigkeiten des Nutzers bei einer Teilaufgabe einer bestimmten Handlungsphase. Ist Information darüber, welche Schwierigkeiten der Nutzer hat oder zumindest haben kann, explizit in der beschriebenen Situation enthalten, dann kann die Diagnose und Reparatur des Fehlers auf ähnliche Weise erfolgen, wie oben schon für einen systemseitigen Fehler beschrieben. Der grundsätzliche Unterschied liegt darin, dass diesmal das Interaktionssystem Abhilfe schaffen kann: In Abb. 3.5 wird das illustriert. Die Reparaturstrategie kann darin bestehen, eine detaillierte Erläuterung dieses Schritts zu geben. Dazu kann es Detailaufnahmen des nicht verstandenen Vorgangs zeigen: wie werden die Batterien richtig eingesetzt?

Während bei der Erklärung des kompletten Inbetriebnahmevorgangs die Frage der richtigen Polung übergangen wird, werden Zusatzinformationen gegeben, wenn der Nutzer beim Einsetzen der Batterien Schwierigkeiten hat. In der Praxis wird das System spätestens nach dieser zweiten Stufe keine weiteren Hilfsanweisungen mehr bereitstellen können. Auch wenn es natürlich diagnostizieren kann, dass das TV-Gerät von der Fernbedienung keine Signale empfängt, ist es an die Grenzen seiner Erklärungsmöglichkeiten gestoßen. Die zweckrationale Interaktion ist also limitiert durch die Möglichkeiten, bei der Konfiguration des Interaktionssystems Fachwissen zu formalisieren und zu speichern, so dass es in bestimmten Interaktionssituationen abgerufen und zur kohärenten Fortsetzung eines Dialogs eingesetzt werden kann.

3.2.4 Unvollständige und hypothetische Information in der beschreibenden Situation

Die Diskussion im letzten Abschnitt hat unter anderem die Tatsache illustriert, dass die beschreibende Situation im allgemeinen unvollständig bezüglich der beschriebenen Situation ist.

Im Beispiel der Inbetriebnahme des Fernsehers sind es vor allem die zur Stellung der korrekten Diagnose entscheidenden Fakten, die nicht explizit repräsentiert, oftmals sogar nicht einmal repräsentierbar sind. Im Beispiel des Navigationssystems für Fußgänger gibt die beschreibende Situation, also die Karte in Abb. 3.2, die wir als graphischen Repräsentationsformalismus gewählt haben, keine Antwort auf die Frage, wann etwa der nächste Bus oder die nächste Straßenbahn an der Haltestelle *Deutsches Museum* abfahren wird. Auch über eine nahe gelegene Möglichkeit, einen kurzen Imbiss einzunehmen, gibt die Karte keine Auskunft.

Andererseits enthält die beschreibende Situation Informationen, die nicht in der beschriebenen Situation zu finden, aber als Ergebnis von Problemlösungsalgorithmen wichtig sind, um ein Ziel des Anwenders zu erfüllen. Ein Beispiel: In der Karte in Abb. 3.2 zeichnet die rote Linie den Weg vor, den der Museumsbesucher gehen muss, um zur Haltestelle *Deutsches Museum* zu gelangen. Dieser Fußweg ist ein Teilschritt zum neuen Ziel des Anwenders, der Philharmonie am Gasteig. Um letztlich dorthin zu kommen, muss der Anwender aber noch weitere Teilschritte erfüllen, nämlich die nächste Straßenbahn besteigen, eventuell später noch umsteigen und schließlich noch von einer Haltestelle in der Nähe des Gasteig zum eigentlichen Ziel, nämlich dem Konzertgebäude, gelangen.

Lösungsvorschläge für zu erfüllende Aufgaben sind also hypothetische Information in der beschreibenden Situation. Auf sie kann nicht verzichtet werden, wenn zielorientierte Unterstützung über mehrere Schritte bis zur Lösung der gestellten Aufgabe gegeben werden soll. Im Navigationsszenario besteht die Unterstützung eben darin, dass das System alle bis zur Ankunft am Gasteig notwendigen Schritte als Prädiktion, wie eine Aufgabe zu lösen ist, vorausberechnet.

3.2.5 Explizites Wissen über Handlungen

Lösungsvorschläge für zu erfüllende Aufgaben werden von Problemlösungsalgorithmen berechnet, die im letzten Kapitel schon thematisiert wurden. Ohne sie sind weder Interaktion noch Assistenz vorstellbar, die alle im letzten Kapitel diskutierten Anforderungen erfüllen kann. Die Tatsache, dass Ergebnisse von Problemlösungsalgorithmen in die beschreibende Situation Eingang finden, zeigt, dass die Fakten, die in der beschreibenden Situation gespeichert sind, nur einen Teil des Wissens darstellen, über den das System verfügt. Ein anderer wichtiger Teil sind die ontologischen Aussagen über logische Zusammenhänge zwischen einzelnen Fakten sowie axiomatische Aussagen über Handlungen, bei deren Ausführung von einem Assistenzsystem ja Unterstützung geleistet werden soll. Mit ihrer Hilfe kann aus bekannten Fakten der beschreibenden Situation neue hypothetische Information über zukünftige Situationen abgeleitet werden. Beispiele dafür sind Antworten auf die Frage „Wie lange dauert die Fahrt zum Gasteig?", oder auf die Frage „Wann fährt die nächste Straßenbahn zum Marienplatz?" Oder auf die Frage „Wie komme ich zum Gasteig?".

Ausgehend von der Annahme, dass in einem zweckrationalen Dialog über die kooperative Lösung einer Aufgabe jede einzelne Äußerung eine ausgeführte oder auszuführende Handlung beschreibt oder zumindest auf mit der Handlung in Bezug stehende Information referiert, lassen sich in einem kooperativen Szenario Handlungen drei verschiedenen Typen zuordnen:

- Handlungen in der aktuellen Situation. Ein derartiger Vorgang verändert bisher geltende Tatsachen. Die Änderungen sind die Effekte der Handlung.
- Kommunikationshandlungen. Kommunikative Vorgänge dienen der Informationsweitergabe, der Aufforderung zu Handlungen, oder der Abfrage von für den Fragenden fehlender oder unsicherer Information.
- Kognitive Handlungen. Sie werden durchgeführt, damit Kooperationspartner ihre Teilnahme an der Problemlösung organisieren können.

Um einen anschaulichen gemeinsamen Oberbegriff über alle drei Handlungstypen zur Verfügung zu haben, bezeichnen wir einen Handlungstyp als **Vorgang**.

3.3 Pragmatische Vorgänge in der Mensch-Maschine-Interaktion

In einem Dialogmodell, das auf die epistemologischen Grundlagen des Assistenzmodells aus Kap. 2 Bezug nimmt, müssen Vorgänge, die zunächst rein sprachliche Entitäten in einem Diskurs darstellen, mit Aktionen – darauf beziehen sich die sprachlichen Entitäten – und Elementen aus der Taxonomie der Assistenzfunktionen korreliert werden. Die Assistenzfunktionen sind die Aktionen, die das System ausführt – dementsprechend kann sich der zweckrationale Dialog auch über sie erstrecken. Diese Unterscheidung nach dem Aktor stellt eine zusätzliche Dimension bei der Klassifikation von Vorgängen dar.

Um ein Dialogmodell zu erhalten, in dem es möglich ist, eine effektive Realisierung von Assistenzfunktionen zu beschreiben, wird die folgende Klassifikation von Vorgängen vorgenommen.

3.3.1 Vorgänge, die der Nutzer plant und durchführt

Dieser Vorgang ist am schwierigsten von allen systematisch zu erfassen. Er steht für alle möglichen Vorgänge, die der Nutzer unternimmt, um einen übergeordneten Zweck zu erreichen. Bei der Konzeption eines Interaktionssystems und auch schon des zugrundeliegenden Softwarewerkzeugs steht also eine Bedarfsanalyse zu Beginn an: Welche Zwecke, die der Nutzer erreichen möchte, sollen vom System auf welche Weise unterstützt werden? Die anzustellende Analyse ist stark von Fragen der Ergonomie und Bedienfreundlichkeit geprägt, die aber wiederum von der angebotenen Funktionalität des Softwarewerkzeugs und seiner Kommunikationsmöglichkeiten über Interfaces abhängen.

Ziel der Bedarfsanalyse ist die Identifikation der Aufgaben, zu denen das Softwarewerkzeug eingesetzt werden kann. Die Durchführung einer Aufgabe ist ein **Nutzervorgang**.

Ein Nutzervorgang hat demgemäß qua Konstruktion ein bestimmtes Ziel. Dabei ist generell zwischen zwei verschiedenen Formen eines Ziels zu unterscheiden:

- **Punktuelles Ziel**: Darunter ist eine beschriebene Situation zu verstehen, die erreicht werden soll, weil die sie beschreibende Situation alle Aussagen über den Nutzer und das Softwarewerkzeug enthält, die dafür hinreichend sind, dass die zu lösende Aufgabe durchgeführt wurde.
- **Duratives Ziel**: Mit diesem Begriff wird eine Folge beschreibender Situationen bezeichnet, von denen jede bestimmte Aussagen, die während des Vorgangs gelten sollen, enthält.
  Beispiele für durative Ziele sind in den folgenden Formulierungen zu erkennen:

Ich möchte jede Überschrift in Helvetica 12 Punkt setzen.

oder

Ich möchte einen abwechslungsreichen Abend verbringen.

Für ein Dialogsystem stellen Nutzervorgänge und die mit ihnen assoziierten Ziele eine Herausforderung dar. Denn in der Regel sind sie in Hinblick auf die möglichen Zustände im Zustandsraum des Softwarewerkzeugs unterspezifiziert. Um ein punktuelles oder duratives Ziel zu finden, muss das Dialogsystem also unvollständige Information verarbeiten und ergänzen können.

3.3.2   Informationsvorgänge

Jeder Nutzervorgang muss in der aktuellen Situation verankert werden, indem seine offenen Parameter instantiiert werden, so dass das ihm zugeordnete punktuelle oder durative Ziel auf einen Punkt eine eine Zusammenhangskomponente im Zustandsraum abgebildet werden kann[7].

Um diese Aufgabe zu lösen, muss das Dialogsystem feststellen, welche Information zur Instantiierung der Parameter vorhanden ist, und welche fehlt. Zur Beschaffung der fehlenden Information muss im Zustandsraum zu geeigneten Zuständen navigiert werden. Die Navigation ist aber nicht eindeutig, deshalb muss die Suche durch eine Heuristik gesteuert werden, mit deren Hilfe Kosten und Nutzen einzelner Optionen bewertet werden können. Damit kann die Navigation in dem Sinn optimiert werden, dass diejenigen Punkte im Suchraum bevorzugt werden, die maximalen Nutzen bei minimalen Kosten haben.

Kosten und Nutzen hängen von mehreren Attributen ab, so dass die allgemeine Form einer geeigneten Heuristik eine Multi-Attribut-Optimierung ist.

3.3.3   Auswahlvorgänge

Auswahlvorgänge sind grundsätzlich ähnlich zu Informationsvorgängen. In beiden Fällen geht es darum, eine aus N Möglichkeiten auszuwählen. Während bei Informationsvorgängen jedoch die Navigation im Zustandsraum Aufgabe des Dialogsystems selbst ist, werden bei Auswahlvorgängen die Alternativen durch pragmatische Randbedingungen vorgegeben: Entweder formuliert ein Kooperationspartner Kriterien, aus denen sich die Alternativen ermitteln lassen, oder ein spezieller Problemlösungsalgorithmus berechnet die Alternativen. Im Empfehlungssystem, das als eine Funktion der schon erwähnten TV-Bedienhilfe Fernsehsendungen vorschlägt, berechnet ein Recommender-Algorithmus die Alternativen, die das Dialogsystem dem Nutzer zur Auswahl stellen kann (siehe [6]).

3.3.4   Planungsvorgänge

Nachdem die Entscheidung für einen Punkt (bzw. eine Zusammenhangskomponente) im Suchraum, also für das gewünschte Ziel, gefallen ist, muss die Aufgabe gelöst werden,

---

[7] Dieser Vorstellung liegt natürlich das Konzept zugrunde, dass die durch Ausführung von Handlungen erreichbare Zustände (des Prozesses zur Lösung der aktuellen Aufgabe und der durch die Handlungen beeinflussten Umgebung) als diskrete, endliche Menge dargestellt werden können, zwischen deren Elementen eine Zustandsübergangsrelation definiert ist. Dieser Aspekt wird in späteren Kapiteln detailliert besprochen werden. Eine Konsequenz aus dieser fundamentalen Annahme ist aber auch, dass Szenarien, die sich nicht mit Hilfe eines diskreten Zustandsraums repräsentieren lassen, für den in dieser Arbeit konzipierten Weg zur Realisierung von Assistenzsystemen nicht geeignet sind.

eine Folge von Handlungen festzulegen, durch deren Ausführung der „Zielbereich" im Suchraum erreicht werden kann.

Im Beispiel der Gerätebedienung in Abschn. 3.2.3 besteht die Planungsaufgabe darin, eine Folge von Schritten zu finden, die unter den aktuellen Umständen eine Lösung für die aktuelle Aufgabe herstellen kann.

In Abschn. 3.2.1 wurde das Beispiel eines elektronischen Touristenführers diskutiert. Zweck der Planung in dieser Domäne ist es, eine Folge von Schritten zu ermitteln, die bei möglichst optimaler Erfüllung der geforderten Eigenschaften durch den Zielbereich hindurch führt.

Allgemein findet Planung mit einem Planungshorizont der Länge $0 \leq T \leq \infty$ statt: das System denkt also immer T Schritte voraus – im Idealfall ist das Ziel weniger als T Schritte vom aktuellen Zustand entfernt. Jeder der durch einen der T Schritte erreichbare Punkt im Zustandsraum hält bestimmte Bedingungen ein, die diese Zusammenhangskomponente im Suchraum als Lösung charakterisieren. Die Bedingungen müssen nicht konstant, sondern können Funktionen der jeweils aktuellen Situation sein.

Im Szenario des Touristenführers ist etwa die *Neugier* des Nutzers eine Eigenschaft, die eine Funktion der aktuellen Situation ist. Denn meist steigt die Neugier eines Touristen – zum Beispiel bei einer Besichtigung – eine gewisse Zeit monoton, bis eine Sättigung oder sogar Übersättigung erreicht ist. Sie bewirkt, dass die Neugier fällt. Die T Schritte vorausschauende Planung muss diese Tatsache bei ihren Entscheidungen berücksichtigen. Multi-Attribut-Optimierungen unterliegen also Bewertungsfunktionen, nicht nur konstanten Bewertungsfaktoren.

3.3.5   Ausführungsvorgänge

Die Ausführung eines Schritts, der zur Lösung der aktuellen Aufgabe führen soll, dient dazu, die Distanz von der aktuellen Situation zum Ziel zu verringern. Dabei muss geprüft werden, ob die Anforderungen an die Durchführbarkeit des Schritts, die während der Planung angenommen wurden, noch gegeben bzw. welche verletzt sind. Ausführungsvorgänge sind immer dann Bestandteil der Lösung einer Aufgabe, wenn Handlungen des Systems bei der Task-Analyse nicht weiter zerlegt werden: Ein Plan, der die symbolische Repräsentation einer Lösung darstellt, enthält immer atomare Aktionen, die von Aktoren des Systems umgesetzt werden. Genau diese Aktionen sind die in der Task-Analyse nicht weiter untersuchten Handlungen des Systems.

Die Ausführung einer atomaren Aktion durch das System findet außerhalb der auf der Symbolebene angesiedelten Inferenzprozesse statt, mit deren Hilfe die Kontrolle der Interaktion und, sofern es sich um ein Assistenzsystem handelt, auch die Kontrolle der Assistenz realisiert wird.

Wie eine atomare Aktion also durch Aktoren des Systems tatsächlich in die Tat umgesetzt wird, wird also von der Kontrolle des Assistenzsystems nicht weiter hinterfragt. Dieser Umstand stellt natürlich eine harte Grenze für die Anforderungen an ein Assistenzsystem hinsichtlich Diagnose- und Erklärungsfähigkeit dar, ermöglicht aber den Einsatz spezialisierter Problemlösealgorithmen; erst dadurch kann die Kontrolle der Assistenz algorithmisch effizient realisiert werden. Der Umstand wird in einem späteren Kapitel noch ausführlich vertieft.

3.3.6   Kommunikationsvorgänge

Zur Durchführung eines Vorgangs, insbesondere eines Informations-, Auswahl- oder Durchführungsvorgangs, kann in einem kooperativen Szenario ein Kooperationspartner aufgefordert werden, fehlende Information zu liefern[8]. Der Kooperationspartner kann auch aufgefordert werden, eine Auswahlentscheidung zu treffen oder eine Handlung durchzuführen.

Im bereits mehrfach angesprochenen Szenario des Touristenführers wird deutlich, dass Kommunikation und Kooperation in Assistenzszenarien eng interagieren. Jede Routenanweisung ist ein vom Assistenzvorgang initiierter Vorgang; er kann aber nur dann erfolgreich sein, wenn der Nutzer kooperativ ist: Das Assistenzsystem kann schließlich nicht für den Anwender zur Haltestelle gehen.

Bei der Bedienung eines TV-Geräts gibt es zur Lösung von Aufgaben Handlungen, die grundsätzlich sowohl vom Assistenzsystem autonom ausgeführt, als auch an den Nutzer delegiert werden können. Ein offensichtliches Beispiel dafür ist die Positionierung eines einblendbaren kleinen Bilds im großen, den ganzen Bildschirm ausfüllenden Bild (sogenannte *picture in picture*-Positionierung): Wenn das System über einen Algorithmus verfügt, die ideale PIP-Position zu schätzen, kann es – ohne Rückfrage – das PIP dort platzieren. Es kann sich aber auch dafür entscheiden, statt der Positionierung des kleinen Bilds den Nutzer aufzufordern, das Bild selbst mit Hilfe von Tasten der Fernbedienung zu positionieren. Das Assistenzsystem hätte auch eine andere Möglichkeit: es könnte eine Position für das kleine Bild vorgegeben, die aus pragmatischen Gründen für plausibel erachtet wird, und den Nutzer um Bestätigung bitten. Falls der Nutzer dem Vorschlag widerspricht, könnte das Assistenzsystem eine andere geeignet erscheinende Position ermitteln und den Vorgang wiederholen, bis eine den Nutzer zufrieden stellende Position gefunden ist.

Die verschiedenen Varianten, die Aufgabe der *picture in picture*-Positionierung zu erledigen, verdeutlichen, dass Vorgänge nicht im Detail aus dem Plan, wie eine Aufgabe zu lösen ist, erschlossen werden können. Die Festlegung für eine Lösung, wie ein Kommunikationsvorgang bis ins letzte Detail realisiert wird, stellt also ein gesondertes Planungs- und Entscheidungsproblem dar[9]. Insbesondere macht dieses Beispiel auch deutlich, dass die Planung von interaktiver Assistenz hierarchisch stattfinden muss: für die Lösung einer

---

[8] Sie muss dann auf Konsistenz mit der bereits vorhandenen geprüft werden; sonst ist das Assistenzsystem nicht zur Diagnose fähig.

[9] In Kap. 8 wird dementsprechend gezeigt werden, dass ein konfigurierbares Dialogsystem auch mit Wissen über die Umsetzung von Kommunikationsvorgängen konfiguriert werden muss. Es wird

Aufgabe ist bei der Planung noch nicht entschieden, wie einzelne Kommunikationsvorgänge realisiert werden, wenn sie zur Ausführung gelangen. Ohne die Möglichkeit jedoch, auch derartige Vorgänge in einem Dialogsystem als explizites Wissen zu repräsentieren, ist es nicht möglich, Dialogverhalten zu simulieren, das je nach äußeren Umständen einen Kommunikationsvorgang unterschiedlich in die Tat umsetzen kann.

3.4 Konsequenzen für die Kontrolle von Mensch-Maschine-Interaktion

Die Diskussion der verschiedenen Typen von Vorgängen, die während der Interaktion zwischen Mensch und Maschine auftreten können, machte deutlich, dass Dialogverstehen kein reines Inferenzproblem ist, sondern im allgemeinen Fall über die Anwendung eines logischen Kalküls hinaus auch die Auswertung von Prozeduren erfordert, um Kommunikationsvorgänge und Ausführungsvorgänge (effizient) realisieren zu können. Die folgende Interaktion zwischen TV-Benutzer und einem Empfehlungssystem für Fernsehsendungen bietet ein einfaches Beispiel für Integration von Kontrolle und spezialisierten Lösungsverfahren, mit denen aus Sicht des Assistenzsystems atomare Aktionen ausgeführt werden können:

> **Benutzer**: Ich möchte einen spannenden Film sehen.
> **Empfehlungssystem**: Heute abend kommt ein Tatort, der neue James-Bond-Film und jetzt gleich eine Liveschaltung zur Pressekonferenz des US-Präsidenten zum Stand der Verhandlungen mit dem Iran. Dahin schalte ich jetzt.

Wie lässt sich das Verhalten des Empfehlungssystems als kooperativ erklären? Typischerweise wäre für eine spannende Sendung der Tatort oder der James-Bond-Film die erste Wahl. Aus der Kenntnis der allgemeinen Interessen des Nutzers und wichtigen, aktuellen politischen Themen kann die Entscheidung aber eben auch für die Pressekonferenz ausfallen.

Die Tatsache, dass hier bei der Erklärung der Systemreaktion von „Wahl" und „Entscheidung" die Rede ist, macht deutlich, dass das System mehr macht als nach einem gegebenen formallogischen Kalkül zu inferieren. Natürlich lässt sich die Entscheidung mit Hilfe einer geeigneten logischen Theorie spezifizieren, aber gerade dieser Umstand zeigt ja, dass der Kalkül selbst zwischen besseren und schlechteren Optionen nicht unterscheiden kann.

Aus der Sicht einer effizienten Implementierung ist es daher tatsächlich besser, die Entscheidung mit Hilfe eines spezialisierten Algorithmus, also zum Beispiel eines Klassifikators, zu ermitteln und das Ergebnis der Klassifikation formallogisch zu beschreiben, also vom Berechnungsvorgang zu abstrahieren.

---

deutlich werden, dass dies in derselben Weise bei der Modellierung des Wissens über seine Aufgaben aus der Domäne geschehen kann.

Effizientes, domänenunabhängiges Management zweckrationaler Interaktion macht es also erforderlich, eine Lösung dafür anzubieten, wie von den Algorithmen, mit denen die kooperative Aufgabe gelöst werden kann, zu abstrahieren ist: Nach jedem ausgeführten Berechnungsschritt wird eine (formallogische) Aussage über das Ergebnis der Berechnung formuliert, die als Effekt der ausgeführten atomaren Aktion verstanden, und mit der Information über die aktuelle Situation ergänzt wird. Diese Anforderung an alle integrierbaren „Wissenskomponenten" erlaubt es, den Zustand der Interaktion und den Fortschritt der Lösung der aktuellen Aufgabe auch auf der Symbolebene zu beschreiben und damit diese Information der Kontrolle zugänglich zu machen. So können die Anforderungen an ein Assistenzsystem umgesetzt werden, nicht nur zielorientiert vorzugehen, sondern auch bei der Beobachtung, dass der aktuelle Plan nicht erfolgreich ausgeführt werden kann, eine neue Lösung zu ermitteln. Die pragmatischen Aspekte für die Realisierung von Assistenz, die sich aus dieser Anforderung ergeben, wurden bereits ausführlich im Abschn. 2.3.3 diskutiert.

Im aktuellen Abschnitt steht aber nicht der pragmatische Aspekt im Vordergrund, sondern die Tatsache, dass die Anforderungen an Assistenz zum einen Auswirkung auf das für die Interaktion einzusetzende Dialogmodell haben, andererseits aber ein effizient realisierbares Dialogmodell vergleichbare Anforderungen stellt. Diese Beobachtung erlaubte den Schluss, der in späteren Kapiteln weiter ausgeführt werden wird, dass Dialogführung als ein Spezialfall eines Assistenzszenarios implementiert werden kann.

3.5   Exemplarische Annotation eines kooperativen Dialogs

Um diesen Sachverhalt zu illustrieren, soll nun ein Dialog analysiert werden, der aus einem kooperativen Szenario[10] stammt, in dem ein Nutzer zusammen mit einem Assistenzsystem einen Plan zur Bewältigung einer Logistikaufgabe erstellt: Jede Äußerung wird in der folgenden Analyse mit dem im Hintergrund ablaufenden Vorgang annotiert. In der nachfolgenden Diskussion der Analyse wird auf den Punkt eingegangen, dass der vorliegende Dialog einen Ausschnitt aus einer beschreibenden Situation darstellt, und dass die beschriebene Situation vom Leser des Dialogs bei seiner Analyse erschlossen werden muss. Für das Führen eines Dialogs durch ein Assistenzsystem bedeutet dies aber unmittelbar, dass ein Dialog nur dann effektiv geführt werden kann, wenn die Lösung der aktuellen Aufgabe simuliert und der Stand der Lösung in der Zeit der beschriebenen Situation festgehalten wird. Eine ähnliche These wurde im vorausgehenden Kapitel ja schon für Assistenzsysteme formuliert. Es wird also immer deutlicher, dass eine algorithmische Lösung für Assistenz sehr eng mit einer Lösung für das Problem einer flexiblen Dialogführung verwandt ist.

---

[10] Einen Überblick über das Dialog-Projekt TRAINS gibt [7].

3.5.1　Ein Dialog aus dem TRAINS-Corpus

Zunächst aber sei der angesprochene Dialog[11] samt seiner Annotation[12] zitiert:

UU# Sp: Äußerung	Pragmatischer Vorgang
1.1 M: okay, the problem is we better ship a boxcar of oranges to Bath by 8 AM	Formulierung einer Aufgabe
2.1 S: okay.	Kommunikationsvorgang: Bestätigung
3.1 M: now … umm … so we need to get a boxcar to Corning, where there are oranges	Konkretisierung eines Ziels
3.2 : there are oranges at Corning	Feststellen fehlender Information
3.3 : right?	Kommunikationsvorgang: Aufforderung zur Bestätigung der Hypothese
4.1 S: right.	Kommunikationsvorgang: Bestätigung
5.1 M: so we need an engine to move the boxcar	Planung
5.2 : right?	Kommunikationsvorgang: Aufforderung zur Bestätigung der Hypothese
6.1 S: right.	Kommunikationsvorgang: Bestätigung
7.1 M: so there's an engine	Instantiierung
7.2 : at Avon	Kommunikationsvorgang: Aufforderung zur Bestätigung der Hypothese
8.1 S: right.	Kommunikationsvorgang: Bestätigung
9.1 M: so we should move the engine at Avon	Auswahl aus bestehenden Optionen
9.2 : engine E	Kommunikationsvorgang: Mitteilung des Auswahlergebnisses
9.3 : to …	
10.1 S: engine E1	Fehlerdiagnose, Kommunikationsvorgang: Mitteilung einer Fehlerkorrektur
11.1 M: E1	Kommunikationsvorgang: Bestätigung
12.1 S: okay.	Kommunikationsvorgang: Bestätigung
13.1 M: engine E1 to Bath	Planung
13.2 : or, we could actually move it to Dansville, to pickup the boxcar there	Auswahl aus bestehenden Planungsoptionen
14.1 S: okay.	Kommunikationsvorgang: Bestätigung
15.1 M: um and hook up the boxcar to the engine,	Planung
15.2 : move it from Dansville to Corning	Planung
15.3 : load up some oranges into the boxcar	
15.4 : and then move it on to Bath	

---

[11] Es handelt sich dabei um Dialog 6-1 aus dem TRAINS-Corpus von 1991, das in [8] beschrieben ist. Die Abkürzung **UU** steht für *utterance unit*, **Sp** für Sprecher.

[12] Die Annotation gehört nicht zum Dialog-Corpus, sondern wurde im Rahmen der vorliegenden Arbeit hinzugefügt, um auf eine Systematik der kognitiven Prozesse bei der Mensch-Maschine-Interaktion hinzuarbeiten.

16.1 S: okay.   Kommunikationsvorgang: Bestätigung, dass der
                                        Plan ausführbar ist.
17.1 M: how does that sound?   Kommunikationsvorgang: Aufforderung zur
                                        Mitteilung fehlender Information (über die
                                        Korrektheit des Plans)
18.1 S: that gets us to Bath at 7 AM   Kommunikationsvorgang: Mitteilung fehlender
                                        Information
18.2 :   and
18.3 :   so that's no problem.
19.1 M: good.
20.1 S: ok.

3.5.2 Diskussion der Annotation

In der Äußerung 1.1 definiert der Sprecher M eine neue Aufgabe, die kooperativ gelöst werden soll. Die Formulierung des Sprechers bringt auch zum Ausdruck, dass vor der Äußerung eine Entscheidung stattgefunden hat. Dies wird am Wort „better" deutlich. In der Äußerung 2.1 bestätigt das System, dass es die Formulierung der Aufgabe verstanden hat. Auch dazu ist ein Inferenzprozess notwendig, der im Hintergrund abläuft, ohne dass er im Dialog beobachtbar wäre. Das System prüft nämlich, ob es die Aufgabe für durchführbar hält. Dabei wird offensichtlich, dass Dialoganalyse auch beinhaltet, die richtigen Inferenzprozesse für den richtigen Anwendungszweck zu definieren.

Die Äußerung 3.1 zeigt, dass der Sprecher versucht, für die von ihm formulierte Aufgabe eine Lösung zu finden. So stellt sich die Äußerung als das Ergebnis dieser Problemlösung dar. Der Sprecher hat also eine Folge von Schritten ermitteln können, die die formulierte Problemstellung lösen können. Er ist sich dessen aber nicht völlig sicher. Das wird daran deutlich, dass er den Gesprächspartner um Bestätigung seiner Lösung bittet. Welcher kognitive Prozess läuft beim Sprecher ab, der ihn dazu veranlasst, diese Rückfrage zu stellen? Der Sprecher schätzt wohl das Risiko ab, einen Fehler gemacht zu haben, der verhindert, die Aufgabe korrekt zu lösen. In diesem Fall hat er dabei die Möglichkeit, sich beim Gesprächspartner rückzuversichern. Diese Möglichkeit entsteht dadurch, dass im Kooperationsmodell des Sprechers die Option vorgesehen ist, bei Unsicherheit über bestehende Information oder bei Unsicherheit über das Ergebnis einer eigenen Entscheidung oder eines eigenen Problemlösungsvorgangs den Kooperationspartner aufzufordern, dass auch er die zu lösende Aufgabe bearbeitet, und sein Ergebnis mit dem des Sprechers vergleicht.

In Äußerung 4.1 bestätigt das System den Vorschlag des Sprechers. Damit ist das Risiko, einen Fehler zu begehen, stark gesunken. So plant in Äußerung 5.1 der Sprecher weitere Schritte, um die ursprünglich gestellte Aufgabe zu bearbeiten. Das Ergebnis dieser Überlegung ist in Äußerung 5.1 dokumentiert. Auch in diesem Fall bittet er wiederum um Bestätigung beim System. In Äußerung 6.1 teilte das System mit, dass es den vorgeschlagenen Schritt für durchführbar hält.

In Äußerung 7.1 gibt der Sprecher bekannt, wie er den unbestimmten Artikel in Äußerung 5.1 konkretisieren möchte. Der Sprecher muss, um die Aufgabe zu lösen, eine konkrete Lokomotive nennen, die benutzt werden kann, um den Ladewagen zum Ziel zu manövrieren. Ohne diesen Vorgang, die Nominalphrase zu instantiieren, kann der in Äußerung 5.1 beschriebene durchzuführende Schritt nicht ausgeführt werden. Die Instantiierung ist aus technischer Sicht ein Suchproblem. Der Sprecher muss also mehrere Möglichkeiten für Lokomotiven, die in der aktuellen Situation überhaupt bekannt sind, untersuchen, ob die jeweilige Lokomotive die Bedingungen erfüllt, die durch den auszuführenden Schritt an sich gestellt werden. In Äußerung 9.2 schlägt der Sprecher die Lokomotive E vor, um mit ihr den Wagen ans Ziel zu manövrieren. In Äußerung 10.1 wird offensichtlich, dass das System denselben Suchprozess durchführt wie der Sprecher. Er kommt aber zu einem anderen Ergebnis. Dies formuliert er in der Äußerung 10.1: die Lokomotive E1 ist die richtige. In Äußerung 11.1 akzeptiert der Sprecher die Korrektur des Systems aus Äußerung 10.1. An der Äußerung allein wird nicht deutlich, ob der Sprecher erkennt, dass sein Suchprozess ein falsches Ergebnis geliefert hat, oder ob er beim Sprechen der Äußerung 9.2 einen Fehler begangen hat. Auf jeden Fall kann der Sprecher den Vorschlag des Systems nachvollziehen und entdeckt keinen Widerspruch zum seinem Lösungsweg. In der Äußerung 12.1 bestätigt das System, dass es die Korrektur des Sprechers verstanden hat.

In Äußerung 13.1 setzt der Sprecher seine Beschreibung fort, wie die in Äußerung 5.1 definierte Teilaufgabe gelöst werden kann. In Äußerung 13.2 wird deutlich, dass der Sprecher immer noch nach einer Lösung für die ursprüngliche Aufgabe sucht. Zwischenzeitlich hat er eine weitere Variante für eine brauchbare Lösung gefunden. Diese formuliert er in der Äußerung 13.2: Der Sprecher erkennt sogar, dass diese Lösung weniger Ressourcen verbraucht als sein ursprünglicher Vorschlag. Mit dieser Äußerung möchte er also erreichen, dass auch das System versuchen wird, den neuen Lösungsweg umzusetzen. In Äußerung 14.1 akzeptiert das System den neuen Vorschlag.

In Äußerung 15.1–15.4 wird der Vorschlag weiter präzisiert. Es werden alle nötigen Schritte genannt, um die ursprüngliche Aufgabe, die schon in Äußerung 1.1 formuliert wurde, zu erfüllen. In Äußerung 16.1 bestätigt das System diesen Plan. In Äußerung 17.1 fragt der Sprecher nochmals explizit nach einer Bestätigung für seinen neuen Plan. Das System simuliert im Hintergrund den Ablauf des Plans mit und kann daher in Äußerung 18.1–18.3 mitteilen, dass der Plan durchführbar ist, und welche weiteren detaillierteren Konsequenzen die Ausführung der Schritte des Plans mit sich bringen wird. In Äußerung 19.1 bestätigt M die Mitteilung des Systems und gibt sogar eine Bewertung dazu ab. Äußerung 20.1 dient der letztendlichen Bestätigung, dass ein kooperativer Plan gefunden wurde.

3.5.3 Empirische Bestätigung der Thesen über Dialogführung

Die Diskussion dieses Beispiels verdeutlicht, dass Dialogverstehen beinhaltet, hinter den einzelnen Äußerungen der Dialogteilnehmer die richtigen kognitiven Prozesse zu erkennen. Nur das Verständnis, dass Folgeäußerungen Ergebnisse von solchen kognitiven Prozessen mitteilen, ermöglicht es zu analysieren, warum eine Folgeäußerung in einen Dialog passt, also zu ihm kohärent ist. Das Beispiel zeigt auch, dass sich Dialoge nicht immer in Frage-Antwort-Paare oder andere Muster von Sprechaktfolgen segmentieren lassen[13]. Dialoge folgen nicht stereotyp vordefinierten Abläufen, sondern sie spiegeln Denkprozesse der Dialogteilnehmer wider. Ein automatisches Dialogsystem muss, wenn es an einem kooperativen Dialog teilnehmen will, solche kognitiven Prozesse in einem gewissen Rahmen autonom durchführen können. Der Dialog selbst ist nur die beschreibende Situation, die festhält, welche Fakten die Dialogteilnehmer untereinander ausgetauscht haben, und welche Handlungen sie untereinander veranlassen. Als Gegenfolie zum Dialog existiert die beschriebene Situation, in der zu sehen ist, welche Auswirkungen Handlungen der Gesprächspartner haben. Die entscheidende Abläufe jedoch sind weder in der beschriebenen Situation noch in der beschreibenden zu sehen. Welche Algorithmen die Dialogpartner anwenden, um ihre Planungen und Entscheidungen zu treffen, steht eben gerade weder im Dialog, noch ist es in der beschriebenen Situation in irgendeiner Form beobachtbar. Das Dialogsystem kann nie Annahmen treffen, welchen konkreten Algorithmus der menschliche Gesprächspartner benutzt, es kann nur versuchen, die Äußerungen des Gesprächspartners in die eigene Vorstellung von der beschriebenen Situation einzubringen und dort auf Konsistenz zu prüfen. Gerade darin besteht die Schwierigkeit, leistungsfähige Dialogmodelle für die automatische Mensch-Maschine-Interaktion in gesprochener Sprache zu erarbeiten.

Das Beispiel zeigt, dass es eine kleine Liste von pragmatischen Vorgängen gibt, deren Ablauf durch die Abfolge der Äußerungen im Dialog reflektiert wird. Um den Dialog vollständig zu verstehen, ist die Liste der Vorgänge aber nicht ausreichend. Vielmehr ist es notwendig, auch die Algorithmen zu kennen, nach denen jeder Kooperationspartner eine Lösung für einen ihm zugeteilten pragmatischen Vorgang ermittelt und diese Lösung in die Tat umsetzt. Nur mit Kenntnis dieser Information ist eine Äußerung im Dialog zu erklären und zu begründen, warum sie die Kohärenz des Dialogs wahrt und nicht einfach ohne Zusammenhang in den Raum gestellt ist.

3.6 Zusammenfassung

Die Kenntnis der einem Assistenzszenario zugrunde liegenden pragmatischen Vorgänge und ihre Formalisierung in einer Weise, die effektive und möglichst effiziente Algorithmen

---

[13] Diese Aussage steht im Gegensatz zu *Conversational Games*-Modellen der Interaktion zwischen Gesprächspartnern. Eine Begründung für die hier formulierte Position wird Kap. 8 geben.

zur Planung und Ausführung der Vorgänge durch ein Assistenzsystem erlaubt, sind für die Erfüllung der Anforderungen an Assistenzsysteme fundamental. Der Aspekt der Interaktivität bringt eine weitere Problematik ins Spiel: Die drei vorgestellten Einsatzszenarien – Navigationssystem, TV-Bedienhilfe und Layoutprogramm – verdeutlichen, dass jedes interaktive Assistenzsystem mit der Problematik unvollständiger Informationen zu kämpfen hat. Dies gilt schon für die pragmatischen Vorgänge an sich; insbesondere aber für die Information, die aus der Interaktion zwischen Mensch und Maschine gewonnen wird, da sie nur einen Teil der Fakten beschreibt, durch die die Situation bestimmt ist, in der die Vorgänge ausgeführt werden. Um den Status der Interaktion von dem der pragmatischen Vorgänge trennen zu können, separieren wir die aktuelle Situation in zwei Komponenten: Die Situation aus dem Gegenstandsbereich, über die Dialog geführt wird, nennen wir die beschriebene Situation. Zu ihr dual ist die beschreibende Situation. Sie erfasst formallogisch eine Menge von Aussagen, die in der beschriebenen Situation gültig sind. Die beschreibende Situation wird ergänzt durch Algorithmen zur Problemlösung für die pragmatischen Vorgänge, die das System erfüllen, beziehungsweise bei deren Erfüllung durch den Benutzer es kooperativ assistieren kann. Das Modell der beschriebenen Situation macht keine Vorgaben über die zu verwendenden Algorithmen; vielmehr ist es so, dass jeder Algorithmus, der den Übergang von einer beschreibenden Situation zur nächsten so erklären kann, dass auch Konsistenz zur jeweils beschriebenen Situation herrscht, gleichermaßen geeignet ist. Eine Herausforderung für Interaktionssysteme ist das Diagnostizieren von Fehlern und die Entwicklung von Plänen, wie ein Fehler im Sinne einer zu erfüllenden Aufgabe wieder repariert werden kann.

An dieser Fähigkeit zeigt sich der Grad der Flexibilität, die ein Interaktionssystem der Mensch-Maschine-Interaktion in einem durch die Funktionalität des zu bedienenden Programmsystems vorgegebenen zweckrationalen Zusammenhang eröffnet. Der einfachste Fall der Reaktion auf Fehler ist natürlich der, wie er von fast allen Bedienschnittstellen bekannt ist: die zu erledigende Aufgabe wird abgebrochen. In einem späteren Kapitel dieser Arbeit wird gezeigt, wie ein höherer Grad an Flexibilität bei Bedienfehlern oder bei Diskrepanzen zwischen der beschriebenen Situation und den in der beschreibenden Situation gestellten Erwartungen erreicht werden kann. Dies ist dann möglich, wenn der Aufwand getrieben wird, die Wissensakquisition über die Modellierung korrekter Abläufe von Aufgaben hinaus auf den Bereich der Fehlermodellierung auszudehnen.

Literatur

1. J.F. Kelley, in *CHI '83: Proceedings of the SIGCHI conference on Human Factors in Computing Systems* (ACM, New York, 1983), S. 193–196. http://doi.acm.org/10.1145/800045.801609

2. B. Shneiderman, *Designing the User Interface: Strategies for Effective Human-Computer Interaction*, 2nd edn. (Addison-Wesley, 1992)

3. A. Dix, J. Finlay, G.D. Abowd, R. Beale, *Human Computer Interaction*, 3rd edn. (Pearson Education, 2004)

4. C.E. Hmelo-Silver, M.G. Pfeffer, Cogn. Sci. **28**, 127 (2004)

5. N.R. Milton, *Knowledge Acquisition in Practice: A Step-by-Step Guide* (Springer, 2007)

6. B. Ludwig, S. Mandl, Rev. Intell. Artif. **24**(1), 95 (2010)

7. J.F. Allen, L.K. Schubert, G. Ferguson, P. Heeman, C.H. Hwang, T. Kato, M. Light, N.G. Martin, B.W. Miller, M. Poesio, D.R. Traum, J. Exp. Theor. AI **7**, 7 (1995)

8. D. Gross, J.F. Allen, D.R. Traum, The trains 91 dialogues (trains technical note 92-1). Tech. rep., Computer Science Dept., University of Rochester (1993)

Im letzten Kapitel wurde die Bedeutung von Wissen über pragmatische Vorgänge deutlich, ohne das interaktive Assistenz nicht denkbar ist. Thema dieses Kapitels ist die Frage, welche Methoden und Verfahren für den Erwerb des notwendigen Wissens geeignet sind. Dabei ist zu beachten, dass nicht nur den Forderungen der Künstlichen Intelligenz zur Berechenbarkeit, Formalisierbarkeit und Komplexität Rechnung getragen wird, sondern auch Ergebnisse zum *Human Factor Engineering* Berücksichtigung finden; geht es doch eben nicht darum, autonome Systeme, sondern interaktive zu konstruieren. Deshalb sind Prinzipien aus dem Bereich *Human-Computer Interaction* zu beachten. Voraussetzung bei der Entwicklung eines Assistenzsystems ist zunächst eine gründliche und eingehende Analyse der Aufgaben, bei denen das System Assistenz leisten soll. Sie richtig durchzuführen, ist nicht einfach. Wie immer beim Wissenserwerb für KI-Systeme müssen Praktiker aus dem Anwendungsgebiet ihr Wissen preisgeben, damit es formalisiert und zur Verarbeitung im Assistenzsystem aufbereitet werden kann[1].

Im Fachgebiet des *usability engineering* ist die kognitive Task-Analyse sehr verbreitet (siehe [2]). Sie untersucht Methoden, wie das Wissen systematisch von Experten oder potentiellen Nutzern eines Assistenzsystems extrahiert werden kann. Zur Darstellung der daraus resultierenden Ergebnisse gibt es, vor allem im Bereich der Forschung zur Mensch-Maschine-Interaktion, viele unterschiedliche Notationen (siehe [3]), von denen die wichtigsten in diesem Kapitel kurz vorgestellt und untereinander verglichen werden. Präzise diskutiert wird eine bestimmte Notation – die der *Concurrent Task Trees*, weil sie aufgrund ihrer Konzeption eine enge inhaltliche Beziehung zu einem gut untersuchten und oft benutzten semantischen Formalismus für Aktionen, dem Situationskalkül (siehe [4]), hat. Es wird sich dabei zeigen, dass diese Beziehung auch den Weg zur Umsetzung der Zielorientierung, einer wesentlichen Anforderung an Assistenzsysteme, ebnet, weil sie es erlaubt, das Assistenzproblem als Planungsproblem in einer interaktiven Domäne zu formalisieren und mit effizienten Algorithmen zu bearbeiten.

---

[1] Ein interessanter Leitfaden zu diesem Thema ist [1].

© Springer-Verlag Berlin Heidelberg 2015

B. Ludwig, *Planbasierte Mensch-Maschine-Interaktion in multimodalen Assistenzsystemen*, Xpert.press, DOI 10.1007/978-3-662-44819-9_4

4.1 Task-Analyse

Bei der Konzeption eines Assistenzsystems, aber nicht nur dabei, sondern überhaupt bei der Entwicklung eines technischen Geräts, besteht eine Ausgangssituation für den Entwickler, die durch die folgenden Umstände wesentlich geprägt ist:

- Das Assistenzsystem steht als neues Werkzeug zur Verfügung und muss in den Arbeitsablauf der Nutzer integriert werden.
- Die Integration jedoch ist eine besonders große Herausforderung, weil dabei wesentliches Augenmerk darauf gelegt werden muss, wie der Arbeitsablauf, in den das System zu integrieren ist, organisiert ist. Es gibt viele Beispiele in der Literatur[2], die belegen, dass unbedachte Organisation von Prozessen bei der Einführung neuer Technologien die Effizienz des Gesamtprozesses wesentlich gestört und damit das beabsichtigte Ziel der Optimierung des Prozesses konterkariert haben.
- Das Problem der ergonomischen Integration betrifft nicht nur die Bedienung des Systems, sondern ebenso die Funktionsweise – zwei Aspekte bei der Entwicklung eines neuen Systems, die dem Benutzer gegenüber in der Regel als Einheit erscheinen.

Diese Fragestellungen, die im Vorfeld der Entwicklung eines Assistenzsystems zu beantworten sind, führen zu folgenden konkreteren Fragen:

- Wie ist der Arbeitsablauf, bei dem Benutzern Unterstützung gegeben werden soll, organisiert und strukturiert?
  Aus dieser Information sind Art, Umfang und Inhalt der zu leistenden Assistenz bei bestimmten Schritten des Arbeitsablaufs zu ermitteln.
- Gibt es typische Fälle, in denen das Werkzeug auf ähnliche Weise eingesetzt werden kann?
  Da nicht jeder Einsatzzweck eines Werkzeugs vom Werkzeugentwickler vorhergesehen werden kann, muss sich die Konzeption eines Assistenzsystems darauf beschränken, möglichst viele, aber sehr typische und häufige Klassen von Einsatzzwecken bei der Akquise des nötigen Wissens zu berücksichtigen.
- Wie viel Information benötigt das System, um in einem typischen Fall seine Funktionalität voll ausschöpfen zu können?
  In interaktiven Szenarien ist die zur Durchführung von Assistenz nötige Information nicht immer vom System autonom ermittelbar. Derartige Information kann nur auf dem Weg der Interaktion mit dem Benutzer gewonnen werden. Eine Analyse eines Arbeitsablaufs für ein neues Assistenzsystem muss immer auch eine Analyse der dabei stattfindenden Interaktion zwischen Mensch und Maschine beinhalten.

Zur Untersuchung derartiger Aspekte eines Arbeitsprozesses hat sich in der Psychologie die Methodik der Task-Analyse durchgesetzt.

---

[2] Viele davon sind in [5] und [6] beschrieben.

Was mit dem Begriff Task-Analyse gemeint ist, definiert [7] auf S. 1:

> Task analysis is therefore a methodology which is supported by a number of specific tech-
> niques to help the analyst collect information, organize it, and then use it to make various
> judgements or design decisions.

Der Analyst, wie er in diesem Zitat bezeichnet wird, hat also für Analyse der Anforderungen in einem Assistenzszenario die Aufgabe, aus dem gesammelten Wissen über
zu unterstützende Arbeitsabläufe Entscheidungen für die Ausgestaltung des Assistenzsystems für einzelne Assistenzschritte zu treffen. Er tut dies mit dem Ziel, eine Art Blaupause
der „Symbiose" von Nutzer und dem vom Nutzer angewandten Werkzeug aus der Perspektive des Nutzers heraus zu erstellen. Der Sinn dieser „Symbiose" liegt darin, die Aufgaben,
mit denen der Nutzer sich konfrontiert sieht, möglichst effizient zu erfüllen. Eine Symbiose jedoch ist nur dann erfolgreich, wenn sowohl die Anforderungen des Nutzers an das
System mit den Leistungsgrenzen des Systems sowie die Anforderungen des Systems an
den Nutzer mit seinen kognitiven Grenzen möglichst genau abgestimmt sind.

In den meisten Fällen ist die Aufgabe der Task-Analyse allerdings nicht zu Ende, sobald das System einmal einsatzbereit ist. Vielmehr zieht er sich durch den kompletten
Lebenszyklus des Assistenzsystems durch; er besteht in den Etappen[3]:

- Entwicklung des Konzepts
- Definition der Funktionsweise
- Entwurf eines prototypischen Designs
- Entwurf des endgültigen Designs
- Implementierung des Systems
- Funktionskontrolle
- Anwendung des Systems

Nur dadurch, dass die Wissensakquise nie beendet ist, solange das System entwickelt und
benutzt wird, ist es möglich, dass sich Assistenzsysteme an sich wandelnde Anforderungen anpassen können[4].

Um in jeder Phase des Lebenszyklus eines Assistenzsystems eine optimale Anpassung
zwischen System und Nutzer zu erreichen, müssen für die optimale Berücksichtigung
menschlicher Eigenheiten verschiedene so genannte Humanfaktoren (siehe [7], S. 16) betrachtet werden. Dabei handelt es sich um die folgenden Aspekte, die bei einer Analyse
relevant sind:

- Welche Teilaufgaben eines komplexen Tasks werden dem Benutzer zugewiesen, welche dem Assistenzsystem?
- Welche Anforderungen stellt das System an die Nutzer?

---

[3] Details zu dieser Übersicht sind in [7] präsentiert.
[4] Idealerweise geschieht dies automatisch; die Frage, ob und welche Algorithmen des Maschinellen
Lernens für diese Aufgabe anwendbar sind, kann aber frühestens dann beantwortet werden, wenn
formal spezifiziert ist, wie das zu lernende Wissen formal repräsentiert wird. Die Lernbarkeit von
Domänenwissen für Assistenzsysteme ist, so spannend sie auch ist, nicht Thema dieser Arbeit.

- Wenn es mehr als einen Nutzer gibt: wie werden die den Nutzern zugeordneten Aufgaben auf die Mitglieder eines Teams aufgeteilt?
  Für Assistenzsysteme, wie sie hier behandelt werden, spielt dieser Aspekt eine eher untergeordnete Rolle.
- Gestaltung der Tasks und der Schnittstelle zwischen Mensch und Maschine:
  - Welche Arten von Informationen sind notwendig, um den aktuellen Systemzustand und seine Anforderungen zu verstehen?
  - Was muss der Nutzer leisten, damit er das System kontrollieren kann?
  - Wie findet der Informations- und der Datenaustausch zwischen Benutzer und System statt?
- Wie können sich Nutzer diejenigen Fähigkeiten und Kenntnisse aneignen, die sie benötigen, um alle Teilaufgaben erledigen zu können?
- Wie kann Erfolgskontrolle durchgeführt werden? Insbesondere geht es dabei um die Messung der Zuverlässigkeit des Systems, des Nutzers und des analysierten Prozesses an sich: welche Fehler können auftreten, welche von Nutzern begangen werden? Wie können derartige Fehler behoben werden? Wie kann auf sie adäquat reagiert werden, falls eine Behebung nicht möglich ist?

Insgesamt besteht das Ziel der Task-Analyse also zum einen darin, Verwendungszwecke zu erheben, für die Nutzer ein geeignetes Werkzeug suchen, zum anderen darin, Kriterien für die Tauglichkeit eines Werkzeugs für bestimmte Verwendungszwecke empirisch zu ermitteln.

Um diese Erhebung durchzuführen, werden unterschiedliche, aus der Psychologie bekannte Verfahren angewendet:

- *Activity Sampling*: Ziel dieses Verfahrens ist, durch automatisches Beobachten wichtiger Kenngrößen den Ablauf eines zu analysierenden Prozesses zu registrieren und aus den Ergebnissen der Datenerhebung Schlüsse zu ziehen, wie ein neues Werkzeug optimal in dem Prozess integriert werden kann.
  Bei interaktiven Aufgaben ist das Verfahren aber nur sehr schwer anzuwenden, da die wesentlichen Größen nicht automatisch beobachtbar sind, sondern von den Personen, die im Prozess involviert sind, abgefragt werden müssen.
- In solchen Fällen eignen sich solche Verfahren besser, die schriftliche oder mündliche Protokolle der Personen über den Ablauf eines Prozesses und die von ihnen dabei angestellten Überlegungen und Entscheidungen als Grundlage einer Auswertung durch Experten heranziehen (siehe dazu [7], [8], Kap. 16 und [2], Teil 3).
  Zur Gruppe dieser Verfahren zählen strukturierte Interviews, *Wizard-of-Oz*-Experimente, schriftliche Protokolle oder das mündliche Verfahren des *Think Aloud Problem Solving*.

Allen Verfahren gemeinsam ist die Intention, kontrollierte Experimente durchzuführen. Dabei gibt es zwei Dimensionen der Kontrolle:

1. Kontrolle der Aktivitäten: Hierbei werden Randbedingungen fixiert, unter denen Probanden Aufgaben zu lösen haben. Auf diese Weise wird die Komplexität der Verwendungszwecke und ihrer Lösungswege während der Durchführung einer Studie kontrolliert.
2. Kontrolle der Information: Bei diesem Ansatz wird nicht die Aktivität der Nutzer eingeschränkt, sondern die ihnen zur Verfügung stehende und für die Lösung der Aufgabe relevante Information. Aus der Kontrolle über die während der Durchführung der Studie verfügbaren Informationen sollen Schlüsse darüber gezogen werden, welche Lösungsmethoden und -strategien potentielle Nutzer in typischen Situationen anwenden.

Die Auswertung derartiger Studien soll Aufschluss darüber liefern, wie Abläufe, für die neue Werkzeuge entwickelt werden sollen, strukturiert werden können. Dabei ist es von besonderem Interesse, immer wiederkehrende Teilaufgaben zu identifizieren. Diese Teilaufgaben sind oft Bestandteil von Abläufen zu verschiedenen Verwendungszwecken. Wie in [9] ausführlich dargestellt wird, erlaubt ihre Identifikation eine hierarchische Strukturierung von Lösungsstrategien. Dieser Ansatz der Problemanalyse ist auch im Software Engineering, insbesondere beim so genannten *requirements engineering* (siehe [10]) üblich; an diesem Punkt treffen sich Methoden der Informatik mit denen der kognitiven Task-Analyse.

Die kognitive Task-Analyse, insbesondere die hierarchische Task-Analyse, stellt somit eine Methodik zur Beantwortung von Fragen, die sich aus WANDKES Modell der Handlungsphasen bei Assistenzsystemen (siehe [5]) ableiten lassen, zur Verfügung. Wandkes Taxonomie lässt nämlich die Frage des Wissenserwerbs offen:

- Welche Ziele gibt es in einem Assistenzszenario? Welche Motivation gibt es für welche Ziele?
- Welche Handlungen werden im Szenario überhaupt ausgeführt?
- Welche Entscheidungen sind zur Erreichung von Zielen zu treffen?
- Welche Entscheidungskriterien stehen dabei zur Verfügung?
- Mithilfe welcher Beobachtungen lässt sich der Erfolg einer Handlung messen?
- Welche Beobachtungen erlauben es weitere Handlungen auszuführen, um ein bestimmtes Ziel zu erreichen?

Die vorausgehende Diskussion über kognitive Task-Analyse macht deutlich, dass der Wissenserwerb zur Konfiguration beziehungsweise zur Entwicklung eines Assistenzsystems ein interdisziplinäres Problem darstellt. Erhebungsmethoden für das notwendige Wissen stammen zum Großteil aus der Psychologie, während Modellierungsmethoden und Methoden zur Formalisierung des erhobenen Wissens auch im Software Engineering entwickelt werden und dort Verwendung finden. Methoden zur Verarbeitung des formalisierten Wissens sind aber wiederum die typische Domäne der Künstlichen Intelligenz. Bevor in dieser Arbeit das Augenmerk gerade auf diese Bearbeitungsmethoden gerichtet wird, soll ein Beispiel aus dem Navigationsszenario illustrieren, wie Interviews zu einer konkreten Fragestellung verwertet werden.

Ergebnisse der Befragungen sind bei nicht strukturierten Fragen textuelle Antworten, die nach Durchführung aller Interviews auf relevante pragmatische Vorgänge analysiert werden müssen. Aus diesen Erkenntnissen können dann schrittweise Task-Analysen konstruiert werden, die meist in einer weiteren Interviewrunde zu validieren sind (siehe [2]). Auch bei strukturierten Fragen ist die Verwertung der Ergebnisse für den Wissenserwerb nur mittelbar möglich. Die Auswertung aller Interviews liefert zunächst Datenmaterial für statistische Hypothesen darüber, ob vom Interviewer als relevant erachtete Faktoren auch von den interviewten Personen als bedeutsam eingeschätzt werden. Erst mit Hilfe von Faktoranalysen und ähnlichen statistischen Werkzeugen (siehe [11]) lassen sich aus dem deskriptiven Material Parameter für Prädiktionsfunktionen gewinnen, mit deren Hilfe das Assistenzsystem in einer gegebenen Situation Erwartungen über den Nutzer berechnen kann. In Abb. 4.1 ist zu sehen, wie durch strukturierte Fragen, aber auch durch offene Fragen, die dem Probanden erlauben, freie Antworten zu formulieren, seine wahrscheinlichen Anwendungszwecke und Präferenzen für ein Fußgängernavigationssystem ermittelt werden sollen. Gerade die offenen Fragen sind sehr wichtig, um Aspekte des Anwendungsszenarios zu erfassen, die von den Entwicklern zum Zeitpunkt der Konzeption der strukturierten Interviews noch nicht erkannt oder noch nicht als relevant taxiert wurden.

In Abb. 4.2 sind weitere Fragen zu sehen, mit denen versucht wird, Bewertungskriterien der Nutzer für einen implementierten Prototypen eines Navigationssystems abzufragen. Ziel dieser Fragen ist vor allem, zu ermitteln, wie ergonomisch sich das Navigationssystem in den für den Anwender vertrauten Ablauf einfügt. Auch hier wird versucht, über freie Fragen Sachverhalte zu erfassen, die von den Systementwicklern bisher noch nicht berücksichtigt wurden. Der Fragebogen vermittelt jedoch auch einen Eindruck davon, wie schwierig es ist, durch ein strukturiertes Interview konkrete Informationen zu erhalten: bei der Frage nach der Bedienbarkeit sind natürlich weitere Erhebungen notwendig, um herauszufinden, warum Nutzer die Menuführung als *nicht verständlich* oder die Bedienung als *nervig* empfunden haben. Das Beispiel zeigt also schon, obwohl es sehr kurz ist, wie aufwändig der Prozess der Wissensakquise sein kann.

Alle diese experimentellen und statistischen Fragestellungen, Arbeitstechniken und Methoden zur fachgerechten und optimalen Durchführung von Task-Analysen sind zwar von fundamentaler Bedeutung für die Adaption eines Assistenzsystems an ein spezielles Szenario, jedoch soll diese aus dem Forschungsgebiet der *Human-Computer Interaction* stammende Thematik in dieser Arbeit nicht weiter vertieft werden. Interessant sind vielmehr die Konsequenzen auf das Design einer leistungsfähigen Schnittstelle zwischen Mensch und Maschine und auf die formale Repräsentation der Ergebnisse einer durchgeführten Task-Analyse. Dies ist deshalb von vorrangigem Interesse, weil es ja in dieser Darstellung darum geht, die aus diesen Ergebnissen resultierenden Anforderungen an die algorithmische Leistungsfähigkeit eines adaptierbaren Assistenzsystems zu definieren. Insbesondere bedeutet dies:

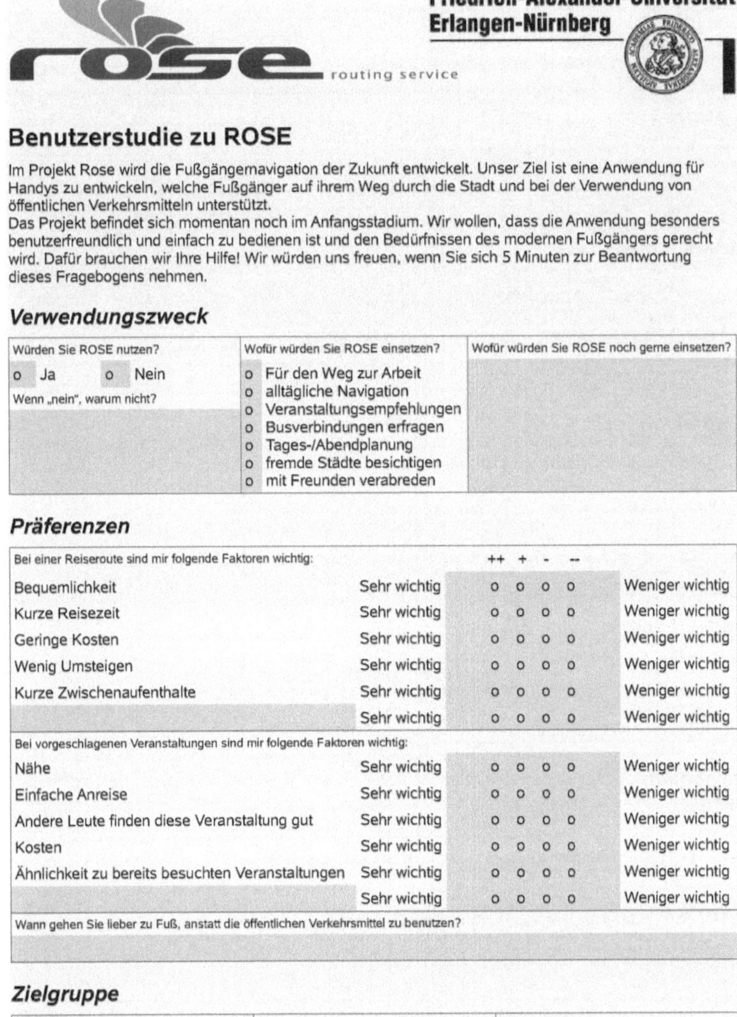

Benutzerstudie zu ROSE

Im Projekt Rose wird die Fußgängernavigation der Zukunft entwickelt. Unser Ziel ist eine Anwendung für Handys zu entwickeln, welche Fußgänger auf ihrem Weg durch die Stadt und bei der Verwendung von öffentlichen Verkehrsmitteln unterstützt.
Das Projekt befindet sich momentan noch im Anfangsstadium. Wir wollen, dass die Anwendung besonders benutzerfreundlich und einfach zu bedienen ist und den Bedürfnissen des modernen Fußgängers gerecht wird. Dafür brauchen wir Ihre Hilfe! Wir würden uns freuen, wenn Sie sich 5 Minuten zur Beantwortung dieses Fragebogens nehmen.

Verwendungszweck

Würden Sie ROSE nutzen?	Wofür würden Sie ROSE einsetzen?	Wofür würden Sie ROSE noch gerne einsetzen?
o Ja o Nein Wenn „nein", warum nicht?	o Für den Weg zur Arbeit o alltägliche Navigation o Veranstaltungsempfehlungen o Busverbindungen erfragen o Tages-/Abendplanung o fremde Städte besichtigen o mit Freunden verabreden	

Präferenzen

Bei einer Reiseroute sind mir folgende Faktoren wichtig:		++	+	-	--	
Bequemlichkeit	Sehr wichtig	o	o	o	o	Weniger wichtig
Kurze Reisezeit	Sehr wichtig	o	o	o	o	Weniger wichtig
Geringe Kosten	Sehr wichtig	o	o	o	o	Weniger wichtig
Wenig Umsteigen	Sehr wichtig	o	o	o	o	Weniger wichtig
Kurze Zwischenaufenthalte	Sehr wichtig	o	o	o	o	Weniger wichtig
	Sehr wichtig	o	o	o	o	Weniger wichtig

Bei vorgeschlagenen Veranstaltungen sind mir folgende Faktoren wichtig:						
Nähe	Sehr wichtig	o	o	o	o	Weniger wichtig
Einfache Anreise	Sehr wichtig	o	o	o	o	Weniger wichtig
Andere Leute finden diese Veranstaltung gut	Sehr wichtig	o	o	o	o	Weniger wichtig
Kosten	Sehr wichtig	o	o	o	o	Weniger wichtig
Ähnlichkeit zu bereits besuchten Veranstaltungen	Sehr wichtig	o	o	o	o	Weniger wichtig
	Sehr wichtig	o	o	o	o	Weniger wichtig

Wann gehen Sie lieber zu Fuß, anstatt die öffentlichen Verkehrsmittel zu benutzen?

Zielgruppe

Alter	Geschlecht	Handymodell

Vielen Dank, dass Sie sich die Zeit genommen haben!
Wenn Sie die ROSE Anwendung schon selbst ausprobiert haben,
beantworten Sie bitte auch die Fragen auf der Rückseite.

Abb. 4.1 Fragen zur Erhebung von Verwendungszwecken und Entscheidungskriterien, die für potenzielle Nutzer von ROSE bedeutsam sind

- Mit welchen Methoden und Mitteln lassen sich die Ergebnisse einer Task-Analyse formal repräsentieren?
- Welche Anforderungen an die Ausdrucksfähigkeit können von den Anforderungen an Assistenzsysteme abgeleitet werden?

**Bitte beantworten Sie die Fragen auf dieser Seite nur,
wenn Sie die ROSE Anwendung schon selbst ausprobiert haben!**

Allgemeines

Was hat Ihnen besonders gut gefallen?

Was hat Ihnen gar nicht gefallen?

Wie können wir ROSE verbessern?

Würden Sie ROSE weiterempfehlen?

o Ja　　　o Nein

Empfehlungen

Die vorgeschlagenen Veranstaltungen und Orte fand ich meistens:		
passend	o o o o	unpassend

Ich habe zu wenige Informationen bekommen, die ich über die Veranstaltung haben wollte.		
Trifft zu	o o o o	Trifft nicht zu

Wenn Sie zu wenige Informationen bekommen haben: Welche Informationen haben gefehlt?

Bedienbarkeit

Die Menüführung fand ich:		
Intuitiv und leicht	o o o o	Nicht verständlich

Die Bedienung von ROSE...		
hat Spaß gemacht	o o o o	War nervig

Navigation

Die Navigationsanweisungen waren meist:		
Hilfreich	o o o o	Irreführend

Ich habe mich nicht an die Navigationsanweisungen gehalten, weil: (bitte nur ausfüllen, wenn zutreffend)

Die Kartendarstellung fand ich:		
Übersichtlich und informativ	o o o o	Unübersichtlich

Die vorgeschlagenen Routen fand ich:		
Gut	o o o o	Schlecht

**Vielen Dank, dass Sie sich die Zeit genommen haben!
Zukünftige Versionen von ROSE und weitere Informationen finden sie auf:
www.rose-mobil.de**

Abb. 4.2 Fragen zur Ermittlung relevanter Kriterien für die Mensch-Maschine-Interaktion zwischen ROSE und Nutzern

- Welche Eigenschaften muss ein Inferenzalgorithmus besitzen, um Arbeitsabläufe simulieren beziehungsweise die Interaktion zwischen Mensch und Maschine auf der Seite der Maschine so analysieren zu können, dass das Assistenzsystemen zu jeder Zeit feststellen kann, in welchem Zustand sich die aktuell zu lösende Aufgabe befindet?

- Wie kann das Assistenzsystem aus der Kenntnis des Aufgabenzustands heraus Interaktion mit Benutzern führen, um die erfolgreiche Lösung der Aufgabe sicherzustellen?
- Wie kann erreicht werden, dass auch der Nutzer die Möglichkeit hat, stets auf Inhalt und Umfang der Unterstützung durch das Assistenzsystem Einfluss zu nehmen?

Durch einen Blick über den Tellerrand der Künstlichen Intelligenz auf *Usability und Human-Factor Engineering* soll die empirisch-exemplarische Besprechung von Beispielen in den vorausgehenden Kapiteln auf ein methodisch stabiles Fundament gehoben werden. Wie bereits oben angesprochen, kann im Rahmen dieser Arbeit nicht auf die vielen Einzeluntersuchungen eingegangen werden, mit denen Ergonomie, Akzeptanz und Performanz eines interaktiven Systems gemessen werden (siehe [6]), sondern es geht zunächst darum, wie aus den Auswertungen derartiger Analysen ein formales Modell des zu erwartenden Ablaufs bei der Durchführung eines Tasks gewonnen werden kann. In diesem Modell sollen dann Punkte identifiziert werden, an denen Assistenzfunktionen für die Nutzer bereit gestellt werden sollen. Darüberhinaus soll das Modell auch das notwendige Wissen bereitstellen, mit dem das Assistenzsystem den in Abschn. 2.3 aufgestellten Anforderungen genügen kann.

4.2   Notationen zur Repräsentationen für Task-Analysen

Neben dem Ziel, Ergebnisse einer Task-Analyse festzuhalten, dient die Verwendung einer formalen Repräsentation natürlich immer auch der Abstraktion von Details. Damit sind Einzelfälle, die sich nicht in bestimmte Fallgruppen von Bedienvorgängen einordnen lassen, ebenso gemeint wie technische Details der Umsetzung von Teilaufgaben. Historisch gesehen betreffen technische Details bei der Mensch-Maschine-Interaktion oft die Ausgestaltung der einzelnen Interaktionsschritte, die meist mithilfe graphischer Benutzeroberfläche realisiert werden. Dementsprechend gibt es eine Vielzahl von Formalismen, die sich darum bemühen, Interaktionsschritte zu typisieren, ohne dabei jedoch zu berücksichtigen, wie eine bestimmte graphische Benutzeroberfläche Interaktion realisiert.

Eine wesentliche Station der Forschung auf diesem Gebiet ist die Entwicklung des *User Interface Development Environment* durch die Gruppe von JAMES FOLEY – beschrieben in [12–16]. Dabei werden – ganz im Sinne der Künstlichen Intelligenz – elementare Operationen einer Benutzerschnittstelle mithilfe von Vor- und Nachbedingungen formalisiert. Daraus lassen sich sogar automatische Hilfeanweisungen generieren, die den Zweck jedes graphischen Bedienelements erklären können[5].

Die Frage nach dem Layout und der Gestaltung von Mensch-Maschine-Interaktion ist aber – so komplex sie auch ist – noch nicht die zentrale: Denn neben der Abstraktion von Details, die an das Betriebssystem bzw. den verwendeten Window-Manager gebun-

---

[5] Eine große Zahl von weiteren Konzepten der Modellierung von Benutzeroberflächen und damit verbundenen Entwicklungsumgebungen ist in [17] beschrieben.

den sind, existiert eine weitere Ebene der Abstraktion von der Präsentation von Inhalten und Interaktionselementen über die Kontrolle der Interaktion hin zur Modellierung des Prozesses, in dessen Rahmen Interaktion zwischen System und Nutzer stattfindet – eine ähnliche Analyse gibt [18]. Zum Erwerb und zur Repräsentation von Wissen zur Modellierung von Inhalt und Ablauf von Interaktion und der pragmatischen Vorgänge, innerhalb derer die Interaktion stattfindet, sind für die Entwicklung von Assistenzsystemen relevante Verfahren in der Kognitionswissenschaft, dem Software-Engineering und formalen Methoden der Mensch-Maschine-Interaktion publiziert worden – wie oben ausführlich dargestellt. Auffällig ist, dass die Literatur zur Dialogtheorie und zur computergestützten Verarbeitung von Dialogen zwischen Mensch und Maschine sich der Modellierung der Pragmatik, zumindest in einer Tiefe, die eine automatische Assistenz ermöglichen würde, kaum annimmt. Gerade die Arbeiten zur Sprechakttheorie interessieren sich, sofern Pragmatik behandelt wird, vor allem für die Pragmatik der Interaktion, nicht aber für den Bezug zur Pragmatik des Gegenstandsbereichs, in dem und über den Dialog geführt wird[6]. Hier besteht also eine eklatante Lücke in der Forschung: Ansätze aus der Task-Analyse und der Dialoganalyse müssen miteinander in Beziehung gesetzt werden: nur so sind die in den vorausgehenden Kapiteln gestellten Fragen und Anforderungen in einem effektiven und effizienten Modell lösbar und umsetzbar.

Im Forschungsgebiet der *User Interfaces* besteht zwar, wie [19] auf Seite 12 schreibt, allgemeine Übereinstimmung darin, dass *Task*-Modelle für die Entwicklung von User Interfaces fundamental sind. Jedoch besteht über Form und Inhalt von solchen Modellen alles andere als Konsens. Dies liegt sicherlich auch daran, dass jeder Versuch der Formalisierung solcher Zusammenhänge an die Grenzen der Berechenbarkeitstheorie stößt. Deshalb wird sich eine geeignete formale Sprache, die für alle zu formulierenden Inhalte eines Modells auch ein effizientes Kalkül anbieten könnte, nicht finden lassen. Andererseits scheint die Abgeschlossenheit der einzelnen Forschungsrichtungen, die zum Teil auch ganz unterschiedliche historische Wurzeln aufweisen, zu der großen Vielzahl von formalen Darstellungsmethoden geführt zu haben. Die verschiedenen Methoden unterscheiden sich stark in ihrer Zielsetzung und in den eingesetzten Mitteln.

Kognitionswissenschaftliche Ansätze betonen insbesondere die Aufgabenmodellierung und Aspekte der Kooperation zwischen Mensch und Maschine, zwischen Gruppen von Benutzern und der Maschine und Nutzern untereinander. Diese Verfahren der Task-Analyse wurden bereits illustriert. Eines der ersten dieser Verfahren ist sicherlich GOMS (ausführlich vorgestellt in [20]). Es basiert auf einem emotionalen Appell, wie Wahrnehmungsmotorik und Kognition von Nutzern interagieren, und zielt darauf ab, mit Operatoren für elementare Aktionen, Methoden für Strategien aus elementaren Aktionen und Auswahlregeln für Methoden die Interaktion zwischen Mensch und Maschine systematisch zu analysieren und zu dokumentieren. Dabei beschreibt GOMS nur fehlerfreie und sequenzielle Abläufe. Eine Begründung dafür, warum welcher Ablauf passend

---

[6] Die einschlägige Literatur wird später in Kap. 8 besprochen werden.

ist, und warum eine bestimmte Methode gewählt wurde, ist von GOMS in der Dokumentation eines *tasks* nicht vorgesehen. Die Anforderungen, die von Assistenzsystemen gestellt werden, lassen sich also mithilfe von GOMS nicht darstellen und nicht realisieren.

Ähnliches gilt für einen Abkömmling von GOMS, das *Keystroke-Level-Model* (siehe [8]). Auch bekannte Task-Analysemethoden wie *Task Analysis for Knowledge Description*, *Task Knowledge Structures* oder *Groupware Task Analysis* sind Methoden, die als Ergebnis textuelle Spezifikationen liefern (siehe [2]). Damit stellen sie wertvolle Hilfsmittel für den Wissenserwerb während der Analyse und Auswertung von Studien und Datenerhebungen dar, für Repräsentation des Wissens sind sie aber nicht geeignet, weil die Darstellung der Ergebnisse nicht formal genug ist.

Dasselbe Argument trifft auf bekannte Modellierungsansätze aus dem Bereich des Software Engineering zu. Insbesondere UML (siehe [21]) wird bei der Softwareentwicklung oft zur Repräsentation von Prozessanalysen eingesetzt. Die Darstellung von UML ist graphisch: es werden Diagramme konstruiert, die den Ablauf von Aktivitäten darstellen. Dabei fehlt, ebenso wie bei allen anderen graphorientierten Formalismen, eine explizite Darstellung der Inhalte jedes der im Diagramm enthaltenen Zustände der motivierten Aufgabe. Die aktuelle Situation kann also nicht explizit repräsentiert werden[7].

Im Forschungsgebiet der Mensch-Maschine-Interaktion (HCI) wurden in der Vergangenheit verschiedene formale Beschreibungssprachen zur Analyse der Interaktionsschritte (Sprechakte) zwischen Mensch und Maschine[8] benutzt. Dabei kommen oft komplizierte Logiksprachen zur Verwendung, mit denen bestimmte Aspekte der Semantik eines modellierten Gegenstandsbereichs erfasst werden können. Der größte Nachteil an diesen Untersuchungen ist, dass sich ein ganzheitlicher Ansatz, der den Zusammenhang zwischen der Pragmatik der Aufgabe, den Mitteln zur Repräsentation von Aktionen aus dem Gegenstandsbereich und Aktionen zur Interaktion zwischen Mensch und Maschine, allein mit den Möglichkeiten der automatischen Inferenz über Inhalt sowie Form von Interaktionsschritten erklären kann, nicht herausgebildet hat. Dieser Anspruch ist zugegebenermaßen eine schier endlose Herausforderung, wenn man die vielen, und sehr unterschiedlichen offenen Fragen der Forschung zur Interaktion zwischen Mensch und Maschine im Auge hat. Dennoch hat sich in der Künstlichen Intelligenz eine Reihe von Verfahren zur Repräsentation und Inferenz über Aktionen etabliert, so dass – zumindest im Rahmen der berechenbarkeits- und komplexitätstheoretischen Möglichkeiten dieser Verfahren – der Zusammenhang zwischen Pragmatik der Anwendung und Pragmatik der Interaktion, also zwischen Interaktionsmodell und Dialogmodell, für einen zur Realisierung in einem Softwaresystem geeigneten Ansatz erklärt werden kann. Diese algorithmischen Aspekte werden ab dem folgenden Kapitel erörtert werden.

---

[7] Über die Mangelhaftigkeit von graphorientierten Ansätzen wurde bereits im vorhergehenden Kapitel gesprochen.
[8] Einen Überblick darüber geben [3, 8] und [19].

4.3 *Concurrent Task Trees*

Bevor jedoch davon die Rede sein wird, wie ein Assistenzsystem Lösungen für aktuelle Aufgaben planen und durchführen kann, müssen wir unseren Blick nochmals auf die Frage des Wissenserwerbs wenden und festlegen, nach welcher Methode und mit welchen Werkzeugen er durchgeführt werden kann.

Da wir zum jetzigen Zeitpunkt keine Festlegung über Modalität und Technik der Interaktion zwischen System und Nutzer treffen wollen, interessieren wir uns für den Wissenserwerb – vor allem für Verfahren, die sich auf die Analyse der zu unterstützenden pragmatischen Prozesse konzentrieren, also möglichst stark von der Durchführung von Interaktionshandlungen abstrahieren.

4.3.1 Was sind *Concurrent Task Trees*?

Für diesen Zweck ist ein weit verbreitetes Modell das der *Concurrent Task Trees*. Es wurde von [22] entwickelt und hat inzwischen einige Modernisierungen erfahren, wie sie in [23] beschrieben sind. Dabei wurden vor allem das Datenformat und die zum Wissenserwerb nutzbaren Werkzeuge überarbeitet. Die Grundkonzeption hat sich aber nicht verändert.

Die hinter den *Concurrent Task Trees* steckende Idee, wie der Wissenserwerb für Systeme zur Mensch-Maschine-Interaktion durchgeführt werden kann, besteht darin, hierarchische Task-Analysen[9], die für einen Gegenstandsbereich erstellt wurden, in baumartigen Datenstrukturen zu repräsentieren. Gerade darin liegt der Vorteil der *Concurrent Task Trees* für den Wissenserwerb für Assistenzsysteme gegenüber anderen in Abschn. 4.2 vorgestellten, näher auf die Präsentation bezogenen Ansätzen.

Mit Hilfe eines *Concurrent Task Trees* lässt sich also eine *strukturelle* Analyse durchführen, aber keine sachlogische, weil die Datenstruktur weder Bedingungen für die Durchführbarkeit einer in einem *task tree* dargestellten Aufgabe noch ihre Auswirkungen auf den ursprünglichen Zweck enthält. Ein *Concurrent Task Tree* ist also als eine Zwischenstufe des Wissenserwerbs für Assistenzsysteme zu verstehen, weil sich Ergebnisse der kognitiven Analyse von Aufgaben elegant darstellen lassen, aber zur Erfüllung der Anforderungen an ein Assistenzsystem notwendige Informationen noch ergänzt werden müssen.

4.3.2 Vorteile von *Concurrent Task Trees* für die Formalisierung von Task-Analysen

Die oben skizzierten Plus- und Minuspunkte der *Concurrent Task Trees* korrespondieren auffällig mit den methodischen Grenzen zwischen kognitiver Psychologie, insbesondere kognitiver Task-Analyse, und Künstlicher Intelligenz: während das eine Fach um eine de-

---

[9] Siehe dazu [24], Kap. 3.

skriptive Darstellung von in Prozessen entdeckten Strukturen bemüht ist, sucht das andere Fach nach algorithmischen Lösungen für die Simulation der analysierten Prozesse. *Concurrent Task Trees* unterstützen also die Arbeitsteilung zwischen beiden Fächern, weil sie den Methoden der Task-Analyse entgegenkommen (siehe [22]):

- *Fokus auf Aktivitäten*: Die Darstellung erlaubt es, von konkreten Implementierungsdetails zu abstrahieren, und befördert damit den Erwerb von Wissen darüber, aus welchen Schritten eine Lösung für eine Aufgabe besteht, und welchen organisatorischen Zusammenhang die einzelnen Schritte untereinander haben.
- *Darstellung hierarchischer Analysen*: *Concurrent Task Trees* ermöglichen die direkte Repräsentation hierarchischer Lösungsabläufe, wie sie von der hierarchischen Task-Analyse modelliert werden.
- *Darstellung der Kooperation*: Nicht weiter hierarchisch zerlegbare Schritte werden immer entweder dem System oder dem Nutzer zugeordnet. Damit werden auch Kooperationsstrukturen in einer Task-Analyse sichtbar.

Concurrent Task Trees weisen aber auch einige Defizite aus der Perspektive der anfangs definierten Anforderungen an Assistenzsysteme auf:

- *Ausschließlich graphische Syntax*: Dieser Vorteil für einen Entwickler eines Assistenzsystems, der Ergebnisse einer Task-Analyse darstellen soll, steht im Konflikt mit der Anforderung der Zielorientierung. Da in einem *concurrent task tree* keine Vor- und Nachbedingungen einzelner Schritte definiert werden, ist die Planung für ein vorgegebenes Ziel nicht möglich.
- *Semantik*: Da Vor- und Nachbedingungen fehlen, ist eine Semantik in einem formallogischen Sinn, die Inferenz, Diagnose und Erklärung ermöglichen würde, nicht definiert. Der Rückgriff auf die Semantik einer formalen Sprache für die Modellierung der Nebenläufigkeit von Prozessen, wie ihn [22] auf Basis der Sprache LOTOS (ausführlich dargestellt in [25]) vornimmt, ist für die Anforderungen an ein Assistenzsystem nicht hinreichend, weil keine kausalen Zusammenhänge zwischen den Prozessen formuliert sind.

Nachdem die *Concurrent Task Trees* eingeführt sind, wird in Kap. 5 diskutiert, wie sie auf Basis der Semantik von LOTOS mit Hilfe formallogischer Mittel so interpretiert werden können, dass den Anforderungen für Assistenzsysteme Genüge getan wird. Zunächst jedoch sollen Aufbau und Verwendungszweck von *Concurrent Task Trees* erläutert werden.

4.3.3   Syntaktische Konzepte für *Concurrent Task Trees*

Ein *Concurrent Task Tree* hat die Struktur eines Baumes. Blätter sind nicht weiter zerlegbare Tasks, die einem bestimmten Akteur, dem Nutzer oder dem System, zugeordnet werden können, oder es handelt sich um einen Task zur Interaktion zwischen Nutzer und System. Knoten im Baum repräsentieren Tasks, die im Sinn der hierarchischen Task-Analyse in Sub-Tasks zerlegt werden können. Sub-Tasks eines Tasks sind genau seine Kinder.

Die Besonderheit eines *Concurrent Task Tree*, die ihn von üblichen Bäumen unterscheidet, besteht darin, dass zwischen den direkten Kindern eines Tasks Kanten existieren, mit deren Hilfe temporale Relationen zwischen den Sub-Tasks formuliert werden können (siehe später in Abschn. 4.3.3.2).

4.3.3.1 Zuordnung von Tasks zu Akteuren

Zunächst sollen die verschiedenen Typen der nicht weiter zerlegbaren Tasks vorgestellt werden:

	Der Task wird ausschließlich vom Assistenzsystem durchgeführt. Information, die bei Durchführung des Tasks entsteht, kann im weiteren Verlauf an den Nutzer weitergegeben werden.
	Der Task wird ausschließlich vom Nutzer durchgeführt. Der Task kann zu seiner Erledigung eine kognitive Handlung oder eine praktische Handlung in der aktuellen Situation erfordern. In der Planungsphase sind seine Effekte immer unsicher.
	Der aktuelle Task besteht darin, dass Nutzer und System interagieren, um Information auszutauschen.
	Tasks, die weiter zerlegt werden können, sind abstrakte Tasks. Dabei sind in der Regel sowohl System als auch Nutzer an der Durchführung des Tasks beteiligt.

4.3.3.2 Zeitliche Relationen zwischen Tasks

Durch Hierarchisierung von Tasks in einer Anwendungsdomäne, also durch Festlegung der Relation, welche Tasks Teilaufgaben bei der Erledigung welcher anderer (und damit komplexer) Tasks sind, entsteht eine Strukturierung der Domäne. Sie wird weiterhin dadurch explizit modelliert, dass sich in einem *task tree* angeben lässt, welche zeitliche Relation zwischen zwei auf derselben Ebene befindlichen Sub-Tasks eines übergeordneten Tasks besteht (siehe Abb. 4.3):

Relation	Informelle Bedeutung
Independent concurrency: ($t_1 \;\|\|\|\; t_2$)	Die Aktionen, aus denen die Sub-Tasks t_1 und t_2 bestehen, können in beliebiger Reihenfolge ausgeführt werden, ohne dass irgendwelche Abhängigkeiten zwischen ihnen bestehen
Choice: ($t_1 \;\sharp\; t_2$)	Zwischen beiden Sub-Tasks t_1 und t_2 kann einer nichtdeterministisch gewählt werden. Nachdem eine Auswahl getroffen worden ist, wird nur noch der ausgewählte Task ausgeführt, die anderen sind erst wieder verfügbar, wenn der ausgewählte Task beendet ist (in Abb. 4.3 beispielsweise zwischen `Farbstich entfernen` und `Helligkeit ändern`)

Concurrency with information exchange: $(t_1 \mid[]\mid t_2)$	Die Tasks t_1 und t_2 können zeitgleich ausgeführt werden, müssen sich aber bei Bedarf synchronisieren, um Informationen auszutauschen (in Abb. 4.3 z. B. zwischen `Grün ändern` und `Rot ändern`).
Deactivation (disabling): $(t_1 \mid\rangle t_2)$	Der Task t_1 wird beendet, sobald der erste Schritt des zweiten Tasks t_2 ausgeführt worden ist
Enabling: $(t_1 \rangle\rangle t_2)$	Der Task t_1 ermöglicht die Ausführung von t_2, nachdem t_1 beendet worden ist
Enabling with information passing: $(t_1 []\rangle\rangle t_2)$	Der Task t_1 ermöglicht, sobald er beendet ist, die Ausführung des zweiten Tasks t_2. Dabei übergibt t_1 von ihm berechnete Information an t_2 (in Abb. 4.3 zwischen `Bereich wählen` und `Farbstich entfernen`)
Suspend-resume: $(t_1 \rangle\langle t_2)$	Der Task t_2 kann den ersten Task t_1 unterbrechen. Er wird wieder aufgenommen, sobald der zweite Task beendet ist, und zwar genau an der Stelle, an der er unterbrochen worden ist
Iteration: $(t)^*$	Der spezifizierte Task kann wiederholt ausgeführt werden: Nachdem der Task beendet ist, wird er sofort wieder von Beginn an neu gestartet. Dies heißt nicht, dass eine Endlosschleife realisiert werden soll. Vielmehr wird nichtdeterministisch entschieden, wann die Iteration von t beendet wird
Recursion: $r(t)$	Der angegebene Task t wird als Sub-Task von sich selbst wieder aufgerufen
Optional task: $?t$	Der angegebene Task kann bei Bedarf ausgeführt werden, muss aber nicht notwendigerweise durchgeführt werden. Die Entscheidung fällt nichtdeterministisch

Die Priorität der Relationen entspricht ihrer Reihenfolge in der obigen Tabelle. Indem also der Baum entsprechen der Prioritäten der Kinder eines Tasks traversiert wird, lässt sich eine textuelle, lineare Repräsentation von Task-Analysen konstruieren. Ohne sie wäre die Spezifikation eines Kalküls für *Concurrent Task Trees* nicht möglich. Bevor wir auf diesen Punkt näher eingehen, soll zunächst ein einfaches Beispiel eines *Concurrent Task Trees* vorgestellt werden.

Die beispielhafte hierarchische Analyse in Abb. 4.3 erklärt, zu welchen Zwecken ein Nutzer Funktionen für die Manipulation der Farbwerte eines digitalisierten Bilds einsetzen möchte (Ebene 1). In tiefer liegenden Ebenen ist modelliert, was zu tun ist, um den gewünschten Zweck zu erreichen. Dabei entsteht eine hierarchische Struktur voneinander abhängiger Teilaufgaben, die angibt, wie die aktuelle Aufgabe (z. B. Beseitigung eines Farbstichs) gelöst werden kann.

4.3.4 Eine Semantik für *Concurrent Task Trees*?

Ein weiterer, bisher noch unerwähnter Vorteil der *Concurrent Task Trees* liegt darin, dass für ihre textuelle Variante eine Semantik existiert, die von der Sprache LOTOS, wie sie in [25] eingeführt wurde, übernommen ist. Der ursprüngliche Zweck von LOTOS liegt in der Beschreibung der zeitlichen Relation zwischen verschiedenen (autonomen) Prozessen in einem (Betriebs)-System – ein Zweck also, zu dessen theoretischer Fundierung meist

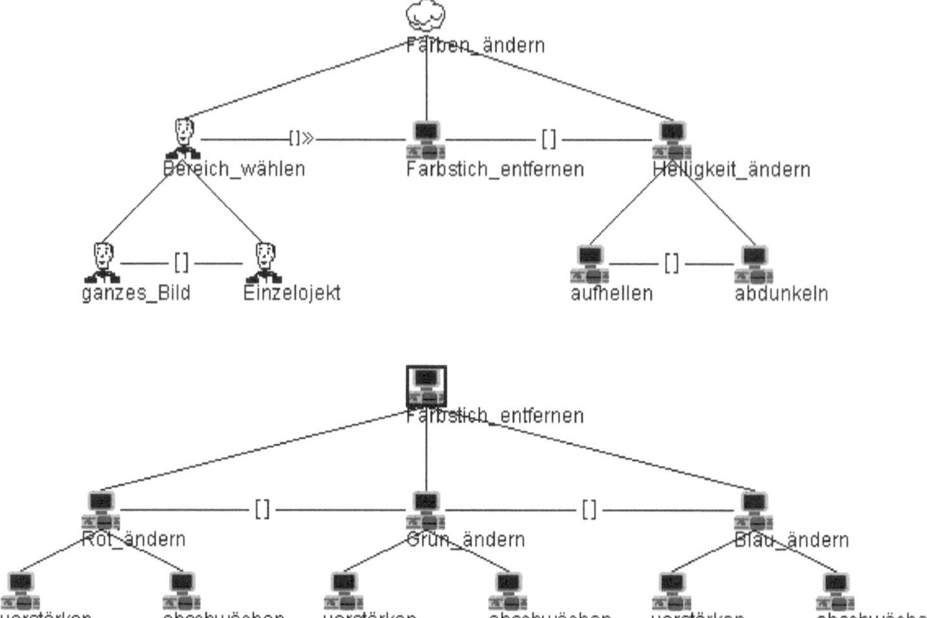

Abb. 4.3 Ein *Task Tree* zur Analyse der Aufgabe, wie die Farbgebung in einem digitalisierten Bild (oder in Ausschnitten daraus) geändert werden kann. Die Analyse geht dabei noch nicht auf die angebotene Funktionalität eines bestimmten Bildverarbeitungsprogramms ein, sondern modelliert physikalische Möglichkeiten der Bildmanipulation und in der Anwendungsdomäne wichtige Ziele des Nutzers

Prozessalgebren (siehe [26]) angewandt werden. So existieren auch für LOTOS Prozessalgebren, wie beispielsweise in [27–29] beschrieben.

Prozessalgebren dienen der Beschreibung des Verhaltens verteilter Prozesse, die untereinander auch Daten austauschen können. Sie bieten die notwendigen formalen Mittel, um mit Hilfe geeigneter syntaktischer Kalküle ableiten zu können, ob ein spezifizierter Prozess bestimmte elementare Synchronisationsvorgaben einhält bzw. einhalten kann. Auf diese Weise kann auch die Erfüllung einer Spezifikation durch eine zugehörige Implementierung überprüft werden.

Allerdings ignorieren Prozessalgebren die für Assistenzsysteme wesentliche Information bei der Ausführung von Aktionen: sie beschreiben nämlich nicht, welche Eigenschaften der aktuellen Situation durch Ausführung einer Aktion wie geändert werden; Vorbedingungen und Effekte von Aktionen spielen bei Prozessalgebren überhaupt keine Rolle.

Daher ist der von [19] vorgenommene Rückgriff auf die Semantik von LOTOS für die Zwecke des Wissenserwerbs für ein Assistenzsystem nicht hinreichend: die Anforderungen der zielorientierten Assistenz mit Diagnose- und Erklärungsfähigkeit können nicht erfüllt werden. Somit bringt LOTOS keine entscheidenden Vorteile gegenüber graphbasierten Zustandsmodellen wie Petri-Netzen oder POMDP-Verfahren.

Damit scheint zunächst der Nutzen der *Concurrent Task Trees* für die Modellierung von Task-Analysen verloren, soweit diese als Wissensquelle für die Konfiguration eines Dialogsystems herangezogen werden sollen. Eine Lösung dieses Dilemmas bestünde darin, die Semantik von *Concurrent Task Trees* so neu zu definieren, dass die entscheidenden Anforderungen für Assistenzsysteme erfüllt werden können. Um dieses Ziel zu erreichen, muss eine formallogische Sprache gefunden werden, mit deren Hilfe die den Prozessalgebren fehlenden kausallogischen Zusammenhänge formuliert werden können. Wenn dies erreicht werden kann, besteht eine elegante Lösung für den Wissenserwerb für interaktive Assistenzsysteme: von Fachleuten durchgeführte Task-Analysen werden als *Concurrent Task Trees* dargestellt und vom Assistenzsystem verarbeitet, um situations- und zielabhängige Lösungsvorschläge berechnen zu können. Dabei sollte es auch möglich sein, komplexe Zielformulierungen, wie in interaktiven Nutzerschnittstellen oft, und insbesondere bei Schwierigkeiten während der kooperativen Lösung einer Aufgabe, vorkommen, in eine zielführende Sequenz von Aktionen umsetzen zu können.

Um also die beschriebene Lücke zwischen den Anforderungen von Assistenzsystemen und dem Stand der Technik in der Taskmodellierung zu schließen, wird im folgenden Kapitel der Situationskalkül, eine formallogische Sprache zur Beschreibung von Aktionen, eingeführt. Mit Hilfe dieser Sprache lassen sich die Konstrukte der *Concurrent Task Trees* neu definieren, und zwar in einer Weise, die es erlaubt zu beschreiben, wie sich durch die Ausführung von Aktionen die gültigen Aussagen über den Zustand der zu lösenden Aufgabe ändern.

Literatur

1. N.R. Milton, *Knowledge Acquisition in Practice: A Step-by-Step Guide* (Springer, 2007)

2. D. Diaper (ed.), *The Handbook for Task-Analysis for Human-Computer Interaction* (CRC Press, 2004)

3. A. Dix, *Formal Methods for Interactive Systems*. Computers and People (Academic Press, 1991)

4. J. McCarthy, P.J. Hayes, in *Machine Intelligence 4*, ed. by B. Meltzer, D. Michie (Edinburgh University Press, 1969), S. 463–502. Reprinted in McC90

5. H. Wandke, Theor. Issues Ergonomics Sci. **6**(2), 129 (2005)

6. C.D. Wickens, J. Lee, Y.D. Liu, S. Gordon-Becker, *Introduction to Human Factors Engineering*, 2nd edn. (Prentice-Hall, Upper Saddle River, 2003)

7. B. Kirwan, L. Ainsworth (eds.), *A Guide to Task Analysis* (CRC Press, 1992)

8. A. Dix, J. Finlay, G.D. Abowd, R. Beale, *Human Computer Interaction*, 3rd edn. (Pearson Eduction, 2004)

9. L. Barfield, *The User-Interface: Concepts and Design* (Addison-Wesley, 1993)

10. P.A. Laplante, *Requirements Engineering for Software and Systems*. Auerbach Series on Applied Software Engineering (Auerbach Pubn, 2009)

11. L. Fahrmeir, R. Künstler, I. Pigeot, G. Tutz, *Statistik – Der Weg zur Datenanalyse*, 7th edn. (Springer, 2010)

12. D.F. Gieskens, J.D. Foley, in *Proceedings of CHI '92* (1992), S. 189–194

13. P.N. Sukaviriya, J.D. Foley, T. Griffith, A second generation user interface design environment: The model and the runtime architecture. Tech. rep., Graphics, Visualization and Usability Center, Georgia Institute of Technology (1992)

14. W.C. Kim, J.D. Foley, in *Proceedings of Interchi 1993* (1993), S. 430–437

15. P.N. Sukaviriya, J.D. Foley, in *Proceedings of Intelligent User Interfaces (IUI) 1993* (1993), S. 107–113

16. P.N. Sukaviriya, J. Muthukumarasamy, A. Spaans, H.J.J. de Graaff, in *Proceedings of AVI '94* (Bari (Italien), 1994), S. 44–52

17. P.P.D. Silva, in *Proceedings of DSV-IS2000* (Springer-Verlag, 2000), no. 1946 in LNCS, S. 207–226

18. A. Pokhar, L. Braubach, A. Bartelt, D. Moldt, W. Lamersdorf, in *Mensch und Computer 2002: Vom interaktiven Werkzeug zu kooperativen Arbeits- und Lernwelten*, ed. by M. Herczeg, W. Prinz, H. Oberquelle (B.G. Teubner, 2002), S. 185–194

19. F. Paternó, *Model-Based Design and Evaluation of Interative Applications* (Springer, 2000)

20. S. Card, T.P. Moran, A. Newell, *The Psychology of Human-Computer Interaction* (Lawrence Erlbaum, 1983)

21. I. Jacobson, G. Booch, J. Rumbaugh, *The Unified Software Development Process* (Addison Wesley Longman, 1998)

22. G. Mori, F. Paternó, C. Santoro, IEEE Trans. Softw. Eng. **28**, 797 (2002)

23. A. Stanciulescu, A methodology for developing multimodal user interfaces of information systems. Ph.D. thesis, Université catholique de Louvain (2008)

24. J.F. Kelley, in *CHI '83: Proceedings of the SIGCHI conference on Human Factors in Computing Systems* (ACM, New York, 1983), S. 193–196. http://doi.acm.org/10.1145/800045.801609

25. P.V. Eijk, M. Diaz (eds.), *Formal Description Technique Lotos: Results of the Esprit Sedos Project* (Elsevier Science, New York, 1989)

26. W.J. Fokkink, *Introduction to Process Algebra*, 2nd edn. (Springer, 2007)

27. C. Linnhoff-Popien, H. König, Syst. Anal. Model. Simul. **8**(4) (1990)

28. C. Linnhoff-Popien, H. König, Nachrichtentechnik/Elektronik (1990)

29. A. Verdejo, E-LOTOS: Tutorial and semantics. Master's thesis, Departamento de Sistemas Informáticos y Programación, Universidad Complutense de Madrid (1999)

Simulation von Handlungen in Assistenzszenarien 5

Wie im Fazit des letzten Kapitels angekündigt, soll nun ein erster Schritt unternommen werden, um die Lücke zwischen der Ausdrucksfähigkeit von *Concurrent Task Trees* und den Anforderungen von Assistenzsystemen an formale Sprachen zur Wissensrepräsentation und -verarbeitung zu schließen. Dabei tritt die Frage in den Vordergrund des Interesses, wie die Auswirkung einer Handlung auf die beschreibende Situation formalisiert werden kann. Zudem ist es für Erklärungsfähigkeit und Diagnostizierbarkeit unerlässlich, zu wissen, welche Aussagen in einer Situation notwendigerweise zutreffen müssen, um eine bestimmte Handlung ausführen zu können.

Erst dann, wenn diese Informationen bekannt sind, kann ein Assistenzsystem dem Nutzer über mehrere Schritte hinweg zielorientiert Unterstützung leisten.

Diese Fähigkeit eines Assistenzsystems zu erreichen, erfordert ein Vorgehen in mehreren Stufen, deren erste in diesem Kapitel dargestellt werden soll: Nach der Frage, wie Aktionen dargestellt werden, wird zu klären sein, wie ein Assistenzsystem die Ausführung einer Aktion simulieren kann. So kann es für den Nutzer „ausprobieren", welche Wirkung eine Handlung hat – der erste Schritt hin zur Fähigkeit, diagnostizieren zu können, ob eine Aufgabe gelöst ist oder nicht. Für die Simulation und Diagnose von Aktionen und ihren Auswirkungen werden geeignete Inferenzverfahren besprochen; es wird sich aber auch herausstellen, dass damit noch nicht alle Anforderungen eines Assistenzsystems erfüllt sind. Antworten darauf werden spätere Kapitel geben.

5.1 Grundlagen des Situationskalküls

Die Formalisierung von Aktionen mit Hilfe einer formallogischen Sprache fußt auf der Grundannahme, dass alle für die Modellierung relevanten Eigenschaften einer Aktion symbolisch repräsentiert werden können. Gleiches gilt für die relevanten Aussagen, die über Zustände getroffen werden sollen, in denen sich die Lösung einer zu unterstützenden

© Springer-Verlag Berlin Heidelberg 2015
B. Ludwig, *Planbasierte Mensch-Maschine-Interaktion in multimodalen Assistenzsystemen*, Xpert.press, DOI 10.1007/978-3-662-44819-9_5

Aufgabe befinden kann. Aussagen über Zustände sollen in *first-order*-Formeln[1] modellierbar sein: Damit kann eine relevante Eigenschaft benannt, und ihre aktuelle Ausprägung festgehalten werden.

Die Modellierung einer Aktion basiert auf Wissen über die Anwendungsdomäne: welche Ausprägungen welcher Eigenschaften sind Voraussetzung dafür, dass die Aktion angewandt werden kann; welche Eigenschaften ändert die ausgeführte Aktion hin zu welcher Ausprägung? Antworten auf diese Fragen, insbesondere darauf, welche der Eigenschaften aus der Perspektive der vom System schließlich zu leistenden Assistenz dafür eigentlich relevant sind, müssen aus den Ergebnissen der Task-Analyse abgeleitet werden: während der Task-Analyse in der interessierenden Anwendungsdomäne sind die für die Lösung der identifizierten Aufgaben notwendigen Aktionen und Eigenschaften in den einzelnen Zuständen des Lösungsverlaufs zu identifizieren.

Während Verfahren, wie derartige Task-Analysen für den Wissenserwerb für ein Assistenzsystem durchgeführt werden sollen, bereits in Kap. 4 erörtert wurden, dreht es sich jetzt um die formale Wissensrepräsentation mit dem Ziel, die Ausdrucksfähigkeit von *Concurrent Task Trees* als formale Sprache zu interpretieren und für die Belange von Assistenzsystemen zu erweitern.

5.1.1 Formalisierung der beschriebenen Situation

Im Sinn der bisherigen Diskussion ist der Begriff *beschriebene Situation* als Synonym zum Begriff des *Zustands eines Lösungsverlaufs für eine gegebene Aufgabe* zu verstehen. In diesem Abschnitt soll dementsprechend – in Anlehnung an Kap. 3 in [2] – anhand eines einfachen Beispiels aus der Robotik erörtert werden, wie eine beschriebene Situation mit Hilfe einer *first-order*-Sprache formalisiert werden kann.

Dazu treffen wir zunächst einige Annahmen, die eine Formalisierung von Aktionen in einer formallogischen Sprache ermöglichen:

- Es gibt keine unbekannten Handlungen.
- Handlungen werden nur vom System selbst oder anderen dem System bekannten und formal repräsentierten Agenten ausgeführt.
- Aktionen werden als Terme des Situationskalküls[2] repräsentiert.
- Aktionsfolgen werden als verschachtelte Terme repräsentiert:
  - Die initiale beschriebene Situation heißt s_0.
  - Die Folgesituation heißt

$$\mathbf{do}(\alpha, s_0)$$

  do ist ein reserviertes Funktionssymbol.

  α ist ein Aktionsterm, z. B. $\mathtt{put}(a, b)$.

---

[1] Siehe [1], Abschn. 1.2
[2] Siehe [2] für eine Einführung in den Situationskalkül

do$(.,.)$ beschreibt also den deterministischen Übergang von der Situation s_0, in der
$\mathrm{put}(a,b)$ ausgeführt werden kann, in eine eindeutig bestimmte Nachfolge-Situation $s_1 \leftarrow \mathbf{do}(\mathrm{put}(a,b),s_0)$. Der inhaltliche Unterschied zwischen s_0 und s_1 wird ausschließlich durch die Effekte von $\mathrm{put}(a,b)$ bestimmt. Wie dies im Detail funktioniert, wird in Abschn. 5.1.3 besprochen werden.

Eine auf s_1 folgende Situation entsteht beispielsweise, wenn die Aktion $\mathrm{put}(c,a)$ ausgeführt wird:

$$\mathbf{do}(\mathrm{put}(c,a),\mathbf{do}(\mathrm{put}(a,b),s_0))$$

Aussagen über die beschriebene Situation werden formal mit Hilfe von Prädikaten in der gewählten *first-order*-Sprache repräsentiert. Dazu unterscheiden wir zunächst zwei Typen von Aussagen:

- In einer Situation gibt es Fakten und Regeln, deren Gültigkeit von einer Aktion nicht beeinflusst wird. Beispiele sind:

$$x > y \wedge y > z \rightarrow x > z$$
$$\mathrm{wall}(w_1) \wedge \mathrm{start}(w_1,0,0) \wedge \mathrm{end}(w_1,0,10)$$

  Wände in einer Umgebung, in der sich ein Roboter bewegt, sind (zumindest während der Laufzeit der Roboterkontrolle) stabil; insbesondere vermag der Roboter die Position von Wänden nicht verändern[3].

- Andere Fakten werden von Aktionen verändert. Beispiele sind:

$$\mathrm{position}(\text{robertino},10,10,s_0)$$
$$\mathrm{position}(\text{robertino},11,10,\mathbf{do}(\mathrm{drive}(1,0),s_0))$$

  Wenn in der Situation s_0 also der Roboter *robertino* die Aktion $\mathrm{drive}(1,0)$ ausgeführt, ändert er seine Position von $(10,10)$ auf $(11,10)$.
  Fakten dieses Typs heißen (prädikative) **Fluenten**.

- Nicht nur Fakten, sondern auch Funktionswerte können von Aktionen beeinflusst werden. Beispiele sind:

$$\mathrm{distance}(\text{robertino},\mathrm{o}_1,s_0) = 10$$
$$\mathrm{distance}(\text{robertino},\mathrm{o}_1,\mathbf{do}(\mathrm{drive}(1,0),s_0)) = 9$$

Durch die Aktion $\mathrm{drive}(1,0)$ hat *robertino* seine Position verändert; dadurch ändert sich auch der Abstand zum Hindernis o_1. Der Abstand zwischen zwei Positionen ist ein funktionaler Zusammenhang: bei gegebenen Punkten ist der Abstand eindeutig definiert. Durch Ausführung von Aktionen veränderliche funktionale Zusammenhänge zwischen Objekten der beschriebenen Situation heißen (funktionale) **Fluenten**.

---

[3] Dies sei zumindest um des Beispiels willen angenommen.

5.1.2 Vorbedingungen von Aktionen

Aktionen können in der Regel nicht bedingungslos ausgeführt werden, sondern sind nur dann durchführbar, wenn in der aktuellen Situation bestimmte Aussagen erfüllt sind. Diese **Vorbedingungen** genannten Aussagen sind also notwendige Bedingungen für die Ausführung einer Aktion. Sie lassen sich mit Hilfe von Fluenten als Regeln im Situationskalkül definieren. Reiter [2] gibt dafür folgendes Beispiel dafür[4]:

$$poss(\texttt{pickup}(r, x), s) \rightarrow$$
$$\forall z : \neg\texttt{holding}(r, z, s) \wedge \neg\texttt{heavy}(x) \wedge \texttt{nextTo}(r, x, s)$$

$poss(\alpha, s)$ ist ein spezielles Prädikat: es bedeutet, dass die Aktion α im Zustand s ausgeführt werden kann. s ist dabei entweder die initiale oder die nach einer Sequenz von Aktionen erreichte Situation. Regeln dieser Art codieren also Domänenwissen über die für das Assistenzszenario relevanten Aktionen und die mit ihnen verbundenen Aussagen über Zustände des Lösungsverlaufs einer Aufgabe, wie sie in einer Task-Analyse gewonnen wurden.

Leider sind die in Form von Regeln formulierten Vorbedingungen nur notwendig, aber nicht hinreichend, um zu entscheiden, ob eine Aktion ausgeführt werden kann. Hinreichend wären sie erst, wenn es sicherlich keine anderen Aussagen gäbe, die die Ausführung genau dieser Aktion in der Assistenzdomäne ermöglichten. Dies zu bestätigen, ist einerseits eine Herausforderung für die Task-Analyse: sie darf keine wichtigen Voraussetzungen für Aktionen und vor allem keine für die Assistenz relevanten Aktionen übersehen. Andererseits ist es aber auch eine Herausforderung für die Theorie des Situationskalküls, formale Randbedingungen zu etablieren, die sicherstellen, dass hinreichende und notwendige Bedingungen vorliegen.

Bevor wir diskutieren können, inwieweit der Situationskalkül das Hilfsmittel für die Präzisierung von *Concurrent Task Trees* und ihnen zugrundeliegender Task-Analysen geeignet ist, soll zunächst noch die formale Repräsentation von Effekten besprochen werden.

5.1.3 Effekte von Aktionen

Mit Hilfe von **Effekten** lässt sich formalisieren, wie eine Aktion die aktuelle Situation ändert, d. h. welche Aussagen in der neuen Situation *nach Ausführung* der Aktion gelten, und welche Aussagen in der neuen Situation nicht mehr gelten.

Effekte sind also Aussagen darüber, wie die aktuelle Situation durch die Ausführung von Aktionen verändert werden. Damit sind Effekte Fluenten einer beschriebenen Situation, die bei Ausführung einer Aktion notwendig für bestimmte Aussagen über die Situation

---

[4] Um die Formeln übersichtlicher gestalten zu können, sind – wie in der Logikprogrammierung üblich – in diesem Kapitel alle nicht explizit quantifizierten Variablen als implizit allquantifiziert zu lesen.

zu Beginn der Aktionsausführung sind. Ein einfaches Beispiel zur Veranschaulichung von Effekten und ihrer formalen Darstellung ist nach [2] die folgende Aussage aus einer Robotik-Domäne:

$$\mathtt{fragile}(x, s) \rightarrow \mathtt{broken}(x, \mathbf{do}(\mathtt{drop}(r, x), s))$$

Dass x nach Ausführung der Aktion $\mathtt{drop}(r, x)$ durch den Roboter r die Eigenschaft $\mathtt{broken}(x)$ hat, ist notwendig dafür, dass x in der Situation s die Eigenschaft $\mathtt{fragile}(x)$ hatte. x hat also nach $\mathtt{drop}(r, x)$ in jedem Fall, also zwangsläufig, die Eigenschaft $\mathtt{broken}(x)$, wenn es vor Beginn der Aktion die Eigenschaft $\mathtt{fragile}(x)$ aufwies. x könnte aber in s auch andere Eigenschaften haben, die nach $\mathtt{drop}(r, x)$ die Eigenschaft $\mathtt{broken}(x)$ bewirken. Deswegen sind Effekte zunächst nur notwendige, nicht aber auch hinreichende Aussagen über die Wirkung von Aktionen. Es ist also so nicht möglich, von einer zu erreichenden beschriebenen Situation ausgehend eine Folge von Aktionen zu rekonstruieren, die auszuführen sind, um eine gegebene beschriebene Situation in die zu erreichende überzuführen. Für das Probehandeln eines Assistenzsystems wäre das aber nötig. Während diese Schwierigkeit durch den unten zu besprechenden systematischen Ansatz für formale Randbedingungen zur Formulierung von Aktionen im Situationskalkül überwunden werden wird, bleiben einige grundsätzliche Schwierigkeiten bestehen, die der korrekten und vollständigen Formulierung von Effekten im Weg stehen:

- Welche Konsequenzen hat es, dass ein Effekt eintritt? Welche anderen Umstände treten dabei auch ein? (*ramification problem*)
- Gibt es Fakten in der beschriebenen Situation, die durch Ausführung einer Aktion nicht verändert werden? (*frame problem*)
- Gibt es Fakten, die durch Ausführung einer Sequenz von Aktionen nicht verändert werden? (*persistence problem*)

5.1.4 Das *Qualification Problem*

Aus der Perspektive der Konstruktion von Assistenzsystemen kumulieren die eben aufgeworfenen Fragen darin, dass eine der wesentlichen Anforderungen, nämlich die nach zielorientierter Assistenz, bedroht ist, wenn schon die Modellierung von Aktionen so kompliziert ist. Denn sie ist ja Voraussetzung dafür, dass ein Assistenzsystem die Frage *„Kann ich eine Aktion α ausführen?"* stellen und beantworten kann. Diese Frage wieder ist Voraussetzung für zielorientierte Assistenz, weil nur durch eine in die Zukunft gerichtete Analyse von Aktionen ermittelt werden kann, ob die Absicht, eine bestimmte Aktion auszuführen, dem globalen Ziel, nämlich der Lösung der aktuellen Aufgabe, zuträglich ist oder nicht.

Sind Vorbedingungen aber nur als notwendige Bedingungen formuliert, wird diese Frage unbeantwortbar: Die Konstruktion (hypothetischer) zukünftiger Situationen kann ja nur dann gelingen, wenn aus der aktuellen Situation abgeleitet werden kann, welche Aktionen in ihr ausführbar sind, und wenn aus der Repräsentation der ausführbaren Aktionen gefolgert werden kann, welche zukünftige Situation sich ergibt – je nach dem, welche Aktion aus den ausführbaren tatsächlich zur Ausführung kommt. Dieses Vorwärtsschließen im Zustandsraum ist die Basis für die Simulation der Auswirkungen von Aktionen.

Wie soll aber $poss(\alpha, s)$ gefolgert werden, ohne dass dafür hinreichende Bedingungen bekannt sind? Im Allgemeinen ist es nicht korrekt, die notwendigen zu hinreichenden Bedingungen umzudeuten, also beispielsweise

$$\forall z : \neg\texttt{holding}(r, z, s) \land \neg\texttt{heavy}(x) \land \texttt{nextTo}(r, x, s) \rightarrow$$
$$\texttt{poss}(\texttt{pickup}(r, x), s)$$

als Vorbedingung für die Aktion $\texttt{pickup}(r, x)$ zu definieren. Denn dabei begehen wir einen Fehler. Wir müssen möglicherweise viel mehr Aussagen berücksichtigen, beispielsweise (siehe auch hierzu [2]):

$$\neg\texttt{gluedToFloor}(x, s) \quad \text{das Objekt ist beweglich}$$
$$\texttt{ready}(r, s) \quad \textit{robertino} \text{ ist einsatzbereit}$$

Der Umstand, dass noch mehr Aussagen zu den Vorbedingungen gezählt werden müssen, ist kein prinzipielles – aber oft ein praktisches – Hindernis dafür, dass sich hinreichende Bedingungen für eine Aktion formulieren lassen. Ein praktisches Hindernis deshalb: Das Auffinden hinreichender Bedingungen kann einen beträchtlichen Aufwand bei der Modellierung einer Assistenzdomäne verursachen. Dabei kann jeder zeitlich, finanziell und hinsichtlich der Auslastung verfügbarer Ressourcen vertretbare Rahmen gesprengt werden. Was ist unter diesen Umständen zu tun? Wie bei der naturwissenschaftlichen Modellbildung wird – durch Ergebnisse einer Task-Analyse „gesteuert" – die Menge aller für die Durchführung einer Aktion hinreichenden Fakten nach ihrer Priorität geordnet. Es ist sogar oft der Fall, dass die Untersuchung nach hinreichenden Fakten gar nicht vollständig ausgeführt werden kann. Jedoch kann – legitimiert durch aus Task-Analysen gewonnene Relevanzbewertungen – eine praktikable Lösung oft nur in einer „Approximation" liegen, die im Verzicht auf das Aufspüren aller hinreichenden Bedingungen für eine Aktion besteht. Es bleibt dann nichts anderes übrig als die Bedingungen, die wenig relevant oder überhaupt nicht identifiziert sind, zu ignorieren und die anderen zu hinreichenden und notwendigen Bedingungen zu erklären:

$$\forall z : \neg\texttt{holding}(r, z, s) \land \neg\texttt{heavy}(x) \land \texttt{nextTo}(r, x, s) \leftrightarrow$$
$$\texttt{poss}(\texttt{pickup}(r, x), s)$$

Sei nun also angenommen, alle hinreichenden Bedingungen seien aufgeführt, die die Aktion $\texttt{pickup}(r, x)$ in der Situation s als ausführbar *qualifizieren*, ist aber immer noch ungewiss, ob sie alle in s für die aktuell relevanten Objekte von s erfüllbar sind! Dass die

Vorbedingungen für eine Aktion zu streng sein können, ist im berühmten Beispiel von den Pinguinen, die zwar Vögel sind, aber dennoch nicht fliegen können, in der Literatur schon oft diskutiert worden:

$$\forall x : \texttt{pinguin}(x) \rightarrow \texttt{bird}(x)$$
$$\forall x : \texttt{bird}(x) \rightarrow \texttt{poss}(\texttt{flies}(x), s)$$

Mit dem Fakt $\texttt{pinguin}(\text{tweety})$ folgt: $\texttt{poss}(\texttt{flies}(\text{tweety}), s)$. Pinguine können aber nicht fliegen.

Wir haben also einen Fall von nicht-monotonem Schließen, weil wir eine Ausnahme für die Regel benötigen, dass Vögel fliegen können. Aus diesem Beispiel ist folgender Schluss zu ziehen: Im Allgemeinen ist das *qualification problem* so schwierig wie das Erfüllbarkeitsproblem im nicht-monotonen Schließen. Für eine praktikable Lösung des Aufwands zur Formalisierung kommen wir also im Allgemeinen nicht um Approximationen der oben beschriebenen Art herum; damit ist das Phänomen der Nicht-Monotonie aber nicht „wegzudiskutieren", weil eben das Ignorieren von Vorbedingungen zu nicht-monotonen Formalisierungen von Assistenzdomänen führt.

In der Praxis müssen also empirische Studien zur Performanz und *usability* eines Assistenzsystems bestätigen, ob durchgeführte Task-Analysen eine Formalisierung für die relevanten Aktionen erzielt haben, die eine zufriedenstellende Unterstützung des Nutzers in den wesentlichen Handlungsphasen erlauben. Alleine aus der Theorie ist keine Antwort darauf zu erhalten, wann eine Domänenmodellierung „ausreichend" ist.

5.1.5 Das *Frame Problem*

Typischerweise verändert eine einzige Aktion nur sehr wenige Fluenten in einer beschriebenen Situation. Konsequenterweise müssen alle Fluenten, die bei Ausführung der Aktion gelten, aber nicht von den Auswirkungen der Aktion betroffen sind, in der nachfolgenden Situation weiterhin gelten. Informell gilt also für jede Aktion in einer modellierten Domäne die Regel:

Wenn ein Fluent F in der Situation s gilt, und die Negation des Fluenten nicht zu den Effekten der in s ausgeführten Aktion α gehört, dann gilt F auch in der Situation $\mathbf{do}(\alpha, s)$.

Unter dem *frame problem* versteht man nun die Frage, wie in der Formalisierung einer Aktion ausgedrückt werden kann, welche Fluenten *unverändert* bleiben[5].

Ein Beispiel ist folgende Beschreibung der Effekte der Aktion $\texttt{paint}(r, x, c)$:

$$\texttt{holding}(r, x, s) \rightarrow \texttt{holding}(r, x, \mathbf{do}(\texttt{paint}(r', x', c), s))$$

---

[5] Eine ausführliche Beschreibung des *frame problems* und seiner Implikationen findet sich in [3].

In diesem Axiom wird nur beschrieben, welche Veränderungen $\texttt{paint}(r,x,c)$ herbeiführt. Um die Darstellung der Effekte zu vervollständigen, müsste also noch die Information

> Alle Fluenten, die durch Ausführung von $\texttt{paint}(r,x,c)$ in der Situation s nicht verändert werden, gelten auch in der Folgesituation $\mathbf{do}(\texttt{paint}(r,x,c),s)$.

formal korrekt dargestellt werden. Diese Aussage kann aber nur in Logik zweiter Stufe formalisiert werden, weil über alle in der Domäne definierten Prädikatssymbole für Fluenten quantifiziert werden muss. Weil jedoch für die Logik zweiter Stufe bekanntlich kein vollständiges und korrektes Kalkül existiert, stellt das *frame problem* tatsächlich eine Herausforderung für die Modellierung von Aktionen mit Hilfe formallogischer Mittel dar.

Die Quantifikation über Prädikatssymbole ist freilich nur dann problematisch, wenn nicht a priori bei Erstellung des Domänenmodells bekannt ist, welche Menge von Prädikatssymbolen in den Quantor eingesetzt werden kann. Da oben aber von der Annahme ausgegangen wurde, dass auf Basis der Task-Analyse in einer Assistenzdomäne alle Aktionen und alle Fluenten bekannt sind, können wir uns auch für die Lösung des *frame problems* innerhalb einer gegebenen Domänenmodellierung auf die von der Task-Analyse induzierte Approximation der zu modellierenden Realität berufen: In einem fixierten Domänenmodell ist die Liste der Fluenten endlich; sie wird auch nie verändert.

Auf dieser Grundlage lässt sich eine an die Domänenmodellierung gebundene Lösung für das *frame problem* angeben: Für jede Aktion lässt sich eine Tabelle der betroffenen und der nicht betroffenen Fluenten aufstellen. Wenn es also a Aktionen und f Fluenten gibt, benötigen wir also $\mathcal{O}(a \cdot f)$ Implikationen, um für jeden Fluenten entweder ein Axiom zu formulieren, dass a keinen Einfluss auf f hat, oder um anzugeben, wie a in der nachfolgenden Situation f ändert. In realistisch großen Domänenmodellen sind leider a und f sehr groß – für jede zu testende Aktion ist also eine sehr große Zahl an Axiomen auszuwerten. Wenn nun auch noch die Auswirkungen einer Sequenz von Handlungen ermittelt werden soll, übersteigt die Zahl der zu untersuchenden Axiome jede vertretbare Größenordnung. Es ist also geboten, eine effizientere Lösung für das *frame problem* zu finden.

Dabei ermöglichen es die Ergebnisse einer Task-Analyse, dass zur Lösung des *frame problems* in endlich modellierbaren Assistenzdomänen folgende Anforderung an die Modellierung erfüllt werden kann: Für jeden Fluenten ist bekannt, welche Aktionen ihn unter welchen Voraussetzungen wahr machen, und welche ihn falsch machen. Ein Beispiel aus [2]:

- Positive Effekte

$$\texttt{fragile}(x,s) \rightarrow \texttt{broken}(x,\mathbf{do}(\texttt{drop}(r,x),s))$$

Ist x in s `fragile`, muss es in der folgenden Situation `broken` sein, sofern in s als nächste Aktion `drop`(r, x) ausgeführt wurde.

$$\texttt{nextTo}(b, x, s) \rightarrow \texttt{broken}(x, \mathbf{do}(\texttt{explode}(b), s))$$

Befindet sich x in s nahe bei der Bombe b (`nextTo`(b, x, s)), muss es in der folgenden Situation `broken` sein, sofern in s als nächste Aktion `explode`(b) ausgeführt wurde.

- Negative Effekte

$$\neg\texttt{broken}(x, \mathbf{do}(\texttt{repair}(r, x), s))$$

Welche Eigenschaft x auch immer in s hatte, kann es in der folgenden Situation nicht die Eigenschaft `broken` haben, sofern in s als nächste Aktion `repair`(r, x) ausgeführt wurde, r also x repariert.

Die hier beschriebene heuristische Annahme, dass bei der Modellierung einer Aktion keine für den Assistenzzweck entscheidenden Informationen – sei es bewusst oder unbewusst – vernachlässigt wurden, nennen wir **Vollständigkeitsannahme für Ursachen**: Es gibt keine anderen Umstände als die in der Modellierung enthaltenen, unter denen ein Fluent wahr bzw. falsch sein kann.

5.1.6 Erklärungsvollständigkeit

Die Annahme, dass die gegebene Modellierung für die Assistenz in einer Domäne vollständig ist, führt zu einer weiteren Konsequenz: Es geht dabei um die Frage, ob bei der Ausführung von Aktionen Sachverhalte eintreten können, die nicht durch die gegebene Modellierung der Aktionen erklärt werden können. Beim Wechsel von einer Situation in ihre Nachfolgesituation sind nach Ausführung einer Aktion zwei Fälle zu unterscheiden:

1. Ein Fluent war zunächst falsch und wird durch Ausführung der Aktion α wahr:

$$\neg\texttt{broken}(x, s) \wedge \texttt{broken}(x, \mathbf{do}(\alpha, s))$$

2. Ein Fluent war zunächst wahr und wird durch Ausführung der Aktion falsch:

$$\texttt{broken}(x, s) \wedge \neg\texttt{broken}(x, \mathbf{do}(\alpha, s))$$

Diese Fallunterscheidung kann für jeden in der Domäne definierten Fluenten getroffen werden. Da wir aufgrund der Vollständigkeitsannahme für Ursachen davon ausgehen, dass positive und negative Effekte für jeden Fluenten vollständig spezifiziert sind, kann im Beispiel oben der erste Fall nur eintreten, wenn

$$(\exists r : \alpha = \texttt{drop}(r, x) \wedge \texttt{fragile}(x, s)) \vee$$
$$(\exists b : \alpha = \texttt{explode}(b) \wedge \texttt{nextTo}(b, x, s))$$

Andere Aktionen als $\mathtt{drop}(r, x)$ und $\mathtt{explode}(b)$ haben gemäß der Vollständigkeitsannahme keinen Einfluss auf $\mathtt{broken}(x, s)$. Demgemäß kann der zweite Fall nur eintreten, wenn

$$\exists r : \alpha = \mathtt{repair}(r, x)$$

Die Existenzquantoren beziehen sich dabei auf Objekte, die in s bekannt sind. Insgesamt sind also alle in Frage kommenden Aktionen und ihre Parameter vollständig in der aktuellen beschriebenen Situation spezifiziert. Damit haben wir nun eine *vollständige Erklärung* für den Fluenten $\mathtt{broken}(x, s)$ gegeben. Die vollständige Erklärung für $\mathtt{broken}(x, s)$ kann also durch zwei Regeln formalisiert werden:

$$(\exists r : \alpha = \mathtt{drop}(r, x) \wedge \mathtt{fragile}(x, s))$$
$$\vee (\exists b : \alpha = \mathtt{explode}(b) \wedge \mathtt{nextTo}(b, x, s)) \rightarrow \mathtt{broken}(x, \mathbf{do}(\alpha, s))$$
$$\exists r : \alpha = \mathtt{repair}(r, x)) \rightarrow \neg\mathtt{broken}(x, \mathbf{do}(\alpha, s))$$

Daraus ergibt sich ein allgemeines Muster:

1. Es gibt – abhängig von der aktuellen Situation s, der Aktion α und ihren Argumenten x – hinreichende first-order-formalisierbare Bedingungen dafür, dass α einen positiven Effekt auf einen Fluenten F hat. Die Bedingungen, die natürlich je nach konkreter Domäne im Detail anders lauten, sollen im Folgenden unter γ_F^+ zusammengefasst werden. Damit ergibt sich:

$$\gamma_F^+(x, \alpha, s) \rightarrow F(x, \mathbf{do}(\alpha, s))$$

2. Außerdem gibt es hinreichende Bedingungen (zusammengefasst unter γ_F^-) dafür, dass α einen negativen Effekt auf den Fluenten F hat:

$$\gamma_F^-(x, \alpha, s) \rightarrow \neg F(x, \mathbf{do}(\alpha, s))$$

Im allgemeinen Fall hängen die hinreichenden Bedingungen γ_F^+ für einen Fluenten F von weiteren Argumenten ab, über die F selbst keine Aussage trifft. Wir notieren diesen Sachverhalt, indem eine Reihe von neuen Variablen eingeführt wird, die mit den zusätzlichen Argumenten belegt werden:

$$\exists y_1, \ldots, y_m : (\alpha = a \wedge \gamma_F^+(x, y_1 \ldots, y_m, a, s)) \rightarrow F(x, \mathbf{do}(\alpha, s))$$

Dasselbe Muster findet sich bei den negativen Effekten.

Haben mehrere Aktionen einen Effekt auf einen Fluenten, lassen sich die Bedingungen in einer Disjunktion bündeln:

$$\exists y_1^1, \ldots, y_m^1 : (\alpha = a_1 \wedge \gamma_F^+(x, y_1^1, \ldots, y_m^1, a_1, s))$$
$$\vee \ldots$$
$$\vee \exists y_1^N, \ldots, y_m^N : (\alpha = a_N \wedge \gamma_F^+(x, y_1^N, \ldots, y_m^N, a_N, s)) \rightarrow F(x, \mathbf{do}(\alpha, s))$$

Fassen wir alle Argumente zusammen, haben wir insgesamt für die Modellierung von Fluenten folgende Systematik entwickelt:

1. Normalform für positive und negative Effekte:

$$\gamma_F^+(x,\alpha,s) \rightarrow F(x,\mathbf{do}(\alpha,s))$$
$$\gamma_F^-(x,\alpha,s) \rightarrow \neg F(x,\mathbf{do}(\alpha,s))$$

Aufgrund der Vollständigkeitsannahme für Ursachen gibt es keine weitere Einflüsse auf F:

2. Erklärungsvollständigkeit:

$$F(x,s) \wedge \neg F(x,\mathbf{do}(\alpha,s)) \rightarrow \gamma_F^-(x,\alpha,s)$$
$$\neg F(x,s) \wedge F(x,\mathbf{do}(\alpha,s)) \rightarrow \gamma_F^+(x,\alpha,s)$$

3. Positive und negative Effekte können bei Ausführung der Aktion α mit Parametern x in der Situation s nicht gleichzeitig eintreten:

$$\neg \exists x,\alpha,s : \gamma_F^+(x,\alpha,s) \wedge \gamma_F^-(x,\alpha,s) \Leftrightarrow$$
$$\forall x,\alpha,s : \gamma_F^+(x,\alpha,s) \rightarrow \neg\gamma_F^-(x,\alpha,s) \Leftrightarrow$$
$$\forall x,\alpha,s : \gamma_F^-(x,\alpha,s) \rightarrow \neg\gamma_F^+(x,\alpha,s)$$

Unter den drei genannten Voraussetzungen können wir zeigen, dass die Definition für einen Fluenten F hinreichend und notwendig ist:

$$F(x,\mathbf{do}(\alpha,s)) \leftrightarrow \gamma_F^+(x,\alpha,s) \vee (\neg\gamma_F^-(x,\alpha,s) \wedge F(x,s))$$

Der Fluent F wird also durch genau eine der Aktionen α, die positiven Effekt auf F haben, wahr gemacht, oder F war schon in der vorhergehenden Situation wahr. Damit ist gezeigt, wie Fluenten, die von einer Aktion nicht verändert werden, in die Folgesituation „transportiert" werden.

Die Richtung $\leftarrow$ folgt aus der Normalform für positive Effekte und der hinreichenden Erklärungsvollständigkeit für negative Effekte:

$$F(x,s) \wedge \neg F(x,\mathbf{do}(\alpha,s)) \rightarrow \gamma_F^-(x,\alpha,s) \Leftrightarrow$$
$$F(x,s) \wedge \neg\gamma_F^-(x,\alpha,s) \rightarrow F(x,\mathbf{do}(\alpha,s))$$

Die Richtung $\rightarrow$ folgt aus der Normalform für negative Effekte, dem Erklärungsabschluss für positive Effekte und dem gegenseitigen Ausschluss positiver und negativer Effekte:

$$\gamma_F^-(x,\alpha,s) \rightarrow \neg F(x,\mathbf{do}(\alpha,s)) \Leftrightarrow F(x,\mathbf{do}(\alpha,s)) \rightarrow \neg\gamma_F^-(x,\alpha,s)$$

und

$$\neg F(x,s) \wedge F(x,\mathbf{do}(\alpha,s)) \rightarrow \gamma_F^+(x,\alpha,s) \Leftrightarrow$$
$$F(x,\mathbf{do}(\alpha,s)) \rightarrow \gamma_F^+(x,\alpha,s) \vee F(x,s)$$

gelten gleichzeitig, d. h.:

$$F(x,\mathbf{do}(\alpha,s)) \rightarrow (\gamma_F^+(x,\alpha,s) \vee F(x,s)) \wedge \neg\gamma_F^-(x,\alpha,s) \Leftrightarrow$$
$$F(x,\mathbf{do}(\alpha,s)) \rightarrow (\neg\gamma_F^-(x,\alpha,s) \wedge F(x,s))$$
$$\vee(\gamma_F^+(x,\alpha,s) \wedge \neg\gamma_F^-(x,\alpha,s))$$

Der gegenseitige Ausschluss ergibt jetzt:

$$F(x,\mathbf{do}(\alpha,s)) \rightarrow (\neg\gamma_F^-(x,\alpha,s) \wedge F(x,s)) \vee \gamma_F^+(x,\alpha,s)$$

Bisher waren nur prädikative Fluenten Gegenstand der Betrachtung. Um auch Funktionsterme zu berücksichtigen, die sich durch Ausführung einer Aktion ändern können, wenden wir die Vollständigkeitsannahme für Ursachen und den Erklärungsabschluss (d. h. die Erklärungsvollständigkeit) durch positive und negative Effekte auch auf funktionale Fluenten an. Auf diese Weise erhalten wir auch für funktionale Fluenten eine hinreichende und notwendige Bedingung für die Gültigkeit eines Fluenten f nach einer Aktion a:

$$f(x,\mathbf{do}(\alpha,s)) = y \Leftrightarrow$$
$$\gamma_f(x,y,\alpha,s) \vee (y = f(x,s) \wedge \neg\exists y' : \gamma_f(x,y',\alpha,s))$$

Wir müssen noch sicherstellen, dass

- eine Aktion nicht zwei Namen hat: für unterschiedliche Aktionsnamen a und b gilt: $\forall x,y : a(x) \neq b(y)$
  Ohne diese *unique name assumption* könnten Fluenten in einer Situation wahr werden, indem sie sich über „unter anderem Namen getarnten" Aktionen in die aktuelle Situation „einschleichen" und damit die Erklärungsvollständigkeit „aushebeln".
- identische Aktionen identische Argumente haben:

$$a(x_1,\ldots,x_n) = a(y_1,\ldots,y_n) \rightarrow x_1 = y_1 \wedge \ldots \wedge x_n = y_n$$

Dies bedeutet, dass Argumente textuell identisch sein müssen, damit sie unifiziert werden können, und schließt aus, dass Funktionssymbole $f(x)$ zuerst „ausgerechnet" und dann auf Identität verglichen werden: Die Aktionen $\mathtt{drive}(\text{robertino}, 4)$ und $\mathtt{drive}(\text{robertino}, 2 + 2)$ sind also nicht identisch, weil ihr zweites Argument nicht textuell identisch ist.

Zur Modellierung von Handlungswissen in einer Assistenzdomäne können wir also aufgrund der hergeleiteten hinreichenden und notwendigen Bedingungen für prädikative und funktionale Fluenten **Nachfolgeaxiome** für jeden Fluenten angeben. Die hier entwickelte Darstellung von Aktionen, ihren Vorbedingungen und Effekten führt zu einer sehr kompakten Repräsentation des Handlungswissens in einer Assistenzdomäne: Es wird eine Liste von Axiomen erzeugt, die das Wachstumsverhalten $\mathcal{O}(a \cdot f)$ aufweist.

5.2 Eine Implementierung des Situationskalküls in Prolog

Nachdem nun ein logisches Modell für die Spezifikation von Aktionen einer Assistenzdomäne entwickelt worden ist, stellt sich natürlich unmittelbar die Frage, wie dieses Modell in einem Assistenzsystem angewandt werden kann. Diese Frage impliziert die Suche nach einer Möglichkeit, Assistenz über mehrere Schritte, Diagnosefähigkeit und die Fähigkeit zur Erklärung algorithmisch umzusetzen, um damit die zu Beginn des Kapitels angedeutete Idee des Probehandelns zu realisieren. Was dies bedeutet, sei hier an einem Beispiel aus [2] illustriert; später werden wir Beispiele aus dem ROSE-Szenario heranziehen. Für die Kontrolle eines Roboters ist es manchmal wichtig zu wissen, ob die Aktion

$$\mathtt{pickup}(\mathtt{r_0}, \mathtt{b_0})$$

bei der durch

$$\forall z : \neg\mathtt{holding}(r, z, s) \wedge \neg\mathtt{heavy}(x) \wedge \mathtt{nextTo}(r, x, s) \leftrightarrow$$
$$\mathtt{poss}(\mathtt{pickup}(r, x), s)$$

gegebenen Axiomatisierung in einer aktuellen Situation s_0 ausführbar ist. Dies ist der Fall, wenn

$$\mathtt{poss}(\mathtt{pickup}(\mathtt{r_0}, \mathtt{b_0}), s_0)$$

zusammen mit anderen Fakten, die über die aktuelle Situation bekannt sind, erfüllbar ist, also nicht zu ihnen im Widerspruch steht. Auf Grundlage der Annahme über vollständige Erklärungen für Aktionen in der Assistenzdomäne kann ja davon ausgegangen werden, dass es keine anderen zu überprüfenden Bedingungen gibt, die die Erfüllbarkeit von $\mathtt{poss}(\mathtt{pickup}(r, x), s)$ gewährleisten könnten. Aus dieser Beobachtung können wir folgern, dass das Problem, die Ausführbarkeit einer Aktion zu überprüfen, als *Erfüllbarkeitsproblem* formuliert werden kann: $\mathtt{pickup}(\mathtt{r_0}, \mathtt{b_0})$ ist in s_0 ausführbar, wenn $\mathtt{poss}(\mathtt{pickup}(\mathtt{r_0}, \mathtt{b_0}), s_0)$ erfüllbar ist.

Sobald die Kontrolle die Ausführbarkeit der Aktion simuliert hat, kann sie „probehandeln", indem sie die Ausführung der Aktion annimmt. Wie vorne beschrieben, werden sich dadurch einige Fluenten ändern, und es ergibt sich eine neue aktuelle Situation. Um Assistenz über mehrere Schritte leisten zu können, muss die Kontrolle nun erschließen, ob die nächste Aktion in der Situation **do**($\texttt{pickup}(r_0, b_0), s_0$) durchführbar ist[6]. Dieser Prozess setzt sich fort, bis die aktuelle Aufgabe gelöst ist. Um ihn algorithmisch realisieren zu können, benötigen wir einen Kalkül, mit dem wir Axiome über Vorbedingungen und Effekte von Aktionen effektiv und möglichst effizient verarbeiten können.

5.2.1 Definitionen und definitorische Theorien

Um den gewünschten Kalkül zu etablieren, erarbeiten wir zunächst eine sehr allgemeine Struktur, der eine Menge aus Formeln für Vorbedingungen und Nachfolgeaxiomen genügt. Dieser Umweg wird uns erlauben, ein sehr allgemeines Ergebnis aus der Logikprogrammierung anzuwenden, das Grundlage des gesuchten „Rechenverfahrens" zur Überprüfung der Ausführbarkeit von Aktionen ist.

Sehr allgemein betrachtet, besteht also die Axiomatisierung einer Domäne aus einer Menge von Definitionen – ein Begriff, unter dem wir Folgendes verstehen:

Eine Formel in Logik erster Stufe ist genau dann eine **Definition**, wenn sie die folgende syntaktische Form aufweist:

$$\forall x_1, \ldots, x_n : (P(x_1, \ldots, x_n) \leftrightarrow \phi)$$

Dabei ist P ein n-stelliges Prädikatssymbol, aber nicht die Identität, und ϕ eine beliebige Formel, deren freie Variablen in $\{x_1, \ldots, x_n\}$ enthalten sind. Für das oben gestellte Erfüllbarkeitsproblem ist nur die Richtung $\leftarrow$ interessant:

$$\forall x_1, \ldots, x_n : (P(x_1, \ldots, x_n) \leftarrow \phi)$$

Eine **definitorische Theorie** ist eine Menge von Definitionen.

Da Axiome für Vor- und Nachbedingungen von Aktionen, wie wir sie oben eingeführt haben, die Struktur von Definitionen aufweisen, ist die Axiomatisierung einer Domäne eine definitorische Theorie. Diese Sichtweise hat einen großen Vorteil: [4] hat gezeigt, dass bei in Form von Hornklauseln[7] gegebener definitorischer Theorie das Erfüllbarkeitsproblem für Zielklauseln entscheidbar ist, wenn:

- die Auswertung von negativen Literalen $\neg A(x)$ per *negation as failure* stattfindet und zwar nur dann, wenn $A(x)$ keine freien Variablen enthält, also ein Grundliteral ist.

---

[6] Die Frage, woher die Kontrolle Kenntnis darüber erhält, welche Aktion in einer aktuellen Situation auszuführen ist, werden wir später besprechen.

[7] Hornklauseln sind eine Teilmenge prädikatenlogischer Formeln (siehe [5]). Eine Definition ist genau dann in Hornklauselform, wenn sie die Gestalt

$$\forall x_1, \ldots, x_n : (P(x_1, \ldots, x_n) \leftarrow \phi)$$

hat.

- für syntaktisch unterschiedliche Funktionsterme $f(x)$ und $g(y)$, die auch nullstellig sein dürfen, gilt:

$$f(x) \neq g(y),$$

- für identische Funktionssymbole gilt

$$f(x_1, \ldots, x_k) = f(y_1, \ldots, y_k) \Rightarrow \bigwedge_{1 \leq i \leq k} x_i = y_i,$$

- und Terme t, in die die Variable x substituiert werden soll, x nicht schon enthalten dürfen.

Das heißt also: sofern die Axiomatisierung der Aktionen einer Domäne diesen Bedingungen genügt, können wir die Ausführbarkeit einer Aktion mit Hilfe eines Erfüllbarkeitstests feststellen. Die Beschränkung auf Hornklauseln erlaubt es, den Erfüllbarkeitstest mit Hilfe des Resolutionskalküls[8] durchzuführen, der das wohl gängigste Inferenzverfahren für Prädikatenlogik – genauer gesagt: Prädikatenlogik in Hornklauseln – darstellt und in allen Implementierungen der Programmiersprache Prolog[9], einem *Hornklausel-Interpreter*, benutzt wird.

Die drei oben aufgeführten Einschränkungen stellen Anforderungen an einen geeigneten Hornklausel-Interpreter und sollen im Folgenden näher erläutert werden: Die erste Randbedingung stellt eine Anforderung an die Auswertungsstrategie eines Hornklausel-Interpreters. Wenn beispielsweise die folgenden Definitionen und Fakten gegeben sind:

$$\forall x : (p(x) \leftrightarrow x = a)$$
$$\forall x : (q(x) \leftrightarrow x = b)$$

gegeben sind, ist ihre Einschränkung auf Hornklauseln folgende Klauselmenge[10]:

$$p(a). \quad q(b).$$

Jetzt sollte die Zielklausel

$$\exists x : (\neg p(x) \wedge q(x))$$

als Folgerung aus den gegebenen Definitionen erkannt werden. Dies gelingt je nach Auswertestrategie des Hornklausel-Interpreters: Beginnt er damit, das zweite Konjunktionsglied herzuleiten, gelingt dies mit der Substitution $x \leftarrow b$. Damit wird im weiteren Verlauf der Resolution das erste Konjunktionsglied auf $\neg p(b)$ „konkretisiert". Auch dieses Literal ist herleitbar, und zwar per *negation as failure*, weil $p(b)$ nicht in der Klauselmenge

---

[8] Siehe [6] zu Details über das Verfahren der Resolution.

[9] Prolog wird in vielen Lehrbüchern erläutert, beispielsweise in [7].

[10] Wir betrachten also nur noch Aussagen, die notwendig sind für $p(x)$ bzw. $q(x)$ und vernachlässigen Aussagen, für die $p(x)$ bzw. $q(x)$ hinreichend sind.

enthalten ist. Ändert der Hornklausel-Interpreter die Auswertereihenfolge, passiert folgendes: Zunächst soll $\neg p(x)$ hergeleitet werden. Diese Klausel ist erfüllbar, wenn es $p(x)$ nicht ist. Durch die Substitution $x \leftarrow a$ ist aber ein Gegenbeispiel gegeben; die ursprüngliche Zielklausel ist nicht erfüllbar. Dieses „Malheur" ist deswegen passiert, weil ein negatives Literal hergeleitet werden sollte, obwohl es kein Grundliteral war. Der Interpreter hätte als Ausweg die Herleitung verschieben und warten können, ob der Rest der Zielklausel eine Substitution von $p(x)$ geliefert hätte (was ja, wie wir gesehen haben, der Fall gewesen wäre). Genau diese Situationen zu verhindern, ist Zweck der ersten Randbedingung. Die korrekte Behandlung negativer Literale ist wichtig, weil sie ein zentraler Bestandteil der Nachfolgeaxiome sind (siehe vorne die Definition von $\neg\gamma_F^-(x)$).

Die zweite und die dritte Randbedingung stellen sicher, dass zur Bestimmung des Denotats eines Funktionsterms dieser nicht erst ausgewertet werden muss, sondern der Term wie ein Name auf ein Objekt im Universum verweist. Diese *unique name*-Annahme schließt die Auswertung nicht entscheidbarer Funktionen aus. Deswegen wird auch gefordert, dass die Argumente von zwei Funktionstermen identisch sein müssen, wenn die Identität der Funktionsterme bei identischem Funktionssymbol postuliert wird. Die letzte Bedingung schließt aus, dass beim Einsetzen von Variablen in Terme unendliche Ersetzungsoperationen stattfinden, weil eine Variable immer durch sich selbst ersetzt wird.

Die drei Restriktionen dienen dazu, die Ursachen für die Semientscheidbarkeit der Logik erster Stufe aus auf Hornklauseln eingeschränkten definitorischen Theorien herauszuhalten. Damit wird die Entscheidbarkeit für das oben beschriebene Erfüllbarkeitsproblem gesichert.

Leider ist eine definitorische Theorie, die alle Anforderungen von CLARK einhält, keine Menge von Hornklauseln. Die Ursache dafür liegt in der Tatsache, dass die definierende Formel ϕ eine allgemeine *first-order*-Formeln sein darf, also nicht notwendigerweise eine Hornklausel sein muss.

Abhilfe gegen diese Schwierigkeit schafft die LLOYD-TOPOR-Transformation (siehe [1]). Sie erlaubt es, eine Formel $W \rightarrow A$ (dabei ist A ein Atom und S eine beliebige *first-order*-Formel) in eine äquivalente Menge von Hornklauseln zu transformieren, indem sukzessive eine Reihe von syntaktischen Umformungen ausgeführt wird, bis sich die Klauselmenge nicht mehr ändert. Details zu dieser Transformation sind übersichtlich bei [2] beschrieben. Damit die Transformation angewandt werden kann, müssen wir – wie schon bei der Anwendung des Theorems von CLARK Definitionen auf den für das definierte Prädikat notwendigen Teil einschränken. Da wir aber in der Praxis bei der Überprüfung der Ausführbarkeit einer Aktion immer nur wissen wollen, ob die für die Aktion notwendigen Vorbedingungen erfüllt sind, kommen wir mit dieser Restriktion zurecht.

Offensichtlich haben wir nun einen Weg gefunden, Axiome für Aktionen in eine Menge von Hornklauseln zu transformieren, von der wir dank des Theorems von CLARK wissen, dass das Erfüllbarkeitsproblem für aus einer Konjunktion von Literalen bestehenden Zielklauseln entscheidbar ist. Da die Logik erster Stufe jedoch nur semientscheidbar ist, muss es Einschränkungen bei der Ausdrucksfähigkeit definitorischer Theorien, die die Anforderungen von CLARK erfüllen, geben: Zunächst macht das Theorem von CLARK keine

Aussage über die Vollständigkeit des Erfüllbarkeitsproblems, wenn ein Hornklausel-Interpreter genutzt wird, um die Erfüllbarkeit einer Zielklausel zu ermitteln. Es gibt also Zielklauseln, für die ein Hornklausel-Interpreter keine Herleitung findet, obwohl sie eine Folgerung aus der gegebenen definitorischen Theorie sind.

Desweiteren schließen die *unique name*-Bedingungen (Randbedingung 2 und 3) funktionale Fluenten aus. Diese Einschränkung der Ausdrucksfähigkeit kann für die Modellierung einer Assistenzdomäne gravierende, aber unvermeidliche Konsequenzen haben. Die Einschränkung von Prädikaten auf Definitionen verhindert die Formulierung von unsicherer Information durch Benutzung von Existenzquantoren, Disjunktionen bzw. der Angabe nur notwendiger, aber nicht hinreichender Bedingungen für ein zu definierendes Prädikat. Diese Restriktionen implizieren, dass die Fähigkeit allgemeiner Logik erster Stufe, offene Welten zu repräsentieren, auf die Repräsentation geschlossener Welten, in denen keine relevante Information fehlen darf, reduziert ist.

Diese Restriktionen stellen also einen Konflikt mit der Anforderung nach Interaktivität und der Möglichkeit, mit unsicherer Information umgehen zu können, dar. Der Vorteil des beschriebenen Ansatzes besteht jedoch darin, dass in einer Task-Analyse identifizierte Aktionen in einer formalen Sprache spezifiziert werden können. Damit ist auch ein Weg eröffnet, die Anforderungen der Diagnose- und Erklärungsfähigkeit umzusetzen – zumindest solange vollständige Information vorliegt. Soll die Modellierung von Aktionen im Situationskalkül für Assistenzsysteme sinnvoll sein, wird also noch ein Stein aus dem Weg zu räumen sein: wie soll mit unsicherer Information umgegangen werden? Eine Antwort auf diese Frage wird das folgende Kapitel geben; zunächst soll der Zusammenhang des Situationskalküls zu *Concurrent Task Trees* erörtert werden mit dem Ziel, ihre Semantik als definitorische Theorie des Situationskalküls neu zu erklären.

5.2.2   Simulation von Aktionen in GOLOG

Auf dem Weg zu diesem Ziel muss zunächst geklärt werden, wie der Situationskalkül mit Hilfe eines Hornklausel-Interpreters zum „Probehandeln" benutzt wird, um mit dieser Kenntnis die Ausführbarkeit einer Folge von Aktionen festzustellen, so dass die Forderung nach zielorientierter Assistenz über mehrere Schritte praktisch umgesetzt werden kann. Wenn wir dann gezeigt haben, wie einzelne Knoten in einem *Concurrent Task Tree* als Aktionen mit Vorbedingungen und Effekten definiert, und lineare Pfade in einem *Concurrent Task Tree* als Folge von Aktionen interpretiert werden können, ist der erste Teil der Neudefinition der Semantik von *Concurrent Task Trees* geschafft. Später wird dann davon die Rede sein, wie Knoten mit mehr als einem Nachfolger als komplexe Aktionen verstanden werden können, wie sie im Situationskalkül definierbar sind.

Wie kann nun geprüft werden, ob eine Aktion $\alpha(x)$ in einer gegebenen Situation s ausgeführt werden kann? Dazu sei daran erinnert, dass die Folgesituation von s Ergebnis einer Funktion $\mathbf{do}(.,.)$ von s und $\alpha(x)$ ist. Die Folgesituation kann also als rekursiv definierter Term notiert werden: $\mathbf{do}(\alpha(x), s)$. Wird als zweite Aktion $\beta(y)$ ausgeführt, entsteht die Situation $\mathbf{do}(\beta(y), \mathbf{do}(\alpha(x), s))$. Es gibt also nach Ausführung der Aktion $\mathbf{do}(\alpha(x), s)$ eine Situation s', die in einer von der Aktion vermittelten Relation zu s steht. Genauso gibt es eine Situation s'', die in Relation zu $s' = \mathbf{do}(\alpha(x), s)$ steht. In GOLOG wird diese Relation Do genannt. Diese Relation kann als Klausel verstanden werden, die einem Hornklausel-Interpreter als Ziel vorgegeben wird. Der Interpreter versucht dann, per Deduktion festzustellen, ob die Klausel aus der definitorischen Theorie über die modellierten Aktionen der Assistenzdomäne gefolgert werden kann. Da ein Hornklausel-Interpreter bei diesem Versuch auch ermitteln kann, unter welchen Variablensubstitutionen die Zielklausel erfüllbar ist, ist es sogar möglich, die Folgesituation zu ermitteln, die von der ausgeführten Situation hergestellt wird. Die Zielklausel ist dabei:

$$\exists s' : \mathrm{Do}(\alpha(x), s, s')$$

Die Klausel ist erfüllbar, wenn in s die Vorbedingungen von $\alpha(x)$ erfüllt sind:

$$\mathrm{Do}(\alpha(x), s, s') := \mathrm{poss}(\alpha(x)[s], s) \wedge s' = \mathbf{do}(\alpha(x)[s], s)$$

Dabei bedeutet der Ausdruck, dass s, falls nötig, in $\alpha(x)$ substituiert wird.

Als Hornklauselprogramm in Prolog kann diese Definition folgendermaßen implementiert werden:

```
Do(A,S,do(A,S))  :-  primitive_action(A),  poss(A,S).
```

Prolog konstruiert also den Funktionsterm für die Nachfolgesituation von s nach Ausführung der Aktion, die von der Variablen A denotiert wird, rein mit syntaktischen Mitteln, nachdem festgestellt ist, dass A in der Situation S ausführbar ist, weil ihre Vorbedingungen erfüllt sind. Für die obige Zielklausel wird für A der Term $\alpha(x)$ substituiert. Es sind in diesem Fall also die Vorbedingungen von α in der Situation S zu testen. Wenn α die einzige ausgeführte Aktion ist, müssen ihre Vorbedingungen also in der gegebenen Ausgangssituation erfüllt sein. Prolog kann dies nur dann feststellen, wenn Aussagen über die Ausgangssituation als Fakten im Hornklauselprogramm enthalten sind. Da Fakten ohne Vorbedingungen gelten, können sie in folgender Weise als Definitionen in das Hornklauselprogramm aufgenommen werden:

$$\mathrm{true} \rightarrow F(x, s)$$

Damit entfällt formal die Unterscheidung zwischen Fakten und Definitionen. In der Definition ist für x ein Vektor von variablenfreien Funktionssymbolen zu substituieren.

Nach Ausführung von α in einer Ausgangssituation haben aufgrund der Effekte von α einige Fluenten ihren Wahrheitswert geändert. Wie vorne bei der Einführung des Situationskalküls beschrieben, ist für jeden in der Domäne definierten Fluenten sein Wahrheitswert durch die folgende Definition gegeben:

$$F(x, \mathbf{do}(\alpha, s)) \leftrightarrow \gamma_F^+(x, \alpha, s) \vee (\neg\gamma_F^-(x, \alpha, s) \wedge F(x, s))$$

F ist in der Nachfolgesituation also genau dann wahr, wenn α *F* wahr macht, oder *F* in der Ausgangssituation schon wahr gewesen ist. Diese bisher sehr abstrakte Besprechung der Arbeitsweise von GOLOG soll im Folgenden an einem Beispiel veranschaulicht werden, das auf dem Beispiel in Abschn. 3.2 aufbaut.

Zur Besprechung des Beispiels sind im folgenden GOLOG-Programm zunächst einige Aktionen definiert, die für eine interaktive Navigationsanwendung bedeutsam sind. Anschließend werden ihre Vorbedingungen spezifiziert. Die Definition der Aktionen in der Domäne wird dann durch die Axiome für die Fluenten abgeschlossen. Somit sind auch die Effekte aller Aktionen modelliert. Um die Ausführung von Aktionen simulieren zu können, ist noch am Ende des GOLOG-Code-Segments eine exemplarische initiale Situation angegeben.

```prolog
% Primitive control actions

primitive_action(switchOn(G)).
primitive_action(switchOff(G)).
primitive_action(displayCurrPosition(G)).
primitive_action(computeRoute(G,S,T)).
primitive_action(requestStart(G,S)).
primitive_action(requestDestination(G,D)).
primitive_action(navigate(G,R)).
primitive_action(scroll(D,P)).


% Preconditions for primitive actions

poss(switchOn(G),S) :- \+ receiverActive(G,S), receiver(G).
poss(switchOff(G),S) :- receiverActive(G,S), receiver(G).
poss(displayCurrPosition(G),S) :- receiver(G), receiverActive(G,S).
poss(computeRoute(G,R,B,E),S) :- startSelected(G,B,S),
  destinationSelected(G,E,S).
poss(navigate(G,R),S) :- routeAvailable(G,R,B,E,S).
poss(requestStart(G,B),S) :- currPosDisplayed(G,S),
  \+ startSelected(G,_,S),
  \+ destinationSelected(G,_,S).
poss(requestDestination(G,E),S) :- currPosDisplayed(G,S),
  startSelected(G,B,S), \+ currPos(G,B,S),
  \+ destinationSelected(G,_,S).
poss(scroll(G,D,P),S) :- display(D), position(P),
  \+ currPos(G,P,S), \+currPosDisplayed(G,S).


% Successor state axioms

receiverActive(G,do(A,S)) :- A = switchOn(G);
 \+ A = switchOn(G),
```

```
 \+ A = switchOff(G),
 receiverActive(G,S).
currPosDisplayed(G,do(A,S))  :- A = displayCurrPosition(G);
  \+ A = displayCurrPosition(G),
  currPosDisplayed(G,S).
startSelected(G,P,do(A,S))  :- A = requestStart(G,P);
  \+ A = requestStart(G,P), startSelected(G,P,S).
destinationSelected(G,P,do(A,S))  :- A = requestDestination(G,P);
  \+ A = requestDestination(G,P),
  destinationSelected(G,P,S).
routeAvailable(G,R,B,E,do(A,S))  :- A = computeRoute(G,R,B,E);
  \+ A = computeRoute(G,R,B,E),
  routeAvailable(G,R,B,E,S).
currPos(G,P,do(A,S))  :- A = scroll(D,P), receiver(G);
\+ A = scroll(D,P), currPos(G,P,S).


% Initial situation

display(d).
receiver(gps).
position(p1).
position(p2).


currPos(gps,p1,s0).
```

Mit Hilfe dieser Information kann nun die Simulation von Aktionen als Interpretationsaufgabe eines GOLOG-Programms durch einen Hornklauselbeweiser verstanden werden. Der einfachste Fall ist dabei die Frage, ob eine Aktion in der initialen Situation ausgeführt werden kann. Dies ist der Fall, wenn die Klausel

$$\exists s : \mathrm{Do}(\alpha, s_0, s)$$

hergeleitet werden kann. Dabei werden zwei Aufgaben bewältigt:

- Überprüfung der Vorbedingungen von α
- Konstruktion eines Terms, der die Nachfolgesituation S repräsentiert.

Ein Beispiel ist die in Prolog formulierte Anfrage

```
do(switchOn(gps),s0,S)
```

Diese Klausel ist herleitbar, weil `receiver(gps)` in der initialen Situation gilt, und ¬`receiverActive(gps)` per *negation as failure* hergeleitet werden kann. Die Nachfolgesituation hat den Term

$$S = \mathbf{do}(\texttt{switchOn}(\mathrm{gps}), s_0)$$

S beschreibt die Funktion, die durch Ausführung der deterministischen Aktion `switch`
`On(gps)` aus s_0 hervor geht. In dieser Situation ist die Klausel

$$\texttt{receiverActive}(\text{gps}, \textbf{do}(\text{switchOn(gps)}, s_0))$$

herleitbar: Ein Blick auf seine Definition zeigt, dass der Fluent `receiverActive`
`(gps)` in S wahr sein muss, weil `switchOn(gps)` einen positiven Effekt auf den
Fluenten hat. Das GOLOG-Programm kann also tatsächlich die Effekte einer Aktion
nachvollziehen. Das GOLOG-Programm stellt aber auch korrekterweise fest, dass eine
Aktion nicht auf alle Fluenten Auswirkungen hat: Die Klausel

$$\texttt{currPosDisplayed}(\text{gps}, s_0)$$

ist nicht aus der initialen Situation herleitbar, aber auch nicht aus der Folgesituation S.
Denn nach der Definition des Fluenten hat nur `displayCurrPosition(G)` einen
positiven Effekt auf ihn; da diese Aktion aber nicht ausgeführt wurde, muss der Fluent
schon aus der Vorgängersituation herleitbar sein. Wie eben festgestellt, ist dies aber nicht
der Fall.

Das Beispiel dieses Fluenten zeigt auch, wie die Interpretation eines GOLOG-Programms durch den Hornklausel-Beweiser durchgeführt wird: Gemäß der Definition der
Fluenten wird durch Rekursion in der Struktur des konstruierten Aktionsterms jede zu
prüfende Vorbedingung auf eine frühere Situation zurückgeführt:

- Entweder gibt es eine Vorgängersituation, in der eine Aktion ausgeführt wurde, die
  einen positiven Effekt auf den Fluenten hat, oder
- es gibt eine Vorgängersituation, in der eine Aktion ausgeführt wurde, die einen negativen Effekt auf den Fluenten hat; dann schlägt die Herleitung der Klausel fehl. Soll
  beispielsweise die Klausel

$$\texttt{receiverActive}(\text{gps}, \textbf{do}(\text{switchOff}(\textbf{do}(\text{switchOn(gps)}, s_0))))$$

  hergeleitet werden, wird dies fehlschlagen, weil bei der Herleitung zunächst die Substitution
$$A = \texttt{switchOff}(\text{gps})$$
- durchgeführt wird. Wegen ihr schlägt die erste Möglichkeit der Disjunktion für
  `receiverActive` fehl, aber auch die zweite, weil die Bedingung $\neg$`(A = switch`
  `Off(gps))` verletzt wird. `receiverActive` ist also nicht mehr herleitbar; damit
  ist der negative Effekt von `switchOff` auf diesen Fluenten korrekt modelliert.
- Schließlich gibt es nur noch die Möglichkeit, dass die Rekursion im Situationsterm
  beim Basisfall ankommt, nämlich bei der initialen Situation s_0. Wenn ein Fluent jetzt
  nicht mehr herleitbar ist, wird auch keine Herleitung mehr gefunden. Die Beweisstrate-
  gie *negation as failure* realisiert ja, wie oben besprochen, eine *closed world*-Annahme,
  die zur Konsequenz hat, dass nicht explizit definierte Fakten implizit falsch sind.

5.2.3 Alternativen zu GOLOG

Das oben beschriebene Verfahren der Interpretation von GOLOG-Programmen mit primitiven Aktionen heißt **Regression**[11], weil jede Aussage über die Erfüllbarkeit eines Fluenten anhand des strukturellen Aufbaus desjenigen Terms $s = \mathbf{do}(., s')$ für die aktuelle Situation aus vorgehenden Situationen hergeleitet werden muss – letztlich durch ein „Zurückgehen" zur initialen Situation s_0. Die Regression definiert dabei auch Schranken für die darstellbaren Domänen: die Effekte aller relevanten Aktionen müssen mit Hilfe der Regression implementierbar sein.

Eine alternative Idee ist in [9] beschrieben: Statt die aktuelle Situation als Funktionsterm der seit der initialen Situation ausgeführten Aktionen zu repräsentieren, wird sie als eigene Datenstruktur gehandhabt, in der die geltenden Fluenten enthalten sind. Die Ausführung einer Aktion erzeugt dementsprechend eine neue Situation, der Nachweis der Erfüllbarkeit eines Fluenten kann darauf beschränkt werden, festzustellen, ob er aus den Aussagen der aktuellen Situation herleitbar ist; die Regression zur initialen Situation entfällt. Dieser Ansatz wird, da er immer von der aktuellen auf die kommende Situation orientiert ist, **Progression** genannt, der zugehörige Kalkül **Fluenten-Kalkül**, da der eben die Menge der aktuell geltenden Fluenten als zentral ansieht. Schiffel [10] und Schiffel und Thielscher [11] weisen nach, dass Axiomatisierungen im Situationskalkül in korrespondierende des Fluentenkalküls übersetzt werden können und andersherum. Beide Ansätze sind also für die Belange eines Assistenzsystems gleichwertig. Die formallogische Semantik für *Concurrent Task Trees* wird in diesem Kapitel auf dem historisch früheren Situationskalkül aufgebaut, während im folgenden Kapitel auf der Progression basierende effiziente Verfahren zur Konstruktion zielführender Aktionsfolgen verwendet werden. Diese Effizienz bietet der ebenfalls auf Prolog basierende Fluentenkalkül nicht. Die Absicht, für einzelne algorithmische Problemstellungen in einem Assistenzsystem immer möglichst effiziente Verfahren integrieren können, ist aber ein tragendes Gestaltungsprinzip für echtzeitfähige Assistenzsysteme, so dass auf den Fluentenkalkül nicht weiter eingegangen werden wird.

5.2.4 Komplexe Aktionen in GOLOG

In vielen Fällen (z. B. bei der Steuerung eines autonomen Roboters über längere Zeit) ist es tatsächlich notwendig, *beliebig lange* Aktionsfolgen auszuführen. Übliche (imperative) Programmierkonstrukte dafür sind Schleifen, Bedingungen und Prozeduren. Im Folgenden wird es darum gehen, diese Konstrukte im Situationskalkül zu rekonstruieren.

---

[11] Siehe [8] zur Klärung des Begriffs *Regression*.

Ein einfaches Beispiel (nach REITER) für komplexe Aktionen ist eine Schleife, die zur Kontrolle eines Aufzugs genutzt wird:

$$\texttt{while}(\texttt{some}(n, \texttt{on}(n)) \to \texttt{serveAFloor}):\texttt{park}$$

Dieses Programmkonstrukt wird so oft wiederholt, bis in keinem Stockwerk, das vom Aufzug bedient wird, die Taste zur Anforderung des Aufzugs mehr gedrückt ist. Wenn etwa als Startsituation angenommen wird, dass die Tasten drei und fünf gedrückt sind, und sich der Aufzug im vierten Stock befindet,also:

$$\texttt{on}(3, s_0) \wedge \texttt{on}(5, s_0) \wedge \texttt{currentFloor}(4, s_0),$$

dann wird die Schleife zweimal durchlaufen.

Zu klären ist, wie das Kontrollkonstrukt der Schleife im Situationskalkül definiert werden kann. Informell geht es darum, vor der Verarbeitung des Schleifenrumpfs festzustellen, ob die Schleifeninvariante in der aktuellen Situation erfüllbar ist. Dies ist durch Ermittlung des Wahrheitswert der Klausel, mit der die Schleifeninvariante definiert ist, lösbar. Anschließend geht es darum, die einzelnen Aktionen in der Schleife auszuführen. Die dafür nötigen Mittel sind bereits diskutiert worden, sofern es sich nicht um Kontrollkonstrukte handelt, die im Folgenden erst eingeführt werden. Die Schleife ist dann beendet, wenn nach einer bestimmten Zahl von Durchläufen die Invariante nicht mehr erfüllt ist. Der Effekt des Schleifenrumpfs ist nichtdeterministisch: nach einem Durchlauf kann die Variante erfüllt sein, eventuell ist sie aber nicht mehr erfüllbar, und die Schleife muss terminieren.

Die Problematik, dass im Allgemeinen Effekte von Aktionen nichtdeterministisch sein können, führt dazu, dass der Zusammenhang zwischen einer Situation und der nachfolgenden Situation nicht funktional, sondern relational charakterisiert ist: einer Ausgangssituation können mehrere Folgesituationen zugeordnet sein. Aus diesem Grund wurde im Beispiel vorne bereits das Prädikat **Do** als Relation zwischen zwei Situationen, nicht aber als Funktion beziehungsweise als Term einer Prologklausel definiert.

$\mathbf{Do}(\alpha, s, s')$ ist bisher nur für primitive α erklärt. Um die Definition auf komplexe Aktionen zu erweitern, müssen wir einerseits festlegen, wie komplexe Aktionen δ aus primitiven konstruiert werden, und wie dann die Menge $\{s' | \exists s' : \mathrm{Do}(\delta, s, s')\}$ definiert und effektiv ermittelt wird. Diese Festlegungen sollen im Folgenden getroffen und diskutiert werden.

Die wichtigste Operation, mit der komplexe Programme konstruiert werden, ist die Hintereinanderausführung von Aktionen. Im Situationskalkül werden solche Konstrukte Sequenzen genannt und sind folgendermaßen definiert:

Sequenzen von Aktionen

$$\mathrm{Do}(\delta_1; \delta_2, s, s') := \exists s'' : \mathrm{Do}(\delta_1, s, s'') \wedge \mathrm{Do}(\delta_2, s'', s')$$

Es ist hinreichend, eine Sequenz aus zwei Aktionen zu definieren, da längere Sequenzen durch geeignete Klammerung auf verschachtelte Sequenzen aus zwei Aktionen zurückgeführt werden können. Die Semantik der Hintereinanderausführung wird definiert, indem diejenige Situation konstruiert wird, die nach Ausführung der ersten und vor Ausführung der zweiten Aktion eintritt. Die zweite Aktion kann demgemäß nur dann ausgeführt werden, wenn die erste Aktion ihre Vorbedingungen nicht blockiert beziehungsweise, wenn sie nicht schon in der Ausgangssituation blockiert waren. Die Hintereinanderausführung konstruiert also ein $s' \in \mathrm{Do}(\delta_1; \delta_2, s)$.

Die wichtigste Möglichkeit, den Programmfluss von sich aktuell während der Ausführung des Programms ergebenden Umständen abhängig zu machen, besteht in der Abfrage von Bedingungen und in der damit möglichen Konstruktionen von Fallunterscheidungen. Auch in GOLOG ist diese Möglichkeit vorgesehen:

Überprüfung von Bedingungen

$$\mathrm{Do}(\phi?, s, s') := \phi[s] \wedge s = s'$$

Bedingungen hängen dabei von der aktuellen Situation s ab, wenn ϕ ein prädikativer Fluent ist. Dieser Umstand ist oben durch $\phi[s]$ notiert. Der Hornklausel-Interpreter wertet also ϕ aus, indem er überprüft, ob ϕ als Fluent in der aktuellen Situation s erfüllbar ist. Wenn dem so ist, entsteht als Menge der Folgesituationen $\{s\} = \mathrm{Do}(\phi?, s)$. Ist ϕ unerfüllbar, ergibt sich die leere Menge. Dies bedeutet, dass die Herleitung der Zielklausel gescheitert ist, und Prolog sofort $\bot$ zurückliefert.

Ein Programmabbruch im Fall einer unerfüllten Bedingung ist eine extreme Reaktion. Um sie zu vermeiden, muss eine Möglichkeit bereitgestellt werden, die Reaktion im GOLOG-Programm zu spezifizieren, also eine `if then-else`-Anweisung zu simulieren. Eine solche Anweisung besteht aus einer Fallunterscheidung. Egal, welcher der beiden Fälle eintritt, immer ist nach der kompletten Abarbeitung der `if then-else`-Anweisung eine der beiden Möglichkeiten ausgeführt worden, mit entsprechender Wirkung auf die Situation, die auf die Anweisung folgt. Der Effekt der Fallunterscheidung ist also – solange die Bedingung noch nicht ausgewertet ist – nichtdeterministisch. Dafür gibt es in Hornklausel-Programmen ein einfaches Konstrukt, das zur Definition der Fallunterscheidung im Situationskalkül eingesetzt wird:

Nichtdeterministische Auswahl aus zwei Aktionen

$$\mathrm{Do}(\delta_1 | \delta_2, s, s') := \mathrm{Do}(\delta_1, s, s') \vee \mathrm{Do}(\delta_2, s, s')$$

Die Semantik der Fallunterscheidung besteht also in einer Klausel, die eine Disjunktion aus beiden Fällen formuliert. Der Interpreter versucht, wenn der erste Fall scheitert, den zweiten herzuleiten. Die Klausel insgesamt schlägt fehl, wenn beide Fälle nicht erfüllbar sind. Dies entspricht dem üblichen Verständnis der Interpretation von Fallunterscheidungen.

Ein bedeutender Anwendungsfall für die Auswertung nichtdeterministischer Effekte ist die Definition der Semantik von `if then-else`-Konstrukten: Im Bezug auf die Erfüllbarkeit der Bedingung ist der Konstrukt insgesamt nichtdeterministisch: Bei dem syntaktischen Aufbau

$$\text{if } \phi \text{ then } \delta_1 \text{ else } \delta_2 \text{ end}$$

ist die dadurch formulierte Fallunterscheidung folgendermaßen zu interpretieren: Entweder ist der Test auf ϕ erfüllbar und δ_1 ausführbar. Die Folgesituation ist dann durch die Effekte von δ_1 mitbestimmt. Oder der Test auf $\neg\phi$ ist erfüllbar und δ_2 ausführbar. Dann bestimmen die Effekte von δ_2 die auf die Fallunterscheidung folgende Situation. Dieser Nichtdeterminismus der Folgesituation kann mit Hilfe der nichtdeterministischen Auswahl formalisiert werden:

$$\text{if } \phi \text{ then } \delta_1 \text{ else } \delta_2 \text{ end} := (\phi? : \delta_1) | (\neg\phi? : \delta_2)$$

Nichtdeterminismus spielt auch eine Rolle, wenn eine Aktion δ mehrmals hintereinander ausgeführt werden soll, im Voraus aber nicht fest steht, wie oft. Dies beinhaltet, dass die Aktion überhaupt nicht ausgeführt wird oder – und das ist das andere Extrem – unendlich oft ausgeführt wird. Welche Eigenschaften muss nun eine Zustandsüberführungsfunktion aufweisen, die jedes Paar von Situationen aus der Menge S aller Situationen beinhaltet, das von einer fixierten Startsituation s (der Situation, in der die Iteration beginnt) zu einer Situation s' nach Beendigung der Iteration überführt? Zunächst muss sie reflexiv sein, um dem Umstand Rechnung zu tragen, dass δ überhaupt nicht ausgeführt wird. Zudem muss jede Situation s_2, die durch Ausführung von δ in einer Ausgangssituation s_1 erreicht werden kann, eine Situation sein, in der δ wieder ausgeführt werden darf. Für die resultierenden Situationen s_3 gilt wiederum, dass in ihnen δ ausführbar sein muss, sonst würde die Iteration stoppen, obwohl δ grundsätzlich immer wieder ausgeführt werden darf. Die gesuchte Relation muss also bezüglich der Hintereinanderausführung von δ abgeschlossen sein. Wenn diese Bedingung erfüllt wird, dann ist die Relation $Do(\delta^*, s, s')$ nur dann nicht erfüllbar, wenn trotz erfüllter Vorbedingung das Situationenpaar (s, s') nicht in der gesuchten Relation liegt. Als „Iterationsrelation" P ist also jede jede Relation $P \subseteq S \times S$ geeignet, die nicht gegen folgende Eigenschaft verstößt:

Nichtdeterministische Iteration

$$\mathrm{Do}(\delta^*, s, s') := \forall P : (\forall s_1 : P(s_1, s_1) \wedge$$
$$\forall s_1, s_2, s_3 : (\mathrm{Do}(\delta, s_1, s_2) \wedge P(s_2, s_3) \rightarrow P(s_1, s_3))$$
$$\rightarrow P(s, s'))$$

Diese Definition enthält einen Quantor über Prädikatssymbole, ist also eine Definition in Logik zweiter Stufe. Für die Implementierung komplexer GOLOG-Aktionen ist dies aber nicht problematisch, weil nicht alle Relationen $P \subseteq S \times S$ darauf geprüft werden sollen, ob sie der Definition entsprechen. Vielmehr genügt es zur Ausführung eines GO-LOG-Programms wenn *eine* Relation konstruiert wird, die der Definition genügt. Dazu überlegen wir uns einen Algorithmus:

- *Nullmalige Ausführung von δ*
  Dieser Fall wird von der Prolog-Klausel[12]

```
Do(star(D),S,S).
```

  abgedeckt. Sie konstruiert gerade die Menge $\{s\} = \mathrm{Do}(\delta^0, s)$. Wenn keine Aktion ausgeführt wird, ergibt sich auch keine neue Situation. Die Klausel erfüllt also die Anforderung $\forall s_1 : P(s_1, s_1)$ der obigen Definition.
- *Einmalige Ausführung von δ*
  Für diesen Fall lässt sich die Prolog-Klausel

```
Do(star(D),S,S1) :- Do(D,S,S1).
```

  angeben. Sie konstruiert die Menge $\{s_1 : s_1 \in \mathrm{Do}(\delta, s, s_1)\}$, die leer ist, wenn δ nicht ausführbar ist.
- *n-malige Ausführung von δ*
  Ist δ schon mindestens einmal ausgeführt worden, stellt sich die Frage, ob die Ausführung wiederholt werden kann. Dafür lässt sich folgende Prolog-Klausel angeben:

```
Do(star(D),S,S1) :- Do(D,S,S2), Do(star(D),S2,S1).
```

Die Herleitung dieser Klausel schlägt fehl, wenn das Teilziel `Do(D,S,S2)` nicht herleitbar ist, also δ in einer Situation `S` nicht mehr ausgeführt werden kann. In diesem

---

[12] Für δ wird im Prolog-Code `D`, für δ^* `star(D)` geschrieben.

Fall ist `Do(star(D),S,S1)` insgesamt aber dennoch erfolgreich, weil die Alternative für den Spezialfall der nullmaligen Ausführung mit der Substitution $S1 \leftarrow S$ hergeleitet werden kann. Der Fall steht also nicht im Widerspruch zur Definition der nichtdeterministischen Iteration.

Ist δ hingegen mindestens einmal ausführbar, wird die Menge $\{s_2 : s_2 \in Do(\delta, s)\}$ konstruiert. Im zweiten Schritt wird dann versucht, für ein s_2 aus dieser Menge die Zielklausel

$$\exists s_1 : Do(\delta^*, s_2, s_1)$$

herzuleiten. Dies gelingt immer unter Anwendung des Fall für die nullmalige Iteration. Damit ist die zweite Anforderung der Definition für den Fall der einmaligen Iteration erfüllt; $(s, s_1) \in P$ und $(s, s_2) \in P$.

Kann δ darüberhinaus in s_2 nochmals ausgeführt werden, ergibt sich noch eine Situation s_3 mit $(s_2, s_3) \in P$ und damit auch $(s, s_3) \in P$, weil s_3 von s aus durch Hintereinanderausführung von δ erreichbar ist. Dieser Prozess wird sooft iteriert, bis nur noch die Klausel für die nullmalige Ausführung hergeleitet werden kann. Die dabei verwendete Situation s wird dann per Unifikation an die Variable `S1` der Ausgangsklausel zugewiesen.

Somit konstruieren die Klauseln

```
Do(star(D),S,S).
Do(star(D),S,S1)  :- Do(D,S,S2),  Do(star(D),S2,S1).
```

tatsächlich eine mit der Definition der nichtdeterministischen Iteration kompatible Menge $\{s_1 : s_1 \in Do(\delta^*, s)\}$ der von s aus durch iteriertes Ausführen von δ erreichbaren Situationen.

Mit Hilfe der nichtdeterministischen Iteration ist es jetzt einfach, Schleifen zu definieren: die zu iterierende Aktion besteht aus dem Test, ob die Schleifenbedingung in der aktuellen Situation erfüllt ist, und aus dem auszuführenden Schleifenrumpf:

$$\text{while } \phi \textbf{ do } \delta \text{ end} := (\phi? : \delta)^* : \neg\phi?$$

Die Iteration kann nun so oft durchgeführt werden, bis irgendwann einmal die Invariante nicht mehr erfüllt ist. Die Semantik von `while` wird vollständig in GOLOG reproduziert, wenn nach der letzten Iteration der Test auf die nicht erfüllte Invariante erfüllbar ist. Damit wird die nach der Schleife gültige Zusicherung überprüft.

Ein Hornklauselprogramm, das die bisher besprochenen Zustandsübergangsrelationen implementiert, ist nun ohne große Umstände realisierbar:

Eine Prolog-Implementierung für Situationskalkül-Operatoren auf Aktionen

```prolog
do(E,S,do(E,S)) :- primitive_action(E), poss(E,S).
do(E1 : E2,S,S1) :- do(E1,S,S2), do(E2,S2,S1).
do(?(P),S,S) :- holds(P,S).
do(E1 # E2,S,S1) :- do(E1,S,S1) ; do(E2,S,S1).
do(star(E),S,S1) :- S1 = S ; do(E : star(E),S,S1).
do(if(P,E1,E2),S,S1) :- do((?(P) : E1) # (?(-P) : E2),S,S1).
do(while(P,E),S,S1):- do(star(?(P) : E) : ?(-P),S,S1).
```

Offen ist bisher, wie in der Hornklauselimplementierung die Überprüfung von Bedingungen durchgeführt werden kann. Die obige Realisierung impliziert nämlich, dass Bedingungen P in der Definition des Testoperators ?(P) aus syntaktischer Sicht Terme, aber keine Prädikate sind. Von Termen kann jedoch kein Wahrheitswert bestimmt werden. Um Bedingungen dennoch auswerten zu können, ist in der Hornklauselimplementierung die in Abschn. 5.2.1 beschriebene LLOYD-TOPOR-Transformation als Hornklauselprogramm realisiert: Die zur Transformation nötigen Umformungen werden durch Klauseln für das Prädikat holds(P,S) implementiert:

```prolog
holds(P & Q,S) :- holds(P,S), holds(Q,S).
holds(P v Q,S) :- holds(P,S); holds(Q,S).
holds(P => Q,S) :- holds(-P v Q,S).
holds(P <=> Q,S) :- holds((P => Q) & (Q => P),S).
holds(-(-P),S) :- holds(P,S).
holds(-(P & Q),S) :- holds(-P v -Q,S).
holds(-(P v Q),S) :- holds(-P & -Q,S).
holds(-(P => Q),S) :- holds(-(-P v Q),S).
holds(-(P <=> Q),S) :- holds(-((P => Q) & (Q => P)),S).
holds(-all(V,P),S) :- holds(some(V,-P),S).
holds(-some(V,P),S) :- not holds(some(V,P),S).   % Negation
holds(-P,S) :- isAtom(P), not holds(P,S).% by failure.
holds(all(V,P),S) :- holds(-some(V,-P),S).
holds(some(V,P),S) :- sub(V,_,P,P1), holds(P1,S).
```

holds(P,S) wertet Bedingungen, die durch den Term P beschrieben sind, seiner syntaktischen Struktur entsprechend aus und ermittelt so doch einen Wahrheitswert für P in der aktuellen Situation. Dabei ist noch eine Hürde zu meistern: P enthält keine Angaben über die Situation, in der die Auswertung stattfinden soll. Dies ist auch nicht notwendig, wenn die Bedingung keinen Fluenten enthält. Andernfalls muss der Term so „umgebaut" werden, dass das Situationsargument wieder eingeführt wird. Diese Transformation ist technisch unproblematisch:

```prolog
restoreSitArg(P(X),S,P(X,S)).
```

`P(X)` ist dabei der Term aus dem Test-Konstrukt, der in der Regel Argumente hat, die hier unter dem Vektor `X` zusammengefasst sind. Die Situation, in der `P` ausgewertet wird, ist durch den an die Variable `S` gebundenen Term gegeben. Die Klausel `restoreSitArg` konstruiert nun per Unifikation einen neuen Term, in dem `P` um die Argumentstelle für `S` erweitert wird. Die Auswertung des erweiterten Terms wird schließlich dadurch ermöglicht, dass in Prolog Terme zu Prädikaten erhoben werden können. Diese Umwandlung wird in folgendem Fragment einer Hornklauselimplementierung für den Situationskalkül durchgeführt:

```
holds(A,S) :- restoreSitArg(A,S,F), F;
not restoreSitArg(A,S,F), isAtom(A), A.
```

`F` ist zunächst als Term Ergebnis der Erweiterung von `A` um den Parameter für die aktuelle Situation und wird dann als Prädikat wie eine normale Klausel ausgewertet.

5.3 Variablen

Bisher ist die Auswertung von Tests so konstruiert, dass nur aussagenlogische Bedingungen auf Erfüllbarkeit in der aktuellen Situation getestet werden können. Im Allgemeinen können Bedingungen aber auch Variablen beinhalten, die auf in der aktuellen Situation definierte Objekte verweisen sollen. Dazu sind in den Klauseln oben für das Prädikat `holds` die beiden Klauseln `holds(all(V,P),S)` und `holds(some(V,P),S)` vorgesehen. Die erste von beiden lässt sich über den bekannten Zusammenhang zwischen All- und Existenzquantor auf die zweite reduzieren:

$$\texttt{holds(all(V,P),S)} \equiv \texttt{holds(-some(V,-P),S)}$$

Daher können wir uns bei der Diskussion, wie Variablen in Bedingungen ausgewertet werden, auf den Fall `holds(some(V,P),S)` konzentrieren. Informell formuliert geht es darum festzustellen, ob es Belegungen für die Variable `V` gibt, nach deren Substitution in das Prädikat `P` die von `P` formulierte Aussage in der Situation `S` erfüllbar ist. Ein einfaches illustratives Beispiel wird von [2] im Szenario einer Aufzugsteuerung in GOLOG gegeben:

$$\texttt{while}(\texttt{some}(n, \texttt{on}(n)) \to \texttt{serveAFloor}):\texttt{park}$$

Solange also die Variable n auf irgendein Objekt verweist, für das das Prädikat $\texttt{on}(n)$ erfüllt ist, soll die Aktion `serveAFloor` durchgeführt werden. Die Objekte, auf die n verweist, sind in dem Anwendungsszenario als Stockwerke in einem Gebäude zu verstehen, die von einem Aufzug angefahren werden. Das Prädikat `on` formuliert dabei die Aussage, dass der Aufzug im Stockwerk n angefordert wurde. Eine exemplarische Situation ist in Abb. 5.1 illustriert.

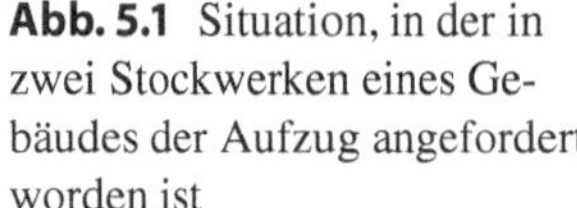

Abb. 5.1 Situation, in der in zwei Stockwerken eines Gebäudes der Aufzug angefordert worden ist

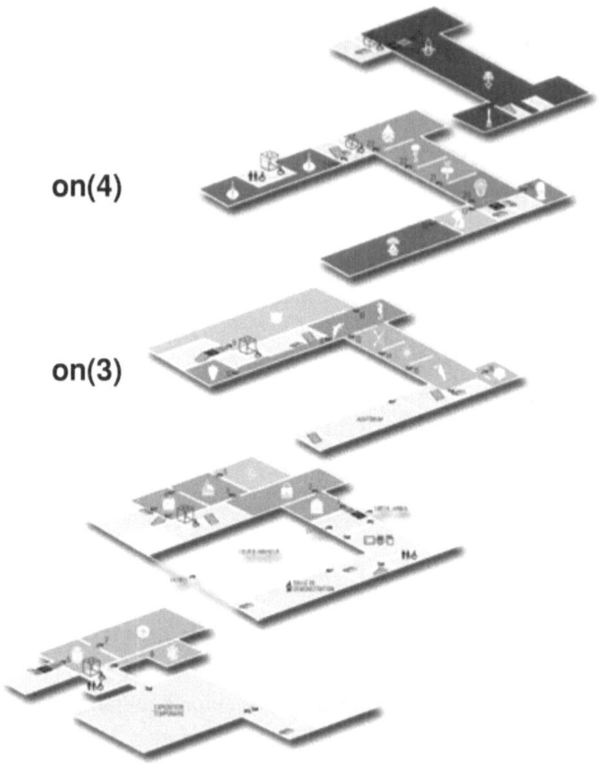

Die GOLOG-Variable n, die in der `while`-Schleife oben vorkommt, ist für Prolog zunächst aus syntaktischen Gründen eine Konstante. Damit die Unifikation von Prolog dazu herangezogen werden kann, Kandidaten zu finden, die für n substituiert werden können, müssen alle Vorkommen von n in der Bedingung durch eine neue Variable x ersetzt werden. Erst dann kann Prolog mit Hilfe der Unifikation eine Belegung der Variable x finden. Diese informelle Beschreibung des Vorgangs, wie Variablen in GOLOG-Bedingungen integriert werden, und wie dann die Erfüllbarkeit der Bedingung geprüft werden kann, lässt sich formallogisch sehr elegant definieren:

$$\mathrm{Do}((\pi\ x)\delta(x), s, s') := \exists x : \mathrm{Do}(\delta(x), s, s')$$

Die Auswertung von Variablen ist also erfolgreich, wenn es für eine existentiell quantifizierte neue Variable mindestens eine Belegung mit einer Konstanten aus der aktuellen Situation gibt, so dass δ nach geeigneter Substitution von x durch die gefundene Konstante erfüllbar ist.

Die Verwendung des Existenzquantors hat eine wichtige Implikation: die Belegung von x durch Konstanten ist im allgemeinen Fall nichtdeterministisch, es kann also mehrere

Substitutionen geben. Gemäß der Funktionsweise des Resolutionskalküls entspricht dies der nichtdeterministischen Auswahl zwischen allen Möglichkeiten der Substitution von Konstanten für die Variable x.

Soll diese informell erläuterte Vorgehensweise nun in einem Hornklauselprogramm implementiert werden, erfordert dies komplizierte technische Hilfsmittel der Logikprogrammierung, um mit den auftretenden Statusänderungen von GOLOG-Variablen, die ja in Prolog Konstanten sind, hin zu echten Variablen in Prolog zurechtzukommen. Die genauen Details sind in der Fachliteratur über Prolog zu finden. Hier soll der folgende Code nur informell analysiert werden:

```prolog
sub(X1,X2,T1,T2) :- var(T1), T2 = T1.
sub(X1,X2,T1,T2) :- \+ var(T1), T1 = X1, T2 = X2.
sub(X1,X2,T1,T2) :- \+ T1 = X1,
  T1 =..[F|L1], % Liste: Funktionsymb. u. Argumente
   sub_list(X1,X2,L1,L2), % ersetze in der Liste
   T2 =..[F|L2]. % Konstruiere aus Ergebnis
sub_list(X1,X2,[],[]).   % aus modifizierter Liste
sub_list(X1,X2,[T1|L1],[T2|L2]) :- sub(X1,X2,T1,T2),
sub_list(X1,X2,L1,L2).
```

Im einfachsten Fall handelt es sich bei dem Term, in den substituiert werden soll, um eine (Prolog-)Variable; dann ist nichts zu tun. Ist der fragliche Term eine Konstante und identisch mit der zu substituierenden GOLOG-Variablen, dann wird er durch die neue Variable ersetzt. Wenn der Term jedoch nicht atomar, sondern ein Funktionssymbol mit Argumenten ist, werden die einzelnen Komponenten des Terms in eine Liste abgebildet und jedes Listenelement separat untersucht. Abschließend wird die Liste, in der alle Ersetzungen durchgeführt wurden, wieder in einen Term, der diesmal aber Prolog-Variablen statt GOLOG-Variablen enthält, umgewandelt und anschließend in der aktuellen Situation ausgewertet.

5.4 Prozeduren

Bei der Implementierung von Kontrollstrategien in GOLOG ist es – wie im *software engineering* überhaupt – praktisch, komplexe Ausdrücke für über Operatoren miteinander verbundene Aktionen unter einem neuen Namen zu einer komplexen Aktion, einer Prozedur, zusammenzufassen und eine Liste solcher Prozedurdeklarationen mit einem auszuwertenden Aktionsausdruck, dem Hauptprogramm, zu einem strukturierten Programm zu komponieren. Wie in Kürze zu sehen sein wird, spielt die oben beschriebene Belegung von GOLOG-Variablen mit Konstanten eine zentrale Rolle bei der Auswertung von Prozedur-Deklarationen.

Zunächst soll aber ihr syntaktischer Aufbau diskutiert werden: Prozeduren bestehen aus n Deklarationen und einem Rumpf (Hauptprogramm) δ_0:

$$\text{proc } P_1(v_1)\ \delta_1 \text{ end;}$$
$$\text{proc } P_2(v_2)\ \delta_2 \text{ end;}$$
$$\ldots;$$
$$\text{proc } P_n(v_n)\ \delta_n \text{ end;}$$
$$\delta_0$$

Mit dieser Definition ist die obige informelle Charakterisierung eines Programms präzisiert. Zur Auswertung einer deklarierten Prozedur zu einem bestimmten Zeitpunkt der Programmausführung ist nun üblicherweise Folgendes zu tun: Eine Prozedur wird ausgewertet, indem

- zunächst die Argumente in der aktuellen Situation s, und
- danach der Rumpf der Prozedur ausgewertet wird:

$$\text{Do}(P(t_1, \ldots, t_n), s, s') := P(t_1[s], \ldots, t_n[s], s, s')$$

Die Argumente der Prozedur können Fluenten sein; deshalb müssen sie zunächst abhängig von s ausgewertet werden. Die Menge der von s aus durch Ausführung von $P(t_1, \ldots, t_n)$ erreichbaren Situationen s' besteht aus denjenigen Situationen s', die mit der Ausgangssituation s und den Parametern $t_1[s], \ldots, t_n[s]$ in der Erreichbarkeitsrelation P stehen. Wie bei der nichtdeterministischen Iteration muss P durch Prolog-Klauseln konstruierbar sein. Welche Eigenschaften hat P aber? In welcher Beziehung steht die Relation zum Rumpf der Prozedur? Offensichtlich ist der ja verantwortlich dafür, welche Situationen erreicht werden können. Neben den im Rumpf auszuführenden Aktionen spielen aber auch die Parameter eine entscheidende Rolle. Dabei stellt sich zunächst die Frage, wie der Rumpf überhaupt Kenntnis von den Parametern bekommt. Prolog bietet dazu nur ein einziges Mittel an: die Unifikation.

Um zu klären, wie man sich das vorstellen soll, betrachten wir das nachstehende Beispiel für eine Prozedur aus dem schon oben benutzten Beispiel der Aufzugsteuerung:

```
proc serve(n) goFloor(n); turnoff(n) end
```

Dieser GOLOG-Code deklariert die Prozedur `serve` mit Parameter n und der Sequenz `goFloor(n); turnoff(n)` als ihr Rumpf. Da in GOLOG Aktionen immer Prolog-Terme sind, müssen es auch Prozeduren sein[13]. Also deklarieren wir eine Prozedur – wie vorher schon eine primitive Aktion – mit einem reservierten Prädikat, und erheben die GOLOG-Variablen zu Prolog-Variablen:

```
proc(serve(N),goFloor(N):turnoff(N)).
```

---

[13] Prozeduren sollen ja in komplexe Aktionsterme integriert werden können.

Die Ausführung einer Prozedur spezifizieren wir auch analog zur Ausführung einer primitiven Aktion:

Auswertung komplexer Aktionen (GOLOG – Teil 4)

```
do(E,S,S1)  :- proc(E,E1),  do(E1,S,S1).
```

Wenn nun beispielsweise `serve(5)` ausgeführt werden soll, wird `E` an diesen Term gebunden. Die Klausel `proc(serve(5),E1)` kann nun nur dann resolviert werden, wenn `E` mit dem Rumpf der Prozedur unifiziert werden kann. Dazu muss aber `N` auch im Rumpf mit `5` substituiert werden. Durch diesen Mechanismus werden „Argumente" einer Prozedur an ihren Rumpf übergeben; `E1` wird im Beispiel also an `goFloor(5):turnoff(5)` gebunden.

Der Rumpf enthält somit keine freien formalen Parameter mehr; in der Situation s ist er ausführbar, wenn die ihn definierende komplexe Aktion ausführbar ist und in eine Situation s' führt. s, s' und 5 stehen somit in der Erreichbarkeitsrelation $P_{\texttt{serve}}$. Diese Beobachtung lässt sich verallgemeinern und definiert den Zusammenhang zwischen der Relation P, allen einsetzbaren Argumenten und dem Rumpf δ_P einer Prozedur:

$$\forall s, s', t_1[s], \ldots, t_n[s] : \mathrm{Do}(\delta_P(t_1[s], \ldots, t_n[s]), s, s') \to P(t_1[s], \ldots, t_n[s], s, s')$$

Wenn die Übergabe von Argumenten mittels Unifikation stattfindet, wie können dann Parameter vor Ausführung der Prozedur, wie oben behauptet, ausgewertet werden?

Die Antwort auf diese Frage lautet: die Auswertung muss als eine GOLOG-Aktion vor dem Aufruf der Prozedur im GOLOG-Programm enthalten sein. Dazu ein Beispiel aus der Aufzugsteuerung:

```
proc serveAFloor (pi n)(on(n)?; serve(n)) end
```

ist eine Prozedur ohne eigene Parameter. Sie greift aber auf einen Wert der aktuellen Situation zu, nämlich den Wert n des Fluenten $on(n, s)$. Dies geschieht über die im vorigen Abschnitt über Variablen definierte Aktion $\pi\, x$. Diese Aktion ersetzt die aus imperativen Programmiersprachen bekannte Abfrage bzw. Auswertung von Variablen. `pi n` findet – wie oben besprochen – diejenigen Werte für n in der aktuellen Situation, für die der Aktionsterm `on(n)?; serve(n)` erfüllbar ist und benutzt dazu wiederum Unifikation: Zunächst werden Werte für n gefunden, die den Test $on(n, s)$ bestehen, und diese werden dann – per Unifikation – als Argumente von `serve(n)` benutzt. In diesem Sinn dient der π-Operator der Umsetzung eines `call by value`-Auswertemechanismus. Der Term `serve(n)` ist dann – wie auch der zugehörige Rumpf – variablenfrei.

Diese Überlegung war der letzte Baustein, der dafür notwendig ist, zu definieren, wie ein GOLOG-Programm mit Prozeduren in einer gegebenen Ausgangssituation s ausgewertet wird: Die Ausführung des Hauptprogramms δ_0 erreicht von der Situation s gerade diejenigen Situationen s', die von den Erreichbarkeitsrelationen P_i ermöglicht werden. Andersherum formuliert: wenn $s' \notin \text{Do}(\delta_0, s)$, dann wurde eine Prozedur in einer Situation aufgerufen, in der ihr Rumpf nicht ausführbar war. Aus dieser informellen Spezifikation lässt sich folgende formale Definition für die Ausführung eines Programms mit Prozeduren ableiten:

$$\text{Do}(\text{proc } P_1(v_1) \, \delta_1 \text{ end}; \text{proc } P_2(v_2) \, \delta_2 \text{ end}; \ldots; \text{proc } P_n(v_n) \, \delta_n \text{ end}; \delta_0, s, s')$$

$$:= \forall P_1, \ldots, P_n : \left(\bigwedge_{1 \leq i \leq n} \forall s_1, s_2, v_i : \text{Do}(\delta_i, s_1, s_2) \rightarrow P_i(v_i, s_1, s_2) \right) \rightarrow \text{Do}(\delta_0, s, s')$$

Mit der Einführung von Prozeduren als komplexen Aktionen sind alle für unsere Zwecke der Formalisierung von Assistenzsystemen relevanten Komponenten in eine Programmiersprache integriert, die die Simulation von Handlungen ermöglicht, wie wir sie für die Umsetzung der zielorientierten Assistenz über mehrere Schritte hinweg benötigen. In späteren Kapiteln wird sich herausstellen, dass noch nicht alle notwendigen Mechanismen realisiert sind; für die Aufgabe jedoch, den *Concurrent Task Trees* eine formallogische Semantik – und zwar als Programm im Situationskalkül, genauer gesagt: als GOLOG-Programm – zuzuordnen, haben wir nun die notwendigen Hilfsmittel eingeführt.

Dementsprechend widmet sich der Rest dieses Kapitels der Frage, wie die Definition der Semantik von *Concurrent Task Trees* mit den Mitteln einer Prozesssprache durch eine Logiksprache abgelöst werden kann.

5.5 Eine GOLOG-Semantik für *Concurrent Task Trees*

Um die Semantik von *Concurrent Task Trees* neu zu formulieren, werden im Folgenden komplexe GOLOG-Aktionen definiert, die jeweils einem CTT-Operator entsprechen. Für jedes auf diese Weise entstandene GOLOG-Konstrukt wird argumentiert, dass es die Intention des modellierten CTT-Konstrukts erfasst. Ein formaler Beweis kann nicht gegeben werden, da die Definition der CTT-Operatoren für nur informell erfolgt ist. Aus demselben Grund gibt [12] keinen formalen Beweis für die semantische Äquivalenz von CTT-Operatoren und LOTOS-Operatoren, sondern bezeichnet *Concurrent Task Trees* nur als eine Notation, die für die Darstellung von Task-Analysen adäquat ist[14].

Die Auswertung eines *Concurrent Task Trees* in einer konkreten Assistenzsituation funktioniert nach dem Prinzip der Tiefensuche: von der Wurzel beginnend, wird zuerst der ihr zugeordnete Task aktiviert; im Beispiel in Abb. 4.3 ist dies der Task *Farben ändern*. Anschließend werden die Kinder des aktuell ausgeführten Tasks aktiviert. Dabei

---

[14] [12], S. 40

ist auf die Priorität der Operatoren, über die die Kinder verbunden sind, zu achten. Der Abstieg im Baum wird immer bis zu Blättern fortgesetzt. Die Ausführung eines Blatts, also eines Tasks ohne Kinder ist nun an keine weiteren Voraussetzungen, die aus dem *Concurrent Task Tree* ableitbar wären, gebunden. Jedoch ist die Tatsache, dass der Task *Einzelobjekt* gerade ausgeführt wird, nicht hinreichend für die Ausführbarkeit eines seiner beiden Kinder. Weitere Voraussetzungen ergeben sich nämlich in der Regel aus der aktuellen beschriebenen Situation: Der Task *Ganzes Bild* etwa kann nur ausgeführt werden, wenn aus der beschriebenen Situation die Aussage ableitbar ist, dass ein Bildobjekt existiert, d. h. wenn im Bildverarbeitungsprogramm ein neues Bild angelegt oder aus einer Datei geladen wurde.

An diesem Beispiel wird deutlich, dass die Auswertung von *Concurrent Task Trees* in einer Assistenzsituation nur dann erfolgreich sein kann, wenn Zugriff auf die beschriebene Situation besteht und im Gegenstandsbereich begründete Vorbedingungen für Tasks ohne Kinder bekannt sind. Ganz allgemein gesehen ist sogar vorstellbar, dass ein Task ohne Kinder zwar im *Concurrent Task Tree* eine atomare, nicht weiter zerlegbare Aktion darstellt, im Gegenstandsbereich jedoch nur durch eine Sequenz von (für den Nutzer eventuell nicht sichtbaren) Aktionen umgesetzt werden kann. Wenn dem so ist, stellt die Überprüfung der Vorbedingungen eines Tasks ohne Kinder sogar ein Planungsproblem im Gegenstandsbereich dar. Insgesamt ergibt sich für die Implementierung eines Assistenzsystems das Bild eines hierarchischen Ansatzes, wie die Suche nach einzelnen Schritten der Unterstützung des Nutzers realisiert werden kann. Die detaillierte Analyse dieses Ansatzes wird auf ein späteres Kapitel verschoben; zunächst steht im Vordergrund, den formalen Apparat zur Interpretation von Task-Modellen ohne Berücksichtigung der vom Gegenstandsbereich vorgegebenen Bedingungen an die Ausführbarkeit atomarer Aktionen zu entwickeln.

Zu diesem Zweck unterscheiden wir zunächst elementare – d. h. atomare – Tasks[15] – dazu gehören *user tasks*, *application tasks* und *interaction tasks* – und bauen aus ihnen dann die verschiedenen Konstrukte von abstrakten Tasks[16] auf.

5.5.1 Darstellung und Aktivierung von Tasks in GOLOG

Jeder Task in einem *Concurrent Task Tree* wird bei der Übersetzung in GOLOG-Programme als Klasse aufgefasst, die in der initialen Situation zu instantiieren ist. Für jeden Knoten im Baum mit der Bezeichnung N ist also ein Fakt $N(t)$ in die aktuelle Situation einzutragen. t ist dabei ein nullstelliges Funktionssymbol für den „Namen" dieses Tasks der Klasse N. Für den elementaren Task in Abb. 5.2 muss der initialen Situation der Fakt

```
task(t0).
```

---

[15] Die Task-Typen sind in [12] auf Seite 42 definiert.
[16] Siehe [12], S. 43. und weiter vorne in Abschn. 4.3.3

```
% primitive actions

primitive_action(doTask0(_)).
primitive_action(beginTask0(_)).
primitive_action(endTask0(_)).

% successor state axioms

poss(beginTask0(X),S)  :- task0(X), taskActive(X,S).
poss(endTask0(X),S)  :- task0(X),
                        atomicTaskDone(X,S).
poss(doTask0(X),S)  :-
        task0(X), atomicTaskActive(X,S).

atomicTaskActive(T,do(A,S))  :-
        task0(T), A = beginTask0(T);
        \+ A = beginTask0(T), atomicTaskActive(T,S).

atomicTaskDone(T,do(A,S))  :-
        task0(T), A = doTask0(T);
        \+ A = doTask0(T), atomicTaskDone(T,S).

taskDone(T,do(A,S))  :-  task0(T), A = endTask0(T);
        \+  A = endTask0(T), taskDone(T,S).

taskActive(T,do(A,S))  :- task0(T),
        \+ A = endTask0(T), taskActive(T,S).

proc(performTask0(X),
        beginTask0(X):doTask0(X):endTask0(X)).
```


Abb. 5.2 Concurrent Task Tree bestehend aus einer einzigen primitiven Aktion und Axiomatisierung des Trees in GOLOG

hinzugefügt werden. Zur Vereinfachung der Diskussion gehen wir davon aus, dass Knoten entweder 0 oder 2 Nachfolger haben. Dies kann erreicht werden, indem Kinder eines Knotens mit mehr als zwei Nachfolgern entsprechend der Priorität der CTT-Operatoren „geklammert" werden. Durch Einführung zusätzlicher abstrakter Tasks kann dann die Normalform hergestellt werden. Knoten mit genau einem Nachfolger können eliminiert werden. Wenn ein Task also nicht primitiv ist, hat er einen linken und einen rechten Nachfolger. Diese Tatsache wird in der initialen Situation registriert. Für den Task in Abb. 5.3 sind dazu folgende Fakten nötig:

```
primitive_action(beginTask0(_)).
primitive_action(endTask0(_)).

poss(beginTask0(X),S) :-
    task0(X), taskActive(X,S), \+ taskRunning(X,S).
poss(endTask0(X),S) :-
    task0(X), taskActive(X,S), taskRunning(X,S),
    rightChild(U,X), taskDone(U,S).

taskActive(T,do(A,S)) :-
    task0(T), \+ A = endTask0(T);
    \+ task0(T), leftChild(T,X), A = beginTask0(X);
    \+ task0(T), rightChild(T,X), A = beginTask0(X).

taskDone(T,do(A,S)) :-
    task0(T), A = endTask0(T);
    task0(T), \+ A = endTask0(T),
    taskDone(T,S).

taskRunning(T,do(A,S)) :-
    task0(T), A = beginTask0(T);
    task0(T), \+ A = beginTask0(T), \+ A = endTask0(T),
    taskRunning(T,S).

proc(performTask0(T),
    beginTask0(T):
    pi(s,?(leftChild(s,T))):pi(t,?(rightChild(t,T)):
    performTask1(s) : performTask2(t):
    endTask0(T)))).
```

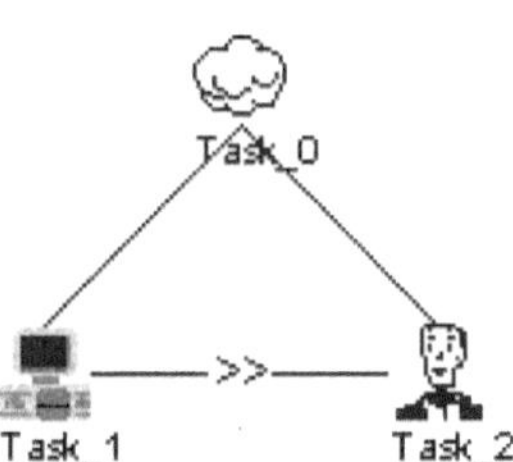

Abb. 5.3 Concurrent Task Tree für den abstrakten Task `Task0`, der durch Hintereinanderausführung von `Task1` und `Task2` realisiert wird

```
task0(t0).
task1(t1).
task2(t2).
leftChild(t1,t0).
rightChild(t2,t0).
```

Damit die Auswertung eines *Concurrent Task Trees* starten kann, muss die Wurzel eines *Concurrent Task Trees* in der initialen Situation aktiviert sein. Für den Task in Abb. 5.3 geschieht dies durch den Fakt

```
taskActive(t0,s0).
```

Wie die Aktivierung beim Betrieb eines Assistenzsystems tatsächlich durchgeführt wird, hängt von den Möglichkeiten der Interaktion zwischen Mensch und Maschine ab, die zur Verfügung stehen: In einem grafikbasierten Interaktionsmodell sind zu einem Zeitpunkt nur bestimmte Tasks über die aktuell dargestellten Bedienelemente aktivierbar. In einem flexiblen sprachbasierten Modell zur Interaktion ist es eventuell möglich, jederzeit jeden Task zu aktivieren. In diesem Fall besteht die Verantwortung des Assistenzsystem insbesondere darin zu verhindern, dass Systemfunktionen ausgeführt werden, die zu einem illegalen oder nicht definierten Zustand des gesamten Systems führen. Die Interpretation von Eingaben des Nutzers in welcher Modalität auch immer, die mit der Absicht verbunden sind, Tasks zu aktivieren, ist jedoch nicht hier unser Thema, sondern in Kap. 8.

5.5.2 Elementare Tasks

Lässt man, wie oben beschrieben, zum jetzigen Zeitpunkt außer Acht, dass gerade *application tasks* pragmatische Bedingungen zu berücksichtigen haben, die nicht als Bestandteil einer Task-Analyse gelten können, sind elementare Tasks aktivierbar, sobald ihr übergeordneter Task ausgeführt wird.

Der primitive Task des *Concurrent Task Trees* in Abb. 5.2 wird in der GOLOG-Formalisierung auf die Aktion `doTask0` abgebildet. Mit den oben besprochenen Fakten für die initiale Situation ist die Instanz `t0` von `Task0` ausführbar:

```
do(performTask0(t0),s0,S).
S = do(endTask0(t0), do(doTask0(t0), do(beginTask0(t0), s0))) ;
false.
```

Damit ist der Effekt des atomaren Tasks, wie von [12] spezifiziert, erreicht. `begin Task0` und `endTask0` sind Verwaltungsoperationen, die später in Kap. 7 eingesetzt werden, um die Ausführung primitiver Tasks in einer anderen Hierarchieebene des Assistenzproblems zu organisieren.

5.5.3 Abstrakte Tasks

Aus syntaktischer Sicht sind abstrakte Tasks rekursiv definiert. Der Basisfall sind die elementaren Tasks. Die Rekursion entsteht dadurch, dass es eine Reihe binärer Operatoren gibt, die zwei abstrakte Tasks als Argumente haben. Das aus der Komposition eines Operators mit zwei Argumenten entstehende Konstrukt ist wieder ein abstrakter Task.

Im Folgenden werden die Operatoren einzeln besprochen, indem für jeden eine Definition seiner in [12] informell erklärten Semantik gegeben wird, und zwar unter Zuhilfenahme einer geeigneten GOLOG-Prozedur. Noch komplexere Konstrukte können in GOLOG dann jederzeit gebildet werden, indem Prozeduren über GOLOG-Operatoren verknüpft werden.

5.5.3.1 Enabling (>>)

Der Operator `Enabling` steht für die Hintereinanderausführung von zwei Tasks T_1 und T_2. In GOLOG lässt sich die Bedeutung von $T_1 >> T_2$ wie folgt fassen:

$$\mathrm{Do}(T_1 >> T_2, s, s') := \mathrm{Do}(T_1; T_2, s, s').$$

Als *Concurrent Task Tree* wird *Enabling* repräsentiert, wie in der Skizze in Abb. 5.3 zu sehen. Sie verdeutlicht, dass die Ausführung des übergeordneten Tasks `Task 0` dadurch stattfindet, dass zunächst das erste Kind, nämlich `Task 1`, aktiviert wird. Nachdem dieser Task erfolgreich ausgeführt ist, kann der durch `Task 1` ermöglichte Task, nämlich `Task 2` aktiviert werden. Nachdem auch er ausgeführt ist, sind beide Tasks, aber auch der übergeordnete `Task 0` endgültig ausgeführt. Wichtig ist dabei, dass `Task 0` nicht schon durch Aktivierung von `Task 1` endgültig ausgeführt sein kann.

Zur Formalisierung dieses Sachverhalts wird der Fluent $taskRunning(T, S)$ eingeführt. Er drückt aus, dass noch mindestens ein Subtask nicht endgültig ausgeführt ist. Zusätzlich werden auch hier zwei Verwaltungsoperationen eingeführt: `beginTask0` und `endTask0`. Beide haben die Aufgabe, den Status der auszuführenden Instanz t_0 von `Task 0` zu verwalten: `beginTask0` aktiviert t_0 selbst und die daher auszuführende Instanz t_1 von `Task 1`, dem ersten Kind von `Task 0`. Bei der Ausführung von `Task 0` ergibt sich eine eindeutig bestimmte erreichbare Situation:

```
?- do(performTask0(t2),s0,S).
S = do(endTask0(t2),
       do(endTask2(t1), do(doTask2(t1), do(beginTask2(t1),
       do(endTask1(t0),do(doTask1(t0),do(beginTask1(t0),
    do(beginTask0(t2), s0)))))))) ;
false.
```

Damit entspricht die Definition von `Enabling` als GOLOG-Prozedur den Anforderungen von [12] – auch für `Enabling with information passing`, weil –

wie in Kap. 6 noch ausführlicher dargelegt wird, die weiterzureichende Information auf ganz natürliche Weise in Form von Fluenten in der aktuellen Situation zur Verfügung steht.

5.5.3.2 Choice ([])

Mit dem Operator Choice kann in einer aktuellen Situation eine aus einer Menge zulässiger Optionen ausgewählt werden. Choice-Operatoren werden in einem *Concurrent Task Tree* (Abb. 5.4 zeigt die Auswahl zwischen zwei Subtasks als *Concurrent Task Tree*) eingesetzt, wenn die Lösung der modellierten Aufgabe auf verschiedene Weisen erfolgen kann. In der aktuellen Situation hängt die Entscheidung für den tatsächlichen Lösungsweg von erst in der aktuellen Situation bekannten Umständen ab. Eine ähnliche Idee steckt auch hinter dem GOLOG-Operator *nichtdeterministische Auswahl*: Von der Startsituation ausgehend kann die Zielsituation durch zumindest eine aus allen zur Auswahl stehenden Aktionen erreicht werden.

Das folgende GOLOG-Programm implementiert den *Concurrent Task Tree* in Abb. 5.4:

```
primitive_action(beginTask0(_)).
primitive_action(endTask0(_)).

poss(beginTask0(X),S) :-
    task0(X), taskActive(X,S), \+ taskRunning(X,S).
poss(endTask0(X),S) :-
    task0(X), taskActive(X,S), taskRunning(X,S),
    leftChild(L,X), rightChild(R,X),
    (taskDone(L,S), \+ taskDone(R,S);
     \+ taskDone(L,S), taskDone(R,S)).

taskActive(T,do(A,S)) :-
    task0(T), \+ A = endTask0(T);
    \+ task0(T), leftChild(T,X), A = beginTask0(X);
    \+ task0(T), rightChild(T,X), A = beginTask0(X).

taskDone(T,do(A,S)) :-
    task0(T), A = endTask0(T);
    task0(T), \+ A = endTask0(T), taskDone(T,S).
```

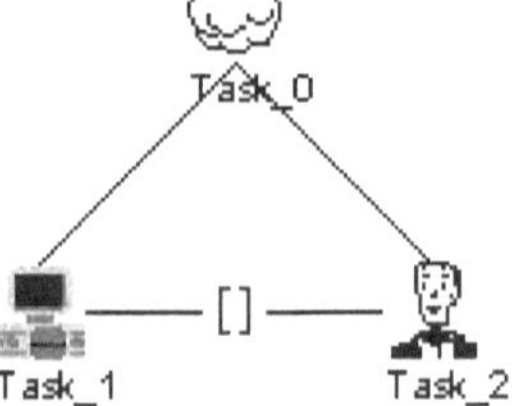

Abb. 5.4 Concurrent Task Tree aus einem abstrakten Task Task0, der in zwei sich ausschließenden Varianten realisiert werden kann: entweder durch Ausführung von Task1 oder durch Ausführung von Task2

```
taskRunning(T,do(A,S)) :-
    task0(T), A = beginTask0(T);
    task0(T), \+ A = beginTask0(T), \+ A = endTask0(T),
    taskRunning(T,S).

proc(performTask0(T),
      (beginTask0(T):
       pi(s,?(leftChild(s,T)):pi(t,?(rightChild(t,T)):
       (performTask1(s) # performTask2(t))))):
      endTask0(T)).
```

Nichtdeterminismus tritt in der obigen Implementierung des *Choice*-Operators in der Prozedur `performTask0` auf, die nichtdeterministisch – aber natürlich dennoch abhängig von den jeweiligen Vorbedingungen – die Aktion `performTask1` oder `performTask2` ausführt. Entsprechend der Vorbedingung von `endTask0` darf für die erfolgreiche Ausführung von `Task 0` nur eines der beiden Kinder ausgeführt werden. Auf diese Weise wird die bei [12] beschriebene Semantik des *Choice*-Operators umgesetzt.

Die Ausführung von `performTask0` liefert dementsprechend folgendes Ergebnis:

```
?- do(performTask0(t2),s0,S).
S = do(endTask0(t2),
       do(endTask1(t0), do(doTask1(t0), do(beginTask1(t0),
         do(beginTask0(t2), s0)))))  ;
S = do(endTask0(t2),
       do(endTask2(t1), do(doTask2(t1), do(beginTask2(t1),
         do(beginTask0(t2), s0)))))  ;
false.
```

Es ergeben sich also tatsächlich nichtdeterministisch zwei Lösungen, wie `Task 0` realisiert werden kann.

5.5.3.3   Order Independency (<>)

Der CTT-Operator *Order Independency* (siehe Abb. 5.5) stellt eine Erweiterung des Operators *Enabling* dar: Zur Realisierung des Operators müssen beide Subtasks ausgeführt

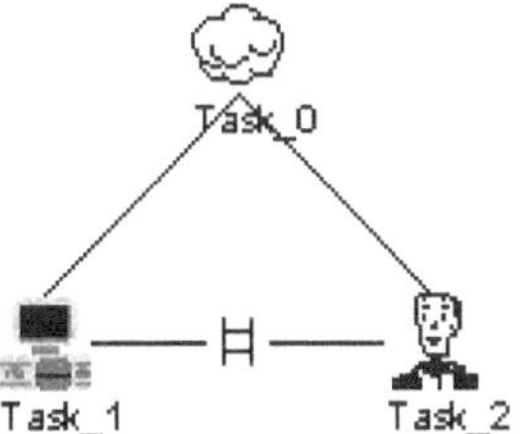

Abb. 5.5 Concurrent Task Tree für reihenfolgenunabhängige Ausführung von zwei Subtasks. Zur Realisierung von `Task0` müssen beide Subtasks `Task1` und `Task2` ausgeführt werden

werden, aber nicht in einer – durch die Syntax des Operators – vorgegebenen Reihenfolge. Vielmehr ist die Reihenfolge beliebig, und der Task ist realisiert, sobald beide Kinder realisiert sind. Die Definition des Operators in GOLOG lässt sich am elegantesten durch eine nichtdeterministische Verknüpfung von zwei *Enabling*-Operatoren angeben:

$$\mathrm{Do}(T_1 <> T_2, s, s') := \mathrm{Do}(T_1; T_2, s, s') \vee \mathrm{Do}(T_2; T_1, s, s')$$

Durch zwei Änderungen im GOLOG-Code für `Choice` lässt sich der CTT-Operator *order independency* implementieren:

```
poss(endTask0(X),S)  :-
    task0(X), taskActive(X,S), taskRunning(X,S),
    leftChild(L,X), rightChild(R,X),
    taskDone(L,S), taskDone(R,S).

proc(performTask0(T),
  (beginTask0(T):
   pi(s,?(leftChild(s,T)):pi(t,?(rightChild(t,T)):
   ((performTask1(s)  : performTask2(t)) #
    (performTask2(t)  : performTask1(s)))))):
   endTask0(T)).
```

Die nichtdeterministische Reihenfolge bei der Ausführung der Kinder wird mit Hilfe des `Choice`-Operators realisiert; das GOLOG-Programm leistet damit das für die Implementierung von *Order Independency* Gewünschte:

```
S = do(endTask0(t2),
      do(endTask2(t1), do(doTask2(t1), do(beginTask2(t1),
       do(endTask1(t0), do(doTask1(t0), do(beginTask1(t0),
      do(beginTask0(t2), s0)))))))) ;
S = do(endTask0(t2),
      do(endTask1(t0), do(doTask1(t0), do(beginTask1(t0),
       do(endTask2(t1), do(doTask2(t1), do(beginTask2(t1),
      do(beginTask0(t2), s0)))))))) ;
false.
```

5.5.3.4 Iteration (*)

Mit dem Operator *Iteration* kann in einem *Concurrent Task Tree* der Sachverhalt modelliert werden, dass die Realisierung eines Tasks in der wiederholten Ausführung eines Subtasks besteht. Dabei ist in der Regel während der Planungszeit nicht bekannt, wieviele Iterationen für die erfolgreiche Ausführung des Tasks notwendig sind. Ein Anwendungsbeispiel für diesen Operator ist die Positionierung des Logos in Abb. 3.3: Der Nutzer kann das Logo so oft verschieben, bis er mit dem optischen Gesamteindruck zufrieden

Abb. 5.6 `Concurrent Task Tree` eines zu iterierenden Tasks

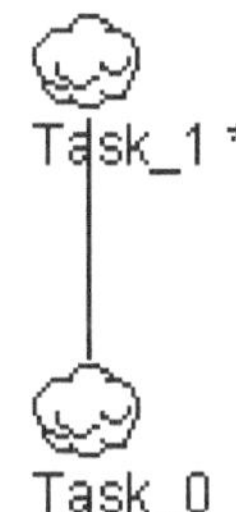

ist. Wieviele Iterationen der Aktion *verschiebe Objekt* dazu erforderlich sind, kann bei der Modellierung des zugehörigen *Concurrent Task Trees* natürlich nicht festgelegt werden.

Dieses Beispiel ist für viele ähnliche Fälle sehr illustrativ: Eine Bedingung dafür, wann die letzte Wiederholung durchgeführt worden ist, kann nicht im *Concurrent Task Tree* angegeben werden (vgl. Abb. 5.6): Sie entsteht vielmehr aus Tatsachen, die sich in der aktuellen Situation durch die bisher ausgeführten Handlungen von System und Nutzer ergeben. Daraus folgt, dass eine Implementierung für die Abbruchbedingung der Iteration aus Sicht der Task-Analyse eine primitive Aktion der Assistenzdomäne darstellt. In einem späteren Kapitel werden wir genauer diskutieren, wie derartige von der aktuellen Situation abhängige Tatsachen in die Ausführung eines Tasks mithilfe eines GOLOG-Programms eingebracht werden können. Bis dahin nehmen wir an, dass der Nutzer interaktiv entscheiden soll, ob die Iteration fortgesetzt wird. Um dies in GOLOG zu ermöglichen, erweitern wir den Interpreter um eine Klausel:

```
do(E,S,S1)  :- interactive_action(E), poss(E,S), interaction(E,A),
          do(A,S,S1).
```

Sie führt – in Korrespondenz mit den Interaktions-Tasks von CTT – `interactive_action` als zweiten Typ primitiver Aktionen ein. Ist eine derartige Aktion ausführbar, wird über die Klausel `interaction(E,A)` festgelegt, wie in Interaktion durchgeführt wird, und welche Effekte die Reaktionen des Nutzers auf die aktuelle Situation haben (siehe unten). Um das Beispiel einfach zu halten, findet die Eingabe über Tastatur statt: Auf die Frage `continue loop?` kann der Nutzer mit `yes` oder `no` antworten. Je nach Antwort wird dann die Aktion `continueIteration1` bzw. `terminateIteration1` ausgeführt, die, wie die unten stehende Implementierung der Iteration zeigt, den Wert des Fluenten $taskIterable1(t, s)$ modifizieren:

```
primitive_action(beginTask1(_)).
primitive_action(endTask1(_)).
primitive_action(continueIteration1(_)).
primitive_action(terminateIteration1(_)).
```

```
poss(beginTask1(X),S) :- task1(X), taskActive(X,S), \+ taskRunning(X,S).
poss(endTask1(X),S) :- task1(X), \+ taskIterable1(X,S), taskRunning(X,S).
```

```prolog
poss(continueIteration1(X),S) :- task1(X), taskRunning(X,S).
poss(terminateIteration1(X),S) :- task1(X), taskRunning(X,S).

interactive_action(askForCont(T)).

poss(askForCont(T),S) :- task1(T), taskRunning(T,S).

interaction(askForCont(T),A) :- write('continue loop? '), read(R),
(R = yes, A = continueIteration1(T);
 \+ R = yes, A = terminateIteration1(T)).

taskActive(T,do(A,S)) :- task1(T), \+ A = endTask1(T);
\+ task1(T), leftChild(T,X), A = beginTask1(X);
\+ task1(T), rightChild(T,X), A = beginTask1(X).

taskActive(T,S) :- task0(T), child(T,X), task1(X), taskIterable1(X,S).

taskDone(T,do(A,S)) :- task1(T), A = endTask1(T);
      task1(T), \+ A = endTask1(T),
      taskDone(T,S).

taskRunning(T,do(A,S)) :-
    task1(T), A = beginTask1(T);
    task1(T), \+ A = beginTask1(T), \+ A = endTask1(T), taskRunning(T,S).

taskIterable1(T,do(A,S)) :-
    task1(T), A = continueIteration1(T);
    task1(T), \+ A = continueIteration1(T),
    \+ A = terminateIteration1(T), taskIterable1(T,S).

restoreSitArg(taskIterable1(T),S,taskIterable1(T,S)).

proc(performTask1(T),beginTask1(T) :
                 star(askForCont(T) : ?(taskIterable1(T)) :
                 pi(t, ?(child(t,T)) : performTask0(t))) :
                 terminateIteration1(T) :
                 endTask1(T))).
```

Mit der Implementierung wird das folgende Verhalten erreicht: Die primitive Aktion beginTask1 initialisiert die Iteration der Instanz T von Task1, indem sie den
Fluenten taskRunning(t,s) auf wahr setzt. Anschließend wird in einer nichtdeterministischen Iteration mit Hilfe der primitiven Aktion askForCont(T) geprüft, ob
die Bedingungen für eine weitere Iteration noch gegeben sind. Falls ja, wird der Fluent
taskIterable1(t,s) auf wahr gesetzt, und der eigentlich auszuführende Task mit
Hilfe von performTask0(t) gestartet, wobei t der Subtask von T ist. Falls die Iteration nicht mehr wiederholt werden soll, ist die Sequenz askForCont(T) : ?(task
Iterable1(T)) : pi(t, ?(child(t,T)) : performTask0(t))   nicht

mehr ausführbar, und der Operator `star` ist nur für den oben besprochenen Basisfall erfüllbar. Dabei wird die aktuelle Situation nicht verändert, und stattdessen die auf `star` folgende Aktion `terminateIteration1(T)` ausgeführt. Sie ermöglicht, dass auch `endTask1(T)` ausgeführt werden kann – dadurch wird die Durchführung von `Task1` erfolgreich abgeschlossen. Das folgende Protokoll illustriert die Umsetzung des Iterations-Operators in GOLOG:

```
?- do(performTask1(t2),s0,S).
S = do(endTask1(t2), do(terminateIteration1(t2), do(beginTask1(t2), s0)));
continue loop? yes.
S = do(endTask1(t2), do(terminateIteration1(t2),
                        do(doTask1(t2), do(continueIteration1(t2),
      do(beginTask1(t2), s0)))));
continue loop? yes.
S = do(endTask1(t2), do(terminateIteration1(t2),
                        do(doTask1(t2),
                            do(continueIteration1(t2),
                                do(doTask1(t2), do(continueIteration1(t2),
      do(beginTask1(t2), s0)))))));
continue loop? no. false.
```

Die in [12] gestellten Anforderungen an die Iteration werden also erfüllt.

5.5.3.5 Disabling ([>)

In kooperativen Situationen stoppt oft ein bestimmter Task die Aktivität eines anderen. Beispielsweise beendet der Eingang der Information, dass ein Linienbus inzwischen abgefahren ist, der vom Navigationssystem eingeplant worden war, um den Nutzer vom Bahnhof zum Fußballstadion zu führen, den Task der Navigationsanweisungen und startet eine Neuplanung für eine Verbindung, die den aktuellen Umständen Rechnung trägt.

Diesem Sachverhalt wird bei der Modellierung von *Concurrent Task Trees* mithilfe des Operators *Disabling* Rechnung getragen[17]; er stellt eine besondere Form der Nebenläufigkeit dar, weil die Aktion, die zur Unterbrechung des bisherigen Ablaufs führt, durch ein externes Ereignis, das nicht eingeplant war, gestört wird.

Viele dieser Ereignisse werden vom Nutzer ausgelöst, sei es durch Betätigen eines Knopfs, einer Taste oder durch eine diesen Vorgängen entsprechende Spracheingabe. In der hier vorgestellten GOLOG-Implementierung wird das externe Ereignis durch eine eigene primitive Aktion, `disable`, repräsentiert. Mit Hilfe dieser neuen Aktion implementiert das unten stehende GOLOG-Programm den CTT-Operator *Disabling*:

```
primitive_action(beginTask1(_)).
primitive_action(endTask1(_)).
primitive_action(disable(_)).
```

---

[17] Für den Operator existiert auch die alternative Bezeichnung *Deactivation*.

```prolog
poss(beginTask1(X),S) :- task1(X), taskActive(X,S), \+ taskRunning(X,S).
poss(endTask1(X),S) :- task1(X), taskActive(X,S), taskRunning(X,S),
                   rightChild(U,X), taskDone(U,S).
poss(disable(X),S) :- \+ taskDisabled(X,S).

interaction(E,T,A,C) :-
    write('disable task? '), read(Ans),
(Ans = yes, leftChild(T,X), rightChild(R,X),
 A = disable(T), C = performTask2(R), write(C);
 \+ Ans = yes, A = E, C = nil).

poss(askForDisabling(T),S) :-
    leftChild(T,X), rightChild(D,X), task1(X),
    taskRunning(X,S), \+ taskDisabled(T,S).

taskActive(T,do(A,S)) :- task1(T), \+ A = endTask1(T);
\+ task1(T), leftChild(T,X), taskRunning(X,do(A,S));
task2(T), rightChild(T,X), leftChild(L,X), A = disable(L).

taskDone(T,do(A,S)) :- task1(T), A = endTask1(T);
task1(T), \+ A = endTask1(T), taskDone(T,S).

taskRunning(T,do(A,S)) :- task1(T), A = beginTask1(T);
    task1(T), \+ A = beginTask1(T), \+ A = endTask1(T),
leftChild(L,T), rightChild(R,T),
taskDisabled(L,S), \+ taskDone(R,S), taskRunning(T,S);
task1(T), \+ A = beginTask1(T), \+ A = endTask1(T),
taskRunning(T,S).

taskDisabled(T,do(A,S)) :- A = disable(T);
    \+ A= disable(T), taskDisabled(T,S).

taskMayBeDisabled(T,do(A,S)) :-
    leftChild(T,X), task1(X), A = beginTask1(X), \+ A = disable(X);
    leftChild(T,X), task1(X), \+ A = beginTask1(X), \+ A = disable(X),
    taskMayBeDisabled(T,S).

proc(performTask1(T),beginTask1(T) :
                pi(t,?(leftChild(t,T)) : performTask0(t)) :
                endTask1(T)).
```

Um den Abbruch eines Tasks zu erlauben, wird die Arbeitsweise des GOLOG-Interpreters leicht modifiziert: Bei der Ausführung einer primitiven Aktion wird zunächst kontrolliert, ob der aktuelle Task linker Operand eines *Disabling*-Operators ist (vgl. Abb. 5.7), also eventuell unterbrochen werden darf. Falls dem nicht so ist, wird die primitive Aktion ausgeführt. Falls der Task doch unterbrochen werden darf, wird festgestellt, ob die dazu notwendige Bedingung erfüllt ist. Um das Verfahren hier illustrieren zu können, soll wie-

Abb. 5.7 `Concurrent Task Tree` für den Operator *Disabling*

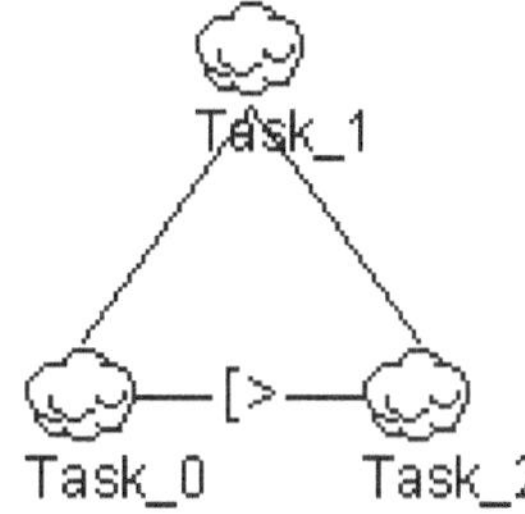

der der Nutzer entscheiden, indem er mit `yes` oder `no` auf die Frage `disable task?` antwortet (siehe oben die Klausel `interaction(E,T,A,C)`). Soll der Task weiterlaufen, wird die bisher vorgesehene primitive Aktion ausgeführt; andernfalls zunächst die Aktion `disable(T)`, die eine weitere Ausführung des Tasks unterbindet, und anschließend der Task, der statt des abgebrochenen ausgeführt werden soll. Die Details sind in der Klausel zu sehen, um die der GOLOG-Interpreter erweitert wurde:

```
do(E,S,S1)  :- primitive_action(E),
               taskRunning(X,S), taskMayBeDisabled(X,S),
               poss(askForDisabling(X),S),
               interaction(E,X,A,C),
               (C = nil, S1 = do(A,S);
                \+ C = nil, do(C,do(A,S),S1)).
```

Mit dieser Erweiterung lässt sich folgendes Verhalten erzeugen:

```
?- do(performTask1(t2),s0,S).
disable task? yes.
S = do(endTask1(t2),
       do(endTask0(t0),
          do(endTask2(t1), do(doTask2(t1), do(beginTask2(t1),
             do(disable(t0), do(beginTask0(t0),
       do(beginTask1(t2), s0)))))))).
false.

?- do(performTask1(t2):,s0,S).
disable task? no.
S = do(endTask1(t2),
       do(endTask0(t0), do(doTask0(t0), do(beginTask0(t0),
       do(beginTask1(t2),s0))))).
false.
```

Wird der *Disabling*-Operator also einmal ausgeführt, ist der Task von der weiteren Ausführung ausgeschlossen – dieses Verhalten entspricht genau der Forderung von [12].

5.5.3.6 Rekursion

Sollte die Ausführung eines Tasks s beinhalten, dass ein ihm übergeordneter Task t vom Typ T ausgeführt werden muss, ist dies möglich, indem in der GOLOG-Prozedur für s an einer geeigneten Stelle die Aktion `perform-`T (t) ausgeführt wird. Um Endlosschleifen zu vermeiden, muss „zwischen" t und s eine Möglichkeit vorhanden sein, die Rekursion zu unterbrechen – dazu eignen sich *Choice-* und *Disabling-*Operatoren.

5.5.3.7 Concurrency (|||)

Von großer Bedeutung für die Modellierung von Tasks, in denen System und Nutzer kooperieren, ist die Nebenläufigkeit von zwei Subtasks, die sogar von ein- und demselben Akteur ausgeführt werden können. Beispielsweise kann ein Nutzer eines Navigationssystems gleichzeitig zur geplanten Bushaltestelle laufen und dem Navigationssystem mitteilen, dass er die Haltestelle bereits sieht. Ein logischer Zusammenhang im Sinn von Vorbedingungen, die einer der Subtasks für den anderen schaffen müsste, besteht zwischen nebenläufigen Tasks nicht. Die Schwierigkeit der formallogischen Rekonstruktion des CTT-Operators *Concurrency* besteht vielmehr darin, die Tatsache zu beschreiben, dass sich die Ausführung beider Tasks zeitlich überlappen kann. In unserer Diskussion zur Interpretation von *Concurrent Task Trees* mit Hilfe von GOLOG-Programmen bestand eine grundlegende Annahme darin, dass Veränderungen in der aktuellen Situation durch primitive, nicht weiter zerlegbare Aktionen hervorgerufen werden. In jeder Situation wird genau eine primitive Aktion ausgeführt. Dieses rigorose Handlungsmodell lässt sich nicht aufrecht erhalten, wenn es darum geht, Nebenläufigkeit zu modellieren, deren Wesen ja dadurch bestimmt ist, dass mindestens zwei Aktionen in derselben Situation ausgeführt werden.

[2] diskutiert in Kap. 7 einen Ausweg aus diesem Dilemma. Er beruht auf einer Vorstellung von Zeit, wie sie auch im englischen *progressive tense* zum Ausdruck kommt: jede Handlung hat einen Start, einen Verlauf und möglicherweise auch ein Ende. Start und Ende einer Handlung sind für sich selbst punktuelle Handlungen ohne zeitliche Ausdehnung. Für das Editieren eines Texts beispielsweise verwendet das Englische drei Formulierungen:

- Beginn: *I start editing*
- Verlauf: *I am editing*
- Ende: *I stop editing*

Der Verlauf kann eine beliebige zeitliche Ausdehnung haben. Die Tatsache also, dass jemand gerade dabei ist, zu editieren[18], ist eine Eigenschaft aller Situationen, während derer der Vorgang des Editierens andauert.

Die eben beschriebene Interpretation von Handlungsverläufen lässt sich auf einfache Weise im Situationskalkül repräsentieren (siehe [2], Kap. 7): Beginn und Ende einer Aktion mit zeitlicher Ausdehnung sind primitive Aktionen der modellierten Domäne, der

---

[18] Das ist wohl die präziseste Übersetzung, die das Deutsche für die englische Verlaufsform anbietet.

Verlauf eine mittels eines Fluenten darstellbare, zeitlich variable Aussage (in einer aktuellen Situation). Dabei sind die Vorbedingungen der Start-Aktion durch die Vorbedingungen der eigentlich zu modellierenden Handlung (im Beispiel oben das *Editieren*) gegeben. Der Effekt der Start-Handlung besteht darin, den Fluenten für den Verlauf der Handlung auf wahr zu setzen. Diese Tatsache ist auch die Vorbedingung für die Ende-Aktion. Ihr Effekt besteht im Löschen des Fluenten für den Verlauf.

Mit diesem Konzept lässt sich Nebenläufigkeit in GOLOG realisieren, solange die zeitliche Dauer der Handlung keine Rolle spielt: Der Übergang von einer aktuellen Situation zur nächsten wird durch eine Start- oder eine Ende-Aktion (die ja beide keine Dauer haben, wie alle primitiven Aktionen bisher) herbeigeführt. In den Situationen nach einer Start-Handlung ist dann ein Fluent wahr, der aussagt, dass eine Handlung noch andauert. In jeder dieser Situationen kann aber eine weitere Start-Aktion ausgeführt werden, die den Verlauf einer anderen Handlung auslöst. Somit finden zwei Handlungen mit zeitlicher Ausdehnung parallel statt. Die Nebenläufigkeit endet, sobald für eine der beiden Handlungen die Ende-Aktion ausgeführt wird.

Problematisch an dieser Repräsentation von Nebenläufigkeit ist jedoch, dass die eigentlich interessierenden (komplexen) Aktionen gar nicht mehr modelliert sind. Für ausschließlich primitive Aktionen wäre dies eventuell noch zu verschmerzen, aber bei komplexen Aktionen sicherlich nicht mehr. Mit der Nebenläufigkeit haben wir also von GOLOG zu viel verlangt – was ist nun zu tun?

Zu schaffen macht uns ja, dass wir, sobald die Start-Handlungen von zwei Aktionen ausgeführt sind, nicht mehr sagen können, welche Situation als nächste erreicht wird, da zwei komplexe Aktionen parallel ausgeführt werden. Was heißt aber parallel genau? Die beiden Aktionen sind doch – jede für sich genommen – als GOLOG-Programme immer noch in eine Sequenz primitiver Aktionen zerlegbar! Bisher waren es auch nur diese primitiven Aktionen, die den Übergang von einer Situation in die nächste ausgelöst haben. Eine geeignete Koordination, wie die primitiven Aktionen der beiden nebenläufigen komplexen Aktionen auszuführen sind, kann also unser Dilemma beheben. Wie wir in Abschn. 6.5.6 noch genauer sehen werden, ist diese Idee auch außerhalb von GOLOG etabliert und unter dem Namen *interleaving* bekannt: die parallele Ausführung von aus atomaren Aktionen zusammengesetzten komplexen Aktionen wird dadurch approximiert, dass zu jedem Zeitpunkt immer genau eine atomare Aktion ausgeführt wird, und zwar im regelmäßigen Wechsel zwischen beiden komplexen Aktionen. Diese werden also „stückweise" abgearbeitet; dabei ergibt sich – wie bisher – ein Übergang von einer Situation in ein Folgesituation und – zusätzlich – ein noch abzuarbeitendes „Restprogramm". Weil ständig zwischen den beiden komplexen Aktionen gewechselt wird, muss natürlich Buch geführt werden, wie weit jede der beiden Aktionen schon ausgeführt ist. Die Nebenläufigkeit ist beendet, wenn bei mindestens einer Aktion keine atomare Aktion mehr zur Ausführung ansteht.

Dieses Konzept ist in einer Erweiterung von GOLOG – dem sogenannten ConGOLOG (siehe [13, 14]) – realisiert. Die Relation Do für die Existenz von Pfaden zwischen Situation wird darin erweitert auf eine Relation zwischen Paaren aus Pfaden und „Restprogrammen". Auf den dabei entstehenden Suchraum wird aus der Perspektive der Prozessalgebren in Abschn. 6.5.6 genauer eingegangen.

An dieser Stelle geben wir daher keine Übersetzung des *Concurrent*-Operators in ein ConGOLOG-Programm an, weil dies auch eine Einführung in ConGOLOG erfordern würde. Da GOLOG für die zu entwickelnde Konzeption eines Assistenzsystems aber nur als mathematisches Modell dient, die tatsächliche Umsetzung, die auch das Planungsproblem, das eine Assistenzsystem zu lösen hat, behandelt, aber mit Hilfe anderer Verfahren erreicht wird, kann die Übersetzung des *Concurrent*-Operators auf den Abschn. 6.6.10 verschoben werden.

5.5.3.8 Suspend/Resume (|>)

Der letzte noch nicht behandelte CTT-Operator ist *Suspend/Resume*. Informell gesprochen, setzt $t_1| > t_2$ die Ausführung von t_1 zu einem beliebigen Zeitpunkt aus, nimmt die Ausführung von t_2 auf und kehrt irgendwann wieder zur Ausführung von t_2 zurück. Diese Verhalten kann auf den *Concurrent*-Operator zurückgeführt werden: wenn die Ausführung auf t_2 wechselt, stellt t_1 seine Arbeit nicht komplett ein, sondern läuft in einer Warteschleife, bis er die Mitteilung erhält, dass t_2 beendet ist. Wie im letzten Abschnitt besprochen, ist also auch bei der Ausführung von *Suspend/Resume* neben dem Situationsübergang das verbleibende Restprogramm zu protokollieren. Der Operator realisiert also eine Variante von Nebenläufigkeit, die nur mit Hilfe von ConGOLOG implementiert werden kann. Daher wird auch Formalisierung von *Suspend/Resume* auf den Abschn. 6.6.10 verschoben.

5.6 Zusammenfassung

Nachdem nun in diesem Kapitel ausführlich dargelegt worden ist, wie *Concurrent Task Trees* in GOLOG-Programme übersetzt werden können, ist es an der Zeit, den Nutzen dieses Ansatzes aus der Sicht der Entwicklung eines Assistenzsystems zu interpretieren und zu bewerten:

Das GOLOG-Programm repräsentiert einen Bedienablauf – beziehungsweise allgemeiner: einen Interaktionsablauf – zwischen Nutzer und System mit dem Ziel, einen definierten Task kooperativ zu lösen. Anhand der in GOLOG zu spezifizierenden Vorbedingungen und Nachfolgeaxiome für Aktionen kann nach jedem Schritt während der Lösung einer aktuellen Aufgabe erschlossen werden, ob der aktuelle Lösungsverlauf den „Vorgaben" des *Concurrent Task Trees* entspricht. Damit ist aber die Anforderung, zielführend Assistenz zu leisten, noch nicht erfüllt, weil bisher noch nicht klar ist, wie das Assistenzsystem abschätzen kann, ob der Lösungsverlauf auch tatsächlich zielführend ist. Da *Concurrent Task Trees* Ausdrucksmittel für nichtdeterministische Aktionen bereitstellen, kann ein aktueller Schritt ja zu den Vorgaben kompatibel, aber dennoch nicht zielführend sein.

Entscheidend für den Erfolg des beschriebenen Ansatzes wird also sein, die Ausführung eines *Concurrent Task Trees* in der aktuellen Situation geeignet kontrollieren zu können. Insbesondere heißt dies:

- *Feststellen können, ob System-Tasks gerade ausführbar sind.*
  Falls dem nicht so ist, kann der aktuelle Task nur noch dann ausgeführt werden, wenn an irgendeiner „nichtdeterministischen Stelle" des GOLOG-Programms eine andere Option wählbar ist. Eine andere Möglichkeit für einen Ausweg aus der aktuellen Sackgasse wäre die Fähigkeit, einen Plan zu erstellen, wie die Voraussetzungen für die Durchführbarkeit des blockierten Tasks geschaffen werden können.
- *Interaktive Tasks durchführen können, um vom Nutzer fehlende Informationen für die Durchführbarkeit des aktuellen Tasks zu erlangen.*
  Beim kooperativen zweckrationalen Handeln ist Interaktion ein zentrales Hilfsmittel, um unvollständige Information zu ergänzen.
- *Ergebnisse von Tasks feststellen können, die der Nutzer selbst durchgeführt hat.*
  Wenn der Nutzer im Rahmen der kooperativen Lösung eines Tasks Handlungen ausführt, die nicht interaktiv sind, muss das Assistenzsystem auf andere Weise als durch Interaktion mit dem Nutzer die eingetretenen Effekte feststellen.
- *Auswahlmöglichkeiten ermitteln beziehungsweise Entscheidungen über Optionen treffen können*
  Bei der nichtdeterministischen Auswahl müssen alle aktuell zur Verfügung stehenden Alternativen ermittelt und von ihnen eine ausgewählt werden.
- *Instantiierungen von Parametern durchführen können*
  System- und Nutzer-Tasks operieren stets mit konkreten Objekten aus der aktuellen Situation. Zur korrekten Ausführung eines GOLOG-Programms müssen implizit in der Task-Analyse und damit auch im *Concurrent Task Tree* enthaltene Existenzannahmen aufgelöst werden: das bedeutet, dass die Kontrolle des Assistenzsystems die zur Ausführung der Tasks zu referenzierenden Objekte der aktuellen Situation identifizieren können muss. Der *Concurrent Task Tree* kann diese Referenz nicht enthalten, da er von einer konkreten aktuellen Situation zu einer ganzen Klasse von Situationen abstrahiert.

In den genannten fünf Punkten manifestiert sich der Bezug eines GOLOG-Programms zur aktuellen Situation, in der es ausgeführt wird. Paternó [12] – daher auch die resultierende Übersetzung in ein GOLOG-Programm – ignoriert die Frage, wie dieser Bezug hergestellt werden kann. Offen bleibt in diesem Bild die Frage, wie interaktive Tasks und Nutzer-Tasks überhaupt ausgeführt werden können: wie kann das GOLOG-Programm externe Information erhalten? Der bisher beschriebene Ansatz basiert doch auf der *closed world assumption*: die initiale Situation ist vollständig; es gibt kein fehlendes Wissen. Dieser Problematik widmet sich das folgende Kapitel.

Literatur

1. J.W. Lloyd, *Foundations of Logic Programming*, 2nd edn. (Springer, 1987)
2. R. Reiter, *Knowledge in Action: Logical Foundations for Specifying and Implementing Dynamical Systems* (MIT Press, 2001)
3. M. Shanahan, *Solving the Frame Problem* (MIT Press, 1997)
4. K.L. Clark, *Logic and Data Bases* (Plenum Press, New York, 1978)
5. H.D. Ebbinghaus, J. Flum, W. Thomas, *Einführung in die mathematische Logik*, 5th edn. (Spektrum, 2007)
6. U. Schöning, *Logik für Informatiker, 3. Auflage, Reihe Informatik*, vol. 56 (Bibliographisches Institut, 1992)
7. W.F. Clocksin, C.S. Mellish, *Programming in Prolog: Using the ISO Standard*, 5th edn. (Springer, 2003)
8. D. McDermott, Int. J. Intell. Syst. **6**(4), 357 (1999)
9. M. Thielscher, *Reasoning Robots – The Art and Science of Programming Robotic Agents* (Springer, 2005)
10. S. Schiffel, Translation of domain specifications between situation calculus and fluent calculus. Master's thesis, Fakultät Informatik, Technische Universität Dresden (2005)
11. S. Schiffel, M. Thielscher, in *Proc. of the 21. National Conference on Artificial Intelligence and the 18th Innovative Applications of Artificial Intelligence Conference (AAAI06)* (2006)
12. F. Paternó, *Model-Based Design and Evaluation of Interative Applications* (Springer, 2000)
13. Y.L. Giuseppe De Giacomo, H.J. Levesque, Artif. Intell. **121**, 109 (2000)
14. M. Thielscher, *Action Programming Languages* (Morgan & Claypool, 2008)

Die Übersetzung von *Concurrent Task Trees* in GOLOG-Programme dient letztlich dem Zweck, während der Durchführung einer Assistenzaufgabe zu überprüfen, ob einzelne Schritte, die zur Lösung eines Tasks unternommen werden, mit den im *Concurrent Task Tree* vorhergesehenen kompatibel sind.

Dabei ist aber offen, wie GOLOG verfahren soll, wenn zur Ausführung von einzelnen Schritten nicht alle notwendigen Informationen in der aktuellen (beschriebenen) Situation enthalten sind. Darüberhinaus ist nicht geklärt, wie das Assistenzsystem eigene – mit dem *Concurrent Task Tree* kompatible – Schritte zur Unterstützung des Nutzers bei der Lösung des aktuellen Tasks planen kann. Schließlich bleibt offen, wie das Assistenzsystem bei der Planung System-, User- und Interaktions-Tasks berücksichtigen kann, die im *Concurrent Task Tree* als Bestandteil der Lösung einer Aufgabe definiert sind, deren Ergebnis zur Planungszeit aber ungewiss ist.

Eine algorithmische Antwort auf diese Fragen ist aber entscheidend, wenn die Anforderungen an Assistenzsysteme aus Abschn. 2.4 umgesetzt werden sollen. Da GOLOG, aber auch allgemeiner der Situationskalkül alleine dazu nicht ausreicht, wie die Diskussion im letzten Kapitel erwiesen hat, ist eine Neukonzeption eines an konkrete Domänen adaptierbaren Assistenzsystems erforderlich. Sie soll die oben aufgeworfenen Fragen beantworten und erfolgt in vier Schritten:

1. Erweiterung von GOLOG um die Fähigkeit, unvollständige Information zu verarbeiten. GOLOG kann daher nach wie vor als theoretisches Fundament für die Semantik der Interpretation von *Concurrent Task Trees* dienen.
2. Erweiterung von GOLOG um die Fähigkeit, formallogisch gleichwertige Alternativen bewerten und nach dieser Bewertung auswählen zu können.
3. Reformulierung der GOLOG-Spezifikation einer Assistenzdomäne als Planungsproblem, so dass das Assistenzsystem eigene, auf die Lösung eines Tasks bezogene Schritte planen kann. Auf dieser Basis können dann unterschiedliche Planungsverfahren

© Springer-Verlag Berlin Heidelberg 2015

143

B. Ludwig, *Planbasierte Mensch-Maschine-Interaktion in multimodalen Assistenzsystemen*,
Xpert.press, DOI 10.1007/978-3-662-44819-9_6

dahingehend verglichen werden, ob sie die Anforderungen an Assistenzsysteme erfüllen können.

4. Diskussion der Frage, wie bei der Planung Tasks trotz nichtdeterministischer Ergebnisse zur zielführenden Assistenz herangezogen werden können.

Zunächst befassen wir uns mit der Frage, wie unvollständiges und unsicheres Wissen repräsentiert werden kann. Aus seiner Darstellung lassen sich dann verschiedene Algorithmen ableiten, die unsicheres Wissen in Inferenz- und Planungsaufgaben verarbeiten können.

6.1 Unsicheres Wissen

Zur Charakterisierung unseres Verständnisses von unsicherem Wissen greifen wir auf die Mittel zurück, die von der Logik erster Stufe bereitgestellt werden. Erweiterungen der *first-order*-Logik, die grundsätzlich auch für die Darstellung unsicheren Wissens herangezogen werden könnten, insbesondere modale und nicht-monotone Logiken, spielen in dieser Diskussion keine Rolle. Denn weder die Semantik möglicher Welten noch nicht-monotone Inferenz bieten einen adäquaten Ansatz für eine Umsetzung der Anforderungen an Assistenzsysteme: Bereits durchgeführte Handlungsschritte sind nicht revidierbar und daher nicht mit nicht-monotonen Mitteln darstellbar.

In der klassischen *first-order*-Logik sind die Mittel zur Darstellung von Unsicherheit zwar in ihrer Ausdrucksstärke beschränkt, aber für die Zwecke der Suche nach Assistenzbedarf und -aktionen ausreichend, wie die folgende Diskussion zeigen wird.

6.1.1 Unsicherheit aus Sicht der formalen Logik

Zur Illustration dafür, wie Unsicherheit repräsentiert werden kann, soll ein Beispiel aus dem bereits besprochenen Navigationsszenario herangezogen werden: Für den Task, den Nutzer anhand einer Sequenz von Navigationsanweisungen zur geplanten Bushaltestelle zu führen, sind drei Aktionen modelliert:

- `meet`: während der Navigation trifft der Nutzer einen Bekannten
- `enter`: der Nutzer betritt während der Navigation ein Geschäft oder ein anderes Gebäude an der Straße, auf der er gerade entlang läuft.
- `follow`: der Nutzer hält sich an die letzte Navigationsanweisung.

Um das Beispiel nicht zu kompliziert werden zu lassen, seien keine weiteren Aktionen vorgesehen. Der Nutzer wird auch keine unvorhergesehenen Aktionen, die nicht identifiziert werden können, durchführen.

An diesen drei Aktionen lassen sich die drei Varianten, wie in Logik erster Stufe Unterspezifikation in Aussagen und damit unsicheres bzw. unvollständiges Wissen zu repräsentieren ist, veranschaulichen:

- **Existentielle Quantifikation**: wähle ein mögliches Objekt

$$\exists x : \texttt{meet}(\text{user}, x)$$

Der Nutzer trifft eine Person, ohne dass sie im Moment genau bestimmt werden kann.
- **Negation**: schließe Aussagen aus; d. h. es gibt noch – eventuell sogar mehrere – Alternativen

$$\neg \exists x : \texttt{instruction}(x) \wedge \texttt{follow}(\text{user}, x)$$

Der Nutzer macht gerade etwas anderes, als einer Navigationsanweisung des Systems zu folgen.
- **Disjunktion**: wähle eine mögliche Aussage

$$\exists x : \texttt{meet}(\text{user}, x) \vee \texttt{enter}(\text{user}, x)$$

Der Nutzer trifft einen Bekannten oder betritt ein Gebäude.

Die Beispiele verdeutlichen, dass Unsicherheit nicht bedeutet, dass in einer aktuellen Situation Aussagen getroffen werden können, die im Domänenmodell, also in der Formalisierung der domänenrelevanten *Concurrent Task Trees*, nie erwähnt wurden. Unsicherheit bezieht sich vielmehr entweder darauf, dass aus der Menge bekannter Objekte in der aktuellen Situation nicht festgelegt werden kann, auf welches eine Aussage zutrifft, oder dass nicht eindeutig entschieden werden kann, welche Aussagen in einer aktuellen Situation zutreffen. Im ersten Fall hilft der Existenzquantor auszudrücken, dass sicherlich für mindestens ein Objekt der aktuellen Situation eine Aussage zutrifft. Im zweiten Fall hilft die Disjunktion, eine „Positivliste" möglicherweise zutreffender Aussagen zu formulieren, oder die Negation, um eine „Ausschlussliste" sicherlich nicht zutreffender Aussagen aufzustellen.

Das mit Abstand folgenreichste Mittel, Unsicherheit „auszudrücken", besteht darin, Aussagen wegzulassen: Wenn im Beispiel oben das Assistenzsystem nicht sicher feststellen kann, welche Aktion der Nutzer gerade durchführt, könnte es schlichtweg keine Aussage dazu in der aktuellen Situation formulieren. Aus der Sicht der Semantik der Logik erster Stufe bedeutet dies, dass *jede* Aussage über die aktuelle Aktion des Nutzers ergänzt werden kann, *ohne* einen Konflikt zur aktuellen Situation zu verursachen. Ohne die in Abschn. 5.1.6 getroffene Annahme, alle möglichen Objekte einer Domäne samt ihrer Eigenschaften und alle Aktionen zu kennen und damit alle Aussagen aufzählen zu können, die in einer Situation erfüllt sein können, wäre das Weglassen von Aussagen fatal, weil beliebige Aussagen zu jeder denkbaren Situation ergänzt werden könnten.

Ist dies nicht der Fall, kann es also nur endlich viele Ergänzungen geben; sie können alle mit Hilfe der oben beschriebenen Mittel formuliert werden. Diesen Sachverhalt werden wir zunächst ausnutzen, um unvollständige Information und unsicheres Wissen vor der Durchführung des ersten Schritts in einem Task, also in der initialen Situation, zu formalisieren.

6.1.2 Unsicherheit in der initialen Situation

Im obigen Beispiel, in dem der Nutzer zur Bushaltestelle navigiert werden soll, gibt es bei Beginn der Navigation vor der ersten Anfrage an das Fahrleitsystem des Busbetreibers eine Situation, in der nicht bekannt ist, ob der eingeplante Bus verspätet ist oder nicht. Wenn mit Hilfe des Fluenten $\texttt{busDelayed}(x, s)$ formuliert werden soll, dass der Bus Verspätung hat, und mit dem Fluenten $\texttt{busInTime}(x, s)$, dass er pünktlich ist, dann beschreibt die Formel

$$\texttt{busDelayed}(b, s_0) \vee \texttt{busInTime}(b, s_0)$$

dass eine sichere Aussage über die Ankunft des Busses an der Haltestelle nicht getroffen werden kann. Der Fluent $\texttt{busStatus}(x, s)$, der durch

$$\forall x, s : \texttt{busDelayed}(x, s) \leftrightarrow \neg\texttt{busInTime}(x, s) \rightarrow \texttt{busStatus}(x, s)$$

definiert ist, ist also auf zweierlei Weisen erfüllbar, solange keine Belege darüber, wann der Bus eintreffen wird, vorhanden sind. Mit rein logischen Mitteln ist diese Unsicherheit nicht aufzulösen. Denn obwohl – unabhängig von $\texttt{busStatus}(x, s)$ auch gilt, dass

$$\forall x, s : \texttt{busDelayed}(x, s) \leftrightarrow \neg\texttt{busInTime}(x, s),$$

dass sich also verspätetes und rechtzeitiges Eintreffen gegenseitig ausschließen, gibt es ohne weitere Belege zwei mögliche, sich gegenseitig ausschließende initiale Situationen:

- In einer der beiden gilt: $\texttt{busDelayed}(b, s_0) \wedge \neg\texttt{busInTime}(b, s_0)$;
- in der anderen gilt: $\neg\texttt{busDelayed}(b, s_0) \wedge \texttt{busInTime}(b, s_0)$.

Solange diese Fakten nicht vorliegen, muss eine der beiden Situationen ausgewählt und die andere verworfen werden. Die ursprüngliche Unsicherheit über das Eintreffen des Busses verschiebt sich somit in eine Unsicherheit über die Auswahl einer der beiden Kandidaten für die initiale Situation; es ist damit ein *Entscheidungsproblem* entstanden, welche initiale Situation die richtige oder zumindest die plausiblere ist.

Die Benutzung des Komparativs im letzten Satz führt vor Augen, dass hier ein Vergleich zwischen zwei Situationen gezogen wird, der auf der Basis eines Bewertungskriteriums stattfindet. Die Frage, mit Hilfe welcher Bewertungskriterien eine präferierte Annahme aus beiden möglichen ausgewählt werden kann, soll an dieser Stelle noch nicht vertieft werden. Entscheidend ist, dass Bewertungskriterien den Anforderungen an Assistenzsysteme nicht zuwiderlaufen, sondern insbesondere Zielorientierung, Diagnose- und Erklärungsfähigkeit unterstützen.

Eine häufig gewählte Bewertung ist eine Wahrscheinlichkeitsverteilung über die zur Auswahl stehenden Kandidaten. Für sie spricht, dass es einen mathematischen Apparat gibt, wie derjenige Kandidat ermittelt werden kann, der aufgrund in der Vergangenheit gesammelter (Beispiel-)Fälle als plausibelster erwartet werden kann. Desweiteren bietet die Wahrscheinlichkeitstheorie mit dem Konzept der bedingten Wahrscheinlichkeit ein Fundament dafür, Bewertungen im Kontext anderer Bewertungen durchzuführen. In der Praxis sehr schwierig erweist sich jedoch, repräsentative Beispielfälle für Situationen, in denen verschiedene Kandidaten zu bewerten sind, sammeln zu können. Die beiden Vorteile, dass

- erstens ein theoretisches Fundament dafür vorliegt, wie bei mehreren zu treffenden Entscheidungen eine „gemeinsame" Entscheidung gefunden werden kann, in der sich die Einzelentscheidungen untereinander bedingen können,
- und dass zweitens eine systematische Suche im Raum aller Entscheidungsvarianten aufgrund der Monotoniegesetze für Wahrscheinlichkeiten relativ effizient implementiert werden kann,

haben schließlich dazu geführt, dass Wahrscheinlichkeitsverteilungen oft zur Disambiguierung unsicherer Information herangezogen werden[1].

Im Beispiel oben müsste also ein Erfahrungswert darüber vorliegen, wie häufig der Bus an der interessierenden Haltestelle Verspätung hat. Aus diesem Wert kann die Wahrscheinlichkeit für den Fluenten $busDelayed(b, s_0)$ geschätzt werden. Die Wahrscheinlichkeit für $busInTime(b, s_0)$ ergibt sich dann aus den Axiomen der Wahrscheinlichkeitstheorie und unserer obigen Annahme, dass sich diese beiden Aussagen gegenseitig ausschließen, und keine weitere Aussage über den Status des Busses getroffen werden kann: Wird das verspätete Eintreffen als Zufallsereignis interpretiert, dann ist das rechtzeitige Eintreffen das Gegenereignis dazu.

In GOLOG wird die Tatsache, dass mehrere initiale Situationen denkbar sind, durch Einführen neuer Konstanten dargestellt:

---

[1] Das Anwendungsspektrum ist groß – einige Beispiele sind Experten-Systeme auf Grundlage von BAYES-Netzen, Lokalisierungsaufgaben in der Robotik (siehe [1]) oder auch Dialogmodelle (siehe [2]).

Unsichere initiale Situation

```
init(S)  :- S = s01 ; S = s02.


% Initial Database #1
busDelayed(b,s01).


% Initial Database #2
busInTime(b,s02).
```

Das Prädikat `init(`s`)` sagt aus, dass gerade `s01` und `s02` initiale Situationen sind, und dass es keine weiteren gibt.

Bei der Überprüfung von Vorbedingungen sind nun Fluenten im Allgemeinen auf verschiedene initiale Situationen rückführbar: Ist beispielsweise die Aussage `atBusStop` (user, s_0) sicher, dann kann sie zu beiden Kandidaten hinzugefügt werden. Eine Aktion, deren Vorbedingung sich nur auf den Fluenten `atBusStop`(x, s) beruft, ist sowohl in `s01` als auch in `s02` ausführbar. Jede der beiden Situationen ist aber unterschiedlich wahrscheinlich. Dieser Sachverhalt wird durch einen Fluenten `initProb`(p, s) beschrieben, der besagt, wie wahrscheinlich eine initiale Situation ist. Die Tatsache, welchen Wahrheitswert ein Fluent in einer initialen Situation hat, wird als stochastisch unabhängig von den Wahrheitswerten aller anderen Fluenten angesehen; dies erlaubt, die Wahrscheinlichkeiten für einzelne Fluenten zu multiplizieren und daraus die Wahrscheinlichkeit der Situation zu ermitteln:

Unsichere initiale Situation mit Bewertung

```
init(S)  :- S = s01; S = s02.

% Initial Database #1
busDelayed(b,s01).
atBusStop(user,s01).
initProb(P,s01)  :- P is 0.3 * 1.

% Initial Database #2
busInTime(b,s02).
atBusStop(user,s02).
initProb(P,s02)  :- P is 0.7 * 1.
```

Unter derartigen Umständen ist das Assistenzsystem gezwungen, eine Entscheidung zu treffen, auf welche der beiden initialen Situationen es seine späteren Aktivitäten beziehen will. Insbesondere muss es zur Planung von Vorgängen, die dem Nutzer Assistenz bei der Durchführung des aktuellen Tasks anbieten, von einer eindeutigen Situation ausgehen können, die möglichst auch nicht im Widerspruch zu der vom Nutzer angenommenen aktuellen Situation steht. Dazu muss es eine Entscheidungsstrategie anwenden, die die Quelle der Unsicherheit ebenso einbezieht wie die Plausibilität und den Nutzen jeder der Alternativen für die erfolgreiche Ausführung des aktuellen Assistenz-Tasks. Im obigen Beispiel muss sich die Entscheidung danach richten, wie in jedem Fall das Risiko zu minimieren ist, den geplanten Bus zu verpassen. Präzisere Information, die zu einer Auflösung der Unsicherheit führen könnte, ist nicht verfügbar.

Anders verhält es sich, wenn der Nutzer selbst die Quelle der Unsicherheit ist, oder er vermutlich zusätzliche Information anbieten kann. In derartigen Fällen hat das Assistenzsystem die Möglichkeit, durch Interaktion mit dem Nutzer die Unsicherheit aufzulösen. Im Dialogbeispiel in Abschn. 3.5.1 sind die *turns* 17.1, 3.2–3.3 oder auch 5.1–5.2 Ergebnisse der Entscheidung des jeweiligen Sprechers, bestehende Unsicherheit über die aktuelle Situation durch Interaktion mit dem Dialogpartner aufzulösen. Das Beispiel illustriert die Komplexität der kognitiven Vorgänge, die den einzelnen Äußerungen des TRAINS-Dialogs, aber eben auch anderer zweckrationaler Dialoge, zugrunde liegt: Die Analyse, dass eine Entscheidung über die Interpretation der vorhandenen Information getroffen werden muss, führt zu einem weiteren Entscheidungsproblem: durch welchen Vorgang kann die Entscheidung herbeigeführt werden? Eine Lösung für dieses Entscheidungsproblem besteht in der Auswahl eines Vorgangs, der verspricht, das Ziel, die bestehende Unsicherheit aufzulösen, zu erreichen. Faktoren, die die Entscheidung für einen Vorgang beeinflussen, sind nicht alleine in der aktuellen Situation des Tasks, für den das Assistenzsystem Unterstützung leistet, zu finden, sondern auch in der aktuellen *beschreibenden* Situation (siehe Abschn. 3.2.1) über den Status der Assistenz und der dafür durchgeführten Vorgänge[2].

Zur Ermittlung einer Lösung trifft das System rationale Entscheidungen, welcher Vorgang den größten Nutzen beisteuern kann, um den aktuellen Assistenzvorgang erfolgreich durchführen zu können. Diese rationalen Entscheidungen können auf Kriterien beruhen, die mit Hilfe von Wahrscheinlichkeiten formuliert sind; in der Literatur sind aber auch alternative Konzepte formuliert worden, über die in Abschn. 2.3.5 ein kurzer Überblick gegeben wurde.

Für die Konzeption von Assistenz ist auch nicht alleine entscheidend, *wie* die Kriterien formal dargestellt werden, sondern es ist vor allem bedeutsam, *welche Kriterien* modelliert und *wie* sie in ein algorithmisches Konzept des abzubildenden *Entscheidungsprozesses* integriert werden können. Das oben diskutierte Beispiel weist darauf hin, dass in einem Assistenzszenario Entscheidungsprozesse *hierarchisch* organisiert sind. Darunter ist Folgendes zu verstehen: Während Assistenz geleistet wird, treten immer wieder aktuelle Situationen auf, in denen Unsicherheit im Sinn von Abschn. 6.1.1 besteht. Um die Unsicherheit zu beseitigen, muss eine Auswahl aus einer Reihe von Alternativen getroffen werden. Diese Auswahl ist an eine rationale Entscheidung gebunden, die von den

---

[2] Eine allgemeine Typisierung der Vorgänge findet sich in Abschn. 3.3.

Anforderungen an Assistenzsysteme beeinflusst ist. Der jetzt anstehende Auswahlvorgang ist aber wiederum an die Entscheidung gebunden, durch *welche Aktivität* die Auswahl mit dem höchsten Nutzen getroffen werden kann. Einem autonomen System stellt sich diese *strategische* Entscheidung in der Regel nicht, weil ihm überhaupt keine Option zur Verfügung steht. In einem interaktiven System besteht aber im Allgemeinen immer die Möglichkeit, beim Interaktionspartner nachzufragen.

Die Organisation und Durchführung derartiger Entscheidungsprozesse wird in einem späteren Kapitel vertieft; an dieser Stelle soll nur noch betont werden, dass schon die Unsicherheit in der initialen Situation gravierende Konsequenzen für die Durchführung von Assistenz haben kann.

Die Auflösung von Unsicherheit durch Auswahl und Ausführung des strategisch besten Vorgangs suggeriert, dass damit alle Schwierigkeiten ausgeräumt seien. Leider ist dem nicht so, weil nicht garantiert werden kann, dass pragmatische Vorgänge in der Mensch-Maschine-Interaktion eindeutige Ergebnisse liefern. Vielmehr können sie zu neuem unsicheren Wissen führen. Besonders deutlich wird dies bei Nutzervorgängen: ob und wie der Nutzer einen Vorgang ausführt, ist nicht eindeutig vorhersagbar. Dementsprechend sind alle Effekte, die für einen derartigen Vorgang angenommen werden, unsicher. Dasselbe gilt für viele Aktionen des Systems – aus ganz unterschiedlichen Ursachen. Während von einem Empfehlungssystem für Veranstaltungen sogar erwartet wird, dass es mehrere Vorschläge liefert, also auch nichtdeterministisch agieren kann, ist die Aktion der Lokalisierung des Nutzers über GPS unerwünschterweise nichtdeterministisch, weil der GPS-Empfänger aus technischen Gründen verrauschte Ergebnisse liefert. Nichtdeterministisch sind auch Vorgänge, die für die Erledigung eines Tasks relevant, aber weder unter Kontrolle des Nutzers noch des Assistenzsystems sind. Im Beispiel oben ist die Ankunft des Busses eine nichtdeterministische Aktion, weil der Zeitpunkt der Ankunft nicht eindeutig bestimmt werden kann, solange der Bus noch zur Haltestelle unterwegs ist.

Die Unsicherheit über die Effekte von Aktionen erschwert die Planung von Lösungsschritten für Assistenzaufgaben, und erfordert Planungsalgorithmen, die sowohl auf nichtdeterministische Effekte reagieren als auch während der Planausführungszeit Entscheidungen revidieren können, sobald durch die Ausführung von Aktionen Effekte endgültig feststehen, aber nicht mit den bei der Planung getroffenen Annahmen übereinstimmen.

6.1.3 Unsicherheit bei der Ausführung von Aktionen

Um Unsicherheit über die Ausführung von Aktionen darstellen zu können, lässt sich von folgender Überlegung Gebrauch machen: Jedem möglichen Effekt wird eine deterministische Aktion zugeordnet, die genau diesen Effekt erzeugt. Die Ausführung der ursprünglichen Aktion wird dann als Zufallsexperiment verstanden; die neuen deterministischen Aktionen sind die Elementarereignisse dieses Zufallsexperiments.

Im zu Beginn des Kapitels eingeführten Beispiel enthält die Task-Analyse, wie der Nutzer sich während eines Navigationsvorgangs verhält, die nichtdeterministische Aktion

$$\texttt{perform}(\text{user}) \leftrightarrow \exists x : \texttt{meet}(\text{user}, x) \vee \exists x : \texttt{enter}(\text{user}, x) \vee \exists x : \texttt{follow}(\text{user}, x).$$

Die drei Aktionen $\texttt{meet}$, $\texttt{enter}$ und $\texttt{follow}$ schließen sich gegenseitig aus[3]. Sie können daher als Elementarereignisse des Zufallsexperiments $\texttt{perform}$ angesehen werden. Die Tatsache, dass sie auch als deterministisch interpretiert werden, verhindert, dass der Nichtdeterminismus von Aktionen einer Task-Analyse beliebig weit detailliert wird. Für diese deterministischen Aktionen können daher wieder Effekte angegeben werden, wie es von der bisherigen Diskussion des Situationskalküls bekannt ist.

In einer aktuellen Situation kann der Nutzer ja – aufgrund der getroffenen Annahmen über die Pragmatik der Domäne – nur genau eine der drei deterministischen Aktionen ausführen. Welche das ist, kann für zukünftige Aktionen nur geschätzt werden. Wie bei Unsicherheit über die aktuelle Situation steht das Assistenzsystem auch bei Unsicherheit darüber, welche primitive Aktion im nächsten Schritt ausgeführt werden wird, vor einem Entscheidungsvorgang. Eine rationale Entscheidung bedarf auch jetzt wieder geeigneter Entscheidungskriterien.

Zur Ermittlung einer Entscheidung kann – wie oben bei der Entscheidung für eine Situation – eine Wahrscheinlichkeitsverteilung für das Zufallsereignis $\texttt{perform}$ herangezogen werden. Konsequenz dieses Vorgehens ist, dass jedem Elementarereignis eine *a-priori*-Wahrscheinlichkeit zugeordnet werden muss[4]:

$$P(\exists x : \texttt{meet}(\text{user}, x)) = \sum_{x} P(\texttt{meet}(\text{user}, x)) = 0{,}35$$

$$P(\exists x : \texttt{enter}(\text{user}, x)) = \sum_{x} P(\texttt{enter}(\text{user}, x)) = 0{,}15$$

$$P(\exists x : \texttt{follow}(\text{user}, x)) = \sum_{x} P(\texttt{follow}(\text{user}, x)) = 0{,}5$$

Das Ergebnis der durchzuführenden Entscheidung lässt sich dann im Situationskalkül als Relation zwischen der nichtdeterministischen Aktion und ihrer deterministischen Realisierungen festhalten:

$$\texttt{choice}(\texttt{perform}(u), a)$$
$$:= \exists x : a = \texttt{meet}(u, x) \vee \exists x : a = \texttt{enter}(u, x) \vee \exists x : a = \texttt{follow}(u, x)$$

In GOLOG wird der Entscheidungsvorgang nachvollzogen, indem zunächst die festgelegte Wahrscheinlichkeitsverteilung und die Relation $\texttt{choice}$ in die Spezifikation der Domäne aufgenommen werden:

---

[3] Dazu sei angenommen, dass $\texttt{meet}$ impliziert, dass der Nutzer nicht weiter den Navigationsanweisungen folgt, und in dem Moment, in dem er eine Person trifft, nicht gleichzeitig ein Gebäude betritt.

[4] Die Problematik, wie diese Verteilung ermittelt werden kann, wurde bereits angesprochen.

```
prob0(meet(U,X),perform(U),0.35,S).
prob0(enter(U,X),perform(U),0.15,S).
prob0(follow(U,X),perform(U),0.5,S).

choice(perform(U),meet(U,X)).
choice(perform(U),enter(U,X)).
choice(perform(U),follow(U,X)).
```

Wie die obige Definition von `prob0` zeigt, ist die Wahrscheinlichkeit für die Auswahl einer deterministischen Aktion für das nichtdeterministische `perform` konditioniert durch die aktuelle Situation. Diese Tatsache erlaubt es, die Wahrscheinlichkeitsverteilung von Aussagen der aktuellen Situation s abhängig zu machen und damit Domänenwissen in die Bewertung der zur Entscheidung stehenden Alternativen einzubringen.

Im nächsten Schritt wird die in Abschn. 5.2.2 eingeführte Regel zur Ausführung primitiver Aktionen modifiziert: Es ist nun zwischen nichtdeterministischen und deterministischen Aktionen zu unterscheiden (vgl. [3]):

```
do(A,S,do(A,S)) :- primitive_action(A), poss(A,S);
    choice(A,C), poss(C,S), !.
```

In dieser Realisierung wird die Entscheidungsstrategie dem Prolog-Interpreter überlassen: Er wählt – zumindest für den Programmierer der Domänenspezifikation – zufällig genau ein Elementarereignis, das in der aktuellen Situation s ausführbar ist. Mag hier auch eine *strategische* Entscheidung noch nicht ersichtlich sein, zeigt die Implementierung jedoch eine interessante Auffälligkeit: Eine Entscheidungsstrategie kann als GOLOG-Programm realisiert werden.

Ein erster Schritt in diese Richtung ist Berücksichtigung der Wahrscheinlichkeitsverteilung für `perform`. Für die stochastische Aktion A kann die Wahrscheinlichkeit dafür, dass das Elementarereignis C in der Situation s ausgeführt wurde, berechnet werden:

```
prob(C,A,P,S) :- choice(A,C), poss(C,S), !, prob0(C,A,P,S);
    \+(choice(A,C), poss(C,S)), P = 0.0 .
```

Wie schon oben bei `prob0` wird über die Vorbedingungen der zu bewertenden deterministischen Aktionen Wissen über die Domäne und die aktuelle Situation herangezogen, um eine Entscheidung zu treffen, die nicht nur an relativen Häufigkeiten, wie oft in früheren Fällen wie entschieden wurde, orientiert ist, sondern auch an Fakten der aktuellen Situation und den anhand von Task-Analysen gewonnenen Regelmäßigkeiten, welche Aktion unter welchen Umständen ausgeführt werden darf.

6.2 Bewertung von Aktionsfolgen

Mit den Definitionen von `prob0(C,A,P,S)` und `prob(C,A,P,S)` ist es nun möglich, abhängig von den Fakten der aktuellen Situation zu ermitteln, welche Realisierung einer einzigen, aber nichtdeterministischen Aktion welche Wahrscheinlichkeit hat. Um den Anforderungen der Zielorientierung und der Assistenz über mehrere Schritte hinweg gerecht zu werden, müssen Wahrscheinlichkeiten nicht nur für einzelne Aktionen, sondern für Sequenzen von Aktionen errechnet werden können.

6.2.1 Wahrscheinlichkeiten von Aktionsfolgen

Um dies zu erreichen, gilt es, die Frage zu beantworten, welche Wahrscheinlichkeit die Hintereinanderausführung von zwei Aktionen α_1 und α_2 hat. Abbildung 6.1 illustriert exemplarisch, welche Auswirkung die Ausführung von $\alpha_1 : \alpha_2$ hat: Situationen sind als Knoten repräsentiert, Aktionen durch Kanten. Da beide Aktionen nichtdeterministisch sind, stehen zwei Entscheidungsvorgänge an. Diese Tatsache spiegelt sich darin wieder, dass die initiale Situation s_0 so viele Nachfolger hat, wie α_1 deterministische Realisierungen, die in der Abbildung mit $\alpha_{1,1}$, $\alpha_{1,2}$ und $\alpha_{1,3}$ bezeichnet sind. Je nachdem, welche Entscheidung für α_1 fällt, entsteht eine andere Situation, die folgendermaßen bezeichnet

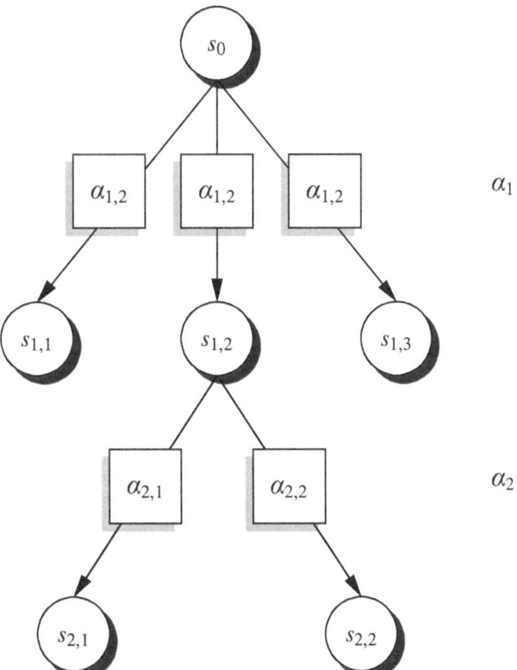

Abb. 6.1 Baum tatsächlicher Aktionssequenzen zur Sequenz $\alpha_1 : \alpha_2$ der nichtdeterministischen Aktionen α_1 und α_2. Jeder Pfad im Baum entspricht einer in der initialen Situation s_0 beginnenden Sequenz deterministischer Aktionen

sind:

$$s_{1,1} = \mathbf{do}(\alpha_{1,1}, s_0)$$
$$s_{1,2} = \mathbf{do}(\alpha_{1,2}, s_0)$$
$$s_{1,3} = \mathbf{do}(\alpha_{1,3}, s_0)$$

In jeder dieser Situationen kann α_2 ausgeführt werden. Aus Platzgründen enthält die Abbildung nur die Situationen, die entstehen, wenn für die Realisierung von α_1 die Entscheidung auf $\alpha_{1,2}$ fällt:

$$s_{2,1} = \mathbf{do}(\alpha_{2,1}, \mathbf{do}(\alpha_{1,2}, s_0))$$
$$s_{2,2} = \mathbf{do}(\alpha_{2,2}, \mathbf{do}(\alpha_{1,2}, s_0))$$

Jeder Realisierung der Sequenz $\alpha_1 : \alpha_2$ entspricht also ein Pfad im Baum, der wiederum für ein zusammengesetztes Zufallsexperiment steht. Beispielsweise bezeichnet der Pfad von s_0 zu $s_{2,1}$ die Ausführung der Sequenz $\alpha_{1,2} : \alpha_{2,1}$. Ihre Wahrscheinlichkeit beträgt:

$$P(\alpha_1 = \alpha_{1,2} \wedge \alpha_2 = \alpha_{2,1} | s_0) = P(\alpha_1 = \alpha_{1,2} | s_0) \cdot P(\alpha_2 = \alpha_{2,1} | \mathbf{do}(\alpha_{1,2}, s_0)).$$

Die beiden Wahrscheinlichkeiten auf der rechten Seite der Gleichung sind wie bedingte Wahrscheinlichkeiten notiert. Tatsächlich steckt aber mehr dahinter, nämlich gerade die Definition $\mathtt{prob(C,A,P,S)}$ aus dem letzten Abschnitt:

$$P(\alpha_{1,2}|s_0) = \begin{cases} 0 & \neg\mathrm{poss}(\alpha_{1,2}, s_0) \\ \mathtt{prob0}(\alpha_1, \alpha_{1,2}, s_0) & \text{sonst} \end{cases}$$

Damit wird bei der Berechnung einer Sequenz deterministischer Aktionen, wie bereits oben besprochen, auch auf Fakten der aktuellen Situation zurückgegriffen. Dasselbe gilt für

$$P(\alpha_2 = \alpha_{2,1}|\mathbf{do}(\alpha_{1,2}, s_0)) = P(\alpha_{2,1}|s_{1,2}).$$

Diese Wahrscheinlichkeit ist ähnlich der bedingten Wahrscheinlichkeit

$$P(\alpha_{2,1}|\alpha_{1,2}, s_0).$$

Der Unterschied besteht darin, dass $P(\alpha_{2,1}|s_{1,2})$ erlaubt, die Effekte von $\alpha_{1,2}$ explizit zu berücksichtigen. Dies funktioniert für beliebig lange Sequenzen $\alpha_1 : \ldots : \alpha_n$, ohne dass – wie bei Markov-Ketten – Unabhängigkeitsannahmen zwischen Aktionen in der Sequenz getroffen werden müssten.

Die sich daraus ergebende Möglichkeit, die Wahrscheinlichkeit einer Sequenz nicht-deterministischer Aktionen in ein Produkt aus den Wahrscheinlichkeiten für – situations-abhängige – Entscheidungen zu jeder einzelnen Aktion der ursprünglichen Sequenz zu faktorisieren, eröffnet eine systematische Berechnung von $P(\alpha_1 : \alpha_2 | s_0)$:

$$P(\alpha_1 : \alpha_2 | s_0) = \sum_{\alpha \in \mathrm{choice}(\alpha_1)} P(\alpha | s_0) \cdot P(\alpha_2 | \mathbf{do}(\alpha, s_0))$$

$$= \sum_{\alpha \in \mathrm{choice}(\alpha_1)} P(\alpha | s_0) \cdot \sum_{\beta \in \mathrm{choice}(\alpha_2)} P(\beta | \mathbf{do}(\alpha, s_0))$$

Für $n > 2$ offeriert geeignetes Klammern einen einfachen Weg zu einer rekursiven Berechnung von $P(\alpha_1 : \ldots : \alpha_n | s_0)$:

$$P(\alpha_1 : \ldots : \alpha_n | s_0) = P(\alpha_1 : (\alpha_2 : (\alpha_3 : \ldots : \alpha_{n-2} : (\alpha_{n-1} : \alpha_n)))) | s_0)$$

Die Berechnung der Wahrscheinlichkeit einer Aktionssequenz wird im Anschluss dazu dienen, ihren erwarteten Nutzen abzuschätzen. Dieser Erwartungswert ist ein wichtiges Hilfsmittel dafür, Hypothesen für unsichere Information erzeugen zu können. Diese Hypothesen helfen wiederum dabei, zielorientierte Assistenz über mehrere Schritte hinweg leisten zu können.

6.2.2 Einschätzung von Nutzen und Risiko von Aktionsfolgen

In Abschn. 2.2 wurde erläutert, dass Assistenz darin besteht, in einer konkreten Situation dem Nutzer die Durchführung kognitiver Prozesse durch Aktionen zu erleichtern, dass der Nutzen für die Handlungsphase, in der sich der Nutzer gerade befindet, in Hinblick auf die Lösung des Tasks maximiert und das Risiko, dass der Task nicht gelöst werden kann, minimiert wird.

Aus der Entscheidungspsychologie ist bekannt (siehe dazu etwa [4] oder [5]), dass auch Menschen in vielen Fällen Entscheidungen so treffen, dass ein in der aktuellen Handlungsphase auf Basis der vorhandenen Information erwarteter subjektiver Nutzen maximiert wird. In streng mathematischem Sinn handelt es sich dabei um eine entscheidungstheoretische Vorgehensweise, die mit Hilfe des Erwartungswerts der Wahrscheinlichkeit von Aktionssequenzen formalisiert werden kann. Dieses Modell ist Basis des entscheidungstheoretischen Planens, mit dessen Hilfe sich die Anforderungen der Zielorientierung und der Assistenz über mehrere Schritte algorithmisch umsetzen lassen.

Dazu ist der Erwartungswert des Nutzens aller denkbaren zielführenden Aktionssequenzen zu vergleichen. Nach Definition ist der erwartete Nutzen die Summe aus dem Nutzen jeder einzelnen Aktionssequenz, gewichtet mit ihrer Wahrscheinlichkeit. Bei Sequenzen der Länge 1 besteht ihr erwarteter Nutzen daher im erwarteten Nutzen aller in der initialen Situation ausführbaren Aktionen, bzw. bei nichtdeterministischen Aktionen aller ihrer ausführbaren deterministischen Realisierungen. Analog zur Größe $P(\alpha | \sigma)$, mit der wir oben die Wahrscheinlichkeit, die Aktion α im Kontext der Situation $\sigma = \mathbf{do}(\alpha_{n-1}, \mathbf{do}(\alpha_{n-2}, \ldots, \mathbf{do}(\alpha_1, s_0) \ldots))$ auszuführen, bestimmt haben, ermitteln wir nach [3] den Nutzen einer Aktion abhängig von der Situation, in der sie ausgeführt wird:

$$\text{value}(\mathbf{do}(\alpha, \sigma)) := \text{reward}(\alpha, \sigma) - \text{cost}(\alpha, \sigma)$$

Die Funktionen reward(.,.) und cost(.,.) sind dabei domänenspezifische Heuristiken für Nutzen bzw. Risiko, eine Aktion in einer Situation auszuführen. Wie die Definition zeigt, bewertet die Funktion value(.,.) tatsächlich den Nutzen der *Situation*, die aus der *Ausführung* einer Aktion in einer aktuellen Situation resultiert. Die Bewertung der leeren Aktionssequenz ist damit identisch mit der Bewertung der initialen Situation, für die der Wert 0 plausibel ist: in s_0 ist keine einzige zielführende Handlung ausgeführt; deshalb halten sich Nutzen und Risiko die Waage.

Die Definition von value(σ) lässt wieder eine Faktorisierung zu: die Bewertung der aus einer Aktionssequenz resultierenden Situation setzt sich aus den Bewertungen der aus den einzelnen Aktionen resultierenden Situationen zusammen. Wir erhalten daher eine Formel zur Bewertung einer Aktionssequenz, die der Formel für die Berechnung der Wahrscheinlichkeit der Sequenz $\Sigma = (\alpha_1 : \ldots : \alpha_n)$ sehr ähnelt:

$$\text{value}(\Sigma | s_0) = \sum_{a \in \text{choice}(\alpha_1)} P(\alpha | s_0) \cdot \text{value}(\alpha, s_0) \cdot \text{value}(\alpha_2 : \ldots : \alpha_n, \mathbf{do}(\alpha, s_0))$$

Wesentliche Größen zur Bewertung von Aktionssequenzen sind also die Abschätzungen für Nutzen und Risiko, in einer Situation eine Aktion auszuführen. Dazu werden heuristische Bewertungsfunktionen festgelegt, die im Situationskalkül als Regeln formuliert werden. Für das Navigationsbeispiel in diesem Kapitel sind beispielsweise die im Folgenden angegebenen Abschätzungen denkbar:

```
Bewertungsfunktion im Situationskalkül (Beispiel für das Navigationsszenario)
reward(meet(X),S,R) :- R is 0.
cost(meet(X),S,C)  :- userDelayed(user,S), C is -100; C is -50.

reward(enter(X),S,R) :- R is 0.
cost(enter(X),S,C)  :- userDelayed(user,S), C is -100; C is -50.

reward(follow(X),S,R) :- userDelayed(user,S), R is 1; R is 50.
cost(follow(X),S,C) :- C is 0.
```

Mit Hilfe dieser Definition von value(σ) kann nun jede im Sinne der Spezifikation der primitiven deterministischen Aktionen zulässige Aktionssequenz bewertet werden. Beispiele dazu werden später vorgestellt werden.

Zwei Aspekte, die in Abschn. 6.1 als zentral für interaktive Planung eingestuft wurden, sind bisher bei der Berechnung von Bewertungen unbeachtet geblieben:

- Erstens unsicheres Wissen über die initiale Situation
- und zweitens die Frage, wie festgestellt werden kann, welche deterministische Realisierung für eine nichtdeterministische Aktion tatsächlich eingetreten ist.

Die Unsicherheit in der initialen Situation kann in der Bewertung von Aktionsfolgen mit Hilfe von Mitteln der Wahrscheinlichkeitstheorie berücksichtigt werden: In Abschn. 6.1.2 wurde erläutert, dass je zwei Kandidaten für die initiale Situation sich gegenseitig ausschließen. Das Zufallsereignis, welche initiale Situation tatsächlich eintritt, ist also als Disjunktion von Elementarereignissen darstellbar. Für die Bewertung einer Sequenz Σ heißt dies, dass sie in jeder in Frage kommenden initialen Situation ausgeführt werden kann. Es wird also erst eine initiale Situation gewählt und dann Σ ausgeführt:

$$\Sigma = \bigvee_{s \in \mathrm{Init}} \mathtt{choose}(s) : \Sigma$$

Die Wahrscheinlichkeit für dieses Ereignis beträgt:

$$P(\Sigma) = \sum_{s \in \mathrm{Init}} P(\mathtt{choose}(s) : \Sigma) = \sum_{s \in \mathrm{Init}} P(\mathtt{choose}(s)) \cdot P(\Sigma | s)$$

Die Menge Init bezeichnet dabei die Menge aller möglichen initialen Situationen im Sinn von Abschn. 6.1.2. Die Wahrscheinlichkeit, eine Situation s als initiale Situation auszuwählen, ist dementsprechend gegeben durch den Wert von $\mathtt{initProb}(s)$.

Aus der Berechnung von $P(\Sigma)$ im Vergleich zur Berechnung $P(\alpha_1 : \ldots : \alpha_n | s_0)$, die vorne durchgeführt wurde, ergibt sich folgender Unterschied: $P(\Sigma)$ ist die Wahrscheinlichkeit dafür, dass Σ in einer der möglichen initialen Situationen s ausgeführt wird – gewichtet mit der *a-priori*-Wahrscheinlichkeit von s. Anders formuliert: $P(\Sigma)$ ist die erwartete Wahrscheinlichkeit, dass Σ in irgendeiner Situation ausgeführt wird.

Da die Bewertung von Σ ja ihr erwarteter Nutzen ist, folgt für value(Σ), dass diese Größe der erwartete Nutzen davon ist, dass Σ in irgendeiner Situation ausgeführt wird:

$$\mathrm{value}(\Sigma) = \sum_{s \in \mathrm{Init}} \mathrm{value}(\Sigma | s)$$

Der zweite offene Punkt ist die Frage, wie festellt wird, welche deterministische Realisierung einer nichtdeterministischen Aktion tatsächlich durchgeführt wurde. Die Berechnung von value(Σ) zeigt ja, dass die Bewertung – die ja auch Grundlage von Planungsentscheidungen ist – von der *zu erwartenden* Realisierung ausgeht. Um sie zu bestimmen, wird auf frühere „Erfahrungen" zurückgegriffen, die in der Wahrscheinlichkeitsverteilung jeder nichtdeterministischen Aktion kodifiziert sind. Dies bedeutet aber bei weitem nicht, dass in einer aktuellen Situation wieder passieren wird, was aufgrund früherer Fälle zu vermuten ist. Wenn der Kontrollalgorithmus eines Assistenzsystems also *nie* seine Annahmen mit den Tatsachen in der aktuellen Situation abgleicht, wird eine Diskrepanz entstehen, die es unmöglich macht, ein anvisiertes Ziel auch tatsächlich zu erreichen.

Jeder Kontrollalgorithmus für interaktive Assistenzsysteme muss also über die Möglichkeit verfügen, die Umgebung zu *beobachten*. Dies gilt insbesondere dann, wenn festgestellt werden muss, welche Handlung der Nutzer in einer aktuellen Situation tatsächlich durchgeführt hat.

Um diese Fähigkeit im GOLOG-Modell für Kontrollalgorithmen zu verankern, wird angenommen, dass es möglich ist, über – wie auch immer geartete – Messungen das Eintreten eines Elementarereignisses, d. h. also der tatsächlichen Realisierung einer nichtdeterministischen Aktion festzustellen.

Dazu wird mit jeder nichtdeterministischen Aktion α und den k ihr zugeordneten deterministischen Realisierungen $\mathtt{choice}(\alpha, c) := c = v_1 \vee \ldots \vee c = v_k$ eine $\mathtt{sense}$-Aktion und k $\mathtt{observe}$-Aktionen assoziiert:

$$\mathtt{choice}(\mathtt{sense}(\alpha), c) := c = \mathtt{observe}(v_1) \vee \ldots \vee c = \mathtt{observe}(v_k)$$

Damit das Modell effektiv ist, wird angenommen, dass jede deterministische Realisierung zuverlässig beobachtet werden kann:

$$\mathrm{poss}(\mathtt{observe}(v_i), s) := \exists s' : s = \mathbf{do}(v_i, s')$$

Die deterministische Realisierung v_i der nichtdeterministischen Aktion α kann nach dieser Definition genau dann beobachtet werden, wenn sie in der unmittelbar vor der $\mathtt{observe}$-Aktion aktuellen Situation ausgeführt worden ist. Da sich die v_i als deterministische Realisierung von α per Konstruktion gegenseitig ausschließen, ist nur genau eine Beobachtung in der α folgenden Situation möglich, das heißt also:

$$\mathrm{prob}_0(\mathtt{observe}(v_i), \mathtt{sense}(\alpha), s) = 1$$

Mit den beiden letzten Definitionen werden Sensormodelle formalisiert, die eine vollständige und fehlerfreie Beobachtung der Umgebung ermöglichen. Ist dies nicht der Fall, dann besteht die Konsequenz eines Messfehlers darin, dass irgendeine der k Aktionen v_i beobachtet wird:

$$\mathrm{poss}(\mathtt{observe}(v_i), s) := \exists s' : \left(\bigvee_{1 \leq i \leq k} s = \mathbf{do}(v_i, s') \right)$$

Die Wahrscheinlichkeit für das Eintreten von $\mathtt{observe}(v_i)$ genügt der Verteilung:

$$\sum_{1 \leq i \leq k} \mathrm{prob}_0(\mathtt{observe}(v_i), \mathtt{sense}(\alpha), s) = 1$$

Falls die Umgebung nur unvollständig beobachtet werden kann, tritt mit einer bestimmten Wahrscheinlichkeit der Fall ein, dass nach Ausführung einer der Aktionen v_i

$(1 \leq i \leq k)$ die fiktive Aktion v_{k+1} beobachtet wird. Die beiden letzten Definitionen müssen daher auf diesen neuen Fall erweitert werden. Mit dieser leichten Änderung der Vorbedingungen und Wahrscheinlichkeitsverteilung von `observe` lassen sich also auch Sensormodelle für partiell und unsicher beobachtbare Umgebungen in GOLOG formalisieren.

6.3 Simulation und Beobachtung von Aktionen

Der eben vorgestellte Ansatz, die Effekte nichtdeterministischer Aktionen zu beobachten und dabei auch mit unsicheren Beobachtungen zurechtzukommen, soll im Folgenden nochmals kurz am in diesem Kapitel schon mehrfach diskutierten Navigationsszenario illustriert werden. Wie schon erwähnt, ist für den Kontrollalgorithmus eines Navigationssystems jede Aktivität des Nutzers eine nichtdeterministische Aktion, weil der Nutzer schließlich nicht durch das von ihm benutzte Programm gesteuert werden kann. Nichtsdestotrotz werden anhand der Resultate von Task-Analysen für die Modellierung der Navigationsdomäne Annahmen darüber getroffen, welche (deterministischen) Aktionen der Nutzer ausführen kann, die für die Navigationsaufgabe von Relevanz sind. Sie werden als primitive Aktionen modelliert. Damit wird die Ausführbarkeit jeder deterministischen Aktion an Bedingungen geknüpft, die in der aktuellen Situation vom Assistenzsystem auch beobachtet bzw. errechnet werden können. Ebenso ist die Beobachtbarkeit der deterministischen Aktionen an Aussagen in der aktuellen Situation gebunden. In einem Navigationsszenario ist dies hauptsächlich die aktuelle GPS-Position, aus der bei Verfügbarkeit von Kartendaten weitere Informationen abgeleitet werden können.

Ein Beispiel dafür ist, ob sich der Nutzer nahe an einem interessanten Punkt befindet, der eventuell sogar Einfluss auf die Aktivität des Nutzers hat.

Die Modellierung in Abb. 6.2 zeigt in verkürzter Form, wie aus den verfügbaren Beobachtungen erschlossen wird, welche Aktivität der Nutzer während eines Navigationsvorgangs gerade durchführt. Der Benutzer folgt der aktuellen Anweisung des Assistenzsystems, wenn seine Zielrichtung bis auf einen geringen Zwischenwinkel mit der in der Anweisung gegebenen Zielrichtung übereinstimmt. Wenn er so langsam geht, dass eine Bewegung nicht oder nur kaum nachweisbar ist, wird angenommen, dass er stehen geblieben ist. Grund dafür kann sein, dass er einen Bekannten getroffen hat. Wenn er sich in der Nähe eines in der Karte identifizierten Geschäfts aufhält und nicht in Richtung der letzten Anweisung geht, wird vermutet, dass er das Geschäft betreten hat. diese Hypothesen können nur dann erschlossen werden, wenn der GPS-Empfänger aktiv ist. Andernfalls ist die Aktivität des Nutzers nicht beobachtbar. Dieser Tatsache wird dadurch Rechnung getragen, dass die Aktion `observeNoGPS` beobachtet wird, die in der Task-Analyse gar nicht enthalten ist.

In derartigen Vorbedingungen für Beobachtungen wird also, wie wir schon bei der Bestimmung der Wahrscheinlichkeiten einzelner deterministischer Aktionen gesehen haben, Domänenwissen kodifiziert. Der Kontrollalgorithmus ist damit nicht ausschließlich davon

```prolog
poss(meet(user,X),S) :- maxVelocity(user,2,S).

poss(enter(user,B),S) :- shop(B), pos(B,Bx,By),
   inVicinity(Ux,Uy,Bx,By,S),
   currentPos(user,Ux,Uy,S),
   Ix is Ux - Bx, Iy is Uy - By,
   currentDir(user,Dx,Dy,S),
   maxAngle(Dx,Dy,Ix,Iy,5).

poss(follow(user,X),S) :- instruction(X), instructionDir(X,Ix,Iy,S),
    currentDir(user,Dx,Dy,S),
    maxAngle(Dx,Dy,Ix,Iy,5).

choice(perform(user),C) :- C = meet(user,X);
   C = enter(user,X);
   C = follow(user,X).

choice(sensePerform(user),C) :- C = observeMeet(user,X);
   C = observeEnter(user,X);
   C = observeFollow(user,X);
   C = observeNoGPS.

poss(observeEnter(user,X),S) :- S = do(enter(user,X),S1),
   gpsActive(S).
poss(observeFollow(user,X),S) :- S = do(follow(user,X),S1),
   gpsActive(S).
poss(observeMeet(user,X),S) :- S = do(meet(user,X),S1),
   gpsActive(S).
poss(observeNoGPS,S) :- \+ gpsActive(S).
```

Abb. 6.2 Partielle Beobachtbarkeit am Beispiel des Navigationsszenarios

abhängig, welche Wahrscheinlichkeiten welchen Beobachtungen in welcher Situation zugeordnet worden sind. Allerdings wird dieser Vorteil durch den gravierenden Nachteil erkauft, dass der GOLOG-Interpreter tatsächlich alle möglichen Realisierungen von Aktionen und Beobachtungen untersuchen muss. Ein Beispiel dafür ist die Aktionssequenz

$$\text{perform(user)} : \texttt{sensePerform(user)}$$

Bei der Berechnung der Sequenz mit dem höchsten Nutzen müssen für die erste Aktion drei Fälle, und dann in jedem dieser Fälle für die zweite Aktion wiederum vier mögliche Beobachtungen unterschieden werden. Die Komplexität des Kontrollalgorithmus gerät also sehr schnell aus dem Ruder. Deshalb müssen wir später ein effizienteres Verfahren für diese Aufgabe des Assistenzsystem finden.

Zunächst jedoch soll noch besprochen werden, wie der Kontrollalgorithmus eine Aktionssequenz interpretieren, und auf die Beobachtungen, die er wahrnimmt, reagieren kann. Wie am Ende von Abschn. 6.1 dargelegt, wird zur Ausführung der nichtdeterministischen Aktion `perform` eine ihrer deterministischen Realisierungen ausgewählt, deren Vorbedingungen in der aktuellen Situation erfüllt sind. Damit kann der Kontrollalgorithmus Aktionen ausschließen, die möglicherweise über viele Situationen gemittelt hohe *a-priori*-Wahrscheinlichkeit haben, aber unter der Bedingung der aktuellen Situation nicht ausführbar sind. Anschließend führt der Kontrollalgorithmus die nichtdeterministische Aktion `sensePerform` aus. Eventuell nach *backtracking* findet GOLOG eine deterministische `observe`-Aktion, die in dieser aktuellen Situation ausführbar ist. Nach den Vorbedingungen für die `observe`-Aktionen impliziert dies, dass zumindest die der Beobachtung zugeordnete deterministische Realisierung von `perform` eben ausgeführt worden sein muss. Eventuell werden noch weitere Bedingungen an die Durchführbarkeit der Beobachtung gestellt, im Navigationsszenario die Verfügbarkeit eines GPS-Signals. Der `observe`-Aktion, die somit `sensePerform` realisiert, wird eine Wahrscheinlichkeit zugeordnet, wie dies auch mit der Realisierung der Aktion `perform` geschieht[5]. Mit dem Prädikat

$$\texttt{lastObservation}(O, S) : -S = \mathbf{do}(O, S1).$$

kann nun die konkrete Beobachtung im weiteren Ablauf der Aktionssequenz berücksichtigt werden. Beispielsweise kann eine Strategie, wie der Kontrollalgorithmus auf Beobachtungen des Nutzerverhaltens reagiert, durch eine Fallunterscheidung realisiert werden, die neben der letzten Beobachtung auch die Tatsache berücksichtigt, ob der geplante Bus verspätet ist, oder nicht[6]:

```
if(lastObservation(follow(user,_)),
  if(busDelayed(b),
  /* Information an den Nutzer: Bus verspätet */,
  /* nächste Instruktion an den Nutzer */),
  /* Warnung an den Nutzer: Bus kann verpasst werden */)
```

Mit Hilfe der Erweiterung von GOLOG auf nichtdeterministische Aktionen und Beobachtungen über die Umgebung ist es also bei gegebener Aktionssequenz möglich, einen Kontrollalgorithmus zu spezifizieren, der das aus Task-Analysen gewonnene Wissen über die Domäne und das Verhalten des Nutzers in domänentypischen Situationen interpretieren und seine Aktionen an die jeweils resultierende Situation anpassen kann. Dies bedeutet letztendlich, nach jeder durchgeführten Aktion anhand der anschließend gewonnenen Beobachtungen über ihre Effekte den Plan zur Lösung der aktuellen Aufgabe bei Bedarf anzupassen. Der dabei entstehende Zyklus ist schematisch in Abb. 6.3 dargestellt.

Im Folgenden wird das Schema zu konkretisieren sein – mit dem Ziel, ein effektives Verfahren dafür zu entwickeln, das auch den Anforderungen an Assistenzsysteme genügt. Der erste Punkt ist die Erstellung eines Plans – eine Aufgabe, für die GOLOG ja keine Hilfsmittel anbietet.

---

[5] Die dafür notwendige Wahrscheinlichkeitsverteilung muss auch in der GOLOG-Domäne für das Anwendungsszenario spezifiziert werden.
[6] Vergleiche dazu auch später den Abschn. 7.7.

Plan-Execute-Sense-Zyklus

1. Starte mit einer initialen Situation!
2. Berechne einen Plan!
3. Führe den ersten Schritt aus!
4. Messe die Umgebung und ermittle eine neue Situation!
5. Fahre bei 2 fort!

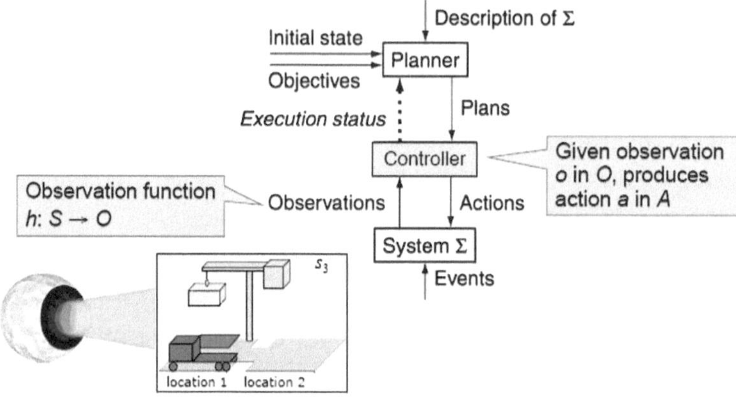

Abb. 6.3 Schema eines Kontrollalgorithmus nach [6]

6.4 Assistenz durch Planung

Mit den bisher erarbeiteten Mitteln sind wir in der Lage, bei einer gegebenen Sequenz von Aktionen jede einzelne von ihnen „zur Probe auszuführen". Die Effekte jeder Aktion und damit auch der ganzen Sequenz sind feststellbar. Desweiteren kann unsicheres Wissen durch Beobachtungen aufgelöst werden, wie im letzten Abschnitt deutlich wurde. Diese Fähigkeit erlaubt dem Assistenzsystem, die tatsächlichen Effekte einer Kooperation zwischen Assistenzsystem und Nutzer mit den sich beim Probehandeln ergebenden zu vergleichen. Daraus lassen sich Rückschlüsse darauf ziehen, ob die aktuelle Aufgabe gelöst werden kann. Noch nicht besprochen sind zwei Fragen, die sich jetzt unmittelbar aufdrängen:

1. Wie wird die zu lösende Aufgabe ausgewählt und konkretisiert?
2. Wie wird eine Aktionssequenz ermittelt, die dem Assistenzvorgang zur Lösung der Aufgabe zugrunde liegen soll?

6.4.1 Instantiierung einer Aufgabe und eines Planungsziels

Zunächst zur ersten Frage: Das grundsätzliche Wissen über lösbare Aufgaben ist in den *Concurrent Task Trees* einer Domäne formalisiert. Ihnen fehlt aber der Bezug zu einer konkreten Situation[7], obwohl in einer konkreten Situation

- Aufgaben grundsätzlich unlösbar sein können,
- der „Grad" des Nichtdeterminismus von nichtdeterministischen Aktionen sinken oder steigen kann,
- sich viele Nutzen-Kosten-Abschätzungen von Aktionen bzw. Aktionsfolgen ändern können, weil Fakten eine Neubewertung erzwingen.

Das Assistenzsystem muss also Möglichkeiten bereitstellen, eine Aufgabe zu spezifizieren und sie mit der aktuellen Situation in Bezug zu stellen. In einem interaktiven System ist in diesem Zusammenhang natürlich gerade die Interaktion zwischen Mensch und Assistenzsystem der entscheidende Schlüssel zur Antwort.

Concurrent Task Trees wurden ursprünglich für die Modellierung der Mensch-Maschine-Interaktion mit Hilfe graphischer Nutzeroberflächen konzipiert. Deshalb wollen wir uns zunächst auf diese Interaktionsmodalität beschränken und erst später in Abschn. 6.8 diskutieren, welche Konsequenzen die Benutzung (gesprochener) natürlicher Sprache als weitere Interaktionsmodalität auf die Interpretation von GOLOG-Programmen für *Concurrent Task Trees* hat.

Als Beispiel soll das mobile Assistenzsystem ROSE dienen. ROSEs Assistenz wird aktiviert, sobald der Nutzer eine Interaktion mit dem System initiiert hat. Abbildung 6.4 zeigt ein Schema für den zugehörigen Ablauf der Interaktion.

Der Nutzer muss also eine der beiden Funktionen *Routing* oder *Lokalisierung* wählen; dazu bedient er die graphische Schnittstelle, die in Abb. 6.5 dargestellt ist und vom System-Task *Hauptmenü anzeigen* auf dem Display anzeigt wird. Um die aktivierte Funk-

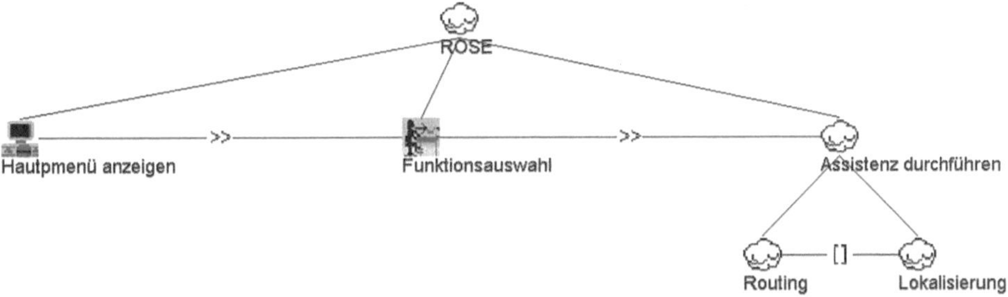

Abb. 6.4 Modellierung der Handlungsphasen bei der Benutzung des ROSE-Navigationssystems

---

[7] *Concurrent Task Trees* sind also eine Art „Erwartungswert" über viele typische Abläufe zu verstehen.

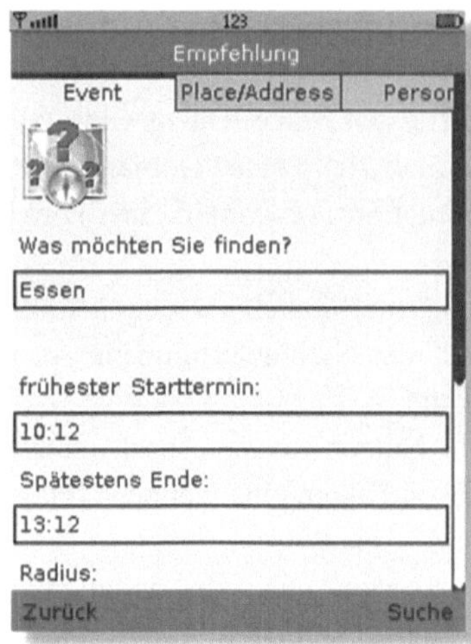

Abb. 6.5 Realisierung der Assistenzaktion Hauptmenü anzeigen in der graphischen Nutzerschnittstelle von ROSE (*links*); Realisierung der Mensch-Maschine-Interaktion zur Instantiierung eines Auswahl-Tasks

tion mit dem Assistenzbedarf des Nutzers in der aktuellen Situation in Bezug zu setzen, muss der Task, der der gewählten Funktion zugeordnet ist, zunächst geeignet instantiiert werden. Dazu dient die Schnittstelle in Abb. 6.5 rechts.

Der wesentliche Vorteil bei der Verwendung einer graphischen Nutzerschnittstelle liegt in der Tatsache, dass durch die Vorgabe eines Formulars wie in Abb. 6.5 erzwungen werden kann, dass der Nutzer alle Informationen angibt, die zur Instantiierung eines Tasks erforderlich sind. Bei Interaktion über natürliche Sprache ist die Situation komplizierter, weil Nutzer in ihren Formulierungen frei sind, Informationen anzugeben oder wegzulassen.

Wenn der Nutzer also die Taste *Suche* betätigt (siehe Abb. 6.5 rechts), werden aus den Eingaben des Nutzers Fakten für die initiale Situation extrahiert, in der eine Lösung für den Task gesucht werden soll.

6.4.2   Planen von Aktionsfolgen

Die zweite der oben aufgeworfenen Fragen wird das zentrale Thema dieses Kapitels sein. Anhand eines Beispiels soll die Bedeutung des Planungsvorgangs veranschaulicht werden: In Abb. 6.6 ist zu sehen, wie der *kooperative* Task, einen Nutzer zu einem bestimmten Ort zu navigieren, analysiert worden ist: *Routing* besteht abwechselnd aus einer Handlung des Nutzers und einer darauf folgenden Reaktion des Assistenzsystems.

Das Assistenzsystem wird versuchen, seine Entscheidung, wie es die nichtdeterministische Aktion *instruct* realisiert, an die vom Nutzer zu erwartende Realisierung von *perform*

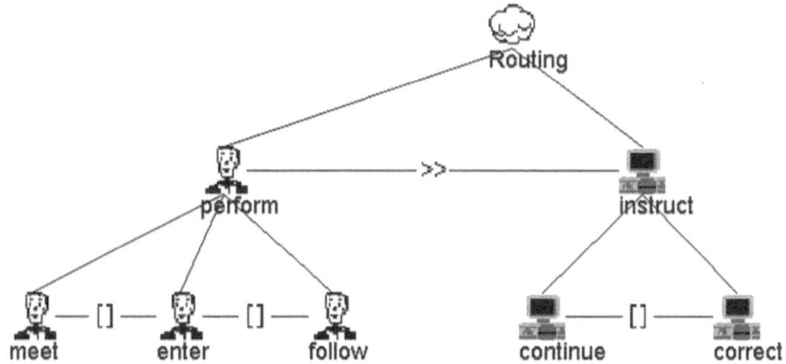

Abb. 6.6 Task-Analyse beim Routing des Nutzers zu einem Ziel

anzupassen. Dazu müssen dem Assistenzsystem jedoch die Effekte bekannt sein, die von der Aktion des Nutzers zu erwarten sind. Anders formuliert: Um eine Entscheidung treffen zu können, wie dem Nutzer assistiert werden kann, muss bekannt sein, welchen Fortschritt der aktuelle Task, dass nämlich der Nutzer den vorgesehenen Ort erreicht, bisher gemacht hat. Die Planung der nächsten Assistenzschritte hängt also von den Ergebnissen der Simulation von bereits ausgeführten Aktionen, die zur Lösung des Tasks an sich beitragen, und den von zukünftigen Aktionen zu erwartenden Effekten ab.

Zielgerichtet Assistenz leisten zu können, bedeutet also insbesondere von hypothetisch für die Zukunft angenommenen Aktionen des Nutzers und eigener Aktionen ermitteln zu können, ob sie zielführend sind. Falls es mehrere derartige Aktionen bzw. Aktionsfolgen gibt, ist es sinnvoll, diejenige Sequenz zu wählen, die das Verhältnis von Aufwand und Nutzen optimiert.

Wie diese Größen in Aktionsfolgen mit nichtdeterministischen Effekten ermittelt werden können, wurde bereits in den Abschn. 6.2 und 6.3 erläutert. Allerdings ist der Rechenaufwand enorm, wenn die Bewertungen in der beschriebenen Art und Weise ermittelt werden sollen. Letztlich müssen alle nach den gegebenen Vorbedingungen und Effekten zulässigen Aktionsfolgen ermittelt und ihre Bewertungen verglichen werden. Eine Folge ist zulässig, wenn die in ihr enthaltenen Aktionen sequentiell ausgeführt werden können, ohne dass bei irgendeiner Aktion in der zu ihrem Ausführungszeitpunkt aktuellen Situation eine Vorbedingung nicht erfüllt wäre. Eine Folge endet dann, wenn ihre letzte Aktion alle von der Lösung der Aufgabe gestellten Bedingungen erfüllt hat.

Aufgrund der logischen „Verflechtung" von Effekten einer Aktion auf die aktuelle Situation und den Vorbedingungen zulässiger Folgeaktionen kann nicht nur eine Bewertung jeder Aktionsfolge ermittelt werden, sondern auch eine Erklärung gegeben werden, warum die Aktionsfolge gerade so konstruiert wurde und nicht anders. Der Suchraum wird noch größer, wenn, wie oben dargelegt, auch die Situation des Tasks selbst, nicht nur der interaktiven Assistenz für den Task, modelliert und bei der Planung berücksichtigt werden muss. Daraus können wir zunächst folgern, dass die beschriebene Situation, wie sie in Kap. 2 definiert wurde, Fluenten sowohl über den auszuführenden Task[8] als auch über die Effekte der zur Lösung (von System und Nutzer) ausgeführten Aktionen enthält. Während aber die Modellierung von Task-Analysen mit den von GOLOG angebotenen Mitteln mit einem von der Anwendungsdomäne des Assistenzsystems unabhängigen Inventar an Fluenten und primitiven Aktionen durchgeführt wird, ist die Modellierung der in der Anwendungsdomäne von Nutzer und System durchführbaren Aktionen für jede Domäne unterschiedlich. Für die Anforderungen der Zielorientierung, der Unterstützung über mehrere Schritte hinweg und der Fähigkeit zu Diagnose und Erklärung wird jedoch ein universelles Verfahren zur Planung zielorientierter Aktionen benötigt. Dasselbe gilt auch für Diagnose für Konflikte zwischen Tatsachen der beschriebenen Situation und den Erwartungen eines Plans zur Lösung der aktuellen Aufgabe. Zunächst soll jedoch die Frage der Planung und dafür geeigneter Algorithmen thematisiert werden.

6.5   Planung durch Maximierung des zu erwartenden Nutzens

Als illustratives Beispiel zu Planungsalgorithmen soll wiederum die Navigationsdomäne dienen, die in diesem Kapitel schon mehrfach angesprochen wurde.

Den Aktionen der Domäne, deren Vorbedingungen in Abschn. 6.3 formalisiert wurden, sollen nun Effekte hinzugefügt werden. Damit sind die Aktionen vollständig formalisiert, und es wird möglich, Situationen vorauszuplanen, die eintreten können, nachdem eine gegebene Folge von Aktionen ausgeführt wurde. Die Modellierung der Effekte thematisiert die Frage, ob der Nutzer, je nachdem welche Aktionen er und welche unterstützenden Aktionen das Assistenzsystem durchgeführt haben, sein Ziel einhalten kann, nämlich eine bestimmte Haltestelle rechtzeitig vor Abfahrt eines vorgesehenen Busses zu erreichen.

Die Effekte der vom Nutzer ausführbaren Aktionen teilen sich in zwei unterschiedliche Typen: einerseits ist der Fluent $\mathtt{isFollowing}$(user) eine boolsche Aussage, die unmittelbar und ohne Unsicherheit aus der Tatsache, welche der drei Aktionen ausgeführt wurde, geschlossen werden kann. Andererseits trifft der Fluent $\mathtt{currentDelay}$(user, x) eine Aussage darüber, wieviel Verspätung der Nutzer in der aktuellen Situation nach Ausführung einer der drei möglichen Aktionen hat. Der Wert x kann jedoch nicht ohne Unsicherheit bestimmt werden, solange der Nutzer nicht wieder den Weg zur Haltestelle einschlägt: Sobald das Assistenzsystem feststellt, dass der Nutzer beispielsweise ein Geschäft betreten hat, kann es die Aufenthaltsdauer im Geschäft, die ja zur Verspätung hinzuzurechnen sein wird, nur schätzen. Dasselbe gilt beispielsweise für eine Prognose, wie viel Zeit der Nutzer in der aktuellen Situation noch benötigen wird, um die Haltestelle zu erreichen: Die Unsicherheit der dazu durchzuführenden Situationen ist so hoch, dass ein sicherer Wert nicht angegeben werden kann.

---

[8] Fluenten zur Beschreibung des Status eines in GOLOG formulierten Tasks sind in Abschn. 5.5 diskutiert worden.

Umstände wie dieser, die ja in interaktiven Szenarien regelmäßig auftreten, erschweren jeden Versuch eines Assistenzsystems, zielführend Handlungen zu planen, die System und Nutzer kooperativ ausführen sollen, um eine Aufgabe des Nutzers zu erledigen. Die im letzten Kapitel besprochene Suchstrategie von GOLOG lässt sich dabei nicht praktikabel anwenden, weil unsichere Aktionen, wie das Betreten eines Geschäfts ja mit Hilfe eines `choice`-Prädikats formuliert werden müssten, und zwar einer Unzahl von Alternativen: jede denkbare Aufenthaltsdauer ist eine dieser Alternativen. Schon alleine diese Tatsache sorgt für einen gigantischen Verästelungsgrad der zu prüfenden Aktionssequenzen. Weiter verschlimmert wird dieses Problem dadurch, dass auf dem Weg zu einer Bushaltestelle viele Geschäfte liegen. Deshalb muss das Assistenzsystem bei jedem von ihnen in Betracht ziehen, dass der Nutzer es betreten könnte. Effiziente Planung ist so undurchführbar.

6.5.1 Grundsätzliche Vorgehensweise

Ein denkbarer und in der Informatik auch oft verwendeter Ausweg besteht darin, Regelmäßigkeiten im Verhalten der Akteure in einer Domäne auszunutzen: Hat der Nutzer beispielsweise eine Bäckerei betreten, ist nicht jede denkbare Aufenthaltsdauer gleich *wahrscheinlich*. Vielmehr gibt es eine durchschnittliche, typische, übliche Zeitspanne, die ein Kunde in einer Bäckerei verbringt. Dieselbe Aussage gilt für die Entscheidung, ob der Nutzer jede Bäckerei (oder irgendein anderes Geschäft) auf dem Weg zur Haltestelle betreten wird. Auch in diesem Fall gibt es ein typisches Verhalten, das vom Assistenzsystem erwartet werden kann.

Der Vorteil, mit erwartetem Verhalten zu planen, besteht für das Assistenzsystem darin, dass es den Suchraum immer auf die zu erwartende Alternative aus einer Liste von Kandidaten einengen kann. Der Nachteil liegt offensichtlich darin, dass der Nutzer sich nicht an die Erwartung des Assistenzsystem halten muss, und, falls er es tatsächlich nicht tut, die Planung des Assistenzsystems hinfällig wird.

Allerdings ist auch klar, dass auch die Suchstrategie von GOLOG erfolglos sein wird, wenn der Nutzer mit seinem Verhalten den Bereich der denkbaren Alternativen, die aus einer Task-Analyse resultieren, verlässt. Wenn der Nutzer beispielsweise in der Bäckerei nicht nur ein Hörnchen kauft und den Laden dann wieder verlässt, sondern ihn der Duft frischen Erdbeerkuchens verführt, in der Bäckerei zu bleiben, um dort ein Stück Kuchen und eine Tasse Kaffee zu sich zu nehmen, gerät jede Task-Analyse und ein darauf basierender Planungsansatz aus den Fugen.

Der Grund dafür liegt offensichtlich darin, dass bereits in der Task-Analyse Erwartungen formuliert sind. Es ist schlichtweg undenkbar, alle tatsächlich möglichen Vorkommnisse und Verhaltensweisen der Nutzer vorherzusehen und in einer Task-Analyse zu formalisieren.

Die Leistungsfähigkeit eines Assistenzsystems wird sich also dadurch bestimmen, wie *flexibel* es reagieren kann, wenn *Erwartungen nicht erfüllt* werden, und wie *präzise* es bei der Planung seine Erwartungen *an den Nutzer und die aktuelle Situation* adaptieren kann, um aufgrund falscher Erwartungen hinfällige Planungen zu vermeiden.

Für das Planen in interaktiven Szenarien lohnt es sich also trotz aller Widrigkeiten, Algorithmen zu untersuchen, die ihre Planung an Erwartungen ausrichten. Daraus lässt sich dann der von einer Aktionssequenz zu erwartende Nutzen ermitteln – eine Größe, die zum Vergleich verschiedener Planungsalternativen und zur Auswahl der diesen Nutzen maximierenden Variante herangezogen werden kann. Wie auch immer aber die Planung stattfindet, wird das Assistenzsystem über ein *zusätzliches* Verfahren verfügen müssen, mit dem die Reaktion auf nicht erfüllte Erwartungen gesteuert wird. Darauf wird die Rede in Abschn. 2.3.2 kommen. Zunächst also geht es darum, einen erfolgversprechenden Plan für die Lösung der aktuellen Aufgabe zu konstruieren.

6.5.2 Markov-Prozesse

Ein weit verbreitetes Modell zur Planung mit unsicheren Effekten und Beobachtungen ist der Markov-Prozess (siehe [7, 8]). Das Handeln der Akteure in einer Situation wird dabei als Sequenz von Zufallsereignissen verstanden. Im Grundsatz wurde das dazu geeignete stochastische Modell schon in Abschn. 6.2 eingeführt: die primitiven Aktionen der Domäne sind die auftretenden Zufallsereignisse; aus den Effekten von Aktionen resultierende Situationen werden als Zustände formalisiert wie in Abb. 6.1. Die Modellierung von Aktionen mit Hilfe von Vorbedingungen und Effekten wird aber bei Markov-Prozessen unterlassen. Stattdessen wird nur eine Zustandsübergangsrelation δ angegeben, die Zustände und Aktionen untereinander in Beziehung setzt. Ein Element

$$(s, e, u) \in \delta$$

gibt an, dass die primitive Aktion u im Zustand s ausgeführt werden kann und in den Zustand e führt. Im Vergleich zur Modellierung von Aktionen in GOLOG besteht der wesentliche Unterschied in der Granularität der Modellierung von Zuständen, die das System einnehmen kann. Während bei GOLOG ein Zustand, d. h. eine Situation, durch die Menge aller Fluenten, die in der Situation gültig sind, charakterisiert ist, stellt ein Zustand in einem POMDP eine Vergröberung dar und fasst viele Situationen, die hinsichtlich bestimmter Eigenschaften äquivalent sind, zusammen. Abbildung 6.7 illustriert diesen Sachverhalt.

In unserem Navigationsszenario haben die beiden Zustände im Graphen folgende anschauliche Bedeutung:

- x_1: `userInDelay`(user)
- x_2: `¬userInDelay`(user)

Auch die Beobachtungen, die das Assistenzsystem machen kann, werden als Zufallsereignisse modelliert. Im Beispiel dieses Kapitels gibt es zwei Beobachtungen:

Abb. 6.7 Kontrolle einer
Navigationsaufgabe als Zu-
standsgraph

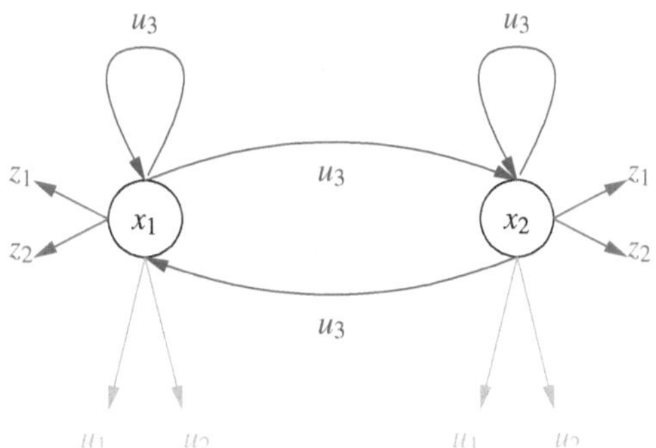

- z_1: ¬busDelayed(b)
- z_2: busDelayed(b)

Wie bereits in einem früheren Abschnitt besprochen, wird das Handeln des Nutzers in der Assistenzdomäne als nichtdeterministisch angesehen; drei deterministische Realisierungen sind bekannt:

- u_1: Nutzer trifft Bekannten ($\exists x$: meet(user, x))
- u_2: Nutzer betritt Geschäft ($\exists x$: enter(user, x))
- u_3: Nutzer folgt Anweisung ($\exists x$: follow(user, x))

6.5.3 Technische Realisierung

Mit diesen Aktionen kann das Assistenzsystem das vom Nutzer zu erwartende Verhalten in Form einer Sequenz von Aktionen vorausplanen[9]. Der entscheidende Unterschied zur Analyse von Aktionen mit Hilfe von GOLOG besteht in der Art und Weise, wie vorausgegangene Aktionen behandelt werden. In GOLOG ist die Bewertung einer Aktion α abhängig von der Vorgängersituation $s_1 = \mathbf{do}(\beta, s)$, wenn β die letzte ausgeführte Aktion ist. s_1 ist eine *exakte* Beschreibung der nach β aktuellen Situation im Sinn der Vorbedingungen und Effekte der seit der initialen Situation ausgeführten Aktionen. Bei der Modellierung als Markov-Prozess ist eine Sequenz aus T Aktionen eine Konjunktion von Zufallsereignissen[10]:

$$X^0 = x^0 \wedge U^1 = u^1 \wedge X^1 = x^1 \wedge \ldots U^2 = u^2 \wedge \ldots \wedge U^T = u^T \wedge X^T = x^T$$

Während bei der Bewertung in GOLOG die Wahrscheinlichkeit $P(\alpha|\mathbf{do}(\beta, s))$ berechnet werden muss, wobei die Größe $s_1 = \mathbf{do}(\beta, s)$ ja gar keine Zufallsvariable ist, muss im

---

[9] Systemaktionen werden in das Modell integriert, indem die Liste u_i der primitiven Aktionen um die (deterministischen Realisierungen nichtdeterministischer) Systemaktionen erweitert wird.
[10] $x^t \in \{x_1, .., x_N\}$ ist der zum Zeitpunkt t eingenommene Zustand (vgl. siehe Abb. 6.8).

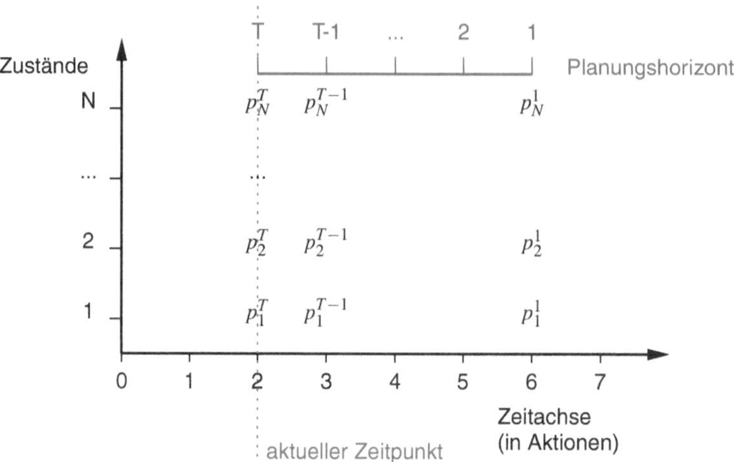

Abb. 6.8 Visualisierung eines Planungshorizonts. $P(X^t = x_i) = p_i^t$ $(1 \leq i \leq N, 1 \leq t \leq T)$ ist die Wahrscheinlichkeit dafür, dass bei noch „übrigem" Planungshorizont t der Zustand i eingenommen wird

Markov-Prozess die Wahrscheinlichkeit

$$P(X^0 = x^0 \wedge U^1 = u^1 \wedge \ldots \wedge U^T = u^T \wedge X^T = x^T)$$

ermittelt werden. Die Schätzung der gemeinsamen Wahrscheinlichkeitsverteilung so vieler Variablen ist in der Praxis nicht handhabbar, weil zu viele Ereignisse so selten auftreten, dass ihre Wahrscheinlichkeit fast 0 beträgt. Daher wird bei Markov-Prozessen eine Unabhängigkeitsannahme getroffen: Die Wahrscheinlichkeit $P(X^T = x^T)$ soll ausschließlich von der letzten Aktion u^T und der Tatsache, dass sie zum Zeitpunkt $T - 1$ im Zustand x^{T-1} ausgeführt wurde, abhängen. Statt die exakte Vorgängersituation zu berücksichtigen, wird also in einem Markov-Prozess eine Approximation verwendet, die aus der Unabhängigkeitsannahme resultiert. Im Beispiel des Navigationssystems wird daher die folgende Wahrscheinlichkeitsverteilung angenommen:

$$P(X^T = x_1 | X^{T-1} = x_1, U^T = u_3) = 0{,}2$$
$$P(X^T = x_2 | X^{T-1} = x_1, U^T = u_3) = 0{,}8$$
$$P(X^T = x_1 | X^{T-1} = x_2, U^T = u_3) = 0{,}8$$
$$P(X^T = x_2 | X^{T-1} = x_2, U^T = u_3) = 0{,}2$$

Zwei Aspekte fallen an dieser Verteilung auf: Zunächst werden nicht Wahrscheinlichkeiten von Aktionen, sondern von Zuständen festgelegt. Die Berechnung der Wahrscheinlichkeit eines Zustands ist natürlich auch im GOLOG-Ansatz möglich: dort ist ja ein Zustand definiert durch eine Menge in einer Situation wahrer Fluenten. Die Wahrscheinlichkeit eines Zustands lässt sich also als die Summe aus den Wahrscheinlichkeiten aller Aktionssequenzen definieren, die mindestens die Menge der interessierenden Fluenten wahr machen. Diese Definition ist jedoch leider nicht konstruktiv: Aus ihr ist kein Algorithmus abzuleiten, der die gesuchten Aktionssequenzen aufzuzählen vermag.

Dieser Nachteil wird durch die Markov-Annahme aufgehoben: Da die Wahrscheinlichkeit eines Zustands x^T in Abhängigkeit von einer einzigen Aktion gegeben ist, die x^T als Effekt hat, lassen sich die Aktionssequenzen durch Graphsuche konstruieren: Beginnend in der initialen Situation s_0 werden alle anwendbaren Aktionen ausprobiert. Hat eine Aktion den Zustand x^T als Effekt, ist eine (aus genau einem Schritt bestehende) Aktionssequenz konstruiert. Die Wahrscheinlichkeit der Aktionssequenz ist unmittelbar aus der Verteilung $P(X^T = x^T | U^T = u^T, X^{T-1} = x^{T-1})$ ablesbar. Für alle anderen Aktionen wird die Suche in jedem von ihnen erreichbaren Zustand rekursiv fortgesetzt. Dabei entstehen Aktionssequenzen der Länge 2. Die Wahrscheinlichkeit einer derartigen Aktionssequenz errechnet sich aufgrund der stochastischen Unabhängigkeit von aufeinanderfolgenden Aktionen als das Produkt:

$$P(X^T = x^T | U^T = u^T, X^{T-1} = x^{T-1})$$
$$\cdot P(X^{T-1} = x^{T-1} | U^{T-1} = u^{T-1}, X^{T-2} = x^{T-2})$$

Die Wahrscheinlichkeit $P(X^T = x^T)$ ist schließlich die Summe aller mit diesem Verfahren ermittelten Aktionssequenzen, die unterschiedlich lang sein können.

In der Praxis werden beliebig große Längen von Aktionssequenzen nicht zugelassen, weil der Suchaufwand zu groß wäre. Deshalb beschränkt man die Länge auf eine endliche Zahl T, den sogenannten Planungshorizont. Die Bewertung des Nutzens von x^T kann analog zur Ermittlung des Nutzens einer Aktionssequenz durchgeführt werden: Der erwartete Nutzen von x^T ist sein heuristisch definierter Nutzen, gewichtet mit der Wahrscheinlichkeit, dass x^T erreicht wird. Damit wird der Nutzen an die ausgeführten Aktionen gekoppelt, weil ein Zustand ja nur über das Ausführen einer Aktion erreicht werden kann. Dieser Tatsache wird dadurch Rechnung getragen, dass die heuristische Bewertung als Funktion von Ausgangszustand, d. h. aktueller Situation, und ausgeführter Aktion definiert wird:

$$r(x_1, u_1) = 0{,}5 \quad r(x_2, u_1) = 0{,}25$$
$$r(x_1, u_2) = -1 \quad r(x_2, u_2) = 0{,}5$$
$$r(x_1, u_3) = 1 \quad\ \ \, r(x_2, u_3) = 0{,}1$$

In dieser Definition einer Bewertungsfunktion wird einer Aktion unterschiedlicher Nutzen (bzw. unterschiedliches Risiko) zugeordnet, je nach dem, ob der Nutzer in der aktuellen Situation bereits verspätet ist oder noch nicht.

Was bedeutet nun Planung im Zusammenhang des bisher Gesagten? Das Interesse des Assistenzsystems besteht ja darin, eine Aktionssequenz zu finden, die in einer Situation endet, in der bestimmte Aussagen, die das Ziel der Assistenz festlegen, erfüllt sind. Diese Situation muss in einem der definierten Zustände durch eine Aktionssequenz erreichbar sein; dann kann durch *Planung* eine Folge $\Sigma = (u_1, \ldots, u_n)$ von Aktionen gefunden werden, durch deren Ausführung der *Zielzustand* erreicht wird. Der berechnete *Plan* besteht dann gerade in dieser Sequenz Σ. Die Auswahl der Aktion u_i im i-ten Schritt wird danach getroffen, welche der zulässigen Aktionen im aktuellen Zustand x_i den zu erwartenden Nutzen maximiert. Wie der Nutzen berechnet wird, hängt davon ab, wie lange der Planungshorizont, d. h. die maximale Länge der im Vergleich gegeneinander konkurrierenden Aktionssequenzen ist.

Vor der Planung einer Aktion ist zu überprüfen, ob der Zielzustand der gerade aktuelle Zustand ist. Falls ja, ist nichts zu planen. Andernfalls ist zu untersuchen, welche Zustände durch Ausführen welcher Aktion vom aktuellen Zustand aus erreicht werden können. Jedem dieser Zustände kann, wie oben erläutert, ein Nutzen zugeordnet werden, der durch den Startzustand, die gewählte Aktion und, falls die Ausführung der Aktion ein nichtdeterministischer Vorgang ist, durch den erreichten Endzustand bestimmt ist. Falls der Planungshorizont gerade diesen einen Schritt beträgt, hat das Ausführen einer Aktion im aktuellen Zustand keinen weiteren Nutzen mehr. Ergebnis der Planung ist dann ein Plan, der aus einer Aktion besteht, und zwar aus derjenigen, die von den untersuchten die höchste Bewertung erhalten hatte[11].

Ist der Planungshorizont jedoch länger als 1, wird sich der Nutzen einer im aktuellen Zustand ausgeführten Aktion durch den Nutzen der im erreichten Zustand ausführbaren Aktionen ändern. Zur Berechnung des Gesamtnutzens einer Aktion muss also zunächst ermittelt werden, welche Aktionssequenz mit einem um einen Schritt verkürzten Planungshorizont welchen weiteren Nutzen bringt, nachdem die erste Aktion ausgewählt ist. Auf diese Weise entsteht ein rekursives Berechnungsverfahren, das durch die Rekursionsformel

$$V^1(x_1) = \max_{u^1} r(x_1, u^1)$$

$$\hat{V}^T(x, u^T, x^{T-1}) = P(X^T = x | U^T = u^T, X^{T-1} = x^{T-1}) \cdot V^{T-1}(x^{T-1})$$

$$V^T(x^T) = \max_{u^T} \left(r(x^T, u^T) + \sum_{x^{T-1}} \hat{V}^T(x^T, u^T, x^{T-1}) \right)$$

charakterisiert ist. Diese Formel erlaubt es, jeden Zustand innerhalb des Planungshorizonts hinsichtlich seines Nutzens für das Erreichen eines Zielzustands zu bewerten. Dabei wird implizit vorausgesetzt, dass die Bewertungsheuristik so konstruiert ist, dass sie das Erreichen von Zielzuständen mit höherem Nutzen bewertet als das Erreichen anderer Zustände.

Zur Bewertung $V^T(x^T)$ jedes Zustands x^T gibt es eine Aktion u^T, die für das Maximum in der Formel oben verantwortlich ist. Soll bei der Planung einer Handlungsfolge der Nutzen maximiert werden, muss also im Zustand x^T diese Aktion gewählt werden. Die Entscheidung für u^T heißt *Strategie*.

---

[11] Endzustand der Planung ist derjenige Endzustand der optimalen Aktion, in dem die Bewertung am höchsten war. Ist die Aktion deterministisch, ist der Endzustand durch die Zustandsüberführungsrelation eindeutig festgelegt.

Im bisher entwickelten Planungsmodell sind die Beobachtungen, die im GOLOG-Ansatz durch `sense`- und `observe`-Aktionen modelliert wurden, noch nicht enthalten. Um dies zu verbessern, modellieren wir die nichtdeterministische Auswahl, welche Beobachtung bei Durchführung einer `sense`-Aktion gemacht werden kann, als Zufallsvariable Z^T. Die deterministischen Realisierungen der Aktion `sense`, also die zulässigen `observe`-Aktionen, werden als zulässige Werte z^T von Z^T dargestellt. Wie auch bei der Modellierung der Aktionen u^T werden Vorbedingungen durch Angabe der für z^T zulässigen Ausgangszustände repräsentiert. Da `sense`-Aktionen die aktuelle Situation nicht modifizieren, sind für sie keine Effekte zu modellieren. Dies drückt sich bei der Modellierung von Beobachtungen für einen Markov-Prozess darin aus, dass die Relation zwischen `observe`-Aktionen und Zuständen nur zweistellig ist, wie folgende Wahrscheinlichkeitsverteilung aus dem Projekt ROSE illustriert:

$$p(Z^T = z_1 | X^T = x_1) = 0{,}7 \quad p(Z^T = z_2 | X^T = x_1) = 0{,}3$$
$$p(Z^T = z_1 | X^T = x_2) = 0{,}3 \quad p(Z^T = z_2 | X^T = x_2) = 0{,}7$$

Diese Verteilung legt fest, welche `observe`-Aktionen in welchem Zustand möglich und wie wahrscheinlich sie sind (siehe Abb. 6.7). Damit formuliert sie die (aus Trainingsdaten gewonnene) Erfahrung des Systems, wie stark Busverspätungen und die Pünktlichkeit des Nutzers korreliert sind: wie im Alltag üblich, kommt der Bus gerade dann häufig zu spät, wenn der Nutzer pünktlich an der Haltestelle sein kann; ohne Verspätung verkehrt er vor allem dann, wenn der Nutzer Gefahr läuft, zu spät zur Haltestelle zu kommen.

6.5.4 Verarbeiten unvollständiger Information

Um nun den Einfluss der `sense`- und `observe`-Aktionen auf die Bewertung eines Zustands zu berücksichtigen, muss auch der Sense-Schritt im Plan-Execute-Sense-Zyklus, den der Kontrollalgorithmus eines Assistenzsystems regelmäßig durchläuft, in die Berechnung einbezogen werden. Damit wird der oben beschriebenen gegenseitigen Abhängigkeit zwischen der aktuellen Situation und den in ihr möglichen Beobachtungen Rechnung getragen. In GOLOG wurde weiter vorne diese Abhängigkeit folgendermaßen dargestellt:

$$\text{perform(user)} : \text{sensePerform(user)}$$

Es gibt also einen nichtdeterministischen Zusammenhang zwischen Ausgangszustand, Endzustand, ausgeführter Aktion und - zusätzlich – der zu erwartenden Beobachtung[12] nach Ausführung der Aktion. Diesen Zusammenhang formulieren wir stochastisch mit Hilfe einer gemeinsamen Wahrscheinlichkeitsverteilung für die vier interessierenden

---

[12] Es ist ja auch der Zusammenhang zwischen Aktion und Beobachtung nichtdeterministisch.

Faktoren:

$$V^1(x_1) = \max_{u^1} r(x_1, u^1)$$

$$\hat{V}^T(x, u^T, x^{T-1}) = P(X^T = x \mid U^T = u^T, X^{T-1} = x^{T-1}) \cdot V^{T-1}(x^{T-1})$$

$$= \frac{P(X^T = x, U^T = u^T, X^{T-1} = x^{T-1})}{P(U^T = u^T, X^{T-1} = x^{T-1})} \cdot V^{T-1}(x^{T-1})$$

$$= \sum_{z^T} \frac{P(x, u^T, x^{T-1}, z^T)}{P(u^T, x^{T-1})} \cdot V^{T-1}(x^{T-1})$$

$$= \sum_{z^T} P(z^T \mid x, u^T, x^{T-1}) P(x \mid u^T, x^{T-1}) \cdot V^{T-1}(x^{T-1})$$

$$z^T \text{ ist nur eine Funktion von } x$$

$$= \sum_{z^T} P(z^T \mid x) P(x \mid u^T, x^{T-1}) \cdot V^{T-1}(x^{T-1})$$

$$V^T(x^T) = \max_{u^T} \left(r(x^T, u^T) + \sum_{x^{T-1}} \hat{V}^T(x^T, u^T, x^{T-1}) \right)$$

In der Berechnung des Nutzens eines Zustands macht sich also eine Beobachtung dadurch bemerkbar, dass sie die Wahrscheinlichkeit, mit der ein Zustandsübergang durch die Aktion u^T vermittelt wurde, mit der aus Trainingsdaten gewonnenen Erfahrung gewichtet, dass die Beobachtung z^T gemacht werden kann, wenn unterstellt wird, dass der Zustand x^T erreicht worden ist.

Benutzt man also Markov-Prozesse zur Planung, wird die Auflösung unsicheren Wissens zu einer Optimierungsaufgabe: Die Gewichtung verschiedener Realisierungen wird dadurch vorgenommen, dass Erfahrungswerte, wie häufig eine primitive Aktion oder eine Beobachtung in einem Ausgangszustand bisher (d. h. normalerweise in einer Trainingsmenge) durchgeführt wurde. Ist eine Aktion in einer bestimmten Situation überhaupt nicht ausführbar, wird dementsprechend angenommen, dass kein derartiger – unzulässiger – Fall in den Trainingsdaten vorhanden ist[13]. Der Nutzen jeder Aktion wird heuristisch definiert.

Welche Auswirkung hat dieses Planungsmodell auf die Beantwortung der Frage, wie mit unsicherem Wissen über Fakten einer aktuellen Situation umzugehen ist? Anders gefragt: finden wir auch für Markov-Prozesse eine Möglichkeit, mit unsicherem Wissen über die initiale Situation umzugehen? Dass Wissen unsicher ist, bedeutet ja, dass von einem Fluenten in einer Situation ein Wahrheitswert nur mit einer bestimmten Wahrscheinlichkeit zugewiesen werden kann. Die Modellierung von Situationen in einem Markov-Prozess kennt jedoch keine Fluenten, sondern – wie oben schon diskutiert – Zustände, die in der Regel mehrere Situationen, die bezüglich einiger Fluenten identisch sind, „zusammen-

---

[13] Korrekte Trainingsdaten sind aber in der Praxis nicht immer gegeben; sofern sie nicht durch Nachbearbeitung korrigiert werden können, bleibt nur die Hoffnung, dass sie statistisch irrelevant sind.

fassen". Unsicherheit im Wissen über die aktuelle Situation kann daher bei dieser Form der Wissensrepräsentation nur bedeuten, dass zum aktuellen Zeitpunkt mehrere Zustände möglich sind – nämlich alle diejenigen, die keine Aussage über den interessierenden unsicheren Fluenten machen. Im zur Abb. 6.7 gehörenden Modell macht beispielsweise keiner der Zustände eine Aussage über den Fluenten $busStatus(x, s)$ (siehe Abschn. 6.1). Soll dieser Fluent jedoch herangezogen werden, um die initiale Situation festzulegen, besteht Unsicherheit bei der Auswahl von x_1 oder x_2 als initiale Situation. In beiden Zuständen kann nämlich der Bus verspätet oder pünktlich sein. Zur Berechnung der Aktionen mit maximalem Nutzen für ein Ziel muss also davon ausgegangen werden, dass die initiale Situation von x_1 oder von x_2 repräsentiert wird.

Welcher Nutzen unter diesen Umständen von der ersten Aktion zu erwarten ist, hängt also davon ab, welcher Zustand als initial angenommen wird. Ohne weiteres Wissen kann das Assistenzsystem nur raten, d. h. einen Zustand zufällig auswählen. Dies wiederum setzt aber bekanntlich eine Wahrscheinlichkeitsverteilung über der Menge aller Zustände voraus, die angibt, mit welcher Wahrscheinlichkeit die Auswahl auf Zustand x_i fallen wird. Ist er gewählt, kann der Nutzen jeder einzelnen Aktion durch Anwenden der heuristischen Bewertung festgestellt werden. Da jede Auswahl denkbar ist, berechnet sich der Nutzen durch das disjunktive Ereignis bei N zur Wahl stehenden Zuständen

$$\bigvee_{1 \leq i \leq N} \text{Es wird } x_i \text{ ausgewählt} \wedge \text{Der Nutzen für } u_1 \text{ ist } r(x_i, u_1)$$

Die Wahrscheinlichkeit des Ereignisses beträgt

$$P(\text{Auswahl eines Zustands und Berechnung seines Nutzen für } u_1)$$
$$= \sum_{1 \leq i \leq N} P(\text{Auswahl von } x_i) \cdot r(x_i, u_1),$$

da die Berechnung des Nutzens kein Zufallsereignis ist. Die berechnete Wahrscheinlichkeit entspricht gerade dem *erwarteten* Nutzen bei Unsicherheit über die initiale Situation. Ist aber bereits die initiale Situation unsicher, so setzt sich diese Unsicherheit in späteren Planungsschritten fort. Diese Beobachtung hat massive Konsequenzen für die Berechnung des Nutzens von Aktionen: Der Größe $V^T(x^T)$ lag implizit die Annahme zugrunde, dass *keine* Unsicherheit über die initiale Situation besteht, so dass $P(X^T = x_i) = 1$ für genau ein $1 \leq i \leq N$ gilt und $P(X^T = x_j) = 0$ für alle $1 \leq j \neq i \leq N$. Diese Annahme hat nun keinen Bestand mehr. $V^T(x^T)$ verliert damit ihren Sinn, weil die Größe nun für *jeden* Zustand berechnet werden muss, da jeder Zustand potentiell die initiale Situation repräsentiert. V^T kann also nur noch für die Wahrscheinlichkeitsverteilung über der Menge aller Zustände berechnet werden! Das Argument von V^T ist damit bei N zulässigen Werten für die Zufallsvariable X^T ein N-dimensionaler Vektor b von Wahrscheinlichkeiten:

$$b^T := (P(X^T = x_1) \ldots P(X^T = x_N)) \text{ oder kurz } b^T := (p_1^T \ldots p_N^T)$$

Nun wird die auszuführende Aktion u^T danach bestimmt,

1. welche der zulässigen Aktionen bei der aktuellen Wahrscheinlichkeitsverteilung b^T maximalen Nutzen erzielt, und
2. welche der zulässigen Aktionen den für den restlichen Planungshorizont der Länge $T - 1$ zu erwartenden Nutzen maximiert.

Bei der Bestimmung des zweiten Faktors ist aber zu berücksichtigen, dass die ausgeführte Aktion u^T nichtdeterministisch sein kann. Diesem Umstand wird dadurch Rechnung getragen, dass alle deterministischen Realisierungen der Aktion in die Berechnung des Nutzens eingehen:

$$V^T(b^T) = \max_{u^T} \left(r(b^T, u^T) + \sum_{b^{T-1}} P(b^{T-1}|u^T, b^T) \cdot V^{T-1}(b^{T-1}) \right)$$

b^{T-1} ist dabei die Wahrscheinlichkeitsverteilung über die Zustände, die als Effekt der Ausführung von u^T entsteht. Die Wahrscheinlichkeit für $X^{T-1} = x_i$ ist also abhängig von der Verteilung $P(X^{T-1} = x_i|u^T, X^T = x_j)$ für alle $1 \leq j \leq N$ und der Wahrscheinlichkeit für $X^T = x_j$, also der Größe $p_j^T = P(X^T = j)$ (siehe dazu auch die Abb. 6.8). Diese Tatsache lässt sich erklären, wenn man bedenkt, dass ja die initiale Situation, in der u^T ausgeführt werden soll, unsicher ist, und somit jeder Zustand x_i als initialer Zustand in Frage kommt, und zwar eben mit der Wahrscheinlichkeit p_i^T.

Im GOLOG-Modell wird nach der Ausführung einer Aktion u^T eine sense-Aktion ausgeführt, um zu beobachten, welche deterministische Realisierung für u^T tatsächlich ausgeführt wurde, d. h. welcher Zustand x_i nach Ausführung von u^T als ihr Effekt tatsächlich eingetreten ist. Dieser nichtdeterministische Zusammenhang zwischen u^T und anschließender Beobachtung z^T wird, wie oben erläutert, in einem Markov-Prozess durch die Verteilung

$$P(Z^T = z^T|X^T = x^T)$$

modelliert. Der nichtdeterministische Zusammenhang zwischen u^T und z^T wird also indirekt als Zusammenhang zwischen dem möglichen Effekt x^T und u^T modelliert. Daher beeinflusst auch die Beobachtung z^T die Verteilung b^{T-1}. Insgesamt also fassen wir den Zusammenhang zwischen der interessierenden Größe $X^T = x_i$ und den Einflussfaktoren u^T, z^T und b^T folgendermaßen:

$$p_i^{T-1} = P(X^{T-1} = x_i|u^T, b^T, z^T)$$
$$= \frac{1}{P(z^T, u^T, b^T)} \cdot P(z^T|x_i) \cdot \sum_{1 \leq j \leq N} P(X^{T-1} = x_i|u^T, X^T = x_j) \cdot p_j^T$$

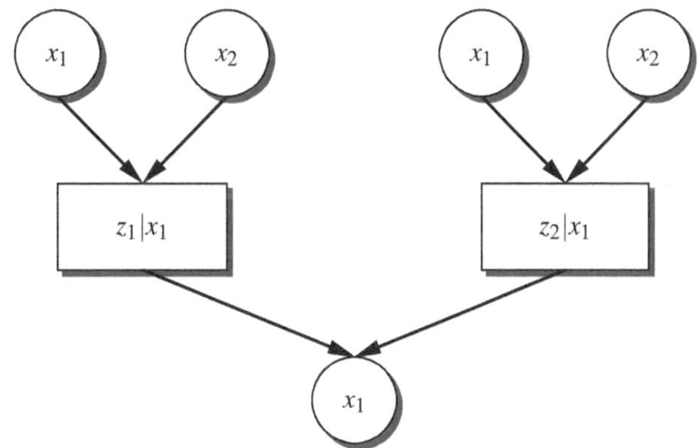

Abb. 6.9 Suchbaum zur Berechnung des *belief update* im Beispiel des Navigationsszenarios. Bei der Berechnung von $V^T(b^T)$ muss dieser Suchbaum für jede Aktion der Domäne durchlaufen werden

Abbildung 6.9 illustriert den Suchraum, der bei der Berechnung des *belief update* aufgespannt wird. Der Suchraum ist ein Baum mit zwei Typen von Knoten:

- Zustände (dargestellt durch Kreise): Kinder dieser Zustände sind alle in einem Zustand möglichen Beobachtungen. Die Kanten von Beobachtungen zu Zuständen sind mit Werten der Verteilung $P(Z^T|X^T)$ gewichtet.
- Beobachtungen (dargestellt durch Rechtecke): Kinder dieser Knoten sind alle Zustände der Domäne. Die Kanten von Zuständen und Beobachtungen sind mit den Werten der Verteilung $P(X^T|U^T, X^{T-1})$ gewichtet.

Die Verteilung b^{T-1}, auf deren Basis die Planung fortgesetzt wird, ist damit durch folgenden Vektor gegeben:

$$b^{T-1} = (p_1^{T-1} \ \ldots \ p_N^{T-1})$$

Den Vorgang, b^{T-1} zu berechnen, nennt man *belief update*, weil er die Annahmen des Assistenzsystems über Folgen für die aktuelle Situation anhand der Entscheidung für u^T und der zu erwartenden Beobachtung aktualisiert. Das *belief update* ist entscheidend für die Berechnung des Nutzens von Aktionen ab dem zweiten Schritt bis zum Ende des Planungshorizonts T, wie die Formel für $V^T(b^T)$ oben verdeutlicht. Wie wir eben gesehen haben, spielt die nach jedem Schritt in der Aktionssequenz zu erwartende Beobachtung eine wichtige Rolle, die zur Präzisierung der Berechnung von $V^T(b^T)$ heranzuziehen ist:

$$V^T(b^T) = \max_{u^T} \left(r(b^T, u^T) + \sum_{b^{T-1}} P(b^{T-1}|u^T, b^T) \cdot V^{T-1}(b^{T-1}) \right)$$

$$= \max_{u^T} \left(r(b^T, u^T) + \sum_{z^T} \sum_{b^{T-1}} \frac{P(b^{T-1}, u^T, b^T, z^T)}{P(b^T, u^T)} \cdot V^{T-1}(b^{T-1}) \right)$$

$$= \max_{u^T} \left(r(b^T, u^T) + \sum_{z^T} \sum_{b^{T-1}} w(b^{T-1}, u^T, b^T, z^T) \cdot V^{T-1}(b^{T-1}) \right)$$

mit $w(b^{T-1}, u^T, b^T, z^T) := P(b^{T-1}|u^T, b^T, z^T) \cdot P(z^T|b^T, u^T)$. Am Ende des Planungs-horizonts werden weiterführende Konsequenzen der letzten Aktion in einer Sequenz nicht mehr bei der Berechnung ihres Nutzens berücksichtigt. Damit vereinfacht sich die Be-rechnung der Bewertung zu:

$$V^1(b^1) = \max_{u^1} r(b^1, u^1)$$

Bei der Berechnung von $V^T(b^T)$ wird, wie die Gleichungen oben illustrieren, davon aus-gegangen, dass das *belief update* eine nichtdeterministische Abbildung von der Verteilung b^T der initialen Situation auf die Menge aller Verteilungen ist. Die Operationalisierung des *belief update* oben ist aber nach der *update*-Formel für p_i^{T-1} deterministisch, sobald b^T vorgegeben ist. Für die Berechnung von $V^T(b^T)$ hat diese Beobachtung erhebliche Auswirkungen: $P(b^{T-1}|u^T, b^T, z^T) = 1$ genau dann, wenn b^{T-1} das Ergebnis des *belief update* ist, und für alle anderen Verteilungen gilt $P(b^{T-1}|u^T, b^T, z^T) = 0$. Damit kann die Summe über b^{T-1} entfallen:

$$V^T(b^T) = \max_{u^T} \left(r(b^T, u^T) + \sum_{z^T} P(z^T|b^T, u^T) \cdot V^{T-1}(b^{T-1}) \right) \tag{6.1}$$

Diese Rekursionsgleichung beinhaltet einen Faktor, der in der Praxis große Komplika-tionen verursacht: $P(z^T|b^T, u^T)$ ist eine Wahrscheinlichkeitsverteilung, die analytisch nicht bekannt und empirisch kaum zu schätzen ist. Schließlich reicht die Definitionsmenge der Verteilung über das Kreuzprodukt aus allen definierten Messwerten, allen definierten Aktionen und allen Wahrscheinlichkeitsverteilungen auf der Menge der Zustände; ohne geeignete Approximationen hat schon die Menge der Wahrscheinlichkeitsverteilungen b^T keine endliche Kardinalität. Glücklicherweise spielt die Verteilung $P(z^T|b^T, u^T)$ für die Berechnung von $V^T(b^T)$ aber gar keine Rolle. Dafür ist das *belief update* verantwortlich:

$$V^1(b^1) = \max_{u^1} \sum_{i=1}^{N} p_i^1 \cdot r(x_i, u^1)$$

$$= \frac{1}{P(z^2|u^2, b^2)} \max_{u^1} \sum_{i=1}^{N} P(z^2|x_i) \sum_{j=1}^{N} P(x_i|u^2, x_j) p_j^2 \cdot r(x_i, u^1)$$

Bei Planungshorizont $T = 2$ berechnet sich der Nutzen nach der Gleichung

$$V^2(b^2) = \max_{u^2} \left(r(b^2, u^2) + \sum_{z^2} P(z^2|b^2, u^2) \cdot V^1(b^1) \right)$$

$$= \max_{u^2} \left(r(b^2, u^2) + \sum_{z^2} \max_{u^1} \sum_{i,j=1}^{N} P(z^2|x_i) P(x_i|u^2, x_j) p_j^2 \cdot r(x_i, u^1) \right)$$

Der Faktor $P(z^2|b^2, u^2)$ fungiert gleichzeitig beim *belief update* als Normierungsfaktor und verschwindet daher.

Dieses Phänomen setzt sich bis zum Beginn des Planungshorizonts fort:

$$V^2(b^2) = \max_{u^2} \left(\sum_{i=1}^{N} p_i^2 \cdot r(x_i, u^2) \right.$$

$$\left. + \sum_{z^2} \max_{u^1} \sum_{i,j=1}^{N} P(z^2|x_i) P(x_i|u^2, x_j) p_j^2 \cdot r(x_i, u^1) \right) \qquad (6.2)$$

Die Formel zeigt, dass jeder Summand auf der rechten Seite einen Faktor p_k^2 enthält. Daher wird der Gewichtungsfaktor $P(z^3|b^3, u^3)$ in der Berechnung

$$V^3(b^3) = \max_{u^3} \left(r(b^3, u^3) + \sum_{z^3} P(z^3|b^3, u^3) \cdot V^2(b^2) \right)$$

wieder gekürzt, weil p_k^2 eine Funktion der Wahrscheinlichkeiten p_i^3 sind. Daher setzt sich das Kürzen bis p_i^T fort. Übrig bleibt ein Term, dessen Verschachtelungsstruktur von Summen und Produkten gerade dem Suchbaum entspricht, der alle Sequenzen deterministischer Realisierungen des GOLOG-Programms

$$(\texttt{perform}(\text{user}) : \texttt{sensePerform}(\text{user}))^T$$

enthält. Der wesentliche Vorteil der Planung mit Markov-Prozessen besteht darin, dass mit einem iterativen Lernverfahren Aktionssequenzen geplant werden können, die aus einer initialen Situation heraus einen Zielzustand erreichen können. Dabei können – bei hinreichend langer Iteration – auch Aktionssequenzen geplant werden, deren Länge größer als T ist. Diese *Reinforcement Learning* genannte Lernverfahren ist in der Literatur (siehe z. B. [9]) ausführlich beschrieben. Allerdings ist die Komplexität der Planung für Markov-Prozesse mit unsicherem Wissen bei Verwendung von *Reinforcement Learning* erheblich; der obige Vergleich mit dem Suchraum von GOLOG belegt diese Aussage nachdrücklich. Mit Hilfe aproximativer Verfahren, die den Suchraum mit geeigneten Approximationen unter kontrollierbarem Verlust an Vollständigkeit und Korrektheit der berechneten Lösungen systematisch verkleinern, lässt sich die Komplexität so weit reduzieren, dass die Rechenzeiten für das Lernverfahren praktikabel werden[14].

Bevor wir Vor- und Nachteile der Planung mit Markov-Modellen für Assistenzsysteme weiter diskutieren, soll die Berechnung von V^T anhand des Beispiels aus dem ROSE-Projekt (siehe Abb. 6.7) veranschaulicht werden.

Da das Markov-Modell in 6.7 nur zwei Zustände hat, ist b^T nur zweidimensional. Dabei ist $X^T = x_1$ das Gegenereignis zu $X^T = x_2$. Wird die Wahrscheinlichkeit für

---

[14] Verschiedene Ansätze zur Approximation des Suchraums sind bei [1] in Kap. 16 ausführlich erläutert.

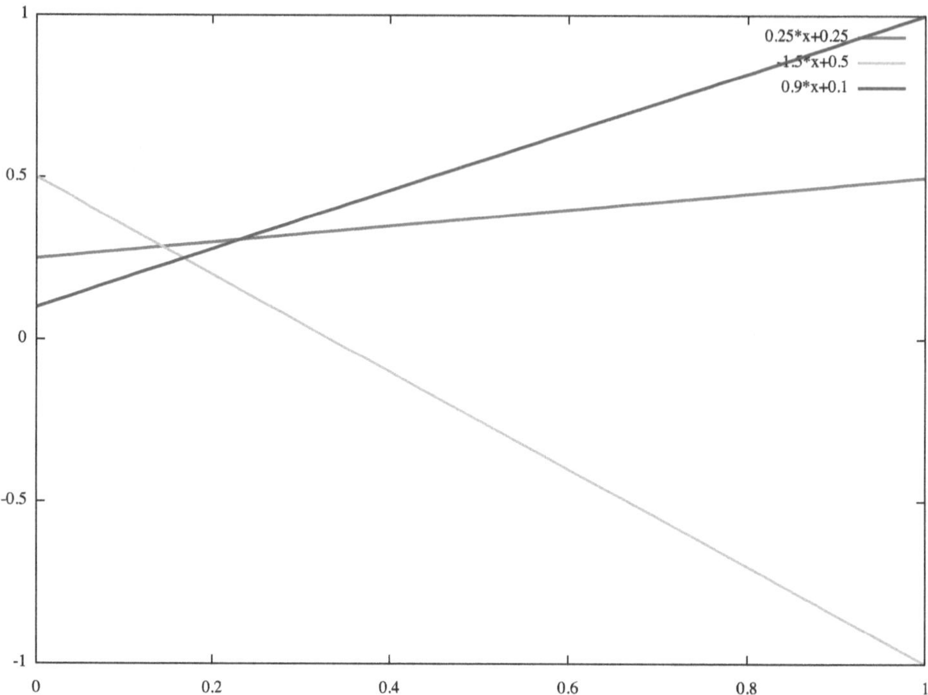

Abb. 6.10 Graphische Darstellung der Entscheidungsstrategie, nach der die nächste Aktion (bei Planungshorizont $T = 1$) gewählt wird

$X^T = x_1$ mit p_1^T festgelegt, ergibt sich $b^T = (p_1^T \; 1 - p_1^T)$. Nach der Festlegung der Bewertungsheuristik oben erhalten wir als erwartete Bewertung für jede der Aktionen u_1, u_2 und u_3 in Abhängigkeit von p_1^T:

$$r(b^T, u_1) = 0{,}25p_1 + 0{,}25 \quad r(b^T, u_2) = -1{,}5p_1 + 0{,}5 \quad r(b^T, u_3) = 0{,}9p_1 + 0{,}1$$

Die Bewertung der Aktionen erfolgt also über den Vergleich von Funktionen der angenommenen Wahrscheinlichkeit für $X^T = x_1$. Der Wert von V^T ändert sich also mit p_1^T, wie die Graphik in Abb. 6.10 verdeutlicht. Der maximale Wert für V^T wird, wie die Graphik zeigt, von einer stückweise linearen Funktion der Wahrscheinlichkeitsverteilung b^T bestimmt:

$$V^T(b^T) = \max_{u \in \{u_1, u_2, u_3\}} r(b^T, u) = \max_{u \in \{u_1, u_2, u_3\}} \left\{ \begin{array}{c} 0{,}25p_1 + 0{,}25 \\ -1{,}5p_1 + 0{,}5 \\ 0{,}9p_1 + 0{,}1 \end{array} \right\}$$

Welche Aktion im ersten Schritt optimal ist, hängt also davon ab, welche Annahme für die Planung initial ist:

$$0 \le p_1^2 < \frac{1}{7} \quad \text{Entscheidung für } u_2$$

$$\frac{1}{7} < p_1^2 \le \frac{3}{13} \quad \text{Entscheidung für } u_1$$

$$\frac{3}{13} p_1^2 \le 1 \quad \text{Entscheidung für } u_3$$

An der Stelle $p_1^2 = \frac{1}{7}$ fällt die Entscheidung zufällig zwischen u_2 und u_1, an der Stelle $p_1^2 = \frac{3}{13}$ zwischen u_1 und u_3. Wäre der Planungshorizont $T = 1$, wäre die Planung mit der Bestimmung der den Nutzen maximierenden Aktion die Planung beendet. Konsequenzen dieser Entscheidung werden erst berücksichtigt, wenn der Planungshorizont zumindest noch einen zweiten Schritt beinhaltet. Solange also die Wahrscheinlichkeit niedrig ist, sich im Zustand x_1 zu befinden, der ja wie vorne festgelegt, die Situation ¬userInDelay(user) repräsentiert, ist der Nutzen ein Geschäft zu betreten bzw. einen Bekannten zu treffen höher als das Befolgen der Navigationsanweisungen. Erst wenn die Wahrscheinlichkeit für eine Verspätung steigt, wird es immer wichtiger, den Navigationsanweisungen Folge zu leisten.

Für $T = 2$ berechnet sich der Nutzen $V^2(b^2)$ also gemäß (6.1) und (6.2) folgendermaßen für $u^2 = u_1$:

$$V^2(b^2|u_1) = r(b^2, u_1) + \max \left\{ \begin{array}{l} 0{,}5 \cdot 0{,}7 \cdot (0 \cdot p_1^2 + 0 \cdot p_2^2) + \\ 0{,}25 \cdot 0{,}3 \cdot (0 \cdot p_1^2 + 0 \cdot p_2^2) \\ -1 \cdot 0{,}7 \cdot (0 \cdot p_1^2 + 0 \cdot p_2^2) + \\ 0{,}5 \cdot 0{,}3 \cdot (0 \cdot p_1^2 + 0 \cdot p_2^2) \\ 1 \cdot 0{,}7 \cdot (0 \cdot p_1^2 + 0 \cdot p_2^2) + \\ 0{,}1 \cdot 0{,}3 \cdot (0 \cdot p_1^2 + 0 \cdot p_2^2) \end{array} \right\}$$

$$+ \max \left\{ \begin{array}{l} 0{,}5 \cdot 0{,}3 \cdot (0 \cdot p_1^2 + 0 \cdot p_2^2) + \\ 0{,}25 \cdot 0{,}7 \cdot (0 \cdot p_1^2 + 0 \cdot p_2^2) \\ -1 \cdot 0{,}3 \cdot (0 \cdot p_1^2 + 0 \cdot p_2^2) + \\ 0{,}5 \cdot 0{,}7 \cdot (0 \cdot p_1^2 + 0 \cdot p_2^2) \\ 1 \cdot 0{,}3 \cdot (0 \cdot p_1^2 + 0 \cdot p_2^2) + \\ 0{,}1 \cdot 0{,}7 \cdot (0 \cdot p_1^2 + 0 \cdot p_2^2) \end{array} \right\}$$

Sämtliche Übergangswahrscheinlichkeiten von einem der beiden Zustände x_1 und x_2 einen neuen Zustand haben den Wert 0, da die Modellierung der Aktionen u_1, u_2, u_3 in unserem Beispiel ausschließt, dass u_1 als zweite Aktion in einer Aktionssequenz ausgeführt werden kann. Der Nutzen ändert sich in diesem Fall also – verglichen mit dem Planungshorizont $T = 1$ und Ausführung der Aktion $u^1 = u_1$ – überhaupt nicht:

$V^2(b^2|u_1) = r(b^2, u_1)$. Für $u^2 = u_2$ erhalten wir:

$$V^2(b^2|u_2) = r(b^2, u_2) + \max \begin{cases} 0{,}5 \cdot 0{,}7 \cdot (0 \cdot p_1^2 + 0 \cdot p_2^2) + \\ 0{,}25 \cdot 0{,}3 \cdot (0 \cdot p_1^2 + 0 \cdot p_2^2) \\ -1 \cdot 0{,}7 \cdot (0 \cdot p_1^2 + 0 \cdot p_2^2) + \\ 0{,}5 \cdot 0{,}3 \cdot (0 \cdot p_1^2 + 0 \cdot p_2^2) \\ 1 \cdot 0{,}7 \cdot (0 \cdot p_1^2 + 0 \cdot p_2^2) + \\ 0{,}1 \cdot 0{,}3 \cdot (0 \cdot p_1^2 + 0 \cdot p_2^2) \end{cases}$$

$$+ \max \begin{cases} 0{,}5 \cdot 0{,}3 \cdot (0 \cdot p_1^2 + 0 \cdot p_2^2) + \\ 0{,}25 \cdot 0{,}7 \cdot (0 \cdot p_1^2 + 0 \cdot p_2^2) \\ -1 \cdot 0{,}3 \cdot (0 \cdot p_1^2 + 0 \cdot p_2^2) + \\ 0{,}5 \cdot 0{,}7 \cdot (0 \cdot p_1^2 + 0 \cdot p_2^2) \\ 1 \cdot 0{,}3 \cdot (0 \cdot p_1^2 + 0 \cdot p_2^2) + \\ 0{,}1 \cdot 0{,}7 \cdot (0 \cdot p_1^2 + 0 \cdot p_2^2) \end{cases}$$

Mit demselben Argument wie für u_1 gilt für $u^2 = u_2$:

$$V^2(b^2|u_2) = r(b^2, u_2)$$

Schließlich ergibt sich noch für $u^2 = u_3$[15]:

$$V^2(b^2|u_3) = r(b^2, u_3) + \max \begin{cases} -0{,}165 \cdot p_1^2 + 0{,}295 \\ 0{,}51 \cdot p_1^2 - 0{,}53 \\ -0{,}402 \cdot p_1^2 + 0{,}566 \end{cases}$$

$$+ \max \begin{cases} 0{,}015 \cdot p_1^2 + 0{,}155 \\ 0{,}39 \cdot p_1^2 - 0{,}17 \\ -0{,}138 \cdot p_1^2 + 0{,}254 \end{cases}$$

u_3 ist die einzige der drei Aktionen, die als zweite Aktion in einer Aktionssequenz zulässig ist. Wie die Rechnung oben zeigt, spielt das *belief update* die entscheidende Rolle bei der Bewertung von Aktionssequenzen der Länge $T > 1$.

Zur Berechnung der Summe von zwei Maxima nutzen wir folgende Tatsache aus: sie nimmt an derselben Stelle ihren höchsten Wert an, wie das Maximum aus allen Kombinationen von Summen, die gebildet werden können, indem jeweils ein Summand aus den Argumenten des ersten Maximums gezogen wird und der andere Summand aus den Argumenten des zweiten Maximums.

---

[15] Dabei wird die Identität $p_2^2 = 1 - p_1^2$ benutzt. Überdies sind alle Terme mit Übergangswahrscheinlichkeit 0 eliminiert.

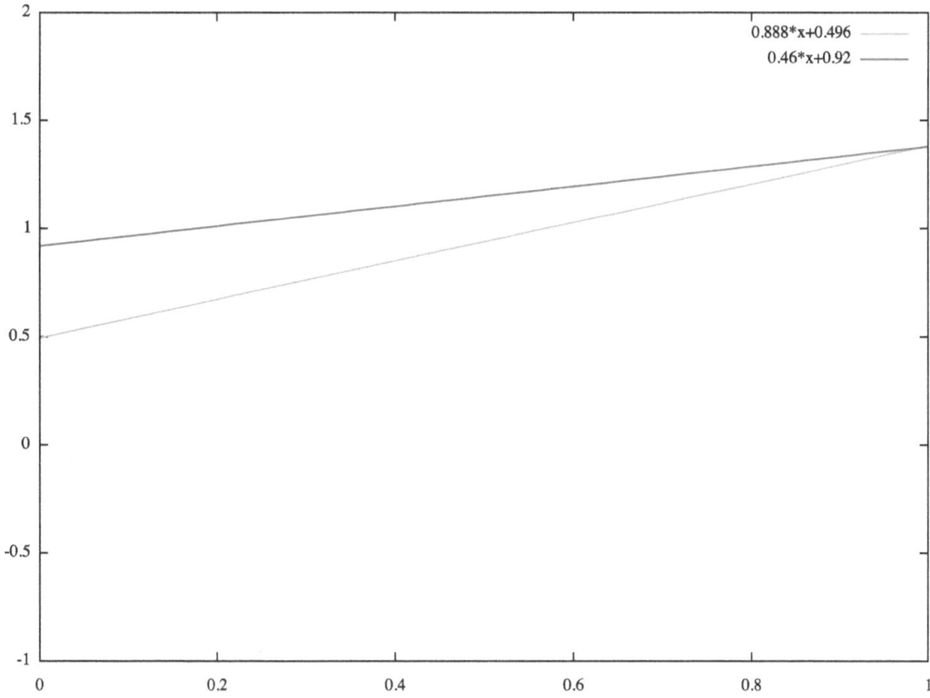

Abb. 6.11 Randbedingungen für $V^2(b^2|u_3)$ als Funktionen von p_1^2. Alle Bedingungen, die zum Maximum nichts beitragen, sind entfernt

Es ergibt sich:

$$V^2(b^2|u_3) = \max \begin{cases} 0{,}75 \cdot p_1^2 + 0{,}55 \\ 1{,}125 \cdot p_1^2 + 0{,}225 \\ 0{,}597 \cdot p_1^2 + 0{,}649 \\ 1{,}425 \cdot p_1^2 - 0{,}275 \\ 1{,}8 \cdot p_1^2 - 0{,}6 \\ 1{,}272 \cdot p_1^2 - 0{,}176 \\ 0{,}513 \cdot p_1^2 + 0{,}821 \\ 0{,}888 \cdot p_1^2 + 0{,}496 \\ 0{,}46 \cdot p_1^2 + 0{,}92 \end{cases}$$

Rechnet man noch $r(b^2, u_3)$ mit ein, ergeben sich neun lineare Randbedingungen für das gesuchte Maximum in Abhängigkeit der *initialen* Wahrscheinlichkeitsverteilung b^2, die

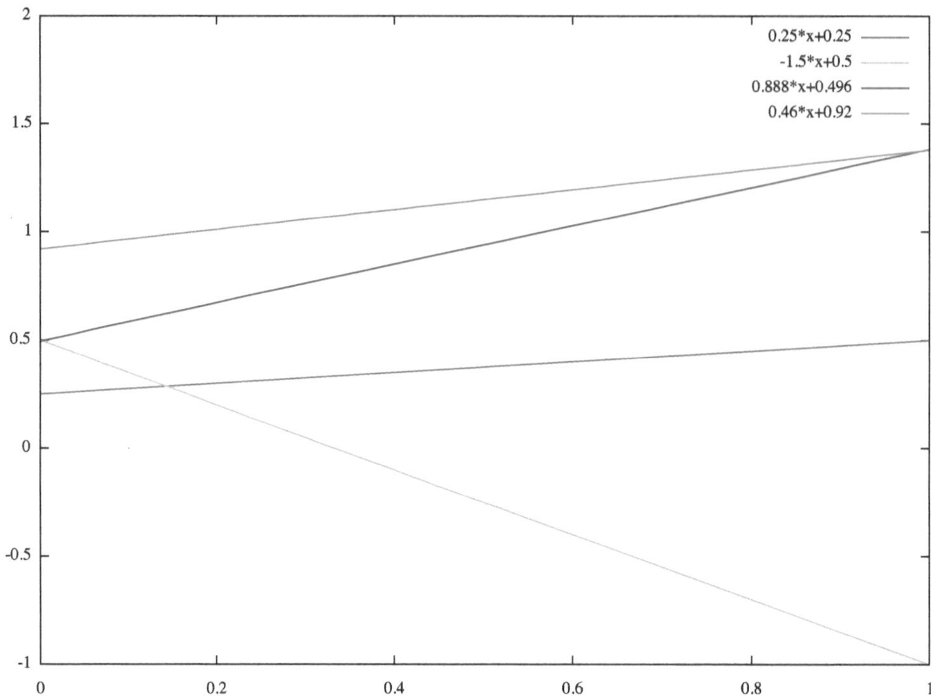

Abb. 6.12 Randbedingungen für die Maximierung von $V^2(b^2)$. Wie die Graphik zeigt, sind weder u_1 und u_2 im ersten Schritt optimal

in Abb. 6.11 dargestellt sind. $V^2(b^2)$ berechnet sich schließlich definitionsgemäß aus

$$V^2(b^2) = \max\{V^2(b^2|u_1), V^2(b^2|u_2), V^2(b^2|u_3)\}$$

$$= \max_{u^2} \left\{ \begin{array}{l} 0{,}25 \cdot p_1^2 + 0{,}25 \\ -1{,}5 \cdot p_1^2 + 0{,}5 \\ 0{,}888 \cdot p_1^2 + 0{,}496 \\ 0{,}46 \cdot p_1^2 + 0{,}92 \end{array} \right\} \quad \begin{array}{l} \text{Beitrag von } V^2(b^2|u_1) \\ \text{Beitrag von } V^2(b^2|u_2) \\ \text{Beitrag von } V^2(b^2|u_3) \end{array}$$

Abbildung 6.12 illustriert den Zusammenhang zwischen p_1^2 und $V^2(b^2)$ graphisch. Auffällig ist, dass das Maximum zunächst von den Randbedingungen bestimmt ist, die von u_3 als zweiter Aktion verursacht werden. Ist aber die Wahrscheinlichkeit für x_1 fast 1, genauer gesagt: ab dem Schnittpunkt von $0{,}888p_1^2 + 0{,}496$ und $0{,}46p_1^2 + 0{,}92$ bei $p_1^2 = \frac{424}{428} = \frac{106}{107}$, ist u_2 als zweite Aktion für das Maximum verantwortlich.

Irritierend ist die pragmatische Interpretation dieser Beobachtung: wenn in der initialen Situation fast sicher ist, dass der Nutzer verspätet ist, maximiert in einer Aktionssequenz der Länge 2 das Betreten eines Geschäfts als zweite Aktion den Nutzen der gesamten Sequenz.

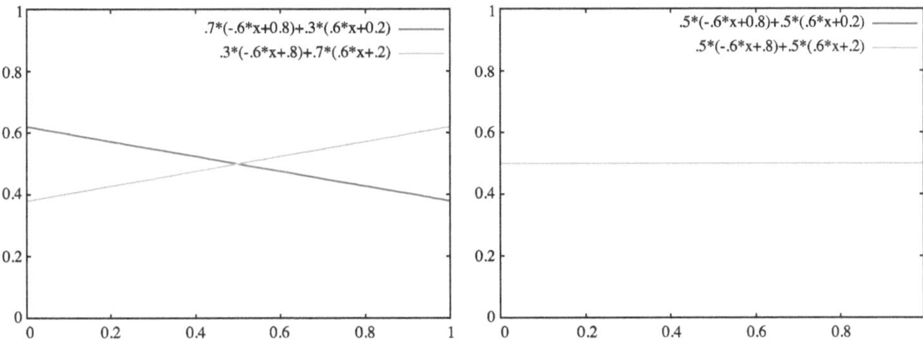

Abb. 6.13 Auswirkung der Wahrscheinlichkeitsverteilung $P(Z^T|X^T)$ auf das *belief update*. In der Graphik *links* erfolgt das *update* nach der ursprünglichen Verteilung aus dem Beispiel, in der *rechten* Graphik ist eine Gleichverteilung angenommen

Der Grund für diese Entscheidung während der Planung ist im *belief update* zu finden, das wesentlich durch die Wahrscheinlichkeitsverteilungen $P(Z^T|X^T)$ und $P(X^T|U^T, X^{T-1})$ bestimmt ist. Die linke Graphik in Abb. 6.13 zeigt, wie sich bei den im Beispiel gegebenen Wahrscheinlichkeitsverteilungen die Bewertung der Zustände aufgrund des *belief update* nach Ausführen der Aktion u_3 ändert. Die rote Kurve gibt die Wahrscheinlichkeit für x_1 nach dem *belief update* an, die grüne für x_2. Tendenziell werden die Bewertungen umgekehrt: war vor u_3 die Bewertung für x_1 niedrig, so ist sie jetzt hoch; und auch die Bewertung für x_2 wird durch u_3 „auf den Kopf gestellt"[16].

Wenn der Nutzer also in der initialen Situation verspätet ist und (aus welchem Grund auch immer) der Navigationsanweisung des Assistenzsystems Folge leistet, sinkt für den nachfolgenden Planungsschritt die Wahrscheinlichkeit einer Verspätung so stark ab, und steigt im Gegenzug die Wahrscheinlichkeit für Pünktlichkeit so stark an, dass das Assistenzsystem den Nutzen von u_2 am höchsten bewertet.

Abbildung 6.13 zeigt exemplarisch die Möglichkeiten auf die Berechnung von $V^T(b^T)$ Einfluss zu nehmen: Die Annahme einer anderen Wahrscheinlichkeitsverteilung für die deterministische Realisierung der `sense`-Aktionen führt zu geänderten Entscheidungen für die Planung der zweiten Aktion. In der rechten Graphik in Abb. 6.13 wird angenommen, dass die Beobachtung, ob der Bus Verspätung hat, genauso wahrscheinlich ist, wie die, dass er pünktlich kommt. Dies gilt, wenn der Nutzer verspätet ist, und auch, wenn er die Haltestelle noch rechtzeitig erreichen kann. Die Auswirkung der anderen Wahrscheinlichkeitsverteilung ist in Abb. 6.14 zu sehen: jetzt ist auch im zweiten Schritt nur noch die Ausführung von u_3 optimal – und zwar ganz unabhängig vom *belief update*.

Analog zur Modifikation der Verteilung $P(Z^T|X^T)$ könnte auch die Verteilung $P(X^T|U^T, Z^{T-1})$ verändert werden; auch diese Änderung würde die Entscheidungen

---

[16] Dieser Effekt ist aufgrund der Formel $\sum_{X^{T-1}} P(Z^T|X^T) \cdot P(X^T|U^T, X^{T-1})$ schwer auf einzelne Ursachen zurückführbar.

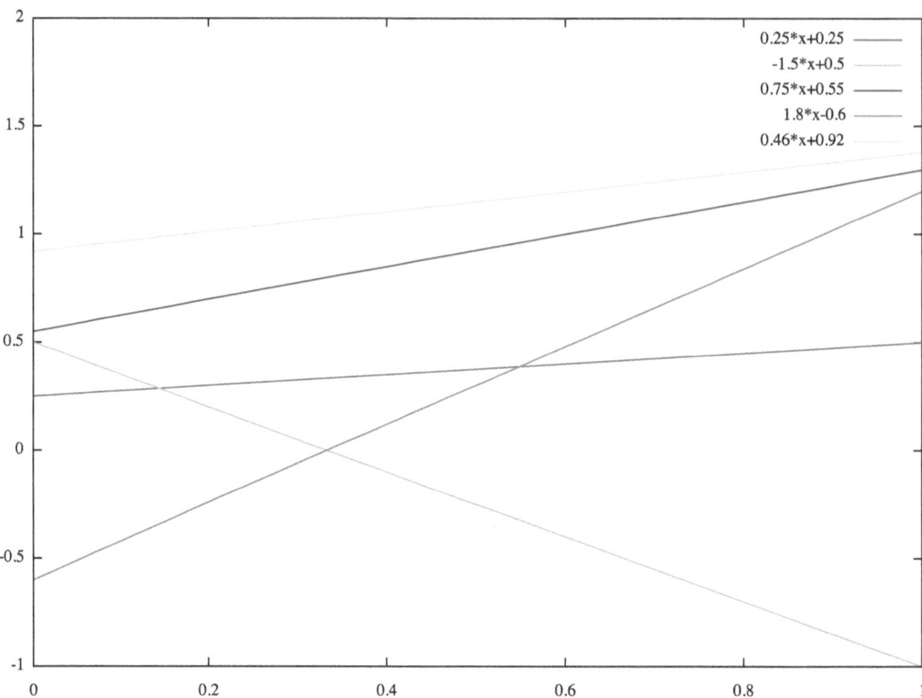

Abb. 6.14 Randbedingungen für die Maximierung von $V^2(b^2)$ mit geänderter Wahrscheinlichkeitsverteilung $P(Z^T|X^T)$

bei der Planung von Aktionssequenzen beeinflussen. Die dritte „Stellgröße" bei der Modellierung einer Domäne als Markov-Prozess ist die Bewertungsheuristik – offensichtlich ist ja auch im Beispiel der Funktionswert $r(x_2, u_2) = 0{,}5$ dafür verantwortlich, dass sich im Zahlenbeispiel oben die Aktion u_2 im zweiten Schritt gegen die beiden anderen Aktionen durchgesetzt hat.

6.5.5 Bewertung des Ansatzes für Assistenzsysteme

Welche – über das Beispiel hinausreichende – Lehre lässt sich aus der bisherigen Besprechung der Planung mit Hilfe von Markov-Prozessen ziehen? Nimmt man zur Beantwortung dieser Frage das in den letzten Absätzen behandelte Thema der Einflussnahme der Wahrscheinlichkeitsverteilungen auf die Planungsergebnisse wieder auf, so muss die Rede zunächst auf Nachteile des Verfahrens kommen: Das Beispiel illustriert, wie sich die Projektion von sachlich zunächst separaten Faktoren – im Beispiel etwa die Erwartung des Systems, wie sich der Nutzer verhalten wird, einerseits und andererseits Annahmen über externe, aber doch task-relevante Faktoren wie der Pünktlichkeit von Bussen – auf eine eindimensionale numerische Skala auswirkt: die Bewertungen der Faktoren werden mit Hilfe arithmetischer Operationen in einen – im Hinblick auf sämtliche übrigen, gerade semantischen, Eigenschaften der Faktoren indifferenten – Zahlenwert abgebildet, der Entscheidungen nur noch vom Vergleich dieses numerischen Werts mit Werten abhängig macht, die den anderen Alternativen zugeordnet sind. Eine situationsadaptive Abwägung der Bedeutung der einzelnen Faktoren für zielorientierte Entscheidungen ist somit nur noch möglich, wenn ihre heuristische Bewertung – trotz aller Rechenoperationen – differenziert genug ausfällt. Fast ausgeschlossen ist, zwei Alternativen bei der Planung als gleichwertig einzuschätzen. Das würde ja erfordern, dass die Randbedingungen, wie sie oben in den Graphiken zu sehen sind, für in Frage stehende Alternativen denselben heuristischen Wert haben – ein Ereignis, das fast mit Sicherheit nie eintreten wird, und das umso sicherer, je länger die zu vergleichenden Aktionssequenzen sind. Die Entscheidungen, die zur Planung getroffen werden, richten sich also vor allem nach den Eigenschaften der Ordnungsrelation $x<y$, die für die heuristischen Bewertungen vorgegeben ist, und nur mittelbar nach den Fakten der aktuellen Situation. Wissen über die Domäne, in der Assistenz geleistet werden soll, ist nur implizit in der Modellierung der Zustandsmenge des Markov-Prozesses, der Zustandsübergangsrelation und den Wahrscheinlichkeitsverteilungen enthalten. Wie bereits oben besprochen, stellt die Modellierung der Domäne und der relevanten Tasks als Markov-Prozess eine Vergröberung der Modellierung mit Hilfe von GOLOG dar: Zustände fassen Situationen, die hinsichtlich einiger Fakten äquivalent sind, zusammen; die Zustandsübergangsrelation und die zugehörige Wahrscheinlichkeitsverteilung $P(X^T|U^T, X^{T-1})$ vergröbert die Modellierung der Aktionen, indem sie Vorbedingungen und Effekte ignoriert; die *reward*-Funktion pauschalisiert die Bewertung einzelner Aussagen, indem sie (unter Umständen) sehr viele Situationen in einem Zustand zusammenfasst, obwohl sie tatsächlich – je nach Grad der Vergröberung – beliebig große Unterschiede aufweisen können. Nicht zuletzt deshalb kommt [2] nach vielen Erfahrungen bei der Modellierung von Dialogmodellen mittels Markov-Modellen zu dem Fazit:

> *However, in the classical POMDP formulation, the optimization process is free to choose any action at any time. As a result, there is no obvious way to incorporate domain knowledge or constraints such as business rules.*

Die von WILLIAMS angesprochene Problematik hat sich ja bereits im Minimalbeispiel dieses Kapitels gezeigt. Dass kein Domänenwissen einbezogen werden kann, hat auch eine weitere Konsequenz: Diagnosen und Erklärungen für die Entscheidungen, die zur Festlegung der optimalen Aktion in jeder Position einer Aktionssequenz führen, können nicht anhand und unter Zuhilfenahme von Domänenwissen und Wissen über die aktuelle Situation gegeben werden. Also sind wesentliche Anforderungen an Assistenzsysteme negativ betroffen[17].

---

[17] Siehe dazu auch die Diskussion dieses Themas aus Sicht eines Assistenzmodells in Abschn. 2.3.3.

Eine nicht unerhebliche Problematik kann auch in den Wahrscheinlichkeitsverteilungen verborgen sein: wie kann bei ihrer Festlegung gewährleistet werden, dass sie repräsentativ sind? Im Beispiel dieses Kapitels gibt es nur zwei Zustände und drei Aktionen; in realistischen Szenarien können diese Werte um Größenordnungen höher liegen. Ist dies der Fall, hat man zum einen mit dem *sparse data*-Problem zu kämpfen, also mit dem Problem, dass viele Elementarereignisse Wahrscheinlichkeiten nahe bei 0 haben. Zum anderen wird es immer schwieriger zu belegen, dass die festgelegten Verteilungen den Nichtdeterminismus in der modellierten Domäne plausibel abbilden. Dabei ist der Rechenaufwand zur Bestimmung von $V^T(b^T)$ angesichts des sich ergebenden Suchraums sehr hoch und oft gar nicht mehr beherrschbar.

Nicht nur die Komplexität des Suchraums, sondern auch schon die Modellierung der Domäne als stochastischer Automat steigt immens an, wenn die zentrale, aber nur implizite Annahme bei der Modellierung mit Hilfe von Automaten aufgehoben wird: zur Lösung der aktuellen Aufgabe wird genau ein Objekt manipuliert. In unserem Navigationsbeispiel geht es immer nur darum, genau eine Haltestelle zu erreichen, an der genau ein (eingeplanter) Bus ankommen soll, mit dem der Nutzer weiterfahren soll. Diese Restriktion immer einzuhalten, hat zur Folge, dass die Modellierung vieler Assistenzszenarien nicht möglich ist. Einen exemplarischen Beleg für diese Behauptung bietet das Beispiel des Layoutprogramms, das in Abschn. 3.2 besprochen wurde: In einem objektorientierten Layoutprogramm existieren bei der Gestaltung eines Dokuments fast immer mehrere Gestaltungsobjekte, die in die Lösung einer Aufgabe einbezogen werden müssen. Sinn der objektorientierten Konzeption des Programms ist dabei gerade, dass – analog zum Layouten an einem Schnittplatz ohne elektronische Hilfsmittel – eine zu Beginn der Gestaltungsaufgabe, und damit insbesondere bei der Modellierung von Bedienabläufen während der Entwicklung des Programms nicht bekannte, und während der Bearbeitung eines Dokuments sogar variable Zahl von Objekten in die Durchführung lösungsrelevanter Aktionen involviert sind. Oft hängt sogar der Lösungsweg von Zahl und Eigenschaften der betroffenen Objekte ab, wie dies etwa beim Layouten des in Abb. 3.3 dargestellten Etiketts der Fall ist. Diese Situation ist typisch für viele Assistenzaufgaben, gerade für komplexe, in denen fast immer pro zu lösender Aufgabe unterschiedlich viele, relevante Objekte vorkommen. Mit Hilfe eines endlichen Automaten, der eine a priori fixierte Anzahl von Zuständen hat, lässt sich – bei hinreichender „Aufblähung" des Automaten eine zu unterstützende Aufgabe so modellieren, dass mehr als ein Objekt (auch desselben Typs) involviert sein kann. Dennoch ist die Anzahl weiterhin fixiert; weit schlimmer wiegt noch, dass die Expansion des Suchraums extrem beschleunigt wird – mit allen damit verbundenen, oben bereits angesprochenen, negativen Konsequenzen[18]. Ein für Assistenzsysteme geeigneter Planungsalgorithmus muss sich also auch daran messen lassen, inwieweit er mit Variabilität der aktuellen Situation und definierbaren Zielen zurecht kommt; das Mo-

---

[18] Die Frage nach der Repräsentation eines Assistenzziels für eine Aufgabe in einer konkreten Situation und ihrer Auswirkungen auf Algorithmen, die den Anforderungen an Assistenzsysteme gerecht werden können, wird auch noch Thema in Abschn. 6.7.4 sein.

dell der Markov-Prozesse schneidet wegen seines Konzepts, wie Aufgaben formalisiert werden, in diesem Punkt schlecht ab.

Den Nachteilen der Markov-Prozesse steht auch eine Reihe von Vorteilen gegenüber: durch geeignete Definition der *reward*-Funktion lassen sich bestimmte Zustände als Ziele auszeichnen; die Berechnung von $V^T(b^T)$ führt dann zu einem Planungsverfahren, das den Anforderungen der zielorientierten Assistenz über mehrere Schritte hinweg gerecht wird: Lernverfahren für $V^T(b^T)$ – egal ob exakt oder iterativ – liefern ja in jedem Zustand für jede Beobachtung eine Entscheidungsregel, welche Aktion als nächstes auszuführen ist, um den (globalen) Nutzen bei der Ausführung von Aktionen zu maximieren. Damit gibt $V^T(b^T)$ auch dann einen Weg zur Erreichung eines vorgegebenen Ziels an, wenn ausgeführte Aktionen nicht mit geplanten übereinstimmen, oder tatsächliche Beobachtungen nicht den erwarteten entsprechen[19]. Da Beobachtungen, die in den Planungsprozess eingehen, auch aus der Interaktion mit dem Nutzer resultieren können, ist mit Markov-Prozessen auch die Forderung nach Interaktivität (siehe Abschn. 2.3.1) erfüllbar. In dieser Eigenschaft ist die wesentliche Stärke dieses Planungsansatzes zu sehen: durch die Möglichkeit, Planung mit der Ausführung von Aktionen und der Beobachtung der Umgebung so zu verzahnen, dass Effekte von Aktionen und Beobachtungen eine Modifikation des ursprünglichen Plans für die Lösung eines Tasks auslösen können, wird Assistenz während einzelner Handlungsphasen im Sinne von Abschn. 2.2 erst möglich. Der Grad der Adaptierbarkeit an die aktuelle Situation wird dabei allerdings durch das oben kritisierte Konzept, Entscheidungen von Wahrscheinlichkeitsverteilungen und ihren Erwartungswerten abhängig zu machen, eingeschränkt. Denn Erwartungswerte reflektieren nur die Erfahrung aus der Vergangenheit, welchen Ausgang ein Zufallsexperiment am häufigsten genommen hat. Damit wird *konkreten* Umständen der *aktuellen Situation* dann nicht Rechnung getragen, wenn eine Entscheidung gegen den Erwartungswert angebracht wäre, oder eine tatsächliche Beobachtung (z. B. über die Reaktion des Nutzers in der aktuellen Situation) nicht der Erwartung entspricht.

Dabei drängt sich die konzeptionelle Frage auf, ob das Nutzerverhalten tatsächlich sinnvoll als Zufallsprozess modelliert werden kann. Für Messwerte eines Sensors in einem autonomen System mag ein derartiges Modell angemessen sein; Entscheidungen und Handlungen von Nutzern sind aber immer – wie etwa bei [4] beschrieben – Ergebnis von Abwägungen, die auf Basis der bekannten und in ihrer Quantität und Komplexität verarbeitbaren entscheidungsrelevanten Information getroffen werden. Ein Assistenzsystem, das für den Nutzer nachvollziehbare Erklärungen konstruiert und Aktionen zur Unterstützung des Nutzers so ausführt, dass sie nicht mehr Verwirrung stiften als nützen, müsste also auf Basis von aktueller Information ähnliche Entscheidungskriterien wie ein Nutzer verwenden. In Kap. 7 wird daher besprochen werden, wie die Bewertung mittels Wahrscheinlichkeiten durch allgemeinere heuristische Entscheidungskriterien ersetzt werden kann.

---

[19] Die Erklärung der Korrektur ist allerdings, wie oben besprochen, sehr schwierig.

6.5.6 Zusammenhang zwischen *Concurrent Task Trees* und Markov-Prozessen

Zunächst soll die Frage ins Zentrum des Interesses gerückt werden, wie Assistenzdomänen als Markov-Prozess modelliert werden können. Dies bedeutet, dass untersucht werden muss, ob *Concurrent Task Trees* als Markov-Prozesse dargestellt werden können, ähnlich wie sie in Kap. 4 als GOLOG-Programme realisiert wurden. Kann dies gezeigt werden, dann können GOLOG und Markov-Prozesse auch in dem Punkt untereinander verglichen werden, wie geeignet sie zur Modellierung von Assistenzdomänen geeignet sind.

Ein erster Blick auf *Concurrent Task Trees* legt zunächst nahe, dass die Baumstruktur als endlicher Automat interpretiert werden kann. Eine direkte Übersetzung der Nebenläufigkeit in einem *Concurrent Task Tree* in einen endlichen Automaten wird dadurch verhindert, dass der *concurrency*-Operator erfordert, die Zustandsübergangsrelation eines Automaten von mehreren verschiedenen Zuständen aus gleichzeitig auszuwerten. Parallelität von Prozessen wird von Markov-Prozessen aber nicht modelliert. Sind sie also doch kein geeignetes Modell für Assistenzdomänen, die mit Hilfe von Task-Analysen in *Concurrent Task Trees* für in der Domäne zu lösende Aufgaben formalisiert werden?

Eine Antwort auf diese Frage ergibt sich, wenn man bedenkt, dass *Concurrent Task Trees* eine graphische Notation für die Prozess-Sprache LOTOS sind. Deren Semantik wird, wie beispielsweise in [10, 11], mit Hilfe von Prozessalgebren definiert. Wie in der Monographie [12] erläutert, existieren in Prozessalgebren atomare Prozesse, die mit primitiven Aktionen in *Concurrent Task Trees* identifiziert werden. Diese wiederum sind in Markov-Prozessen als Elemente der nichtdeterministischen Zustandsübergangsfunktion formalisiert: zu einer primitiven Aktion α definiere man einen Startzustand s_α und einen Endzustand e_α sowie das Element $(s_\alpha, e_\alpha, \alpha)$ von δ. Für komplexe Aktionen werden zwei Operatoren zwischen zwei Aktionen definiert:

- Sequentielle Ausführung:

$$p : q$$

beschreibt den Prozess, der zunächst p und unmittelbar anschließend q ausführt:

$$(s_p, e_q, p : q) \in \delta := (s_p, e_p, p) \in \delta \wedge (s_q, e_q, q) \in \delta \rightarrow e_p = s_q$$

- Alternative Ausführung:

$$p + q$$

beschreibt den Prozess, der zunächst p oder alternativ dazu q ausführt:

$$(s_p, e_p, p + q) \in \delta := (s_p, e_p, p) \in \delta \vee (s_q, e_q, q) \in \delta \rightarrow s_p = s_q \vee e_p = e_q$$

Diese beiden Definitionen erweitern – analog wie bei GOLOG – primitive Aktionen um komplexe, auf die wiederum die Operatoren : und + angewandt werden können. Mit diesen Mitteln lässt sich die Semantik von *Concurrent Task Trees* als prozessalgebraischer

Ausdruck rekonstruieren. Für zwei Prozesse t_1 und t_2, die jeweils einen Task bezeichnen, definieren wir:

- *enabling*:

$$t_1 \rangle\rangle\, t_2 := t_1 : t_2$$

- *enabling with information passing*:

$$t_1 \,[]\rangle\rangle\, t_2 := t_1 : t_2$$

Aus Sicht der Prozessalgebra spielt es keine Rolle, ob der Prozess t_1 Informationen an t_2 weitergibt, da – anders als in GOLOG – Aussagen über die aktuelle Situation nicht getroffen werden.

- *choice*:

$$t_1 \,\sharp\, t_2 := t_1 + t_2$$

Der hier formulierte Zusammenhang zwischen CTT-Operatoren, prozessalgebraischen Ausdrücken und deren Darstellbarkeit als nichtdeterministische Zustandsübergangsfunktion ergibt ein mechanisches Verfahren zur Übersetzung eines CTT in einen Markov-Prozess – zunächst ohne Angabe von Wahrscheinlichkeitsverteilungen, die in einem späteren Schritt gelernt werden müssen.

Ein wesentliches Merkmal von *Concurrent Task Tree* ist jedoch die Modellierung nebenläufiger Prozesse, die dazu dient, das parallele Handeln von Nutzer und benutztem System zu formalisieren. Eine zentrale Idee, wie paralleles Handeln systematisch operationalisiert werden kann, ist die des *interleaving* primitiver Aktionen aus allen parallelen Prozessen: die Parallelität zweier (oder mehrere) Prozesse wird dadurch simuliert, dass ein Prozess jeweils zwischen zwei primitiven Aktionen unterbrochen, und die nächste zur Ausführung anstehende primitive Aktion des anderen Prozesses ausgeführt wird. Anschließend tauschen die Prozesse ihre Rollen, und die nächste anstehende primitive Aktion des ersten Prozesses wird aktiviert. Die hier kurz skizzierte Idee des *interleaving* wird sowohl von GOLOG auf Basis des in Kap. 5.5.3.7 beschriebenen Ansatzes spontaner Aktionen (siehe Kap. 7 in [3]) als auch von Prozessalgebren (siehe Kap. 7 in [12]) angewandt, um Nebenläufigkeit von Prozessen mit den Mitteln der jeweiligen Sprache zu formulieren.

- *Interleaving*:

$$p \,\natural\, q$$

formuliert, dass die Prozesse p und q parallel laufen, wobei das *interleaving* von p ausgeht, d. h. dass p als erster Prozess eine Aktion ausführt und irgendwann von q unterbrochen wird.

Für den Fall, dass p atomar ist, gilt

$$p \,\natural\, q = p : q,$$

weil p nicht unterbrochen werden kann. So lässt sich *interleaving* durch geeignete Hintereinanderausführung atomarer Aktionen simulieren.

Falls auch r ein Prozess ist, gilt

$$(p + q) \natural\, r = (p \,\natural\, r) + (q \,\natural\, r),$$

weil der Operator $+$ genau eine Alternative auswählt, die zu r nebenläufig ausgeführt werden soll.

- Parallelität:

$$p \parallel q$$

drückt aus, dass p und q nebenläufige Prozesse sind, ohne eine Aussage darüber zu machen, wer das *interleaving* startet. $\parallel$ ist also eine Verallgemeinerung von $\natural$ mit folgendem Zusammenhang:

$$p \parallel q = p \,\natural\, q + q \,\natural\, p$$

Es gibt eben nur zwei Alternativen, wie Nebenläufigkeit per *interleaving* realisiert werden kann: entweder startet p oder q.

Der zweite wichtige Zusammenhang von $\parallel$ und $\natural$ besteht im *interleaving* zweier nicht atomarer Prozesse r und q: Hat r die Struktur $a : p$ (a ist eine atomare Aktion), dann gilt:

$$r \,\natural\, q = a : (p \parallel q)$$

Da r das *interleaving* startet, muss zunächst a ausgeführt werden. Sequentiell dazu läuft der „Rest" von r parallel zu q, ohne dass im Vorhinein zu sagen wäre, wer das *interleaving* startet.

Mit Hilfe dieser beiden Operatoren zur Darstellung von Nebenläufigkeit lassen sich weitere CTT-Operatoren prozessalgebraisch formalisieren:

- *independent concurrency*:

$$t_1 \;|||\; t_2 := t_1 \parallel t_2$$

Unter Rückgriff auf die Definitionen von $\parallel$ und $\natural$ lässt sich anhand der Struktur eines *Concurrent Task Tree* begründen, dass Nebenläufigkeit tatsächlich auf sequentielle und alternative Ausführung von atomaren Aktionen zurückgeführt werden kann. Zunächst ist wegen $t_1 \parallel t_2 = t_1 \,\natural\, t_2 + t_2 \,\natural\, t_1$ der Operator für *interleaving* der entscheidende, nicht der für echte Nebenläufigkeit. Denn es genügt festzulegen, wie $t_1 \,\natural\, t_2$ weiter zerlegt werden muss; sämtliche Ergebnisse gelten analog auch für $t_2 \,\natural\, t_1$:

- Im einfachsten Fall ist t_1 atomar, d. h. ein *user*, *system* oder *interaction task*. In diesem Fall gilt:

$$t_1 \,\natural\, t_2 = t_1 : t_2$$

- Ist t_1 komplex, dann ist eine mögliche Struktur von t_1 die folgende: $t_1 = t_{1,1} \rangle\rangle t_{1,2} = t_{1,1} : t_{1,2}$, wobei $t_{1,1}$ atomar ist. Dann gilt:

$$(t_{1,1} : t_{1,2}) \, \natural \, t_2 = t_{1,1} : (t_{1,2} \,\|\, t_2)$$

  Unter Anwendung der Induktionshypothese wird $t_{1,2} \,\|\, t_2$ weiter vereinfacht. Ist $t_{1,1}$ nicht atomar, muss es zunächst seiner Struktur entsprechend unter Anwendung der Induktionshypothese weiter zerlegt werden.
- Ist t_1 komplex und hat die Struktur $t_{1,1} \,\sharp\, t_{1,2} = t_{1,1} + t_{1,2}$, dann gilt:

$$(t_{1,1} + t_{1,2}) \, \natural \, t_2 = t_{1,1} \, \natural \, t_2 + t_{1,2} \, \natural \, t_2.$$

- Hat t_1 die Form $t_{1,1} \,\|\|\, t_{1,2}$, dann wird die weitere Analyse wegen der Identität $t_{1,1} \,\|\|\, t_{1,2} = t_{1,1} \,\|\, t_{1,2} = (t_{1,1} \, \natural \, t_{1,2}) + (t_{1,2} \, \natural \, t_{1,1})$ auf den vorigen Fall der alternativen Ausführung zurückgeführt.
- *deactivation (disabling):* $(t_1 \,|\rangle\, t_2)$
  Der Task t_1 wird beendet, sobald der erste Schritt des zweiten Tasks t_2 ausgeführt worden ist. t_1 wird aber nicht zwingend beendet, sondern nur eventuell. Hinsichtlich der Struktur des zu unterbrechenden Tasks t_1 sind drei Fälle zu unterscheiden:
- $t_1 = a$, t_1 ist also ein atomarer Task. Da eine atomare Aktion nicht unterbrochen werden kann, gilt:

$$a \,|\rangle\, t_2 = a : t_2$$

- $t_1 = t_{1,1} : t_{1,2}$: Da die Deaktivierung fakultativ ist, wird einer der beiden Tasks $t_{1,1}$ oder $t_{1,2}$ oder aber keiner von ihnen unterbrochen:

$$(t_{1,1} : t_{1,2}) \,|\rangle\, t_2 = t_{1,1} \,|\rangle\, t_2 + t_{1,1} : (t_{1,2} \,|\rangle\, t_2) + t_{1,1} : t_{1,2}$$

- $t_1 = t_{1,1} + t_{1,2}$: Nach der Auswahl von $t_{1,1}$ oder $t_{1,2}$ kann höchstens der ausgewählte Task unterbrochen werden:

$$(t_{1,1} + t_{1,2}) \,|\rangle\, t_2 = t_{1,1} \,|\rangle\, t_2 + t_{1,2} \,|\rangle\, t_2$$

- *suspend-resume:* $(t_1 \,\rangle\langle\, t_2)$
  Der Task t_2 kann den ersten Task t_1 unterbrechen. Er wird wieder aufgenommen, sobald der zweite Task beendet ist, und zwar genau an der Stelle, an der er unterbrochen worden ist. Auch hier sind wieder mehrere Fälle zu unterscheiden:
- $t_1 = a$, es soll also ein atomarer Task unterbrochen und wieder aufgenommen werden:

$$a \,\rangle\langle\, t_2 = a + a : t_2,$$

da ein atomarer Task, wenn er überhaupt von t_2 unterbrochen werden soll, nur nach der Ausführung von a unterbrochen werden kann.

- $t_1 = t_{1,1} : t_{1,2}$: Die Hintereinanderausführung von Tasks kann an mehreren Stellen unterbrochen werden:

$$t_1 \rangle\langle t_2 = (t_{1,1} : t_{1,2}) \rangle\langle t_2 = (t_{1,1} \rangle\langle t_2) : (t_{1,2} \rangle\langle t_2)$$

- $t_1 = t_{1,1} + t_{1,2}$: Nur der ausgewählte Task kann unterbrochen werden:

$$(t_{1,1} + t_{1,2}) \rangle\langle t_2 = t_{1,1} \rangle\langle t_2 + t_{1,2} \rangle\langle t_2$$

- *concurrency with information exchange*:

$$t_1 \,|[]|\, t_2$$

Dieser CTT-Operator unterscheidet sich von den bisher besprochenen Operatoren zur Darstellung von Nebenläufigkeit darin, dass zu seiner Ausführung Synchronisation zwischen t_1 und t_2 erforderlich ist. Baeten et al. [12] definiert dazu in Abschn. 7.2 einen speziellen Typ atomarer Aktionen, die sogenannten Kommunikationsaktionen. Auch für diese Aktionen ist *interleaving* definiert; kommunizierende Prozesse lassen sich daher auch in eine Graphstruktur, wie sie oben konstruiert wird, übersetzen.

- *iteration*: $(t)^*$ und *optional task*: $?t$
  Diese beiden Operatoren werden – wie bei der Konstruktion endlicher Automaten aus regulären Ausdrücken (siehe [13]) – durch eine Erweiterung der Zustandsüberführungsrelation realisiert: Für die Iteration wird eine Kante von den Endzuständen von t zum Startzustand eingefügt, für optionale Tasks wird eine Kante zum Startzustand von t und eine weitere Kante zum Startzustand des auf t folgenden Tasks angelegt.

- *recursion*: $r(t)$
  Rekursion, die nicht als Endrekursion in eine Iteration überführt werden kann, ist in endlichen Automaten nicht darstellbar. Da einem Markov-Prozess jedoch ein endlicher Automat zugrunde liegt, der die Semantik der modellierten Domäne festlegt, kann beliebige Rekursion in *Concurrent Task Trees* nicht abgebildet werden.

Als Fazit können wir festhalten: Mit Hilfe dieser Analyse von *Concurrent Task Trees* aus der Perspektive der Prozessalgebren haben wir einen Weg gefunden, *Concurrent Task Trees* in endliche Automaten überzuführen[20]. Wenn nun noch eine Wahrscheinlichkeitsverteilung $P(X_T|U_T, X_{T-1})$ auf der Zustandsübergangsrelation festgelegt wird, kann (interaktive) Planung zur Lösung von Assistenzaufgaben nach dem in Abschn. 6.5 erläuterten Verfahren durchgeführt werden.

Da wir bei der Diskussion des Verfahrens allerdings eine Reihe – teils schwerwiegender – Nachteile aufgedeckt hatten, ist eine zufriedenstellende Lösung noch nicht erreicht.

---

[20] Vergleiche dazu auch die Diskussion des Zusammenhangs zwischen Prozessalgebren und Prozessgraphen in [14].

6.6 Planung durch Generieren von Programmen („Klassisches Planen")

Um eine Lösung zu finden, die den Anforderungen an Assistenzsysteme gerecht wird, bietet es sich zunächst an, nach anderen Planungsverfahren als dem entscheidungstheoretischen Planen auf der Basis von Markov-Prozessen zu suchen.

6.6.1 Prinzipielle Vorgehensweise beim klassischen Planen

Wenn wir nochmals die Modellierung von Aktionen in GOLOG betrachten, findet sich eine zur Maximierung des zu erwartenden Nutzens alternative Idee für die Planung von Handlungen. Hatten wir bei der Modellierung von Aktionen in Markov-Prozessen sämtliche Vorbedingungen und Effekte der in einer Domäne bekannten Aktionen ignoriert, könnte ein anderer Ansatz zur Planung ja gerade darin liegen, anhand von Vorbedingungen und Effekten einzelner Aktionen vorauszusehen, welche Situationen ausgehend von einer initialen Situation durch aufeinanderfolgende Ausführung von Aktionen erreicht werden können. Ein Planungsverfahren wird aus dieser Simulation möglicher Handlungsfolgen dann, wenn manche Situationen als erstrebte Zielzustände ausgezeichnet sind. Das Planungsproblem kann dann als die Aufgabe aufgefasst werden, eine Sequenz von Aktionen zu generieren, deren Ausführung von der initialen Situation zu einer als Ziel ausgezeichneten überführt.

Ein derartiges Planungsverfahren konstruiert also Pfade im Raum der Situationen, wobei zwei Situationen genau dann in einer Relationen zueinander stehen, wenn es in der Domäne eine Aktion gibt, die den Übergang von einer Situation in die andere erlaubt. Diese Idee ist sehr eng mit dem Ansatz verwandt, wie in GOLOG die Simulation von Aktionen definiert ist. Auch GOLOG prüft die Ausführbarkeit von Aktionen dadurch, dass ermittelt wird, ob sämtliche Vorbedingungen einer zur Ausführung anstehenden Aktion erfüllt sind. Allerdings sind in GOLOG Situationen nur implizit gegeben: Will man wissen, welche Aussagen nach Ausführung einer bestimmten Aktionssequenz wahr sind, muss man – im Extremfall – von sämtlichen Fluenten feststellen, ob sie tatsächlich erfüllbar sind[21]. Die Prolog-Variante von GOLOG löst diese Frage durch Regression der gegebenen Aktionssequenz auf die initiale Situation – ein sehr rechenaufwändiger Ansatz. Effizienter ist es, nach jeder Aktion die in der dann aktuellen Situation positiven Literale zu registrieren. Alle anderen nicht registrierten Fluenten sind dann implizit falsch.

Ein Beispiel für eine so charakterisierte Situation wird in Abb. 6.15 gezeigt. Dort werden Aussagen über zwei Objekte `t1` und `t2` getroffen: sie sind Elemente der Menge `building` und haben als Attribute je einen eigenen Namen und eigene Koordinaten.

---

[21] Damit dies überhaupt effektiv ist, ist von einer endlichen Domäne, d. h. insbesondere von einer endlichen Zahlen an Funktionstermen, auszugehen. In Assistenzszenarien ist diese Voraussetzung realistisch.

```
building(t1).
name(t1,Marie-Therese-Gymnasium).
pos(t1,49.59787,11.01848).
inVicinity(49.59915,11.01847,t1).
building(t2).
name(t2,Juridicum-Uni-Erlangen).
pos(t2,49.59936,11.01607).
inVicinity(49.59915,11.01847,t2).

currentPos(user,49.59915,11.01847).
currentDir(user,49.59875,11.01844).

instruction(i8).
instructionDir(i8,49.59895,11.01855).
```

Abb. 6.15 Formulierung einer aktuellen Situation in der Navigationsanwendung ROSE mit Hilfe einer Konjunktion von Grundliteralen

Desweiteren gibt es ein Objekt `user` mit einer bestimmten Position (`currentPos`) und Richtung (`currentDir`). Schließlich ist das Objekt `i8` ein Element von `instruc tion`; es bezeichnet die aktuelle Navigationsanweisung des Systems an den Nutzer (`user`) in Form einer Richtungsangabe zu den in `instructionDir` genannten Koordinaten.

6.6.2 Realisierung

Um nun den Bezug zu dem bisher besprochenen Modell eines Zustandsübergangsgraphen herzustellen, machen wir Gebrauch von der Beobachtung, dass die Menge der Aussagen in Abb. 6.15 eindeutig ist in dem Sinne, dass jedes Weglassen, Hinzufügen oder Modifizieren von Aussagen eine andere Situation beschreiben würde[22]. Deshalb können wir Aussagenmengen auch durchnummerieren und so auf Zustände abbilden. Eine endliche Menge an Zuständen erreichen wir natürlich nur, wenn das Vokabular an zulässigen Prädikatssymbolen und die Liste der an den Argumentstellen der Prädikatssymbole einsetzbaren Objektnamen (vgl. `t1`, `t2`, `user`, `i8` und die Koordinaten oben) endlich sind[23]. Deshalb

---

[22] Das gilt, solange Aussagen über eine Situation nur aus variablenfreien Literalen bestehen dürfen. Lässt man allgemeinere *first order*-Formeln zu, charakterisiert dieselbe Menge an Formeln i. a. mehrere Situationen.

[23] Bei der Domänenmodellierung für Assistenzsysteme ergibt sich die Endlichkeit des Vokabulars aus der Task-Analyse. Zur Liste der Objektnamen wird später bei der Diskussion der *closed world assumption* festzuhalten sein, dass sie – um Effektivität zu garantieren – zwar nicht unendlich sein kann, aber – um den Anforderungen an Assistenzsysteme gerecht zu werden – eben auch nicht unveränderlich.

benennen wir jede Situation mit einem Namen und registrieren alle Namen in der Menge S der Zustände:

$$S = \{s_1, s_2, \ldots\}$$

Auf den ersten Blick sieht S aus wie die Zustandsmenge eines Markov-Prozesses. Der entscheidende Unterschied besteht aber eben darin, jedem Element aus S eine Menge an Aussagen zugeordnet ist. Mit ihrer Hilfe ist es möglich festzustellen, welche Aktionen, die bei der Modellierung einer Domäne festgelegt wurden (siehe das Beispiel in Abschn. 6.3), in einer gegebenen Situation überhaupt angewendet werden können. Bei der Definition einer Aktion benennen Variablen ihre Parameter[24]; wenn in einer konkreten Situation ihre Anwendbarkeit festgestellt werden soll, müssen also die Parameter durch tatsächliche Argumente, d. h. die Variablen durch Konstanten ersetzt werden, die in den Aussagen über die in Frage stehende Situation enthalten sind. Wenn dieser Vorgang zur Feststellung führt, dass die Vorbedingungen der Aktion erfüllt sind[25], ist die Menge der Aussagen zu konstruieren, die erfüllt sind, nachdem die durch Anwendung der Aktion erreichbare Situation gefunden wurde. In Abschn. 5.1 haben wir diskutiert, wie über die sogenannten *successor state axioms* im Situationskalkül Effekte von Aktionen formalisiert werden. Genau diese Information benötigen wir nun: Wenn im *successor state axiom* eines Fluenten alle Variablen konsistent zu den (variablenfreien) Argumenten der Aktionen substituiert wurden, und der Fluent dann wahr wird, ist dies ein positiver Effekt der Aktion. Wird der Fluent jedoch falsch, ist dies ein negativer Effekt. Wir erhalten also eine neue, aus der Ausführung der Aktion resultierende Situation, indem wir in der Ausgangssituation die negativen Effekte umsetzen, also sämtliche Fluenten, die falsch werden, aus der Menge der Aussagen löschen, und die positiven Effekte umsetzen, indem wir alle Fluenten, die wahr werden, hinzufügen.

Ein Beispiel: In Abb. 6.2 sind die Vorbedingungen der Aktion `enter` aufgelistet. Um diese Definition der Aktion zu vervollständigen, geben wir noch an, welche positiven und negativen Effekte die Aktion hat:

`delayIncreased(user)`

$\neg$`isFollowing(user)`

`enter` hat demnach einen positiven und einen negativen Effekt; alle anderen Fluenten bleiben unverändert. Die Aktion `follow` hingegen habe nur einen einzigen, positiven, Effekt (siehe Abb. 6.16):

`isFollowing(user)`

Beide Aktionen sind in der Situation, die in Abb. 6.15 gezeigt ist, anwendbar, wenn ihre freien Parameter mit geeigneten Termen aus der gegebenen Situation instantiiert werden.

---

[24] Vgl. dazu Abschn. 6.3

[25] Dazu müssen – wie bei Prolog – die Variablen in den Vorbedingungen konsistent mit der Belegung der Parameter der Aktion durch tatsächliche Argumente ersetzt werden.

- `meet`: Erhöhung der Verspätung und $\neg$`isFollowing`(user)
- `enter`: Erhöhung der Verspätung und $\neg$`isFollowing`(user)
- `follow`: keine Änderung der Verspätung und `isFollowing`(user)

Für die Verspätung des Nutzers gilt:

$$\text{userInDelay}(\text{user}) \leftrightarrow \forall x : \text{currentDelay}(\text{user}, x) \land x > 0$$

Abb. 6.16 Effekte von Nutzeraktionen im Navigationsszenario

Die Aktionen `enter`(user, t1) oder `follow`(user, i8) sind ausführbar in der Situation aus Abb. 6.15. Für jede Aktion entsteht eine neue Folgesituation. Dieser Umstand, dass nämlich in einer Situation meist mehr als eine Aktion ausführbar ist, trägt zum schnellen Wachstum des Suchraums für Planungsaufgaben bei. Wegen des *unique name*-Axioms ist eine instantiierte Aktion eindeutig, und wir können für sie daher eine Abkürzung einführen, ihr also einen Namen geben:

$$a_1 = \text{enter}(\text{user}, \text{t1}); \quad a_2 = \text{follow}(\text{user}, \text{i8})$$

Da die Ausgangssituation und auch die Folgesituation einen eindeutigen Namen haben – nennen wir sie etwa s bzw. z, wird durch die Ausführung von a_1 ein Zustandsübergang

$$(s, a_1) \mapsto z$$

vermittelt. Wenn a_1 deterministisch ist, ist dieser Übergang ein Element aus der Zustandsübergangsfunktion

$$\gamma_{a_1} = \begin{cases} S \to S \\ s \mapsto z \end{cases}$$

Wäre a_1 nichtdeterministisch, so wäre γ_{a_1} keine Funktion, sondern eine Relation $\gamma_{a_1} \subseteq S \times S$.

Wenn die Grundmenge der Terme für ein Planungsproblem gegeben ist, dann lassen sich in der oben beschriebenen Weise durch Einsetzen der Terme in die noch nicht instantiierten Aktionen alle instantiierten Aktionen erzeugen. Daraus resultiert die Menge A von Aktionen in der Domäne:

$$A = \{a_1, a_2, \ldots\}$$

Jede dieser Aktionen führt jede Situation, in der ihre Vorbedingungen erfüllt sind, nach dem oben beschriebenen Verfahren in Situationen über, in denen ihre Effekte erfüllt sind[26].

---

[26] Siehe dazu auch [15], Kap. 2 und [6], Kap. 4.

6.6.3   Die Zustandsübergangsrelation γ

Das Ausführen von Aktionen erzeugt also eine Relation zwischen Situationen; im Zustandsübergangsgraphen wird diese Tatsache repräsentiert, indem zwischen jedem Paar von Ausgangs- und Ergebnissituation, die über eine bestimmte Situation in Relation stehen, eine mit der Aktion benannte Kante existiert. Die Kanten im Graphen entsprechen also Elementen der Zustandsüberführungsrelation

$$\gamma : S \times A \to 2^S.$$

Die Relation γ strukturiert die Menge aller Situationen: sie definiert alle Möglichkeiten, von einer Situation aus durch Ausführung genau einer Aktion eine andere Situation zu erreichen. Der dadurch entstehende gerichtete Graph heißt *State-Space*-Modell (siehe [6]).

Durch iterative Anwendung von γ entsteht die in einer Ausgangssituation s beginnende Menge von (erreichbaren) **Folgesituationen**[27]:

- Bei gegebenem Zustand $s \in S$ ist die Menge der Folgesituationen $\Gamma(s)$:

$$\Gamma(s) = \{\gamma(s,a) | a \in A \text{ und } s \text{ erfüllt die Vorbedingungen von } a\}$$

- Iteration von Γ ergibt:

$$\Gamma^n(s) = \Gamma(\Gamma^{n-1}(s)) = \bigcup\{\Gamma(s')|s' \in \Gamma^{n-1}(s)\}$$

γ ist auch für **Aktionssequenzen** $\pi = \langle a_1, \ldots, a_k \rangle$ definiert, sobald variablenfreie Aktionen deterministisch sind:

$$\gamma(s,\pi) = \begin{cases} s & k = 0 \text{ (d. h. } \pi \text{ ist leer)} \\ \gamma(\gamma(s,a_1), \langle a_2, \ldots, a_k \rangle) & k > 0 \wedge \gamma(s,a_1) \in \Gamma(s) \\ \perp & \text{sonst} \end{cases}$$

Alle zulässigen in s beginnenden Aktionssequenzen der Länge 1 sind daher definiert durch:

$$A(s) = \{\langle a \rangle | \gamma(s,a) \in S\}$$

Aktionssequenzen der Länge größer als 1 sind rekursiv definiert:

$$A^n(s) = \{a + \sigma | \sigma \in A^{n-1}(s) \wedge \exists s' : s' = \gamma(s,\sigma) \wedge \gamma(s',a) \in \Gamma(s')\}$$

Bei GOLOG ist der Erfolg eines Programms dadurch bestimmt, dass es erfolgreich interpretiert werden konnte, und damit implizit die initiale Situation in eine finale Situation

---

[27] Die Analogie zu $\mathrm{Do}(\delta^*, s)$ in Abschn. 5.2.4 ist nicht zu übersehen.

transformiert wurde. Dagegen besteht die Aufgabe der Aktionsplanung darin, bei vorgegebener initialer und finaler Situation eine Aktionssequenz zu konstruieren, die – wie das GOLOG-Programm – die Transformation zur finalen Situation leistet. In der Planungsliteratur wird die finale Situation in der Regel als **Ziel** bezeichnet, wenn in ihr eine (minimal) gewünschte Menge von Fluenten, nämlich die explizite Beschreibung des Ziels, enthalten ist. Dabei ist zu beachten, dass ein Ziel durch eine Menge von Situationen definiert sein kann, wenn im Ziel nicht alle Fluenten der Domäne aufgeführt sind. In diesem Fall nämlich können Situationen, die sämtliche Fluenten des Ziels erfüllen, sich in den nicht im Ziel genannten Fluenten unterscheiden.

Die **Lösung** eines Planungsproblems für die initiale Situation s und das Ziel g ist eine Aktionssequenz $\pi = \langle a_1, \ldots, a_k \rangle$ mit $a_{1 \leq i \leq k} \in A$, die die Eigenschaft aufweist, dass

$$g \subseteq \gamma(s, \pi).$$

Alle Fluenten von g sind also in der finalen Situation enthalten, die entsteht, wenn π in s beginnend ausgeführt wird. Die Aktionssequenz π heißt Plan für s und g. Die Lösungsmenge dieses Planungsproblems ist die Menge von Situationen

$$S_g = \{s \in S \mid g \subseteq s\}.$$

6.6.4 Suchalgorithmen für Planungsprobleme

Ein effektiver *Planungsalgorithmus* muss nun in der Lage sein zu berechnen, ob es eine Aktionssequenz von der initialen Situation s zu einer finalen Situation $f \in S_g$ gibt. Auf Begriffe der Graphentheorie übertragen, bedeutet dies, einen Pfad vom s zugeordneten Knoten zu einem Knoten zu finden, der einem Element in S_g zugeordnet ist. Diese Sicht und die Definitionen von $\Gamma^n(s)$ und $A^n(s)$ legen nahe, dass der gesuchte Pfad mit Hilfe einer Breitensuche, die durch Markierung bereits besuchter Knoten Zyklen vermeidet, gefunden werden kann. Eine Lösung gibt es nur dann nicht, wenn die Breitensuche alle von s aus erreichbaren Knoten besucht hat, ohne dass ein Knoten für eine finale Situation gefunden werden konnte. Andernfalls ist konstruktiv gezeigt, dass von s aus mindestens eine Situation erreichbar ist, die in der Lösungsmenge des Planungsproblems für s und g liegt. Dazu konstruiert der Algorithmus sukzessive durch Verfolgen der von γ induzierten Kanten die Mengen $\Gamma^n(s)$ und $A^n(s)$. Sobald ein $f \in \Gamma^n(s)$ gefunden wurde, das auch in S_g liegt, gibt der Algorithmus die zu diesem s gehörenden[28] Aktionssequenzen $\sigma \in A^n(s)$ als Pläne aus. Wenn der Algorithmus bei Planlänge n keine Lösung findet, versucht er es – im Sinn der Breitensuche – mit der Länge $n - 1$. Wenn es in einem endlichen Suchraum, präziser: bei endlich vielen Zuständen und endlich vielen Aktionskanten, einen Plan gibt, muss ihn die Breitensuche finden: Die Korrektheit und Vollständigkeit dieses hier nur informell beschriebenen Algorithmus wird in [6] auf S. 70f. gezeigt.

---

[28] Da der Graph kein Baum sein muss, kann es mehrere Aktionssequenzen von f nach g geben.

Leider ist diese Vorwärtssuche von s zu einer finalen Situation f sehr ineffizient. In derartigen Situationen, in denen das Suchziel bekannt ist, bei der Vorwärtssuche aber viel Suchaufwand in das Verfolgen von Pfaden, die sich im Nachhinein als Irrweg herausstellen, gesteckt wird, bietet sich an, vom Ziel rückwärts zu suchen: „*Wer an die Quelle will, muss gegen den Strom schwimmen.*"[29].

Der Vorteil dieser Vorgehensweise kann sein, dass sich das Wissen ausnutzen lässt, welche Aktion als letzter Schritt zielführend ist. Wiederholt man diese Überlegung rekursiv, hofft man, nur Nützliches zu probieren und nicht den Überblick über das ganze Problem zu verlieren, wie es der Vorwärtssuche unterstellt wird – allerdings kann man sich auch bei der Rückwärtssuche verlaufen und muss dann *backtracken*. Diese sehr vage formulierte Strategie lässt sich folgendermaßen konkretisieren: Zu einem Planungsproblem für s und g lässt sich g in eine Menge g^+ positiver Literale und einer Menge g^- negativer Literale zerlegen. Eine Aktion a ist **relevant** für g, wenn

- $g \cap \text{effects}(a) \neq \emptyset$ und
- $g^+ \cap \text{effects}^-(a) = \emptyset$ und
- $g^- \cap \text{effects}^+(a) = \emptyset$ und

g besteht also zum Teil aus den Effekten von a; insbesondere heißt dies, dass die negativen Effekte von a nicht in ihrer positiven Form Bestandteil von g sind; analog soll g nicht fordern, dass ein positiver Effekt von a eigentlich negativ sein soll. Alle Aktionen, die diese Kriterien erfüllen, sind Kandidaten für den letzten Schritt. Soll also die Aktion a als der letzte Schritt zum Ziel angenommen werden, leitet sich daraus eine Reihe von Fluenten ab, die in der Situation, in der a ausgeführt werden soll, gelten müssen:

$$\gamma^{-1}(g,a) = (g - \text{effects}(a)) \cup \text{precond}(a)$$

$\gamma^{-1}(g,a)$ ist die sogenannte **Regressionsmenge** von g und a, also die Menge von Aussagen, die gelten muss, wenn man vom Ziel einen Schritt zurück geht[30]. Die Menge aller Regressionsmenge aller für g relevanten Aktionen a ist

$$\Gamma^{-1}(g) = \{\gamma^{-1}(g,a)|a \text{ ist für } g \text{ relevante, instantiierte Aktion } a\}$$

Ein rückwärts suchender Planungsalgorithmus konstruiert nun – wieder nach dem Verfahren der Breitensuche – zunächst $\Gamma^{-1}(g)$, dann $\Gamma^{-1}(\Gamma^{-1}(g))$ usw. Sobald er in einer diesen Mengen eine Situation gefunden hat, deren Fluenten alle in s enthalten sind, ist die initiale Situation erreicht und bei Rückverfolgung der in jedem Schritt ausgewählten Aktion auch ein Plan gefunden. Ghallab et al. [6] beweisen auch die Korrektheit und Vollständigkeit der Rückwärtssuche, deren Pseudocode – als Breitensuche realisiert – in der Abb. 6.17 zu sehen ist[31]. Der Grad an Nichtdeterminismus, mit dem die Rückwärtssu-

---

[29] Dieser Sinnspruch wird dem chinesischen Philosophen LAO TSE zugeschrieben.

[30] Vom lateinischen Verbum *regredi*: zurückgehen.

[31] Die Suche kann noch stark beschleunigt werden, wenn nicht irgendwelche variablenfreien Aktionsterme a betrachtet werden, sondern nur solche, die mit den Fluenten unifiziert werden können.

```
π ← empty plan
loop
   if s0 satisfies g then return π
   relevant ← ∅
   while there is a ground and relevant for g do
      relevant ← relevant ∪ {a}
   end while
   if relevant = ∅ then return failure
   nondeterministically choose an action a from relevant
   π ← a.π
   g ← γ⁻¹(g,a)
end loop
```

Abb. 6.17 Algorithmus für Rückwärtssuche

che (und ebenso die Vorwärtssuche) zu kämpfen hat, ist extrem hoch, wenn die Zahl der Fluenten und Aktionen realistische Größenordnungen angenommen hat. Da durch die Regression die Anzahl der Fluenten pro Regressionsschritt nicht monoton abnimmt[32], gibt es bei jeder nichtdeterministischen Auswahl einer Aktion a sehr viele Option – dies führt zu einem hohen *branching*-Faktor in einem Baum, der einen *trace* der Entscheidungen des Suchverfahrens darstellt.

6.6.5 Ansätze zur Effizienzsteigerung

Effizienz kann also nur dann gewonnen werden, wenn eine plausible Heuristik gefunden wird, Teile des (potentiell entstehenden) Suchbaums auszulassen, und wenn der Algorithmus so umformuliert werden kann, dass eine kompaktere Darstellung des Suchraums möglich wird.

Um die beiden genannte Wege verfolgen zu können, ist es unabdingbar, die Bedeutung der bei der Suche entstehenden Datenstruktur für die algorithmische Verarbeitung eines gegebenen Planungsproblems zu verstehen. Dazu müssen wir uns klar machen, welchen Beitrag eine nichtdeterministische Auswahl einer Aktion a aus der Menge relevant zur Lösung des Planungsproblems leistet: sie aktualisiert die Menge der Fluenten, die in einer Situation aus der Lösungsmenge des Planungsproblems enthalten sein müssen – und zwar auf deterministische Weise durch Anwendung des *Regressionsoperators* γ^{-1} auf a und die aktuelle Fluentenmenge g (siehe die vorletzte Zeile in Abb. 6.16). Iteriert man also die Regression von einem beliebigen Zustand z aus und erreicht irgendwann s, gibt es einen Plan für s und z. Die Zustandsüberführungsfunktion kann aber nach wie vor auch vorwärts „gelesen" werden: Beginnt man bei s und erreicht durch iteratives Anwenden von γ den Zustand z, gibt es einen Plan für s und z. Zusammen genommen bedeutet

---

[32] Wer könnte auch garantierten, dass Aktionen weniger Vorbedingungen als Effekte haben?

dies: es gibt genau dann einen Plan für s und z, wenn es einen durch γ induzierten Pfad zwischen dem Knoten zu s und dem Knoten zu z gibt.

Der (mit Hilfe der Breitensuche) durch Vorwärts- oder Rückwärtssuche von der initialen bzw. einer finalen Situation ausgehende Suchbaum zu einem Planungsproblem erlaubt also die Überprüfung einer hinreichenden und notwendigen Bedingung für die Existenz einer Lösung des Planungsproblems. Eine Datenstruktur für eine nur notwendige Bedingung würde aber tatsächlich genügen, um einen Plan zu konstruieren oder – stattdessen – festzustellen, dass das gegebene Planungsproblem unlösbar ist. Liegt in dieser schwächeren Anforderung Potenzial zur Verkleinerung des sich gigantisch aufblähenden Suchraums?

6.6.6 Die `GraphPlan`-Repräsentation des Suchraums

Ein erster Hinweis zur Beantwortung dieser Frage steckt in der Beobachtung, dass Vorwärts- und auch Rückwärtssuche, wie sie bisher beschrieben wurden, viel mehr leisten, als für die Lösung eines Planungsproblems überhaupt benötigt wird, weil im während der Suche konstruierten Suchbaum viel zu viel Information gespeichert wird: nimmt man nämlich eine beliebige Menge g variablenfreier Fluenten und sucht alle Knoten (d. h. Situationen) im Suchbaum, die die Fluenten in g auch enthalten, kann man durch eine einfache Rekonstruktion des Pfads von der Wurzel s des Baums zu jedem einzelnen der gefundenen Knoten *alle* Pläne für die gegebene Startsituation s und g finden. Anders ausgedrückt: Wenn es eine Aktionssequenz von s nach g gibt, dann enthält der Suchbaum auch einen Pfad zu einem dezidierten Knoten, in dem die Fluenten von g enthalten sind; schlimmer noch: der Suchbaum enthält für *jede* Aktionssequenz von s nach g genau einen Pfad. Speicher wird also dadurch verschwendet, dass jede im Suchraum mögliche Situation explizit durch mindestens einen Knoten repräsentiert wird. Für manche Situationen existieren sogar mehrere Knoten: immer dann, wenn es mehr als einen Pfad von s zu einer Situation gibt. Dies lässt sich dadurch vermeiden, dass der Suchbaum zu einem Suchgraphen umgebaut wird: dann gibt es Knoten mit mehr als einer eingehenden Kante. So wird zwar Speicher – vor allem für Kanten – gespart, aber nicht wirklich viel: es gibt im schlimmsten Fall immer noch genau so viele Knoten wie Situationen.

Um ein Planungsproblem zu lösen, genügt es aber, die Eigenschaften zu kennen, die während des Aufbaus der Datenstruktur feststellbar sein *müssen*, um die Existenz *eines Plans* oder die *Unlösbarkeit* des Planungsproblems belegen zu können. Bisher war es sehr bequem, festzustellen, ob in einem Knoten alle Fluenten des Planungsziels enthalten waren. In diesem Fall konnte man von diesem Knoten zurück zur Wurzel gehen, dabei alle Aktionen an den Kanten aufsammeln und – an der Wurzel angekommen – den Plan präsentieren. Wenn man wirklich Speicher sparen will, muss man eben auf Bequemlichkeiten verzichten: Eine übliche Methode dafür ist in der Informatik, *weniger* Information *explizit* zu speichern, und *mehr Rechenaufwand* für die Lösung zu betreiben.

Am meisten Speicher ließe sich sparen, wenn nicht ein Knoten für jede Situation verbraucht würde. Wie das zu schaffen ist, haben [16] durch einen scharfen Blick auf die Konstruktion von Γ^i durch Vorwärtssuche herausgefunden.

Ihre zentrale Beobachtung war die folgende: statt bei der Berechnung von $\Gamma(s)$ jede Situation $s' \in \Gamma(s)$ explizit zu speichern und eine Kante von s zu jedem s' zu konstruieren, wird die Vereinigungsmenge F_1 aller s' konstruiert und dafür ein einziger Knoten angelegt.

Da jedes s' aus der Menge der positiven und negativen Fluenten besteht, die in dieser Situation (mindestens) gelten (müssen), enthält F_1 alle positiven und negativen Fluenten, die nach Ausführung irgendeiner der in s anwendbaren Aktionen in den durch γ erreichbaren Situationen gelten. Es entsteht also kein Baum mehr wie nach dem ersten Suchschritt der bisherigen Vorwärtssuche; damit wird der Speicherbedarf erheblich reduziert. Auch die Zahl der Fluenten in F_1 kann gegenüber der in s nicht stark anwachsen, weil sie durch die Zahl der Effekte aller Aktionen begrenzt ist. Diese wiederum ist in den Definitionen der Aktionen (siehe die Abb. 6.2 und 6.16) fixiert und damit in jedem Schritt der Vorwärtssuche konstant.

Ohne zusätzliche Maßnahmen sind die Fluenten in F_1 aber nicht mehr den Aktionen zuweisbar, die sie erzeugt haben. Deshalb führen [16] für jeden Fluenten, der sich von s zu F_1 ändert, und jede Aktion, die diese Änderung hervorruft, ein Kante ein.

Aus Sicht der formalen Logik ist F_1 möglicherweise inkonsistent, eben gerade dann, wenn F_1 ein Literal in positiver und negativer Form enthält. So etwas passiert beispielsweise, wenn s die Situation in Abb. 6.15 ist, und F_1 die Menge von Fluenten nach der Ausführung von `enter(user,t1)` oder `follow(user,i8)` beinhaltet. In F_1 sind daher $\neg$`isFollowing(user)`, aber auch `isFollowing(user)` enthalten. F_1 kann also nicht mehr als Konjunktion von Fluenten interpretiert werden, und die Tatsache, dass eine Menge g von Fluenten in F_1 zu finden ist, lässt – anders als beim Suchbaum – nicht mehr die Folgerung zu, dass es eine Aktionssequenz gibt, die einen Plan von s nach g darstellt.

Die (eventuelle) Inkonsistenz von F_1 hat ihre Ursache darin, dass Aktionen (wie eben `enter` und `follow` im Beispiel oben) so definiert sein können, dass ihre Effekte inkonsistent sind. Dies ist ja in der Tat bei den beiden Aktionen der Fall.

Ob ein Fluent in F_1 also von s aus erreicht werden kann, hängt davon ab, welche der in der Vorgängersituation anwendbaren Aktionen tatsächlich ausgeführt wurden. Zwischen `enter` und `follow` muss offenbar eine Entscheidung[33] getroffen werden, je nach dem, ob die Erreichbarkeit von `isFollowing(user)` oder $\neg$`isFollowing(user)` interessiert.

Nicht immer jedoch muss eine Entscheidung getroffen werden: wenn s auch die Fluenten `busDelayed(`b_1`)`, `estimDelay(`b_1`,5)` enthält, und es die Aktion

```
tellBusDelay(b,t)
precond: busDelayed(b), estimDelay(b,t)
effect: delayNotified(b)
```

---

[33] Zwischen s und F_1 existieren Kanten, die mit `enter` markiert sind, aber auch mit `follow` markierte Kanten.

```
warn(u,b)
precond: not isFollowing(u), userWorried(u), busDelayed(b)
effect: not userWorried(u)

urge(u,b)
precond: not isFollowing(u), not busDelayed(b), not userUrged(b)
effect: userUrged(u,b)

inform(u,b)
precond: isFollowing(u), not busDelayed(b), not userInformed(b)
effect: userInformed(u)

dispelConcerns(u,b)
precond: isFollowing(u), busDelayed(b), not userInformed(b)
effect: userInformed(u)
```

Abb. 6.18 Einige Assistenzfunktionen des ROSE-Systems

gibt, die den Nutzer über die Verspätung eines Busses b um t Minuten informieren soll, dann wäre auch die Aktion `tellBusDelay(b`$_1$`,5)` in s anwendbar und F_1
enthielte als Effekt dieser Aktion den Fluenten `delayNotified(b`$_1$`)`. Die Menge
$g = \{$`delayNotified(b`$_1$`)`$, \neg$`isFollowing(user)`$\}$ ist erreichbar, indem sowohl
`tellBusDelay` als auch `enter` ausgeführt werden – egal, in welcher Reihenfolge.

Soll also ermittelt werden, wie g von s aus erreicht werden kann[34], muss *nach* Konstruktion von F_1 wieder rückwärts gesucht werden, welche Aktionen nötig sind, um alle
Fluenten in g zu erfüllen. Enthält g aber Fluenten, die einerseits gleichzeitig erfüllt sein
sollen, andererseits aber sich gegenseitig ausschließende Aktionen erfordern – wie für
$g = \{\neg$`isFollowing(user)`$,$ `isFollowing(user)`$\}$ –, dann kann es keinen Plan geben.

Die gewünschte Reduktion des Speicherverbrauchs wird also erkauft durch einen zweiten Suchdurchlauf durch die im „Vorwärtsgang" aufgebaute Datenstruktur, über dessen
genauen Ablauf und Komplexität wir uns weiter unten Gedanken machen werden.

Zunächst geht es noch um die Frage: Wie kann unter diesen Umständen die Suche nach
einer Lösung des Planungsproblems für spätere Fluentenmengen F_i mit $i > 1$ fortgesetzt
werden? Eine Antwort ist unverzichtbar: denn im Allgemeinen wird ein Plan nicht im
Übergang von s nach F_1 zu finden sein. Dies ist der Fall, wenn die in s gleichzeitig (d. h.
unabhängig voneinander) ausführbaren Aktionen in F_1 nicht alle für das Ziel erforderlichen Fluenten erzeugt haben. Ein Beispiel dafür lässt sich anhand des ROSE-Szenarios
und einiger dort definierter Assistenzfunktionen geben.

Anhand der Operatoren in Abb. 6.18 ist ersichtlich, dass schon das Ziel $g =$
$\{$`userInformed(`u`)`$\}$ nicht in F_1 erreicht werden kann. Denn beide Operatoren, die g
als positiven Effekt haben, nämlich `dispelConcerns` und `inform`, sind in s nicht an-

---

[34] D. h. also: soll eine Lösung zum Planungsproblem für s und g gefunden werden.

```
checkCommitment(u,b)
precond: not isFollowing(u), userWarned(u), busDelayed(b)
effect: not userWarned(u)

interruptAssistance(u,b)
precond: not isFollowing(u), not busDelayed(b), userUrged(b)
effect: not userUrged(u,b)
```

Abb. 6.19 Funktionen des ROSE-Systems zur Kontrolle des Assistenzstatus

wendbar, weil nicht alle ihre Vorbedingungen erfüllt sind. Falls jedoch `follow`(user, i8) in s ausgeführt würde, wäre in der Folgesituation der Fluent `isFollowing`(user) erfüllt, und `dispelConcerns` oder `inform` wäre anwendbar. Das Ziel g wäre dann beispielsweise durch die Aktionssequenz $\pi = \langle$`follow`(user, i8), `dispelConcerns`(user, b_1)$\rangle$ erreichbar. Wie die Aktionssequenz oben besteht auch π in zwei Schritten, allerdings ist diesmal die Reihenfolge fest. Dieser Fall illustriert, dass die Reihenfolge, in der Aktionen ausführbar sind, von der initialen Situation abhängen kann. Ursache für die fixierte Reihenfolge ist ja, dass in s der Fluent `isFollowing`(user) nicht enthalten ist, aber in F_1.

Die Reihenfolge, in der zwei Aktionen ausgeführt werden können, kann aber auch von der Definition der Operatoren beeinflusst werden. Beispielsweise kann `dispel Concerns` nie vor `enter` ausgeführt werden, weil `enter` über den Effekt ¬`is Following`(u) eine Vorbedingung von `dispelConcerns` blockiert. `enter` und `dispelConcerns` sind also nicht voneinander unabhängig. Auch von `warn` ist `dispelConcerns` nicht unabhängig, weil ¬`isFollowing`(u) und `isFollow ing`(u) in keinem F_i gleichzeitig gelten[35]. Schließen sich zwei Aktionen gegenseitig aus, überträgt sich diese Eigenschaft auch auf ihre Effekte. Daher sind weder die Fluenten `userInformed`(u) und `userUrged`(u) noch die Fluenten `userInformed`(u) und ¬`userWarned`(u) in derselben Situation gleichzeitig erfüllbar, solange in der Domäne keinen anderen Aktionen existieren, die voneinander unabhängig sind und eines der beiden Fluenten-Paare als ihre Effekte hervorbringen[36]. Damit schließen sich auch die Assistenzfunktionen in Abb. 6.19 gegenseitig aus.

Die Diskussion der Beispiele illustriert den Mehraufwand an Verwaltung, der durch den Versuch Speicher bei der Konstruktion von $\hat{\Gamma}$ zu sparen, entsteht: Die Vorwärtssuche muss alle sich gegenseitig ausschließenden Paare von Aktionen und Paare von Fluenten markieren, damit bei der Konstruktion einer das Ziel g erfüllenden Aktionssequenz nicht ein Plan extrahiert wird, der gar nicht ausführbar ist. Das Beispiel des gegenseitigen Ausschlusses weist auf das – bereits oben angesprochene – Problem hin: anders als im Suchbaum ist

---

[35] Dazu nehmen wir an dass es in der Domäne keine andere Aktion gebe, die `isFollowing`(u) als positiven oder negativen Effekt hat.

[36] Natürlich kann auch eine einzige Aktion eines der Fluenten-Paare als Effekt haben.

jetzt die gleichzeitige Existenz aller Fluenten aus g in einem Knoten F_i nicht mehr hinreichend dafür, dass ein Plan existiert: Es könnte ein Paar von Fluenten in g enthalten sein, dass sich in F_i gegenseitig ausschließt. Nur wenn dies nicht der Fall ist, hat das Planungsproblem für s und g eine Lösung.

Die exemplarische Diskussion der von der Vorwärtssuche zu verwaltenden Fälle gegenseitigen Ausschlusses fassen wir abschließend allgemein zusammen[37]:

Unabhängige Aktionen: Zwei Aktionen a und b sind unabhängig genau dann, wenn

1. $\text{effects}^-(a) \cap (\text{precond}(b) \cup \text{effects}^+(b)) = \emptyset$ und
2. $\text{effects}^-(b) \cap (\text{precond}(a) \cup \text{effects}^+(a)) = \emptyset$

Eine Menge von Aktionen ist unabhängig, wenn jedes Aktionspaar in der Menge unabhängig voneinander ist.

mutex-**Relationen**: Zwei **Aktionen** a und b sind **mutex** zueinander, wenn entweder

- a und b abhängig sind, oder
- eine Vorbedingung von a mutex ist zu einer Vorbedingung von b.

Zwei **Fluenten** p und q sind **mutex**, wenn

- jede Aktion in F_i, die p als positiven Effekt hat, zu jeder anderen Aktion, die q als positiven Effekt hat, mutex ist, und
- keine Aktion sowohl p als auch q als positiven Effekt hat.

Wie wir bereits am Beispiel der Aktion `dispelConcerns` gesehen haben, muss die Vorwärtssuche bei der Konstruktion von F_{i+1} die Effekte aller Aktionen berechnen, deren Vorbedingungen in F_i erscheinen und sich nicht gegenseitig ausschließen. Die Zahl der zu verarbeitenden Aktionen ist sehr klein im Vergleich zum Wachstum des Suchbaums. Darin liegt der wesentliche Spareffekt des Graphplan-Verfahrens bei der Berechnung von $\hat{\Gamma}$.

Wieviele Schritte hat die Vorwärtssuche zu expandieren? Aus der Diskussion bisher wissen wir, dass zunächst so lange expandiert werden muss, bis alle Fluenten von g in F_i erscheinen. Ist dies der Fall, wird im Rückwärtsgang ein Plan extrahiert, der gefunden ist, sobald die initiale Situation s erreicht wurde. Gerade dann ist eine lückenlose Kette von Aktionen gefunden, die von s zu demjenigen F_i führt, in dem die Fluenten von g enthalten sind. Die Rückwärtssuche scheitert, wenn mindestens ein Paar der im Sinne der Regressionsfunktion γ^{-1} zu erfüllenden Fluenten sich gegenseitig ausschließt[38]. Tritt dieser Fall ein, geht die Vorwärtssuche weitere Schritte „in Richtung $\hat{\Gamma}$", bis wieder ein F_i auftaucht, in dem alle Fluenten von g enthalten sind. Wie zu erkennen ist, wiederholt sich also die Verzahnung von Vorwärts- und Rückwärtssuche.

---

[37] Vergleiche dazu auch [6].
[38] Siehe [6] zu Details der Rückwärtssuche.

Wenn das Planungsproblem gar keine Lösung hat, könnte man nun vermuten, dass die Vorwärtsexpansion endlos lange voranschreitet. Glücklicherweise können [16] und – ausführlicher – [6] beweisen, dass dem nicht so ist: erstens haben wir nämlich nur endlich viele Fluenten, weil in einer Planungsdomäne nur endlich viele Aktionen definiert werden, und in einer Situation nur endlich viele Funktionssymbole zur Substitution in die Argumentstellen der Aktionen eingeführt werden können[39]. Wenn also die Zahl der Fluenten in F_i dadurch wächst, dass die Anwendung von Aktionen über deren Effekte neue Fluenten in F_{i+1} einbringt, so ist die Größe von F_{i+1} irgendwann durch die Zahl der kombinatorisch maximal möglichen Terme für Fluenten einer gegebenen Planungsdomäne begrenzt. Somit ist eine endlose Vorwärtsexpansion nur noch dann vorstellbar, wenn durch die Anwendung von in ihrer Reihenfolge voneinander abhängigen Aktionen Effekte endlos erzeugt (als positive Effekte der ersten Aktion) und gleich wieder zurückgenommen (als negative Effekte der zweiten Aktion) werden – so wie beim endlosen Ein- und Ausschalten eines Lichtschalters. Blum und Furst [16] können jedoch zeigen, dass während der Konstruktion der F_i die Paare von *unabhängigen* Fluenten monoton zunehmen. Dies impliziert, dass die Zahl der Fluenten in F_i nicht sinkt, wenn i größer wird, aber – wie eben erläutert – nach oben beschränkt ist. Die Vorwärtssuche muss also in einem Fixpunkt enden, d. h. irgendwann sind F_i und F_{i+1} identisch. Spätestens zu diesem Zeitpunkt stoppt die Vorwärtssuche; falls jetzt auch noch kein Plan gefunden wurde, ist das Planungsproblem tatsächlich unlösbar. Die Korrektheit und Verständigkeit dieses hier nur informell beschriebenen Algorithmus wird in [6] nachgewiesen.

6.6.7   Heuristische Planextraktion

6.6.7.1   Rückwärtssuche

Bisher wenig detailliert besprochen ist die Frage, wie das Planungsverfahren tatsächlich einen Plan erstellt, sobald die Vorwärtssuche beendet ist. Es wurde schon erwähnt, dass dazu die Knoten F_i entgegen der Expansionsrichtung der Vorwärtssuche analysiert werden. In keinem Rückwärtsschritt dürfen dabei Aktionen in den Plan integriert werden, die sich gegenseitig ausschließen.

Abbildung 6.20 zeigt den bei der Rückwärtssuche entstehenden Suchbaum auf Basis der während der Vorwärtssuche konstruierten Datenstruktur. Wie in der Bildunterschrift erläutert, muss die Rückwärtssuche die Kinder eines Knotens wechselnd als konjunktiv oder disjunktiv verknüpft ansehen.

Zur Erfüllung des Ziels g muss jeder der g konstituierenden Fluenten ϕ_1, ϕ_2, ϕ_3 und ϕ_4 erfüllbar sein. Um dies zu zeigen, beginnt die Rückwärtssuche bei einem beliebigen Knoten, etwa ϕ_1. Ihn zu erfüllen, ist auf mehrere alternative Wege möglich. Die Graphik zeigt beispielhaft, dass die Aktion a_1 oder die Aktion a_2 ϕ_1 als Effekt haben. Daher ge-

---

[39] Auf die dazu notwendigen Modellierungsannahmen kommen wir später in diesem Kapitel zu sprechen.

Abb. 6.20 UND-ODER-Baum bei der Rückwärtssuche. Die *geschwungenen Kanten* deuten an, dass Konjunktion der Fluenten am rechten Ende der Kanten erfüllt sein muss, um das Ziel am linken Ende zu erfüllen. Die *geraden Pfeile* signalisieren, dass mindestens das Ziel am rechten Ende einer Kante erfüllbar sein muss, damit der Fluent am linken Ende erfüllbar ist

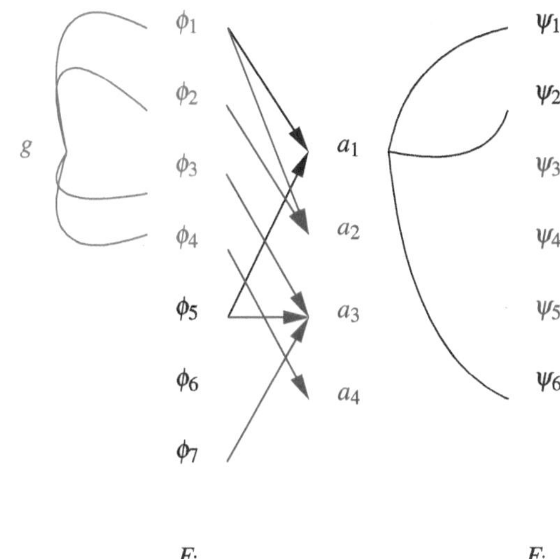

nügt es beispielsweise, eine bei s beginnende Aktionssequenz zu finden, die als letzten Schritt in F_{i-1} a_1 ausgeführt. Gelingt dies, ist auch ϕ_1 erfüllt. Um dies festzustellen, muss die Rückwärtssuche einen Beleg dafür finden, dass in F_{i-1} die Vorbedingungen von a_1 erfüllt sind, und es eine Aktionssequenz gibt, die in s beginnend diese Vorbedingungen erzeugt. Dazu ändert die Rückwärtssuche ihr Ziel: g ist jetzt die Menge aller Vorbedingungen von a_1. Das Suchverfahren arbeitet sich also rekursiv bis zu s „durch" die Mengen F_i. Ist s erreicht, ist auch eine Teillösung gefunden, und die Rückwärtssuche kann damit beginnen, das nächste Konjunktionsglied des neuesten g zu belegen. Wird s nicht erreicht, ist der eingeschlagene Weg keine Teillösung des Planungsproblems. Die Rückwärtssuche muss nun *backtracken*, bis zur ersten Möglichkeit, einen Fluenten durch eine alternative Aktionssequenz zu erfüllen. Ist kein *backtracking* (mehr) möglich, gibt es keine Teillösung für den betroffenen Fluenten. Da es für Fluenten keine Alternativen gibt, bedeutet dies unmittelbar, dass es für das gesamte Planungsproblem keine Lösung gibt. Hat hingegen die Rückwärtssuche für alle Fluenten des Planungsziels eine sie erzeugende Aktionssequenz gefunden, kann ein Plan als Lösung konstruiert werden: er besteht – beginnend bei s aus allen in F_1 unabhängigen Aktionen, die notwendig sind, um alle Vorbedingungen für F_2 zu erzeugen. Dasselbe gilt für alle späteren F_i, bis das Planungsziel erreicht ist. In Abb. 6.20 müssen alle Aktionen a_1, a_2, a_3 und a_4 ausgeführt werden, um g zu erreichen. Damit beispielsweise a_1 ausführt werden kann, müssen in F_{i-2} Aktionen ausgeführt werden, die ψ_1, ψ_2 und ψ_6 als Effekt haben. Dasselbe gilt für die anderen Aktionen.

Diese informelle Diskussion der Rückwärtssuche zeigt, dass sie hochgradig nichtdeterministisch ist. Offensichtlich können also unkluge Entscheidungen den Prozess der Planextraktion erheblich verlangsamen. In der Künstlichen Intelligenz versucht man oft,

Algorithmen für nichtdeterministische Suchprobleme dadurch zu beschleunigen, dass jede mögliche Auswahl zunächst bewertet, alle konkurrierenden Kandidaten in eine ihrer Bewertung entsprechende Rangordnung gebracht, und die Suche bei dem am besten bewerteten Kandidaten begonnen wird. Das Prinzip der Zufallsauswahl wird damit durch eine Abschätzung des Nutzens ersetzt.

6.6.7.2 Heuristiken für die Schätzung von Abständen im Suchraum von Planungsprobleme

In diskreten Suchräumen, in denen Pfad von einem Knoten zu einem Zielknoten gefunden werden sollen, bietet es sich an, den Nutzen eines Kandidaten durch eine Schätzung der Pfadlänge vom Kandidaten zum Ziel zu messen. Je kürzer der Pfad, desto schneller ist der Algorithmus fertig – so lautet die diesem Ansatz zugrundeliegende Hypothese.

Soll diese Idee auch bei Planungsproblemen angewandt werden, ist zu klären, was überhaupt der Abstand zwischen zwei Situationen sein soll: Für die Pfadlänge von s zu einem Zielzustand g verantwortlich ist die Modellierung der Aktionen und – daraus abgeleitet – die Zustandsübergangsfunktion γ, die anhand der Effekte einer Aktion a den bei Ausführung von a auf s folgenden Zustand ermittelt:

$$\gamma(s, a) = (s - \text{effects}^-(a)) \cup \text{effects}^+(a)$$

Da $\gamma(s, a)$ als Ziel gilt, sobald es alle Fluenten aus g enthält, besteht eine naheliegende Idee zur Messung des Abstands zwischen einem Zustand s und einem Zielzustand g darin, die Fluenten zu zählen, die in g, aber nicht in s enthalten sind. Dies lässt die Heuristik zu, dass ein Zustand s_1 näher an g ist als ein anderer Zustand s_2, wenn s_1 mehr Fluenten als s_2 enthält, die auch in g enthalten sind. Ausgehend von s_1 fehlen also weniger Schritte bis g als vom Zustand s_2 aus. Ein zweiter Blick auf diese Heuristik zeigt aber, dass die Idee mit Schwierigkeiten verbunden ist. Weil Aktionen ja auch negative Fluenten haben können, kann es vorkommen, dass die Ausführung einer Aktion einen Fluenten als negativen Effekt hat, der aber in g enthalten ist. Somit ist es denkbar, dass nach Ausführung der Aktion der Abstand zum Ziel größer wird, auch wenn die Aktion für die Erfüllung des Ziels unverzichtbar ist[40]. Somit wird das Abstandsmaß eine nichtmonotone Funktion. Wenn aber nicht sicher ist, ob die Tatsache, dass der Abstand zum Ziel nach Ausführung einer Aktion größer wird, impliziert, dass die gewählte Alternative vom Ziel wegführt und daher schlecht bewertet werden muss, oder dass die zwischenzeitliche Löschung eines für das Ziel relevanten Fluenten notwendig für die Lösung des Planungsproblems ist, dann ist dieses Abstandsmaß nicht hilfreich als Heuristik für eine zielführende Entscheidung bei Nichtdeterminismus.

---

[40] Der negative Fluent kann ja in einem späteren Schritt wieder positiver Effekt einer Aktion sein. Diese Information ist aber bei der Bewertung der aktuellen Aktion nicht bekannt.

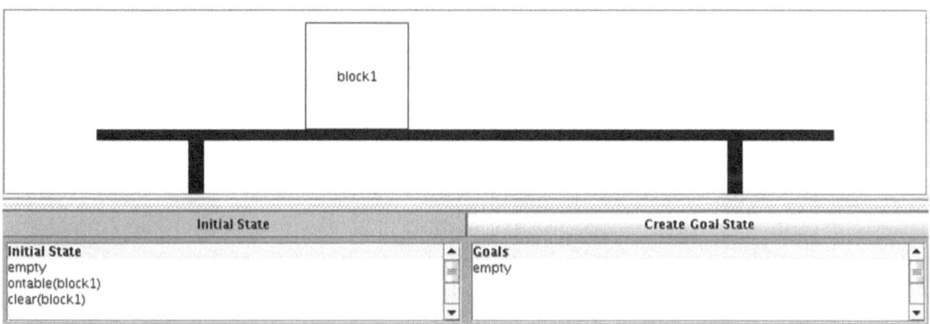

Abb. 6.21 Initiale Situation für ein Planungsproblem in der *blocks world*

Was ist nun zu tun? Gibt es nicht doch eine Möglichkeit, ein für das Planungsproblem nutzbringendes Abstandsmaß zu finden? Aus der A*-Suche[41] ist bekannt, dass es oft hilfreich ist, eine einfachere Heuristik zu suchen, die den Abstand nur approximiert, wenn die präzise Heuristik schwierig zu berechnen ist oder keine für eine erhebliche Effizienzsteigerung der Suche hinreichende Bewertung von Optionen ermöglicht.

Schwierig ist die bisher beschriebene Heuristik, weil sie nicht monoton ist und nur für positive Literale sinnvoll verwendet werden kann. Warum dem so ist, illustriert ein einfaches Beispiel: in Abb. 6.21 ist eine initiale Situation aus einem *blocks world*-Szenario zu sehen.

Als Ziel sei für dieses Beispiel angenommen:

$$\neg \texttt{ontable}(\texttt{block}_1)$$

An diesem Ziel wird die Problematik der Heuristik deutlich: von der initialen Situation in Abb. 6.21 aus muss eine Aktion eingeplant werden, die den Fluenten $\texttt{ontable}(\texttt{block}_1)$ löscht, um das Ziel zu erreichen. Dies impliziert aber, dass es nicht möglich ist, auf Pfaden von der initialen Situation zum Ziel immer bessere Bewertungen zu bekommen: dazu müssten ja immer mehr Fluenten aus dem Ziel auch in den Knoten auf den Pfaden enthalten sein. Dies widerspricht aber der Tatsache, dass Fluenten zu *entfernen* sind.

Hilft diese Diagnose nun dabei, ein brauchbares Abstandsmaß zu finden? Ärger entsteht ja immer dann, wenn der ¬-Operator ins Spiel kommt: negative Literale werden bei der Abstandsmessung nicht gezählt, weil sie beim Planen bislang so interpretiert werden: negative Fluenten sind *nicht* in der Menge der eine Situation charakterisierenden Fluenten enthalten[42]. An dieser Interpretation fällt auf, dass nicht unterschieden wird zwischen Fluenten, die *explizit* in der Definition der Aktionen oder der Spezifikation eines initialen

---

[41] Eine ausführliche Diskussion des A*-Algorithmus gibt [17].

[42] Daher wird in der Literatur zur Planung statt von *negativen Effekten* meist von DELETE-Effekten gesprochen: bei der Definition von $\gamma(.,.)$ werden sie explizit entfernt (siehe oben).

Zustands oder eines Ziels genannt werden – wie eben im Beispiel oben – und Fluenten, die *überhaupt nicht* erwähnt sind.

6.6.7.3 Relaxation von Planungsproblemen

Ein explizit formulierter negativer Effekt in der Definition einer Aktion oder ein explizit erwähnter negativer Fluent eines Ziels verbieten aber auf jeden Fall einen Plan als Lösung, der zu einer Situation führt, in der $\texttt{ontable}(\texttt{block}_1)$ als positiver Fluent vorkommt. Anders bei einem Fluenten, der im Ziel weder positiv noch negativ enthalten ist: in diesem Fall ist weder eine Situation ausgeschlossen, in der der Fluent positiv enthalten ist, noch eine Situation, in der er negativ enthalten ist.

Um nun explizit formulierte negative Effekte angemessen in einem praktikablen Abstandmaß zu berücksichtigen, bedienen wir uns einer syntaktischen Raffinesse: wir sehen die Negation nicht mehr als Operator, sondern als „Namensbestandteil" des Fluenten an. Damit verschwindet die Negation und der negative Fluent im Ziel! Statt:

$$\neg\texttt{ontable}(x)$$

schreiben wir

$$\texttt{not-ontable}(x)$$

Diese Formulierung, die auf *syntaktischer Ebene* keine Negation enthält, ist aber *aus pragmatischer Sicht* doch als Negation zu interpretieren. Für das Abstandmaß ergibt sich der Vorteil, dass die Abstände zum Ziel längs eines Pfads monoton steigen.

Nun stellt sich natürlich die Frage, welchen Einfluss die oben beschriebene syntaktische Transformation auf die Lösbarkeit des Planungsproblems hat. Schließlich haben wir ja bei der Transformation die Semantik negativer Effekte nicht geändert. Interessanterweise ist dies gar nicht nötig, wenn wir die negativen Effekte nicht *ersetzen*, sondern *ergänzen*:

$$\neg\texttt{ontable}(x) \wedge \texttt{not-ontable}(x)$$

Auf diese Weise wird der ursprüngliche negative Effekt erhalten. Die Konjunktion ist aus pragmatischer Sicht redundant, aber nicht aus syntaktischer. Diese Redundanz verschwindet aber, wenn wir unsere bisherige Idee, zur Berechnung eines Abstands zwischen zwei Situationen die negativen Effekte zu ignorieren, beibehalten, da ja alle negativen Fluenten gelöscht werden.

Der skizzierte Ansatz, Redundanz in die Domänenmodellierung einzuführen, ist systematisierbar: sind alle negativen Effekte in einem Planungsproblem um die redundante Information erweitert, ist das Planungsproblem in **positiver Normalform**:

Ein Operator $o = \langle\text{precond}(o), \text{effect}(o)\rangle$ ist in *positiver Normalform*, wenn alle negierten Literale in den Vorbedingungen und Effekten von o durch neue Symbole redundant ergänzt werden. Dafür gibt es einen polynomiellen Algorithmus:

- Solange ein negiertes Literal a in einer Vorbedingung, einem Effekt oder dem Ziel vorkommt:

- Führe ein neues Literal $\hat{a}$ mit *inversem* Wahrheitswert von a ein.
- Ersetze in allen Operatoren den Effekt a durch $a \wedge \neg\hat{a}$.
- Ersetze in allen Operatoren den Effekt $\neg a$ durch $\neg a \wedge \hat{a}$.
- Ersetze $\neg a$ in allen Vorbedingungen durch $\hat{a}$.

Es kann gezeigt werden[43], dass jedes Planungsproblem Π in ein äquivalentes Planungsproblem Π' abgebildet werden kann, in dem

- jeder Operator in positiver Normalform dargestellt ist, und
- das Ziel kein negatives Literal enthält.

Darüberhinaus zeigt HELMERT in [18], dass Π' keine Lösung haben kann, wenn schon seine relaxierte Variante (in der alle negativen Fluenten ignoriert werden), keine Lösung hat. Damit ist also der Unterschied in den gültigen Literalen zwischen aktuellem Zustand und Ziel eine geeignete Messgröße für den Aufwand, den der Planer noch betreiben muss. Der Aufwand lässt sich messen in der Zahl der Aktionen, die mindestens durchzuführen sind, um einen Zielzustand herzustellen.

Sei also s ein Zustand aus dem Suchraum, p ein beliebiges Literal aus der Planungsdomäne und g eine Menge von Literalen (Zielzustand). Jetzt lässt sich der **minimale Abstand** zwischen s und p sowie s und g definieren:

- *Minimaler Abstand zwischen s und p*
  Der minimale Abstand $\Delta^*(s, p)$ zwischen s und p ist die kleinste Zahl von Aktionen, die ausgeführt werden muss, um einen Zustand zu erreichen, in dem p wahr ist.
- *Minimaler Abstand zwischen s und g*
  Der minimale Abstand $\Delta^*(s, g)$ zwischen s und g ist die kleinste Zahl von Aktionen, die ausgeführt werden muss, um einen Zustand zu erreichen, in dem alle Literale in g wahr sind.

Diese Definition ignoriert einen Umstand, der die Berechnung eines Abstands sehr erschwert: im allgemeinen gibt es natürlich (wie wir ja oben bei der Analyse des Graphplan-Verfahrens gesehen haben) Abhängigkeiten zwischen den ausgeführten Aktionen und der Erreichbarkeit eines Zustands. Aus diesem Grund kann ein Abstand nur dann effektiv berechnet werden, wenn er geeignet approximiert wird, beispielsweise auf folgende Weise[44]

---

[43] Siehe dazu das ausführliche Skriptum von MALTE HELMERT: http://www.informatik.uni-freiburg.de/~ki/teaching/ws0809/aip/aip07-handout4.pdf (letzter Aufruf der Seite: 19.03.2015)
[44] Siehe dazu [6].

durch die Approximation Δ_0:

$$\Delta_0(s, p) = 0 \quad \text{wenn } p \in s \; (p \text{ ist schon erreicht.})$$

$$\Delta_0(s, p) = \infty \quad \text{wenn } \forall a \in A : p \notin \text{effects}^+(a)$$

$$(\text{keine Aktion führt } p \text{ herbei.})$$

$$\Delta_0(s, p) = \min_{a \in A}\{1 + \Delta_0(s, \text{precond}(a) | p \in \text{effects}^+(a)\}$$

Für die letzte Gleichung wird die Schätzung für $\Delta^*(s, g)$ benötigt:

$$\Delta_0(s, g) = 0 \quad \text{wenn } g \subseteq s. \text{ (Ziel schon erreicht.)}$$

$$\Delta_0(s, g) = \sum_{p \in g} \Delta_0(s, p)$$

Die letzte Zeile geht von der Annahme aus, dass die Propositionen in g voneinander unabhängig erreicht werden können. An dieser Stelle findet die Approximation des „idealen" Abstands statt.

Der Vollständigkeit halber sei erwähnt, dass Δ_0 keine optimistische Heuristik ist, dass sie also in manchen Fällen den tatsächlichen Abstand überschätzt. Will man also einen vollständigen und korrekten Algorithmus für Δ_0, kommt man um *backtracking* nicht herum. Damit sind natürlich erhebliche Effizienzprobleme verbunden. Deshalb wird oft ein *greedy*-Algorithmus angewandt[45]. Will man die Korrektheit erhalten, muss eine andere Heuristik angewandt werden. Wie auch immer jedoch der Abstand Δ^* approximiert wird – Erfahrungen mit verschiedenen Planungsproblemen legen nahe, dass ein Kompromiss zwischen Korrektheit, Informiertheit und Effizienz der Heuristik gefunden werden muss[46].

Welche Heuristik tatsächlich verwendet wird, ist in den einzelnen bekannten Planungssystemen unterschiedlich. Für die Diskussion hier ist dieser Punkt auch nicht der entscheidende, sondern vielmehr die Tatsache, dass durch die Relaxation des Planungsproblems und die Anwendung des Graphplan-Ansatzes zur komprimierten Darstellung des Suchraums Planung in dem für Assistenzsysteme relevanten Sinn effizient möglich ist. Damit steht ein Ansatz zur Verfügung der als Alternative zum entscheidungstheoretischen Planen gelten kann.

Die Tatsache, dass mehrere Heuristiken denkbar sind, um effizient Pläne zu berechnen, ist als Vorteil zu bewerten; öffnet dieser Umstand doch die Möglichkeit, Heuristiken zu konzipieren, die für Assistenzsysteme besonders gut geeignet sind, weil sie bei der Berechnung von Abständen auch Faktoren berücksichtigen können, die für einen domänenunabhängigen Planer vielleicht keine Rolle spielen, für Assistenzsysteme und ihre speziellen Anforderungen aber umso mehr.

---

[45] Siehe [6], S. 203
[46] Siehe [6], S. 205 und [19–21]

Die Verträglichkeit des beschriebenen Planungsalgorithmus mit den Erfordernissen beim Einsatz in Assistenzszenarien ist auch an die Annahmen über den Planungsprozess gekoppelt, die dem Algorithmus als Prinzipien zugrunde liegen, aber bisher noch nicht diskutiert wurden. Dies soll nun, nachdem erläutert wurde, wie Planung stattfinden kann, nachgeholt werden.

6.6.8 Gegenüberstellung der Restriktionen des Klassischen Planens und der Anforderungen an Assistenzsysteme

Damit das Klassische Planen so wie beschrieben funktionieren kann, werden in der Literatur[47] eine Reihe von Annahmen getroffen über die Menge der Zustände S, die Menge der Aktionen A[48] und die Fähigkeit des Planungsverfahrens, die Umgebung zu beobachten[49]. Diese Annahmen, die Restriktionen dafür darstellen, welche Planungsprobleme überhaupt formuliert werden können, werden im Folgenden aufgeführt und mit den Anforderungen, die Assistenzsysteme an die Leistungsfähigkeit eines Planungsverfahrens stellen, verglichen, so dass eine Bewertung des Klassischen Planens für seine Tauglichkeit in Assistenzsystemen gegeben werden kann.

- S und A sind endlich.
  Diese Restriktion steht nicht in Konflikt mit einer Anforderung an Assistenzsysteme. Auch bei der Formalisierung von Domänen durch *Concurrent Task Trees* werden nicht unendlich viele Knoten gefordert.
- Die Umgebung ist vollständig beobachtbar.
  Diese Annahme ist in interaktiven Assistenzszenarien nicht einzuhalten. Allein schon das Verhalten des Nutzers ist weder vollständig antizipierbar noch vollständig beobachtbar. Diese Problematik wurde bereits in Kap. 2 erörtert.
  Um einen Plan für die Lösung einer Aufgabe zu finden, muss ein Planer in der Lage sein, für das Verhalten des Nutzers zumindest eine „plausible" Hypothese generieren und in der Planung verwenden können. Das Assistenzsystem insgesamt muss darüberhinaus in der Lage sein, das Verhalten des Nutzers beobachten zu können, um Abweichungen vom Plan diagnostizieren zu können. Beide Anforderungen stehen in Konflikt mit der folgenden Restriktion für das Klassische Planen:
- Die modellierten Aktionen sind deterministisch; genauer formuliert bedeutet dies:

$$\forall s, a : |\gamma(s, a)| \leq 1$$

Die Ausführung einer Aktion oder eines Ereignisses ist also in keinem Zustand mehrdeutig, γ ist eine Funktion. Aus diesem Grund wird in der Darstellung des Planungs-

---

[47] Ghallab et al. [6] gibt darüber einen ausführlichen Überblick.
[48] Die Mengen S und A wurden in Abschn. 6.6 eingeführt.
[49] Siehe dazu Abb. 6.3.

verfahrens an einigen Stellen von der Zustandsübergangs*funktion* statt der Zustand-
übergangs*relation* gesprochen.

Die Forderung nach deterministischen Aktionen ist aus zwei Gründen für Assistenzsysteme inakzeptabel: erstens sehen *Concurrent Task Trees* explizit Nichtdeterminismus
vor: den `choice`-Operator. Zweitens ist das Nutzerverhalten nichtdeterministisch, wie
bereits bei der vorausgehenden Anforderung erwähnt. Die beiden Fälle lassen sich in-
soweit zusammenfassen, als auch Nutzerhandlungen als `choice` formuliert werden
können. Diese Vereinfachung hebt aber nicht die Problematik des Nichtdeterminismus
auf.

- Es gibt keine externen Ereignisse.
  Diese Anforderung impliziert, dass ein neuer Zustand genau dann erreicht wird, wenn
  eine Handlung, die im Plan als aktueller Schritt vorgesehen ist, ausgeführt wird.

  Bei der Durchführung von Assistenz können gerade durch das Ausführen von Handlungen, aber auch aufgrund der Tatsache, dass nebenläufig zur Planausführung Ereignisse
  auftreten, die zur Planungszeit nicht bekannt können, externe Ereignisse mit Relevanz
  für die Lösung der Aufgabe stattfinden. Beispielhaft hierfür steht die in diesem Kapitel
  oft bemühte, aber nicht unübliche Verspätung des eingeplanten Busses.

  Da externe Ereignisse nicht ausgeschlossen werden können, aber eben auch prinzipiell
  bei der Planung nicht berücksichtigt werden können, damit der Planungsalgorithmus
  effizient bleibt, wurde in Kap. 2 gefordert, dass ein Assistenzsystem über Diagnosefähigkeit (um beobachtete externe Ereignisse als für die Planausführung als relevant
  beurteilen zu können) und über die Fähigkeit zur Reparatur (um die Lösung der Aufgabe eventuell bei einem kritischen externen Ereignis doch noch fortsetzen zu können)
  verfügen muss – eine Forderung, die mit Hilfe eines klassischen Planers alleine nicht
  zu erreichen ist.

- Ziel des Planens ist es, einen Zielzustand zu erreichen. Randbedingungen oder Bewertungen von Pfaden im Suchraum spielen keine Rolle.

  Auch diese Bedingung ist im Normalfall in Assistenzsystemen nicht erfüllt. Bei der
  Lösung einer Aufgabe spielt die Vermeidung unerwünschter Situationen eben doch ei-
  ne große Rolle ebenso wie die Bewertung von Lösungen hinsichtlich unterschiedlicher
  Kriterien – dies ist beispielsweise zu sehen an dem Dialog in Abschn. 3.5.

  Um zu verstehen, wie bei der Modellierung von Assistenzszenarien als *Concurrent
  Task Trees* Randbedingungen und Bewertungen erfasst werden, halten wir uns Folgendes vor Augen: Bewertungen führen zu Entscheidungen, weil – sofern die Bewertung
  nicht ohne Konsequenzen „verpuffen" soll – Bewertung das Vorhandensein von Alternativen voraussetzt. Unter ihnen ist eine irgendwann eine auszuwählen, wenn die
  aktuelle Aufgabe vollständig gelöst werden soll. Entscheidungen müssen aber im *Concurrent Task Tree* als `choice`-Operator explizit gemacht werden; daher ist das Problem des Nichtdeterminismus auf das der Bewertungen reduzierbar. Randbedingungen
  lassen sich wiederum als Bewertung eines Plans oder eines Teils davon nach einem
  die Randbedingungen abbildenden Bewertungskriterium modellieren, wenn sie einer

expliziten Beurteilung durch den Nutzer unterliegen, und sind damit auch als `choice`-Knoten explizit repräsentierbar[50].

- Pläne sind sequentiell, also geordnete Listen von Aktionen.
  Diese Restriktion ist unproblematisch, entspricht doch ein Plan einem Pfad durch einen *Concurrent Task Tree*.

- Aktionen und Ereignisse haben keine Dauer.
  Ähnlich wie bei GOLOG schränkt diese Annahme die Klasse modellierbarer Nutzer- und Systemaktionen ein, und damit auch die Klasse aller Szenarien, in denen Unterstützung geleistet werden kann. Andererseits ist zu konstatieren, dass – ähnlich wie beim Nichtdeterminismus der Nutzerreaktion auch, – die zeitliche Dauer, die während einer Nutzerhandlung vergeht, zur Planungszeit nichtdeterministisch ist. Dies legt nahe, auch die Reaktionszeit als nichtdeterministische Auswahl zu modellieren und entsprechende `observe`-Aktionen[51] vorzusehen, um das Problem der Dauer in der Modellierung des Assistenzszenarios anzugehen. Die fehlende Modellierung von zeitlicher Dauer hat das Klassische Planen mit dem entscheidungstheoretischen gemein; dort wird es gelöst, indem Planen und Planausführung als zwei aufeinanderfolgende Phasen im Plan-Execute-Sense-Zyklus verstanden werden. Der Planer gibt in jedem Zustand die beste nächste Aktion an, mit der die aktuelle Aufgabe gelöst werden kann; die Dauer hingegen kontrolliert das System durch Beobachtungen vorgesehener oder auch nicht geplanter Veränderungen der aktuellen Situation. Diese Trennung von Planen und Planausführung fehlt dem Klassischen Planen; es kennt die zweite Phase überhaupt nicht; dieses wesentliche Manko ist verursacht durch die letzte Restriktion:

- Planen ohne Planausführung: Die Planung findet *offline* statt.
  Dies bedeutet, dass der aktuelle Zustand bei Beginn der Planung „eingefroren" wird; der Planer simuliert nur die Zukunft durch Vorausberechnen der Effekte, die von der Anwendung der definierten Aktionen ausgelöst werden.
  Ein Assistenzsystem ohne Planausführung ist undenkbar. Ein Klassischer Planer wird daher in einem Assistenzsystem keine Rolle spielen können, wenn die Frage der Planausführung nicht in einer Weise beantwortet werden kann, die dem Planer die Planung einer Lösung ermöglicht und aufzeigt, wie der Plan dann durch eine ergänzende Komponente (ähnlich wie beim entscheidungstheoretischen Planen) ausgeführt wird.

- *Closed-World Assumption*
  Die *Closed-World Assumption* stellt eine Einschränkung gegenüber der Prädikatenlogik erster Stufe dar: Jedem nicht explizit genannten Literal wird der Wahrheitswert $\bot$ zugewiesen. Damit wird ausgeschlossen, dass es unvollständige Information in einer aktuellen Situation geben kann, die zu Nichtdeterminismus führt, wie in den Abschn. 6.1.1 und 6.1.2 besprochen.

---

[50] Ein Beispiel aus dem Navigationsszenario: Eine Frau, die abends alleine unterwegs ist, möchte Nebenstraßen und einsame Haltestellen vermeiden.
[51] Zu den `observe`-aktionen siehe Abschn. 6.3.

In Hinblick auf die Domäne kann diese Zuweisung ein Fehler sein; sie reduziert aber den Suchraum erheblich. Klassisches Planen basiert immer auf der *Closed-World Assumption*. Sie ist mit dem Prinzip *Negation as Failure* in der Logikprogrammierung verwandt, das auch die Vollständigkeitsannahme macht, dass alle wahren Aussagen explizit (im Logikprogramm) formuliert sein müssen.

Die *Closed-World Assumption* bietet eine effiziente, aber nicht expressive Antwort auf das *Frame Problem*[52]. Denn sie impliziert, dass sich der Wahrheitswert eines Fluenten nur ändert, wenn er explizit als Effekt einer Aktion genannt ist. Alle anderen Literale bleiben unverändert und damit insbesondere falsch, wenn sie nicht zuvor als wahre Aussagen formuliert worden sind.

6.6.9 Bewertung des Ansatzes für Assistenzsysteme

Zusammenfassend ist das Fazit zu ziehen, dass das klassische Planen den großen Vorteil aufweist, Assistenz zielorientiert und über mehrere Schritte hinweg zu ermöglichen, indem anhand der definierten Operatoren einer Domäne ein Plan für die Lösung einer Aufgabe ermittelt wird. Wie bei GOLOG beruht die Plankonstruktion auf der Auswertung von Fluenten in jedem Schritt. Bei der Ausführung des Plans erlaubt dieser Umstand eine Diagnose, warum ein Plan in einem bestimmten Schritt nicht mehr fortgesetzt werden kann: aufgrund von Ereignissen, die zur Planungszeit nicht bekannt waren, sind Vorbedingungen nicht erfüllt, die jedoch die Voraussetzung zur weiteren Ausführung des Plans darstellen. Klassisches Planen erlaubt in derartigen Fällen auch den Versuch der Korrektur, indem unter den gegenüber dem ursprünglichen Plan geänderten Umständen eine andere Lösung des Planungsproblems durch einen neuen Plan gesucht wird. Die Tatsache, dass Fehler bei der Planausführung diagnostiziert werden können, lässt auch zu, diese Diagnosen als Grundlage für Erklärungen zu benutzen und somit Erklärungsassistenz zu realisieren.

Dazu ist es allerdings erforderlich, das Planungsverfahren in eine Systemarchitektur einzubetten, in der andere Komponenten als der Planer die Ausführung und Diagnose einzelner Aktionen des Plans übernehmen. Die Realisierung dieser Komponente ist erheblich aufwändiger als für das entscheidungstheoretische Planen. Darüberhinaus ist der Ausschluss von Nichtdeterminismus und unvollständigem Wissen unvereinbar mit den Anforderungen für die Realisierung von Assistenzsystemen, deren Anwendungsszenarien ja gerade durch Nichtdeterminismus charakterisiert sind. Schließlich verhindert die *Closed-World Assumption* die Planung von Interaktionshandlungen, weil sie verhindert, dass zur Planungszeit exogene Ereignisse – nämlich die Reaktionen des Nutzers – in den Planungsvorgang einbezogen werden können. Sofern nur die Planung betroffen ist, hat das klassische Planen für Assistenzsysteme also Vorteile gegenüber dem entscheidungstheoretischen; seine Nachteile können bestenfalls durch eine zusätzliche Planausführungskomponente beseitigt werden.

---

[52] Siehe dazu beispielsweise [6], Kap. 12.

Das Klassische Planen, wie es hier beschrieben worden ist, hat in der Vergangenheit zwei Erweiterungen erfahren, mit deren Hilfe auf Nichtdeterminismus der Aktionen, unsicheres Wissen in der initialen Situation und Beobachtungen aus der Umgebung reagiert werden kann:

- **Konformantes Planen**

  Bei dieser Variante des Klassischen Planens handelt es sich darum, einen sequentiellen Plan zu finden, der ausgehend von einer unsicheren initialen Situation einen Zielzustand erreicht, ohne Beobachtungen über die Umgebung durchzuführen zu können, obwohl primitive Aktionen in der Domäne nichtdeterministisch sind[53]. Für die Konzeption von Assistenzsystemen ist der Ausschluss von Beobachtungen nicht akzeptabel, weil somit das Verhalten des Nutzers ignoriert werden muss. Das konformante Planen eignet sich also besser für die Handlungsplanung autonomer Systeme.

- **Kontingentes Planen**

  Auch beim kontingenten Planen ist es erlaubt, dass die initiale Situation unsicher ist, und Aktionen nichtdeterministische Effekte haben. Im Unterschied zum konformanten Planen jedoch gibt es auch Aktionen, die Beobachtungen in der Umgebung sammeln und somit die Planung beeinflussen können. Dieses Modell der Umgebung, in der Pläne gesucht werden, entspricht den Anforderungen für die Entwicklung von Assistenzsystemen besser als die dem konformanten Planen zugrundeliegende Vorstellung. Allerdings wird beim kontingenten Planen kein sequentieller Plan ermittelt (siehe [24]), sondern – ähnlich wie beim entscheidungstheoretischen Planen – eine *policy*, durch welche Aktion bei welcher Beobachtung, d. h. bei welchem nichtdeterministischen Effekt einer observe-Aktion, ein Zielzustand erreicht werden kann. Das Ergebnis einer kontingenten Planung ist also ein Baum aller Pläne, die einen Zielzustand erreichen können. Ein kontingentes Planungsproblem hat schon dann keine Lösung, wenn eine einzige Beobachtung in irgendeinem Schritt des Plans verhindert, dass ein Zielzustand erreicht werden kann. Diese Anforderung, dass unter allen denkbaren Umständen in der Zukunft ein Plan gefunden werden muss, ist wiederum eher typisch für autonome Systeme als für interaktive Assistenzsysteme. Deshalb ist auch das kontingente Planen für die Entwicklung von Assistenzsystemen nicht verwertbar.

Planen in Assistenzsystemen ist sicherlich ein kontingentes Problem, allerdings ist es hinreichend, zum Planungszeitpunkt die Existenz mindestens einer Lösung zu ermitteln. Praktische Überlegungen zur Verwendung von interaktiven Assistenzsystemen lassen diese heuristische Annahme zur Relaxation des kontingenten Planungsproblems plausibel erscheinen. Allem voran steht die Überlegung, dass es wenig sinnvoll erscheint, alle denkbaren Handlungen und Entscheidungen des Nutzers zu antizipieren und eine die Lösung der aktuellen Aufgabe erhaltende Reaktion parat zu haben. Erheblich sinnvoller ist, es im Sinn der Diskussion in Abschn. 2.3 die Motiv- und Zielbildung des Nutzers in den

---

[53] Details zu Algorithmen und Komplexität des Konformanten Planens sind in [22] oder in [23] dargestellt.

Assistenzvorgang zu integrieren, indem das *commitment* des Nutzers für die aktuelle Aufgabe analysiert wird. Solange der Nutzer an der aktuellen Aufgabe festhält, sollte das Assistenzsystem ermitteln können, welche Aktionen des Nutzers und des Systems eine kooperative Lösung ermöglichen. Dazu genügt es eben jedoch, die Existenz mindestens eines Plans zu bestätigen. Die Unterstützung des Nutzers muss sich ja in jedem Fall darauf beschränken, durch die richtige Form von Assistenz im Sinn der Taxonomie von [25] den Nutzer mit interaktiven Mitteln zu „überzeugen", die im Plan für ihn vorgesehene Aktion auszuführen. Oft bestehen diese Aktionen in einer Entscheidung zwischen verschiedenen Optionen. Im Sinn der Relaxation des kontingenten Planens für Assistenzsituationen ist es dann ausreichend, wenn das System überprüfen kann, ob genau die vom Nutzer getroffene Entscheidung zielführend für die Lösung der aktuellen Aufgabe ist. Falls dem nicht so ist, sollte das Assistenzsystem über eine geeignete Effektkontrolle[54] verfügen, dem Nutzer das erkannte Problem kommunizieren und einen neuen Plan für die aktuelle Aufgabe entwickeln. Er informiert als ersten Schritt den Nutzer (nochmals) über die zielführenden Alternativen und verlangt schließlich vom Nutzer eine neue Entscheidung.

Die Tatsache, dass wesentliche Elemente eines Plans in Assistenzszenarien Entscheidungshandlungen des Nutzers sind, illustriert, dass Planung in Assistenzsystemen ohne Integration der Planausführung nicht zu denken ist. Dies ist auch dem Umstand geschuldet, dass Pläne oft über eine lange Zeitspanne hinweg und in sich ändernden Umgebungen ausgeführt werden – man denke nur an das schon mehrfach zitierte Navigationsszenario. Ein bedeutsamer pragmatischer Aspekt in Assistenzszenarien ist also die eventuell eintretende Meinungsänderung des Nutzers aufgrund von Ursachen, die dem Assistenzsystem nicht zugänglich und damit nicht in der Planung verwertbar sind.

Es kristallisiert sich also bereits heraus, dass für die Konzeption eines Assistenzsystems Ansätze aus verschiedenen Herangehensweisen an das allgemeine Planungsproblem zu integrieren sind. Bevor wir diese Frage näher diskutieren, ist jedoch noch die Frage zu klären, ob das in Form von *Concurrent Task Trees* erfasste Wissen über interaktive Abläufe in einem Szenario für das klassische Planen zugänglich gemacht werden kann. Eine negative Antwort auf diese Frage würde das klassische Planen ja „aus dem Rennen werfen".

6.6.10 Zusammenhang zwischen *Concurrent Task Trees* und Klassischem Planen

Wie wir bei der Übersetzung von *Concurrent Task Trees* in GOLOG-Prozeduren in Abschn. 5.5 gesehen haben, ist es mit Hilfe einiger weniger Fluenten möglich, den Status von atomaren und komplexen Tasks zu verwalten.

---

[54] Wandke [25] versteht unter Effektkontrolle, dass ein Assistenzsystem dem Nutzer Rückmeldung über die Auswirkungen einer Handlung – im Bezug auf ein Ziel – geben und bewerten kann, inwieweit die Lösung der aktuellen Aufgabe erreicht ist.

Um die Frage zu beantworten, wie *Concurrent Task Trees* in eine Planungsdomäne für klassisches Planen übersetzt wird, können wir zwei verschiedene Anläufe unternehmen. Der erste wäre eine Übersetzung der GOLOG-Programme für die CTT-Operatoren. Dazu dient die Untersuchung von [26] als Grundlage: die Autoren zeigen, unter welchen Bedingungen GOLOG-Programme in klassische Planungsdomänen mit der Mächtigkeit von PDDL 1[55] übersetzt werden können. Die in Abschn. 5.5 spezifizierten Fluenten entsprechen den in [26] formulierten Restriktionen für GOLOG-Programme und können anhand der angegebenen Compilierungs-Schemata in eine PDDL-Domäne übersetzt werden.

Interessanter und in der Ausführung effizienter ist jedoch die zweite Variante für die Übersetzung: die direkte Implementierung der Semantik von *Concurrent Task Trees* in PDDL. Diese Variante ist aber keine Mühe wert, solange offen bleibt, wie mit Nichtdeterminismus, unvollständigem Wissen und Beobachtung der Umgebung, also vor allem Interaktion zwischen System und Nutzer umzugehen ist. Oben wurde schon angesprochen, dass es nicht darum geht, einen kontingenten Plan zu finden, sondern dass die Approximation durch einen linearen Plan ausreichend ist, wenn er während der Planausführung ständig aktualisiert werden kann.

Einen Hinweis, wie der Übergang von einem kontingenten Planungsproblem zu einem klassischen systematisch durchgeführt wird, und welche „Verluste" in der Vollständigkeit der Lösung dabei zu erwarten sind, liefern [28–30]. Sie belegen zunächst, dass der wesentliche Unterschied von einem kontingenten zu einem konformanten Planungsproblem darin liegt, dass im kontingenten Fall die Beobachtung der Umgebung durch spezielle Aktionen `observe` erlaubt ist. Beim kontingenten Planen gibt es also grundsätzlich in jedem Schritt unsicheres Wissen wegen des unbekannten Ausgangs von Beobachtungen, während beim konformanten Planen nur das Wissen über die initiale Situation unsicher ist. Dieser Unterschied lässt sich – so der Vorschlag von [28], der in ähnlicher Weise auch schon von [31] gemacht worden war – aufheben, indem von der pragmatischen Bedeutung einer Beobachtung für den Informationsstand des Planers in der aktuellen Situation ausgegangen wird: nach der Beobachtung weiß der Planer, welche Beobachtung gemacht wurde. Besteht die Beobachtung darin, dass ein Fluent ϕ wahr oder falsch ist[56], ist die Aussage

$$K\phi \lor K\neg\phi$$

wahr. Dabei steht $K\phi$ für die Tatsache, dass der Fluent ϕ in der aktuellen Situation bekannt ist. Die obige Disjunktion beschreibt die Beobachtung bezüglich des Fluenten ϕ vollständig. Jede Beobachtung kann somit als nichtdeterministische Aktion modelliert werden, deren Effekte sich *auf den Informationsstand des Planers, nicht* aber *auf den Zustand des Planungsproblems* selbst beziehen. Diese Beobachtung legt den Ansatz nahe, das Planungsproblem komplett in den Informationsraum (engl. *belief space*) zu verlagern, ist doch die pragmatische Bedeutung eines jeden Planoperators gerade die, dass

---

[55] Diese Planungssprache ist in [27] definiert.

[56] Da sich Beobachtungen, die mit Hilfe diskreter Sensoren durchgeführt werden, immer als Fluent formulieren lassen, stellt diese Form der Beobachtung keine Einschränkung dar.

der Planer weiß, welche Fluenten nach Ausführung einer Aktion wahr und welche falsch sind. Die technischen Details zur Ausarbeitung dieser Idee sind in [28, 30, 31] ausführlich dargestellt; sie spielen jedoch für den vorliegenden Abschnitt keine Rolle. Wichtiger ist vielmehr, dass wir inzwischen zwar bei einem Planungsproblem ohne Beobachtungen angekommen sind, dieses aber immer noch nichtdeterministisch ist.

Im entscheidungstheoretischen Planen kam an dieser Stelle der Erwartungswert zu seinem Auftritt: mit Hilfe dieser Größe wurden in Abschn. 6.5 alle Alternativen zurück gestellt; so konnte sich das Verfahren immer für diejenige Aktion entscheiden, die den erwarteten Nutzen maximierte. Eine derartige Bewertung einzelner Aktionen haben wir beim klassischen Planen nicht vorliegen. Ohne eine Heuristik analog zur Maximierung des Erwartungswerts, wird es unmöglich bleiben, die Größe des Suchraums so zu beschneiden, dass ein in der Praxis brauchbar effizienter Planungsalgorithmus gefunden werden kann.

Glücklicherweise lässt sich eine Lösung finden, die ihre Anleihen in der Auswahl nimmt, wie sie das entscheidungstheoretische Planen trifft – sich allerdings zunächst etwas unentschlossener gibt: gehen wir von dem nichtdeterministischen Effekt $K\phi \vee K\neg\phi$ in der Definition eines Planoperators aus. Er kann nicht weiter präzisiert werden, solange der Operator nicht *angewandt* wird. Was wissen wir aber über die Anwendung eines Operators mit nichtdeterministischen Effekten? Die stärkste Annahme ist diejenige, dass bei Anwendung des Operators genau ein Effekt ausgewählt werden wird; die schwächste ist eben, dass der nichtdeterministische Effekt eintreten wird. Können wir nicht etwas präziser beschreiben, was dies bedeutet, ohne uns gleich auf einen Effekt festzulegen, ohne zu wissen, welcher der richtige ist? Wenn wir den Begriff „nichtdeterministisch" analysieren, bedeutet er doch:

- Es ist möglich, dass nach Ausführung der Aktion $K\phi$ gilt, **und**
- es ist möglich, dass nach Ausführung der Aktion $K\neg\phi$ gilt.

Mit dieser zunächst wie eine Haarspalterei erscheinenden Formulierung haben wir einen entscheidenden Erfolg erzielt: ihr Clou liegt darin, dass wir *oder* durch *und* ersetzen konnten! Damit haben wir den Effekt *deterministisch neu formuliert*, allerdings nicht bezüglich des Informationsstands des Planers in der aktuellen Situation, sondern der zulässigen *Hypothesen über seinen Informationsstand*. Albore et al. [30] benutzt dafür den Operator M:

$$M\,x \wedge M\,\neg x$$

ist damit der hypothetische Effekt der Aktion. Weil der Effekt nun deterministisch ist, konnten wir insgesamt das kontingente in ein klassisches Planungsproblem umformen, indem wir jeweils den Suchraum gewechselt haben. [30] erläutert wiederum die technischen Details, wie alle übrigen Fluenten, Vorbedingungen und Effekte so in den Hypothesenraum überführt werden können, dass, falls das klassische Problem lösbar ist, auf den Informationszustand des Planers zurück geschlossen und ein Plan für das konformante

Ausgangsproblem konstruiert werden kann. Ein analoger Rückschluss kann auch vom konformanten auf das ursprüngliche, kontingente Problem gezogen werden (siehe [28, 30]).

Da der Plan für das klassische Problem im Hypothesenraum wesentlich davon beeinflusst ist, welche Aktionssequenz der Planer aufgrund der von ihm verwendeten Abstandsmetrik zwischen Situationen ausgewählt hat, kann dieser Lösung nur die Eigenschaft zugeschrieben werden, dass sie eine von möglicherweise vielen ist. Andere Aussagen wie etwa, dass sie in einem bestimmten Sinn optimal sei, wie dies beim entscheidungstheoretischen Planen der Fall ist, sind nicht zulässig. Dies ist zunächst jedoch unerheblich; wesentlich ist die Erkenntnis, dass es trotz Nichtdeterminismus, unsicheren Wissens über die initiale Situation und der Notwendigkeit, die Umgebung beobachten zu können, möglich ist, durch eine Transformation der Problemstellung mit einem klassischen Planer Lösungen für Aufgaben in Assistenzszenarien zu finden, sofern diese als (klassisches) Planungsproblem formulierbar sind.

Dieser Frage müssen wir uns nun zuwenden. Die zu entwickelnde Lösung ist im Grundsatz eine Variante der in Abschn. 5.5 vorgestellten Übersetzung von *Concurrent Task Trees* in GOLOG-Programme. Zur Vorstellung der Lösung illustrieren wir die grundlegenden Ideen am Beispiel eines Bedienszenarios für ein TV-Gerät. Ein Ausschnitt aus dem Task der Erstinbetriebnahme ist in Abb. 6.22 zu sehen. Alle Details zur Übersetzung von CTT nach PDDL sind in [32] nachzulesen.

Auch die Abbildung von CTT nach PDDL wird induktiv durchgeführt und beginnt bei den elementaren Tasks. Ihre Entsprechung in PDDL ist ein einzelner Planoperator, dessen Vor- und Nachbedingungen den Ausführungszustand des elementaren Tasks und seinen Zusammenhang mit anderen Tasks modellieren: Zu diesem Zweck werden zwei Prädikate `task-active` und `task-done` eingeführt (vgl. dazu Abschn. 5.5).

Für *elementare Tasks* können nun mit Hilfe dieser Prädikate Vorbedingungen und Effekte formuliert werden. Beispielsweise wird der elementare Task `Einschalten` (siehe Abb. 6.22) wird daher folgendermaßen in PDDL übersetzt:

```
(:action do-Einschalten
 :parameters (?t - task)
 :precondition (and (task-active ?t))
 :effect (and (not (task-active ?t))
(task-done ?t)))
```

Der Fluent `(task-done ?t)` trifft eine Aussage über den Erfolg der Aktion `Einschalten` in der beschriebenen Situation. Für die Planung wird von der Erwartung ausgegangen, dass die Ausführung erfolgreich sein wird. Bei tatsächlicher Ausführung der Aktion kann sie natürlich auch scheitern. Wie dies festgestellt wird, ist das Thema des nächsten Kapitels.

Bei *abstrakten Tasks* findet die Übersetzung entsprechend der Struktur eines abzubildenden Tasks statt. Er wird dabei auf eine Reihe von PDDL-Aktionen abgebildet.

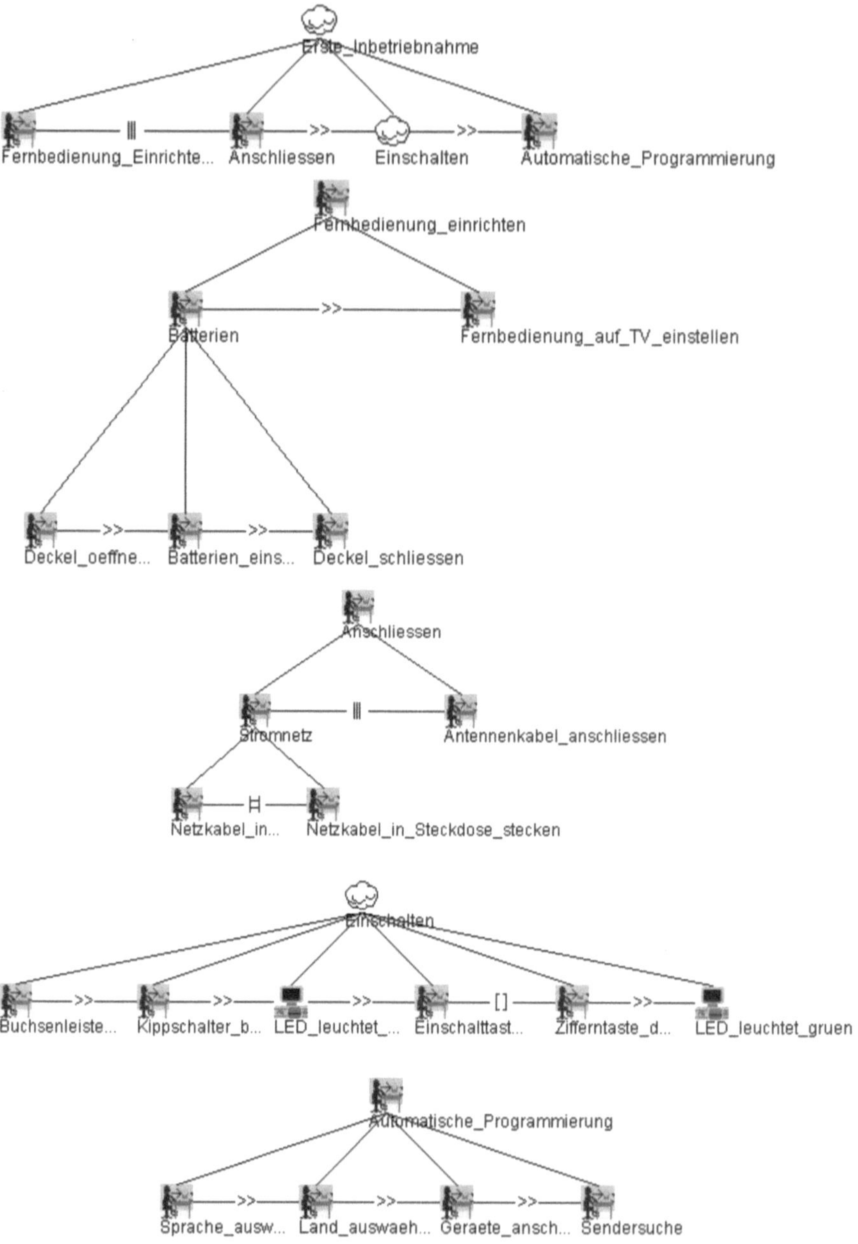

Abb. 6.22 Ausschnitt aus dem *Concurrent Task Tree* zur Erstinbetriebnahme eines Loewe-TV

Zunächst wird für jeden Task jeweils eine Aktion, die den Beginn der Ausführung des Tasks symbolisiert, und eine entsprechende Aktion für das Ende der Ausführung des Tasks generiert. Außerdem werden eventuell Aktionen für die Operatoren eingefügt, die den Kantentypen zwischen den Kindern des Tasks entsprechen (vgl. Abschn. 5.5). Die Beginn-Aktion setzt `task-active` für das erste Kind, die End-Aktion ist nur dann ausführbar, wenn für den letzten auszuführenden Sub-Task `task-done` erfüllt ist.

Zur Kontrolle des Status eines abstrakten Tasks wird als weiteres Prädikat (`task-running ?t - task`) eingeführt. Damit wird formuliert, dass mindestens ein Sub-Task aktiv, aber noch nicht alle vollständig ausgeführt sind. Das Prädikat ist hilfreich, um die Iteration abstrakter Tasks zu realisieren: `task-active` gilt ja schon nach Ausführen der Beginn-Aktion eines abstrakten Tasks, und somit ist es nicht möglich, mit nur einem Prädikat zwischen der Aktivierung eines iterativen Tasks und der Durchführung der Iteration zu unterscheiden. Details zu den `begin`- und `end`-Aktionen abstrakter Tasks finden sich in [32].

Die binären CTT-Operatoren, mit denen Kinder eines Tasks untereinander in Beziehung gesetzt werden, lassen sich in PDDL am elegantesten mit Hilfe von zusätzlichen, da nicht im *Concurrent Task Tree* enthaltenen, primitiven „Verwaltungs"-Operatoren, umsetzen. Ist beispielsweise die linke Seite eines `Enabling`-Operators bereits ausgeführt, muss zur Umsetzung seiner Semantik der zugehörige Task deaktiviert und der nachfolgend auszuführende Task – also der rechte Operand von `Enabling` – aktiviert werden (siehe Abb. 5.3). Damit dabei die Verschachtelung der Operatoren richtig abgebildet wird, sind einige Maßnahmen zu ergreifen, die in folgendem Algorithmus festgelegt werden:

1. Gegeben sei eine Menge von benachbarten Tasks und Operatoren, mit denen die Tasks untereinander verbunden sind, also ein abstrakter Task.
2. Bestimme von den verwendeten Operatoren denjenigen mit der niedrigsten Priorität.
3. Suche das erste Vorkommen dieses Operators.
4. Behandle die Teilmethode auf der linken Seite des Operators rekursiv.
5. Behandle die Teilmethode auf der rechten Seite des Operators rekursiv.
6. Behandle den Operator selbst (z. B. durch Generieren einer PDDL-Aktion).

Der Basisfall dieser Rekursion ist erreicht, wenn die Methode nur noch aus einem einzigen Task besteht, denn dann sind keine Operatoren mehr zu behandeln.

Der Schritt *Behandle den Operator selbst* ist für jeden Operatortyp individuell festzulegen; wie dies im Einzelfall geschieht, wird im Folgenden beschrieben.

Beim `Enabling`-Operator wird für jedes Vorkommen des Operators eine PDDL-Aktion der folgenden Form generiert:

```
(:action step<N>-<parent-task>
 :parameters ()
 :precondition (and (task-active <parent-task>)
  (task-running <parent-task>)
  <left-tasks-done>)
 :effect <right-tasks-activation>)
```

Abb. 6.23 Abstrakter Task, dessen Kinder über den `Suspend/Resume`-Operator verbunden sind

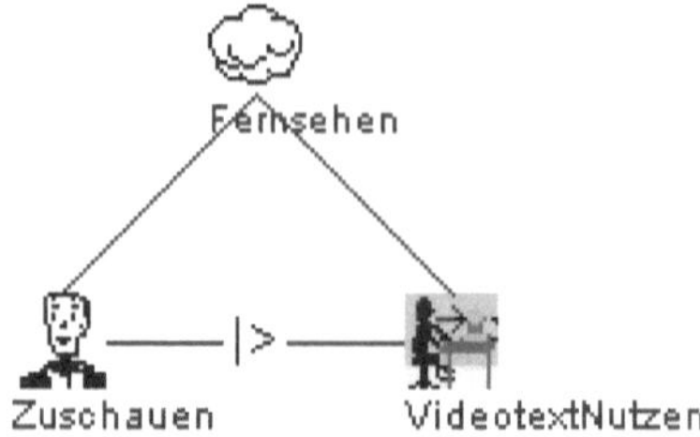

Als Bezeichnung der Aktion wurde hier eine Kombination aus dem Wort `step`, dem Namen des übergeordneten Tasks und der Position des Operators in der syntaktischen Struktur des abstrakten Tasks gewählt. Dieser Ansatz erzeugt viele Operatoren; sie können aber sehr präzise und unter Vermeidung aufwändiger Fallunterscheidungen die in einem Tree (und auch in einer ganzen Bibliothek von *Concurrent Task Trees* für eine Anwendungsdomäne) vorkommenden Operatoren in PDDL-Operatoren abbilden.

In der Vorbedingung steht eine Konjunktion aus den Literalen `(task-running` *<parent-task>*`)` und `(task-active` *<parent-task>*`)` und aus einem logischen Term *<left-tasks-done>*. Dieser Term drückt die Bedingung aus, dass die Tasks auf der linken Seite des Operators bereits erfolgreich ausgeführt wurden, die beiden ersten Literale dagegen fordern, dass der übergeordnete Task aktiv ist und gerade ausgeführt wird. Als Effekt der Aktion wird ein Term eingesetzt, der die Aktivierung der Tasks auf der rechten Seite des Operators bewirkt. Der oben angegebene PDDL-Code stellt also ein Schema dar, das durch den angeführten Algorithmus instantiiert werden muss[57], während er einen *Concurrent Task Tree* durchläuft.

Der Operator mit der nächsthöheren Priorität ist `Suspend/Resume`. Mit Hilfe des Fluenten `(suspended ?t - task)` wird in der aktuellen Situation registriert, dass die Ausführung von `?t` gerade unterbrochen ist. Damit lassen sich zwei Schemata (je eines für `Suspend` und für `Resume`) angeben, mit denen PDDL-Operatoren für die Vorkommen von `Suspend/Resume` in einem *Concurrent Task Tree* instantiiert werden können. Die Instantiierung der Schemata für den CTT in Abb. 6.23 ist die folgende:

```
(:action suspend2-Fernsehen
 :parameters ()
 :precondition (and (task-active Fernsehen)
  (task-running Fernsehen)
  (task-active Zuschauen))
 :effect (and (when (task-active Zuschauen)
  (and (not (task-active Zuschauen))
  (suspended Zuschauen)))
(task-active VideotextNutzen)))

(:action resume2-Fernsehen
 :parameters ()
```

---

[57] Die Details zu diesem Vorgang sind in [32] erläutert.

```
:precondition (and (task-active Fernsehen)
 (task-running Fernsehen)
 (task-done VideotextNutzen))
 :effect (and (not (task-done VideotextNutzen))
(when (suspended Zuschauen)
 (and (not (suspended Zuschauen))
 (task-active Zuschauen)))))
```

Nur wenn der übergeordnete Task gerade aktiv ist und ausgeführt wird, kann der Operator Suspend/Resume durchgeführt werden. Die Suspend-Aktion erfordert darüberhinaus, dass mindestens einer der Tasks auf der linken Seite des Operators aktiv ist, der unterbrochen werden kann. Diese Forderung kann als eine Disjunktion von task-active-Prädikaten formuliert werden. Für Resume ist erforderlich, dass die Tasks rechts des Operators vollständig ausgeführt worden sein müssen, bevor die Aktion ausgeführt und dadurch die unterbrochenen Tasks wieder fortgesetzt werden können. Ob der Planer eine Unterbrechung des Tasks Fernsehen tatsächlich einplant, ist davon abhängig, ob seine Heuristik zur Schätzung des Abstands vom aktuellen Zustand zum Ziel die Integration der Unterbrechung in den Plan hinreichend gut bewertet. In der Regel wird das Ziel schneller zu erreichen sein, wenn die Unterbrechung in den Plan nicht aufgenommen wird. Warum soll man sich dann die Mühe machen, diesen Operator überhaupt zu berücksichtigen? Die Antwort auf diese Frage ergibt sich, sobald wir bedenken, dass der Plan ja auch einmal ausgeführt wird, und dabei eine Unterbrechung eintreten kann, ob sie nun eingeplant war oder nicht. Sobald aber das Assistenzsystem eine Unterbrechung diagnostiziert hat, muss es in der Lage sein, einen revidierten Plan zu ermitteln, wie das die aktuelle Aufgabe noch gelöst werden kann. Mit Hilfe des Resume-Operators ist es nun möglich, im revidierten Plan die Tatsache zu berücksichtigen, dass der ursprünglich geplante Ablauf durch einen externen Vorgang unterbrochen wurde, und die Schritte zu ermitteln, die gemäß der für die aktuelle Aufgabe durchgeführten Task-Analyse als Schritte einer erfolgreichen Bearbeitung der Aufgabe vorgesehen sind.

Mit dem Disabling-Operator wird erreicht, dass die Tasks auf der linken Seite des Operators gestoppt werden, sobald mit der Ausführung der Tasks auf der rechten Seite begonnen wurde. Anders als bei Suspend/Resume bleiben die unterbrochenen Tasks aber deaktiviert, nachdem die unterbrechenden Tasks ausgeführt worden sind. Somit ist zu diesem Zeitpunkt die Ausführung des gesamten abstrakten Tasks beendet:

```
(:action disable1-Fernsehen
 :parameters ()
 :precondition (and (task-active Fernsehen)
  (task-running Fernsehen)
  (task-active FernseherNutzen))
 :effect (and (not (task-active FernseherNutzen))
(task-active FernseherAusschalten)))
```

Der Operator mit der nächsthöheren Priorität ist `Concurrent`. Wie das unten stehende Beispiel des Tasks `Anschliessen` illustriert, setzt der „Verwaltungs"-Operator `begin-Anschliessen` alle Kinder auf aktiv und überlasst alles weitere dem Planer. Einzige Ausnahme: Ein abstrakter Task mit `Concurrent`-Operator gilt erst dann als ausgeführt, sobald alle seine Kinder ausgeführt worden sind. Diese Tatsache wird von den Vorbedingungen des Operators `end-Anschliessen` überwacht:

```
(:action begin-Anschliessen
:parameters (?t - Anschliessen
  ?t1 - Antennenkabel_anschliessen
  ?t2 - Stromnetz)
:precondition (and (task-active ?t)
  (not (task-running ?t)))
:effect (and (task-running ?t)
    (task-active ?t1)
    (task-active ?t2)))

(:action done-Anschliessen
:parameters (?t - Anschliessen
  ?t1 - Antennenkabel_anschliessen
  ?t2 - Stromnetz)
:precondition (and (task-active ?t)
  (task-running ?t)
  (task-done ?t1)
  (task-done ?t2))
:effect (and (not (task-running ?t))
  (task-done ?t)
  (not (task-active ?t)))))
```

Der Planer hat nun alle Möglichkeiten offen, die zu den Tasks `?t1` und `?t2` gehörenden Aktionen (willkürlich) zu verschachteln und so die Nebenläufigkeit der beiden Prozesse zu simulieren. Der abstrakte Task insgesamt ist abgeschlossen, sobald die einzuplanende Aktion `done-Anschliessen` ausgeführt ist.

Auch per `Order Independency` verbundene Tasks dürfen in beliebiger Reihenfolge ausgeführt werden, allerdings nicht gleichzeitig. Um dies sicherzustellen, wird für jeden der Tasks eine PDDL-Aktion eingefügt, die ihn nur unter der Bedingung aktiviert, dass gerade keiner der anderen Tasks aktiv ist. Dazu wird ein weiteres Hilfsprädikat (`task-ready ?t - task`) eingeführt, das besagt, dass der Task zur Ausführung bereit, aber noch nicht aktiv ist. Die PDDL-Aktionen zur Realisierung für `Order Independency` können dann in ihrer Vorbedingung prüfen, dass dieses Prädikat für den entsprechenden Task gesetzt ist, die anderen Tasks aber gerade nicht aktiv sind. Als Effekt wird dann das `task-ready`-Prädikat für diesen Task gelöscht, und er als aktiv markiert:

```
(:action begin-Stromnetz
:parameters ()
:precondition (and (task-active Stromnetz)
  (not (task-running Stromnetz)))
:effect (and (task-running Stromnetz)
(task-ready Netzkabel_in_Netzbuchse_stecken)
(task-ready Netzkabel_in_Steckdose_stecken)))

(:action step1-Stromnetz
:parameters ()
:precondition (and (task-active Stromnetz)
(task-running Stromnetz)
(not (task-active Netzkabel_in_Steckdose_stecken))
(task-ready Netzkabel_in_Netzbuchse_stecken))
:effect (and (not (task-ready Netzkabel_in_Netzbuchse_stecken))
(task-active Netzkabel_in_Netzbuchse_stecken)))

(:action step2-Stromnetz
:parameters ()
:precondition (and (task-active Stromnetz)
  (task-running Stromnetz)
  (not (task-active Netzkabel_in_Netzbuchse_stecken))
  (task-ready Netzkabel_in_Steckdose_stecken))
:effect (and (not (task-ready Netzkabel_in_Steckdose_stecken))
   (task-active Netzkabel_in_Steckdose_stecken)))

(:action done-Stromnetz
:parameters ()
:precondition (and (task-active Stromnetz)
  (task-running Stromnetz)
  (task-done Netzkabel_in_Steckdose_stecken)
  (task-done Netzkabel_in_Netzbuchse_stecken))
:effect (and (task-done Stromnetz)
  (not (task-active Stromnetz))))
```

Im PDDL-Code oben, der zum Task `Stromnetz` aus Abb. 6.22 gehört, sorgt der „Verwaltungs"-Operator `begin-Stromnetz` dafür, dass beide Kinder bereit zur Ausführung sind. Die Vorbedingungen der nachfolgenden „Verwaltungs"-Operatoren `step1-Stromnetz` und `step2-Stromnetz` verlangen dann in ihren Vorbedingungen, dass jeweils genau ein Task noch nicht `task-active` ist. Somit ist es möglich, die elementaren Tasks `Netzkabel in Netzbuchse stecken` und `Netzkabel in Steckdose zu stecken` in beliebiger Reihenfolge auszuführen. Welche das sein wird, bleibt wie schon beim Operator `Concurrent` dem Planer überlassen. Der Task `Stromnetz` ist dann endgültig abgeschlossen, wenn der „Verwaltungs"-Operator done-Stromnetz ausgeführt ist. Dies ist erst dann zulässig, sobald beide Kinder ausgeführt sind.

Der Operator mit der höchsten Priorität ist Choice. Er besagt, dass aus den Tasks, die durch ihn miteinander verknüpft sind, genau einer ausgewählt und ausgeführt werden soll, die anderen dagegen nicht.

Zu diesem Zweck wird für die Implementierung des Choice-Operators ein neues Prädikat (choice ?parent ?task) eingeführt. Es besagt, dass zur Ausführung des Tasks ?parent in der aktuellen Situation eine Entscheidung zu treffen ist, und dass dabei der Task ?task eine der möglichen Alternativen ist. Das heißt, dass er in dem Ausführungspfad, in dem die Auswahl auf diesen Task fällt, aktiviert werden soll. Der Effekt der Aktivierung des Choice-Operators ist dann zunächst einfach die Konjunktion von choice-Prädikaten für alle zur Auswahl stehenden Alternativen. Insofern entspricht der Fluent choice dem Operator M in [30], mit dem die Hypothese formuliert wird, dass ein Fluent in der aktuellen Situation wahr ist. Analog dazu formuliert choice die Hypothese, dass der Nutzer die vom Fluenten bezeichnete Option ausgewählt hat. Sofern der Planer derartige Entscheidungen des Nutzers antizipieren muss, kann er ja, solange der Plan nicht ausgeführt wird, nur eine (unterschiedlich gut begründete) Hypothese bilden, wie sich der Nutzer einmal verhalten wird. Für den vierten Schritt des Tasks Einschalten in Abb. 6.22 gibt es beispielsweise die beiden Alternativen, auf der Fernbedienung die Einschalttaste oder die Zifferntaste zu benutzen:

```
(:action step4-Einschalten
:parameters ()
:precondition (and (task-active Einschalten)
  (task-running Einschalten)
  (task-done LED_leuchtet_rot))
:effect (and (choice Einschalten Einschalttaste_druecken)
  (choice Einschalten Zifferntaste_druecken))))
```

Die Möglichkeit zur Auswahl einer Alternative kann dem Planer durch Definition der folgenden Aktion gegeben werden:

```
(:action choose
 :parameters (?parent - task ?choice - task)
 :precondition (and (task-active ?parent)
  (task-running ?parent)
  (choice ?parent ?choice))
 :effect (and (task-active ?choice)
(forall (?t - task)
  (when (and (choice ?parent ?t)
(not (concurrent-choice ?choice ?t)))
  (not (choice ?parent ?t)))))))
```

Die Aktion hat zwei Parameter, für die der Planer Tasks einsetzen kann: Für den Parameter ?parent einen Task, für den eine Entscheidung zu treffen ist, für den Parameter ?choice einen Task, der als mögliche Alternative für diese Entscheidung zur Auswahl steht. Letzteres wird durch die Vorbedingung (choice ?parent ?task) sichergestellt. Der Task ?parent muss außerdem aktiv sein und gerade ausgeführt werden (also etwa nicht gerade suspendiert sein). Durch den Effekt (task-active ?choice) wird der gewählte Task aktiviert. Der mit forall quantifizierte Effekt dient schließlich dazu, die choice-Literale der anderen potentiellen Alternativen zu löschen, denn sobald eine der Alternativen aktiviert wurde, stehen die anderen nicht mehr zur Verfügung. Durch den in den Quantor verschachtelten bedingten Effekt wird für alle Tasks, für die das Literal (choice ?parent ?t) gesetzt ist, dieses Literal gelöscht. Ausnahmen davon bilden die Tasks, für die gleichzeitig noch das Literal (concurrent-choice ?choice ?t) gesetzt ist. Damit soll verhindert werden, dass im Fall von zwei oder mehr gleichzeitig zu treffenden Entscheidungen choice-Literale gelöscht werden, die gar nicht zur gerade getroffenen Entscheidung gehören.

Der Operator choose löst also die Konsequenzen der antizipierten Entscheidung des Nutzers auf, indem er die aktuelle Situation so modifiziert, wie es die Entscheidung erfordert: genau der zur Entscheidung gehörige Task wird aktiviert, alle anderen können (und müssen) nicht weiter verfolgt werden. Solange der Plan nicht ausgeführt wird, entscheidet wieder die Heuristik des Planers, welche Hypothese verfolgt wird. Dies stellt die Existenz mindestens eines Plans für die aktuelle Aufgabe sicher. Wie das Assistenzsystem zu reagieren hat, wenn der Nutzer während der Planausführung eine andere Entscheidung trifft, besprechen wir später in Abschn. 6.6.11.

Tasks können in CTT als *optional* markiert werden, das heißt ihre Ausführung darf unterlassen und der Task somit übersprungen werden. Dieser Sachverhalt wird mit Hilfe eines weiteren Fluenten (optional ?t - task) modelliert. Immer wenn ein als optional markierter Task aktiviert wird, wird zugleich optional für diesen Task gesetzt. Analog zu choose existiert der Operator skip, der als Vorbedingung (optional ?t) fordert und als Effekt den optionalen Task als erledigt markiert. Dem Planer wird so die Möglichkeit gegeben, wahlweise optionale Tasks zu überspringen oder einzuplanen. Die Übersetzung und Interpretation optionaler Tasks ist also ein Spezialfall der Behandlung des choice-Operators.

Zur Übersetzung von *Schleifen* wird der Fluent (iterate-task ?t - task) eingeführt. Alle iterativen Tasks werden so modifiziert, dass sie nach ihrer Ausführung nicht direkt den Fluenten task-done, sondern zunächst den Fluenten iterate-task setzen, um zu signalisieren, dass sie bei Bedarf erneut ausgeführt werden dürfen. Der Aktion iterate-task dient dieses Prädikat als Vorbedingung. Der Effekt der Aktion ist die erneute Aktivierung des Tasks mit Hilfe des task-active-Prädikats. Für die Beendigung der Iteration wird eine weitere Aktion iteration-done mit gleicher Vorbedingung generiert. Als Effekt setzt sie aber das task-done-Prädikat und beendet damit die Schleife.

Die *Rekursion* stellt den für die Übersetzung in PDDL problematischsten Operator dar: [33] beschreiben den analogen Fall zyklischer HTNs und gelangen zum Schluss, dass solche Zyklen einfach durch Hinzufügen weiterer temporaler Restriktionen behandelt werden können, falls die Tasks in dem HTN vollständig geordnet sind. In einem CTT-Task-Modell ist das aber im Allgemeinen nicht der Fall, da z. B. der Concurrent-Operator ja gerade keine Ordnung der Tasks festlegt. In diesem Fall ist die Planungsdomäne laut [33] nur dann entscheidbar, wenn eine endliche maximale Rekursionstiefe angegeben werden kann. Dies kann dann ausgenutzt werden, indem eine entsprechende Anzahl an Symbolen erzeugt wird, die als Zählerparameter zu den Zustandsliteralen der von der Rekursion betroffenen Tasks hinzugefügt werden, um unterschiedlichen Rekursionsebenen voneinander zu unterscheiden. Diese Information ist in einem *Concurrent Task Tree* nicht angegeben. Auf die Übersetzung rekursiver Tasks wird daher verzichtet.

6.6.11   Planen und Planausführung in Assistenzszenarien

Die Operatoren Choice, Iteration und Option erzeugen – im oben beschriebenen Sinne – nichtdeterministische Aktionen in einem kontingenten Planungsproblem. Analog zu der oben beschriebenen Relaxation, die in [30] eingeführt wurde, wird das Planungsproblem so relaxiert, dass in einer klassischen Variante *eine mögliche Lösung* gefunden werden kann, falls sie existiert. Ein Assistenzsystem plant also immer im Raum der Hypothesen über seinen Informationszustand, der durch den Concurrent Task Tree nach den Ergebnissen einer Task-Analyse vorstrukturiert ist. Es liegt ja in der Natur der Sache, dass ein Assistenzsystem nur dann planen kann, wenn es Annahmen über diejenigen Handlungen des Nutzers trifft, die erst in der Zukunft stattfinden werden. Indem derartige Annahmen getroffen werden, wird das kontingente Planungsproblem zu einem klassischen, und die Anforderungen der Zielorientierung und Unterstützung über mehrere Schritte hinweg können auch mit einem symbolischen Planungsansatz erfüllt werden. Die Resultate von [30] und [28, 29, 34, 35] belegen, dass es sogar Rahmenbedingungen gibt, unter denen die Transformation eines kontingenten in ein klassisches Planungsproblem korrekt und vollständig ist.

In einem Assistenzsystem ist der praktische Nutzen der eben zusammengefassten Idee tatsächlich erst dann sinnvoll verwertbar, wenn die von der Heuristik des Planers gesteuerten Entscheidungen bei der Konstruktion eines Plans während seiner Ausführung revidiert werden können. Dafür sind – wie die Beispiele oben schon angedeutet haben – die in den *Concurrent Task Trees* nicht enthaltenen „Verwaltungs"-Operatoren zuständig. Ihre Funktionsweise wird in Kap. 7 beschrieben werden.

Ein weiterer wichtiger Punkt, der auch in Kap. 7 detailliert ausgeführt werden wird, betrifft den Zusammenhang zwischen der bisher beschriebenen Planung von Hypothesen darüber, welche Aktionen Nutzer und System zur Lösung einer Aufgabe durchführen müssen, und der Kontrolle der beschriebenen Situation, in der Nutzer und System handeln. Schließlich kann das Assistenzsystem die Existenz einer Lösung nur dann durch einen Plan belegen, wenn es feststellen kann, ob die im Plan enthaltenen elementaren

Tasks in der aktuellen beschriebenen Situation ausführbar sind. Diese Verankerung der Kooperation zwischen Nutzer und System in der beschriebenen Situation lässt sich damit vergleichen, wie ein autonomer Roboter seine Handlungsentscheidungen in der Situation verankert, die er über seine Sensorik durch Beobachtung der Umgebung konstruiert hat[58]. Ein Assistenzsystem ist in ähnlicher Weise von derartiger „Laufzeitinformation" abhängig: sie besteht insbesondere in der Prüfung der Durchführbarkeit der elementaren Tasks. Damit entsteht auf ganz natürliche Weise ein hierarchisches Planungsproblem: die Existenz eines Plans zur Lösung der aktuellen Aufgabe hängt davon ab, ob für die dabei verwendeten elementaren Tasks ein Plan existiert, wie wir in Kap. 7 sehen werden.

„Laufzeitinformation" beeinflusst die Durchführung von Assistenz aber auch an einer anderen Stelle: immer dann, wenn im *Concurrent Task Tree* ein `Choice`-Operator auftritt, sind „zur Laufzeit", d. h. bei Durchführung eines Assistenzvorgangs Entscheidungen zu treffen, sowohl vom System als auch vom Nutzer. Das Assistenzsystem hat hierbei die Möglichkeit, die Entscheidung des eigenen Planers zu revidieren und aufgrund anderer Kriterien als derjenigen, die von der Heuristik des Planers benutzt wurden, eine Auswahl zu treffen. Genauso trifft der Nutzer in der Regel Entscheidungen, die sich nicht mit der Auswahl der Planungsheuristik decken. Egal also, ob das System oder der Nutzer mit der Ausführung eines *Choice*-Operators konfrontiert ist, immer muss das Assistenzsystem überprüfen können, ob die Lösbarkeit der aktuellen Aufgabe erhalten bleibt, nachdem eine Entscheidung gefallen ist. Dieses Merkmal des Assistenzsystems ist – wie in Kap. 7 zu sehen sein wird – sehr eng mit den Anforderungen nach Fähigkeit zu Diagnose und Erklärung sowie nach Relaxation der Aufgabe verbunden.

Bevor wir jedoch die Planausführung näher untersuchen, müssen wir noch eine dritte bedeutende Klasse von Planungsverfahren auf ihre Verwendbarkeit in Assistenzsystemen untersuchen. Diese Frage wird das Thema des folgenden Abschnitts sein.

6.7 Planung mit hierarchischen Task-Netzwerken

Während das klassische Planen mit dem großen Vorteil aufwarten kann, alleine anhand der Definition aller in der Planungsdomäne elementaren Aktionen bei einem gegebenen Planungsproblem den Suchraum aller Programme zu durchlaufen, um eines davon zu finden, das eine gegebene initiale Situation in eine vorgegebene Zielsituation überführt, hat es eben auch den großen Nachteil des enormen Suchaufwands.

Wenn in einer Domäne tatsächlich über die Lösung eines Planungsproblems nichts anderes bekannt ist als die primitiven Aktionen, ist die oben beschriebene Suche die einzige Möglichkeit, einen Plan zu konstruieren. In Assistenzszenarien sind aber die Umstände andere, wie wir in Kap. 4 sehen konnten: die Task-Analysen geben sehr viel Struktur über Pläne vor, die als Lösungen für einen Task in Frage kommen. So kann man es als

---

[58] Dabei verwendet er unter Umständen verschiedene Algorithmen: er klassifiziert verrauschte Messwerte, er berechnet Werte mit Hilfe numerischer Modelle für physikalische Vorgänge, er verarbeitet symbolische Daten über seine Umgebung usw.

Zeitverschwendung ansehen, unter diesen Umständen Pläne aus elementaren Aktionen zu synthetisieren. Stattdessen erscheint es viel sinnvoller, einen Pfad durch einen *Concurrent Task Tree* zu finden, der eine Lösung der gestellten Aufgabe realisiert.

6.7.1 Prinzipielle Idee

Hierarchische Task-Netzwerke (HTN) verfolgen genau diese Idee[59]: sie interpretieren abstrakte Tasks in einem CTT als abstrakte Operatoren, und System- sowie Nutzer-Tasks als primitive Operatoren. Genau wie bei *Concurrent Task Trees* ist der Ausgangspunkt der Planung ein abstrakter Operator, der – entsprechend seiner Definition – in Sub-Operatoren, die den einem abstrakten Task untergeordneten Tasks entsprechen, zerlegt wird. Schließlich entsteht ein Plan, der nur aus nicht weiter zerlegbaren primitiven Operatoren, die aber geeignet mit Objekten aus der aktuellen Situation instantiiert sind, besteht. Ob ein Operator primitiv oder abstrakt ist, entscheidet sich bei der Modellierung der Planungsdomäne nach empirischen Gesichtspunkten bzw. nach der beabsichtigten „Planungskompetenz" des hierarchischen Netzwerks. Auch in diesem Aspekt ähneln sich *Concurrent Task Trees* und HTN sehr. Eine komplette Domäne besteht aus einer Sammlung von abstrakten Tasks – analog den „Wurzel-Tasks" in der Domänenmodellierung mit *Concurrent Task Trees*.

In den Tasks – wie ja auch in den *Concurrent Task Trees* wird bei der Modellierung einer Domäne sehr viel Wissen über Aufgaben, die in einer Domäne anstehen können, und über deren prinzipielle Lösungsstrategie vorgegeben. Abstrakte Tasks sind mit Prozeduren in GOLOG vergleichbar, die Lösungswege spezifizieren, nicht aber mit primitiven Aktionen im klassischen Planen, die als nicht weiter zerlegbare Handlungseinheiten in der modellierten Domäne den primitiven Tasks bei HTN bzw. CTT entsprechen.

Der Vorteil der Modellierungsstrategie beim Planen mit *Hierarchischen Task-Netzwerken* liegt darin, dass die abstrakten Tasks dazu führen, dass der Planer einen viel kleineren Suchraum als beim klassischen Planen zu untersuchen hat, weil die Ausführung eines abstrakten Tasks den Abstand von der aktuellen Situation zum Ziel viel rascher verringern kann als ein primitiver Operator. Der Planer wendet dabei einen abstrakten Task in ähnlicher Weise an wie der GOLOG-Interpreter: angegebene Subtasks werden solange hierarchisch abgearbeitet, bis ein primitiver Task erreicht ist; die Struktur des abstrakten Tasks wird nicht hinterfragt, sondern nur in der aktuellen Situation auf Erfüllbarkeit geprüft. Der Planer wird also nur vorgegebene Tasks anwenden und nicht versuchen, neue abstrakte Tasks zu generieren.

Der Unterschied zur Interpretation eines GOLOG-Programms besteht im wesentlichen darin, dass der HTN-Planer mehr Freiheiten bei der Ordnung der Einzelschritte eines abstrakten Tasks hat. Dies wird dadurch möglich, dass bei einem HTN-Task die *Reihenfolge*

---

[59] Über die in diesem Abschnitt skizzierten Grundlagen zu Hierarchischen Task-Netzwerken hinaus gehende Information findet sich z. B. in Kap. 11 von [6].

in der untergeordnete (Sub-)Tasks abzuarbeiten sind, nicht präzise – wie dies bei GOLOG der Fall ist –, sondern durch Constraints angegeben ist, die notwendige Bedingungen an die Reihenfolge vorgeben. Da diese Constraints im Allgemeinen nur eine partielle Ordnung der Subtasks vorgeben, hat der Planer einen unter Umständen sehr großen Entscheidungsspielraum.

6.7.2 Realisierung

Um diese Ausführungen zur Arbeitsweise eines HTN-Planers näher zu präzisieren, sollen zunächst die oben erwähnten Begriffe formal definiert werden. Auf dieser Basis lässt sich dann ein Algorithmus für die Planung mit *Hierarchischen Task-Netzwerken* angeben. Schließlich wollen wir im darauf folgenden Abschnitt besprechen, wie *Concurrent Task Trees* in eine Domänenbeschreibung für einen HTN-Planer übersetzt werden können. Nachdem durch Angabe der Übersetzung belegt ist, dass CTT-Modelle als Grundlage dafür verwendet werden können, die Planung in Assistenzsystemen mit HTN-Planern durchzuführen, sollen *Hierarchische Task-Netzwerke* mit den Anforderungen an Assistenzsystem konfrontiert werden, um – wie auch bei den bisher besprochenen Planungsverfahren geschehen – Pro und Contra von HTN-Planern für Assistenzsysteme zu diskutieren.

Zunächst also zur Definition der zentralen Begriffe des HTN-Planens: Eine Domäne ist als eine Sammlung von Tasks beschreiben – wie es schon bei der Wissensakquise für eine Domäne der Fall war.

Aus syntaktischer Sicht ist ein **Task** ein Ausdruck $t(x_1, \ldots, x_n)$, wobei

- t der Name des Tasks ist, und
- $x_1, \ldots, x_n$ seine Argumente. Die x_i dürfen Konstanten oder Variablen sein.

Ist t der Name eines elementaren Operators der Domäne, also bei gegebenem CTT ein System- oder eine Nutzer-Task, dann ist der Task *primitiv*, andernfalls ist er *abstrakt*. t ist *vollständig instantiiert (ground)*, sobald alle Argumente Konstanten sind.

Tasks werden durch Anwendung von *Methoden* bearbeitet. Eine **Methode** ist eine Liste der Form[60]:

$$(\text{:method } h\ L_1 T_1 L_2 T_2 \ldots L_n T_n)$$

Dabei

- bezeichnet h den Task, der von der Methode gelöst werden kann,
- beschreibt jedes L_i als Konjunktion von Literalen die **Vorbedingungen** für die Durchführung der Variante i zur Lösung von h,
- steht jedes T_i für eine **Variante zur Lösung** von h. Die Lösung besteht darin, dass alle in T_i angegebenen Tasks gelöst werden können.

---

[60] Die folgende Definition ist aus [36] entnommen.

Der Methode stehen also i verschiedene Wege zur Verfügung, den Task h zu lösen. Diese Tatsache lässt sich ausnutzen, um Nichtdeterminismus in den Effekten von Aktionen zu modellieren.

Die Vorbedingungen für Methoden sind eine Verallgemeinerung der Vorbedingungen, wie wir sie vom klassischen Planen kennen. Vorbedingungen dürfen boolsche Ausdrücke sein, deren Literale vier unterschiedliche Arten von Aussagen über die Tasks in T_i treffen dürfen (vgl. dazu [6], Abschn. 11.5.1):

- Ordnungsrelation $\prec$ zwischen den Tasks $u, v \in T_i$: $u \prec v$ gibt an, dass in einer Lösung für h die letzte Aktion von u vor der ersten Aktion von v ausgeführt sein muss.
- Vorbedingung `before`(T, ϕ): *Bevor* einer der Tasks aus T ausgeführt werden kann, muss in der aktuellen Situation der Fluent ϕ erfüllt sein.
- Nachbedingung `after`(T, ϕ): *Nachdem* der letzte Task in T (und zuvor alle anderen Tasks aus T) ausgeführt worden ist, muss der Fluent ϕ erfüllt sein.
- Zwischenbedingung `between`(T_1, T_2, ϕ): Der Fluent ϕ muss nach der Ausführung des letzten Tasks aus T_1 bis vor der Ausführung des ersten Tasks von T_2 erfüllt sein.

Methoden sind also – wie schon oben erwähnt – tatsächlich mit Prozeduren in GOLOG vergleichbar; sie stellen eine Verallgemeinerung in dem Sinn dar, dass der Planer nicht nur die Parameter gemäß der aktuellen Situation instantiieren und die Ausführbarkeit aller elementaren Aktionen in der von der Prozedur vorgegebenen Reihenfolge testen[61], sondern innerhalb der angegebenen Constraints auch die Reihenfolge, in der Tasks auszuführen sind, selbst festlegen muss.

Nachdem nun Methoden als Generalisierung der Planoperatoren eingeführt sind, lässt sich definieren, was unter einer **HTN-Planungsdomäne** zu verstehen ist: Es handelt sich dabei um ein Paar $\mathcal{D}(O, M)$, wobei die Operatoren-Menge O das Inventar an (primitiven) Planoperatoren, und die Methoden-Menge M den Vorrat an Methoden von $\mathcal{D}$ enthält.

Ein **Planungsproblem** für einen HTN-Planer ist damit durch die Planungsdomäne $\mathcal{D}$ gegeben sowie – analog zum klassischen Planen – durch eine initiale Situation s_0 und einen zu lösenden (abstrakten) Task G. Anders als beim klassischen Planen wird das Planungsziel also nicht durch Angabe der Fluenten formuliert, die in einer Situation mindestens erfüllt sein müssen, damit sie als Lösung des Planungsproblems gilt, sondern durch Formulierung des Tasks, für den der Planer unter Benutzung der definierten Operatoren und Methoden eine Lösung ermitteln soll.

Für die Definition einer **Lösung** für ein Planungsproblem sind zwei Fälle zu unterscheiden: wenn das Ziel nur primitive, d. h. keine abstrakten Tasks enthält, dann ist eine Sequenz π von Aktionen $\langle u_1, \dots, u_k \rangle$ unter folgenden Bedingungen eine Lösung:

- Es gibt eine vollständig instantiierte Instanz G' des Ziels.
- Es gibt eine totale $\prec$-Ordnung auf $\langle u_1, \dots, u_k \rangle$, so dass

---

[61] Die Interpretation von GOLOG-Prozeduren wurde in Abschn. 5.4 beschrieben.

1. π ist in der initialen Situation s_0 ausführbar.

2. Die Ordnung auf π ist mit allen schon von G' geforderten Constraints verträglich.

3. Für jeden Constraint $\texttt{before}(T, \phi)$ ist ϕ in der Situation s_{i-1} erfüllt, in der dann sofort $u_i \in T$ ausgeführt wird. Dabei ist i so gewählt, dass u_i der hinsichtlich $\prec$ auf π erste Task aus T ist.

4. Für jeden Constraint $\texttt{after}(T, \phi)$ ist ϕ in der Situation s_i erfüllt, die aus der Ausführung von u_i resultiert. Dabei ist i so gewählt, dass u_i der hinsichtlich $\prec$ auf π letzte Task aus T ist.

5. Für jeden Constraint $\texttt{between}(T_1, T_2, \phi)$ ist ϕ in allen Situationen $s_i \rightarrow \ldots \rightarrow s_j$ erfüllt, wobei s_i aus der Ausführung von $u_i \in T_1$ resultiert, und in s_j die Aktion $u_j \in T_2$ ausgeführt wird. Dabei ist u_i der letzte Task in π aus T_1 und u_j der erste Task in π aus T_2.

Falls das Ziel G mindestens einen abstrakten Task enthält, dann müssen die abstrakten Tasks in G so in primitive Sub-Tasks zerlegbar sein, dass π eine Lösung für diese Zerlegung darstellt. Diese Definition einer Lösung führt direkt zur Spezifikation eines **Planungsalgorithmus** für eine HTN-Domäne[62]:

```
HTN-Planner(s₀, G, O, M)
    if G can be shown to have no solution
        then return failure
    else if U is primitive then
        if (U, C) has a solution then
            nodeterministically let π be any such solution
            return π
        else return failure
    else
        choose a nonprimitive task t from G
        active ← {m ∈ M : task(m) is unifiable with t}
        if active ≠ ∅ then
            nondeterministically choose m ∈ active
            σ ← mgu for m and t
            G' ← decomposition(Gσ, uσ, mσ)
            return HTN-Planner(s₀, G', O, M)
        else return failure
```

---

[62] Die Darstellung ist adaptiert von [6].

Der Pseudocode für `HTN-Planner` illustriert, dass zur Berechnung eines Plans ein UND/ODER-Baum konstruiert wird, wobei Kinder eines UND-Knotens Tasks sind, die für G notwendigerweise erfüllt sein müssen, und Kinder eines ODER-Knotens Alternativen darstellen, wie ein zu erfüllender Sub-Task (also ein Kind eines UND-Knotens) gelöst werden kann. `HTN-Planner` konstruiert den Baum, indem er bei jedem Expansionsschritt für das aktuelle Ziel G prüft, ob

- es inkonsistent mit den Anforderungen an eine Lösung eines Planungsproblems (siehe oben) ist; dann gibt es keinen Plan für G;
- G nur primitive Task enthält; dann gibt es genau dann einen Plan, falls eine vollständige Instantiierung für *alle* Tasks in G gefunden werden kann, die mit den Anforderungen an eine Lösung konsistent ist;
- G zumindest einen abstrakten Task enthält; in diesem Fall sucht `HTN-Planner` einen der abstrakten Tasks nichtdeterministisch heraus, ersetzt ihn im Ziel durch seine Kinder (das ist die Bedeutung der im obigen Algorithmus verwendeten Prozedur decomposition($G\sigma, u\sigma, m\sigma$)) und versucht, einen Plan für das um einen abstrakten Task reduzierte Ziel zu ermitteln.

Der Algorithmus liefert nur dann einen Plan, wenn alle abstrakten Tasks aus dem Ziel „verschwunden" und durch ihre jeweilige Dekomposition ersetzt sind. Für den generischen Algorithmus `HTN-Planner` sind viele Implementierungen entwickelt worden: frühe HTN-Planer sind Nonlin (siehe [37] und seine Nachfolger O-Plan, O-Plan2 und I-X-Plan (siehe [38, 39] sowie SIPE-2 (siehe [40]); die erste korrekte und vollständige Implementierung ist beschrieben in [41]; neue Planer sind SHOP (siehe [42]) und sein Nachfolger SHOP2 (siehe [43]).

Die genannten Planer weisen teilweise sehr unterschiedliche Funktionen auf, obwohl sie alle auf der oben beschriebenen generischen HTN-Prozedur zur Lösung von Planungsproblemen basieren. Sie unterscheiden sich auch stark in der Realisierung der Prozedur, so dass ihre Performanz alles andere als einheitlich ist.

Mag diese Beobachtung auch sehr bedeutsam sein, wenn ein Planer bei der Konstruktion eines Assistenzsystems ausgewählt wird, interessiert uns hier dennoch (zunächst) nur, wie ein Planungsdomäne modelliert, ein Planungsproblem formuliert und eine Lösung dafür berechnet wird, um Vergleiche zu anderen – oben besprochenen – Planungsverfahren ziehen zu können.

6.7.3 Zusammenhang zwischen *Concurrent Task Trees* und HTN-Planung

Wie auch bei der Diskussion der bisher besprochenen Planungsverfahren, dem entscheidungstheoretischen und dem klassischen Planen, geht es nun wieder um die Frage, wie *Concurrent Task Trees* in eine HTN-Planungsdomäne überführt werden können. Grundsätzlich besteht die Idee einer Übersetzung von *Concurrent Task Trees* in eine HTN-

Domäne darin, die Struktur des Baums auszunutzen und Knoten des Baums in HTN-Methoden abzubilden; die CTT-Operatoren sollen dabei als Constraints der Methoden formuliert werden. Knoten ohne Nachfolger – also primitive Tasks – in einem CTT werden in primitive Tasks in der HTN-Domäne abgebildet; Knoten mit Nachfolgern – also abstrakte Tasks – in Methoden der HTN-Domäne. Der Name des abstrakten Tasks liefert den Namen für die zu konstruierende Methode, die Nachfolger des abstrakten Tasks bilden ihre Sub-Tasks. Die Operatoren zwischen den Tasks müssen wieder – entsprechend ihrer Semantik – einzeln untersucht werden, wie sie semantikerhaltend in Methoden integriert werden können.

- *enabling*
  Dieser Operator verbindet zwei Tasks u und v durch Hintereinanderausführung. Dieser Sachverhalt wird in einer HTN-Methode durch die Ordnungsrelation $u \prec v$ zwischen den Nachfolgern u und v des zu übersetzenden abstrakten Tasks formuliert.

- *enabling with information passing*
  Die Hintereinanderausführung von zwei Tasks u und v mit Weitergabe von Information wird durch den Operator *Enabling* realisiert, indem die weiterzugebende Information durch die Effekte von u in die Situation transportiert wird, in der v ausgeführt werden soll.

- *choice*
  Mit dem Operator *choice* wird Nichtdeterminismus dargestellt. Er wird in einer HTN-Domäne dadurch erreicht, dass eine Methode[63] mehrere Lösungsvarianten L_i T_i definiert, die wie eine IF-THEN-ELSE-Kaskade interpretiert werden:

$$\text{if } L_1 \text{ then } T_1$$
$$\ldots$$
$$\text{else if } L_i \text{ then } T_i$$
$$\ldots$$
$$\text{else if } L_n \text{ then } T_n$$

Die Semantik des choice-Operators, dass genau eine Alternative ausgeführt werden darf, kann dadurch erreicht werden, dass der Methode Constraints der Form

$$\text{after}(T_i, \text{choice}(T_i, T))$$

hinzugefügt werden. Die Vorbedingungen der T_i werden um folgenden Ausdruck erweitert:

$$\neg \left(\bigwedge_{1 \leq j \neq i \leq n} \text{choice}(T_j, T) \right)$$

---

[63] Vergleiche dazu die Definition einer Methode in [36].

Mit dieser Kombination von erweiterten Vorbedingungen und Constraints für die einzelnen Tasks wird erreicht, dass genau ein Task in einem Plan enthalten sein darf, weil jede andere Dekomposition der Methode mit den angegebenen Bedingungen inkonsistent ist.

Für die Operatoren, die in *Concurrent Task Trees* zur Modellierung von Nebenläufigkeit benutzt werden, nämlich

- *independent concurrency*
- *deactivation (disabling)*
- *suspend-resume*
- *concurrency with information exchange*
- *iteration*

haben wir in Abschn. 6.5.6 eine Abbildung angegeben, die – auf der Basis von Nebenläufigkeit per *Interleaving* – gerade diese Operatoren durch Disjunktion und Hintereinanderausführung ersetzt. Damit lassen sich abstrakte Tasks eines *Concurrent Task Trees*, die diese Operatoren verwenden, durch „Auscompilieren" in einen gleichwertigen *Concurrent Task Tree*, der nur noch `Choice` bzw. `Enabling` verwendet, als Methoden in einer HTN-Domäne darstellen. Das Wachstum des Baums ist allerdings beträchtlich.

Der Operator *recursion* ist auch für HTN-Planung problematisch: [44] zeigen, dass das HTN-Planungsproblem unentscheidbar ist, sobald Zyklen in den Methoden zugelassen sind, also Tasks rekursiv aufgerufen werden dürfen. Dieses Resultat ist aber deshalb in der Praxis nicht so gravierend wie zunächst anzunehmen, weil Rekursion beliebiger Länge in Assistenzszenarien keine praktische Rolle spielt: Durch die Verzahnung zwischen Planung und Planausführung genügt es, Pläne minimaler Länge für eine aktuelle Aufgabe zu berechnen. Die Entscheidung, ob ein Rekursions- bzw. Iterationsschritt durchgeführt werden muss oder soll, wird bei der Ausführung des Plans in der Regel vom Nutzer getroffen – deswegen ist die Tiefe einer Rekursion immer endlich. Meist lässt sich zudem Rekursion in einem *Concurrent Task Tree* als lineare Endrekursion formulieren, die in eine äquivalente Iteration umgewandelt werden kann; nicht-lineare Rekursion spielt in Task-Analysen praktisch keine Rolle, weil die von der Rekursion ausgelöste Komplexität des Bedienablaufs allen ergonomischen Gestaltungsprinzipien widerspricht.

Die Verzahnung von Planung und Planausführung ist ja auch ohne Rekursion bei Operatoren unverzichtbar, und zwar aus denselben Gründen wie schon beim Klassischen Planen[64]: die ständige Überprüfung des aktuellen Plans gemäß der in der aktuellen Situation verfügbaren und durch „externe" Handlungen des Nutzers, aber auch durch externe Ereignisse in der Umgebung modifizierte Information ist das zentrale Charakteristikum interaktiven, aber dennoch zielorientierten Planens in Asssistenzszenarien.

---

[64] Die Notwendigkeit zur Interaktion von Planen und Ausführen von Plänen wurde in Abschn. 6.6.11 erörtert.

6.7.4 Konfrontation mit den Anforderungen an Assistenzsysteme

Da also, wie oben beschrieben, ein HTN-Planer eine Lösung für einen vorgegebenen Task errechnet, erfüllt er die Anforderungen Zielorientierung und Planung über mehrere Schritte hinweg. Erklärungen und Diagnosen für die Nichterfüllbarkeit von Planungsalternativen können durch einen Vergleich zwischen Vorbedingungen der elementaren Operatoren und der jeweils aktuellen Situation gefunden werden. Mit einem HTN-Planer ist während der Planausführung die Konstruktion einer Ersatzlösung für eine aktuelle Aufgabe dadurch möglich, dass der Planer erneut aufgerufen wird[65]. Er sucht dann wiederum eine Lösung, die mit der aktuellen Situation und den in der Definition des Tasks vorgegebenen Randbedingungen (an die Ausführbarkeit eines Tasks) verträglich ist. Damit ist die Anforderung erfüllt, Korrekturen des Plans während der Planausführungszeit durchführen zu können. Nichtdeterminismus bei den Effekten von Aktionen ist modellierbar, indem mehrere Methoden in Tasks zerlegt werden können, die sich „überlappende" Vorbedingungen aufweisen. Wie das klassische Planen geht auch das HTN-Planen davon aus, dass nicht explizit formuliertes Wissen falsch ist; somit ist ein HTN-Planer nicht in der Lage, ein konformantes Planungsproblem zu lösen. Nichtdeterminismus aufgrund von unsicherem Wissen kann von Hierarchischen Task-Netzwerken also nicht verarbeitet werden, insbesondere in interaktiven Szenarien, wenn die Unsicherheit dadurch verursacht ist, dass Handlungen des Nutzers zur Planungszeit nicht bekannt sein können.

Fassen wir die Diskussion zusammen, wie gut HTN-Planer die Anforderungen erfüllen können, die bei ihrer Verwendung in Assistenzsystemen gestellt werden, lässt sich als Fazit ziehen, dass die Verhältnisse sehr ähnlich sind mit denen, die wir beim Klassischen Planen vorgefunden haben. Die explizite Repräsentation der aktuellen Situation und der kausallogischen Zusammenhänge in Aktionsfolgen mit Hilfe von Vorbedingungen und Effekten von Operatoren und Methoden erleichtert die Realisierung von Assistenzfunktionalitäten nach der Taxonomie von [25]; die Tatsache, dass Assistenzszenarien interaktiv sind, erfordert die Realisierung einer geeigneten Planausführungskomponente[66]. Der wesentliche Unterschied zwischen den Planungsverfahren aus Sicht der Assistenzsysteme ist die unterschiedliche Vorstellung von *Ziel* und *Plan*. Im klassischen Planen ist ein Ziel ein zu erreichender Zustand, ein Plan eine lineare Sequenz von Aktionen, die – in der initialen Situation sequentiell ausgeführt – das Ziel erreichen. Beim HTN-Planen besteht ein Ziel darin, einen *Task* ausführen zu können, ein *Plan* besteht in einer Sequenz von Aktivierungen abstrakter und primitiver Tasks der Domäne, die alle im Ziel geforderten Aktivitäten „abarbeiten" können. In diesem Sinn lässt sich ein HTN-Plan mit einem *trace*, also einem Ablaufprotokoll, für den als Ziel angegebenen Task vergleichen. Das Protokoll beschreibt, welche einzelnen Schritte wann und in welcher Anordnung notwendigerweise auszuführen sind, um das Ziel zu erreichen. Falls es keine Möglichkeit gibt, das Ziel zu erreichen,

---

[65] Siehe dazu beispielsweise [45].
[66] Sie wird Thema des folgenden Kapitels sein.

wird der HTN-Planer diese Tatsache feststellen, bevor ein einziger Schritt zur Erfüllung des Ziels ohne Aussicht auf Erfolg ausgeführt wurde.

Gerade diese – allen besprochenen Planungsansätzen gemeinsame – Fähigkeit, „in die Zukunft blicken zu können", d. h. zukünftige Situationen bestimmen zu können durch *Simulation* auszuführender Aktionen, macht sie für Assistenzsysteme interessant, weil komplexe Formen von Assistenz, wie Erklärungs-, Berater-, Rückmeldungs- oder Kritikassistenz erfordern, Konsequenzen von Handlungen erschließen oder zumindest abschätzen zu können. Andere Planungsansätze, die diesen „Blick nach vorne" nicht erlauben, also eine zentrale Funktion von Assistenz nicht unterstützen, scheiden aus genau diesem Grund aus unserer Diskussion aus; deshalb konnten wir uns auf die vorgestellten Verfahren beschränken.

Das Identifizieren ihrer Gemeinsamkeiten ist freilich wenig hilfreich bei der Frage, ob – und wenn welches – eines der Planungsverfahren den anderen für die Realisierung eines Assistenzsystems vorzuziehen sei. Dazu müssen wir nochmals auf ihren größten Unterschied, nämlich den jeweiligen Zielbegriff, zurückkommen und uns die Frage stellen, was wir in einem Assistenzszenario unter einem *Ziel* zu verstehen haben.

6.8   Ziele in Assistenzszenarien

In Abschn. 2.2 wurde ausgeführt, dass Assistenz darin besteht, den Nutzer bei der Lösung einer Aufgabe zu unterstützen. Fasst man den Begriff Assistenz sehr weit, so dass Assistenz sowohl aktiv als auch passiv sein kann, lässt sich – wie in Abschn. 2.2 – auch ein Werkzeug wie ein Schraubenzieher als (passives) Assistenzsystem verstehen. Derartige Assistenzsysteme sind hinsichtlich der Aufgaben, die sie unterstützen, also der Ziele, die sie erreichen können, wenig flexibel. Ähnliches gilt – vielleicht sogar in noch stärkerem Maß – für viele moderne elektronische Assistenzsysteme, sei es ein ESP in einem Kraftfahrzeug oder ein Druckertreiber: während man mit einem Schraubenzieher auch ein Loch in weiches Material stechen kann, lässt sich ein Druckertreiber kaum umfunktionieren.

Alle diese Typen von Assistenzsystemen liegen außerhalb unseres Interesses, weil sie nicht interaktiv (ESP) oder (vorwiegend) passiv (Druckertreiber[67]) sind.

Assistenzsysteme im Fokus unseres Interesses hingegen zeichnen sich dadurch aus, dass Interaktivität erstens dazu dient, die Aufgabe und eventuell auch die aktuelle Situation beeinflussen zu können. Zweitens soll die Aufgabe nicht autonom vom Assistenzsystem, sondern kooperativ mit dem Nutzer gelöst werden, weil die Aufgabe die Beteiligung des Nutzers an der Lösung erfordert.

Aus diesem Verständnis heraus stellt sich die Frage (neu), was denn ein *Ziel* in einem Assistenzszenario sei. Mangels einer anderen Definition aus der Literatur wollen wir

---

[67] Die Tatsache, dass ein Benutzer einige Parameter eines Druckertreibers einstellen kann, weist ihm einen gewissen Grad an Interaktivität zu; damit kann aber weder die Aufgabe noch der Ablauf der Assistenz modifiziert werden.

im Folgenden den Begriff *Ziel* systematisieren, indem wir unterscheiden, wie variabel in einem Assistenzsystem die Aufgabe spezifiziert werden kann, bei deren Erledigung der Nutzer Unterstützung sucht.

Systeme mit *invariablem Ziel* sind beispielsweise Fahrerassistenzsysteme wie ABS und ESP, oder Installationsassistenten in vielen Computerprogrammen.

Die nächste Stufe eines Ziels wird erreicht, wenn zwar noch ein *fixierter Ablauf des Vorgangs* zur Erreichung eines Ziels, aber – in gewissem Umfang – eine *Parametrisierung von Zielen* möglich ist. Vertreter dieser Stufe von Assistenz sind Konfigurationsassistenten von Softwaresystemen, beispielsweise der Assistent zum Anlegen eines neuen Layouts in *Adobe InDesign*[68]. Komplexe Softwaresysteme wie dieses kennen sogar eine ganze Liste von Aufgaben, für die sie eingesetzt werden können. Typisch ist dabei, dass die Interaktion mit dem Nutzer graphisch nach der sogenannten *Desktop-Metapher* stattfindet; dabei wird die Parametrisierung einer Aufgabe oft in hintereinander folgenden Schritten durchgeführt – eine Vorgehensweise, die aus technischen Gründen oft nicht anders möglich, aber für den unerfahrenen Benutzer trotzdem schwer verständlich ist. Fast alle Standardsoftware-Systeme fallen in diese Klasse von Assistenzsystemen; der Bedienablauf ist Bestandteil des Programmcodes und deshalb nicht modifizierbar.

Die Komplexität der zu leistenden Unterstützung steigt dann, wenn die Lösung der Aufgabe von der aktuellen Situation in ihrem Ablauf, nicht nur in einzelnen Parametern modifiziert wird. Ein typisches Beispiel dafür findet sich bei der Aufgabe des Navigationssystems ROSE, den Erwerb von Fahrkarten zu unterstützen. Je nach Verfügbarkeit von Möglichkeiten, nicht nur auf konventionellem Weg, sondern auch elektronisch Fahrkarten zu kaufen, gibt es zwei verschiedene Lösungswege:

- Kauf an einer „üblichen" Verkaufsstelle (z. B. Kiosk oder Fahrkartenautomat)
- Handyticket per SMS auf das Mobiltelefon des Nutzers

In jedem der beiden Fälle ist das Ziel, eine Fahrkarte zu erwerben, unterschiedlich zu lösen:

- Im ersten Fall ist der Nutzer über den für die ausgewählte Fahrt geeigneten Fahrkartentyp zu informieren und zu einer naheliegenden und zur Fahrzeit geöffneten Verkaufsstelle zu navigieren.
- Im zweiten Fall sind die korrekten Daten an den Handyticket-Server zu übermitteln und die Ticketdaten abzurufen und zu sichern.

Je nach Situation führen also Tasks unterschiedlicher Struktur und Komplexität zum Ziel, d. h. zur Lösung der Aufgabe des Nutzers. Die Variabilität der Situation ist dabei einerseits dadurch verursacht, dass ein Task zur Lösung der Aufgabe grundsätzlich anders modelliert sein muss (*Handyticket wird am Aufenthaltsort angeboten* versus *Verkauf nur an Kiosken*

---

[68] Siehe dazu das Beispiel in Abschn. 3.2.2.

oder Automaten). Andererseits gibt es Fälle, in denen nur die Fakten in jeder Situation anders sind (*Es gibt einen Fahrkartenautomaten in der Nähe* versus *Nur per Handyticket ist der Erwerb einer Fahrkarte möglich*).

Für die Konzeption eines Assistenzsystems ist anhand einer Typisierung der über eine umfassende Task-Analyse der Domäne erfassten Aufgaben, bei denen Unterstützung zu leisten ist, eine Bewertung darüber durchführbar, welches der vorgestellten Planungsverfahren wie gut für das zu entwickelnde Assistenzsystem geeignet ist. Wenn – wie im letzten Beispiel oben – die Modellierung der Domäne situationsabhängig geändert werden muss, oder alle Aussagen über die aktuelle Situation frei von Unsicherheit sind, ist das entscheidungstheoretische Planen eine schlechte Wahl. Wenn nämlich die Zustandsübergangsrelation der Domäne nicht konstant ist, lassen sich die Wahrscheinlichkeiten für Zustandsübergänge nur sehr schwer schätzen; im schlimmsten Fall ist aus den Trainingsdaten nicht einmal zu erkennen, für welchen Datensatz welche Domänenmodellierung zugrunde gelegt werden soll. Wenn andererseits keine Unsicherheit in den Aussagen über die aktuelle Situation vorliegt, ist es nicht sinnvoll, die Planung auf Wahrscheinlichkeiten für Aussagen zu gründen; klassisches Planen und HTN-Planen sind für unseren Zieltyp die bessere Wahl, weil sich die Planung auf durch Vorbedingungen und Effekte definierte Sachzusammenhänge stützen kann.

Die nächsthöhere Stufe der Komplexität von Assistenz wird erreicht, wenn schon die Aufgabe in ihrer Struktur variabel sein kann. Bei Assistenzsystemen, die mit dem Benutzer nur über graphische Nutzeroberflächen interagieren, die dem Nutzer keinen Freiraum bei der Formulierung seiner Aufgabe lassen, wird dieser Fall kaum auftreten (können). Anders ist es jedoch dann, wenn die Interaktion über natürliche Sprache mit sehr viel Variabilität in der Formulierung der Aufgabe stattfindet.

Im einfachsten Fall werden in einer natürlichsprachlichen Formulierung einer Aufgabe zwei einzelne Tasks kombiniert wie in der folgenden Äußerung:

„Ich suche ein Lokal mit einheimischer Küche, von dem aus ich später mit dem Bus wieder ins Hotel kommen kann."

Zur Lösung dieser Aufgabe sind zwei Tasks auszuführen:

1. Suche nach einem Lokal mit Kompromissfindung zwischen Entfernung und den gewünschten Eigenschaften des Lokals (Küche, Ambiente usw.).
2. Suche nach Verbindungen von einem ausgewählten Lokal zum Hotel zu einem auszuwählenden Zeitpunkt

Diese Tasks sind nicht unabhängig voneinander: v. a. das im ersten Schritt ausgewählte Lokal dient dem zweiten Task als Eingabe, so dass der Startpunkt der zu suchenden Verbindung nicht (nochmals) erfragt werden muss[69]. Anhand der folgenden Äußerung wird

---

[69] Während der Ausführung des Plans müssen eventuell Entscheidungen (z. B. über die vorzuschlagende Verbindung) revidiert werden, um die Erfüllbarkeit der Aufgabe sicherzustellen.

deutlich, dass einer natürlichsprachlichen Beschreibung einer Handlung nicht immer genau ein Task zugeordnet werden kann:

„Wir möchten einen Bummel durch die Altstadt machen und dann in einem gemütlichen Lokal essen gehen."

Zur Überprüfung der Erfüllbarkeit dieser Zielbeschreibung ist die Durchführbarkeit der folgenden Tasks festzustellen[70]:

1. Tourenplanung mit Entscheidungen über die zu berücksichtigenden *points of interest*, ihre Reihenfolge und ihre Länge.
2. Ermittlung von Vorschlägen für Lokale nach den Präferenzen des Nutzers und interaktive Auswahl durch den Nutzer
3. Routenplanung zum Lokal

Dieses Beispiel verdeutlicht nicht nur, dass Effekte früherer Schritte Auswirkungen auf spätere Schritte haben, und deshalb Schritte späterer Tasks schon in früheren erledigt worden sind, sondern dass ein Assistenzsystem auch überprüfen sollte, dass die Ausführung eines früheren Schritts nicht die Durchführbarkeit späterer Schritte gefährdet (Rückmelde- und Kritikassistenz).

Für die Nutzeranfrage in diesem Beispiel lässt sich ein HTN-Task konstruieren, der die – durch das Temporaladverb *dann* zum Ausdruck gebrachte – Reihenfolge der vom Nutzer formulierten Handlungen beibehält und anschließend versucht, einen Plan für die Lösung der gestellten Aufgabe zu konstruieren. Leider ist die „Isomorphie" in der chronologischen Ordnung nicht immer gegeben, wie das folgende Beispiel illustriert:

„Ich möchte etwas zu trinken kaufen und muss noch Geld am Automaten holen."

Zunächst fällt hier auf, dass in der Äußerung kein sprachliches Indiz für eine vom Nutzer intendierte Reihenfolge der Handlungsschritte zu finden ist. Wenn überhaupt, deutet *noch* an, dass als vorrangig angesehen wird, vor dem Einkauf Bargeld zu beschaffen. Sachlich sind eventuell beide Reihenfolgen möglich – je nachdem, ob der Nutzer noch über die für den Einkauf zu erwartende Summe an Bargeld verfügt oder nicht.

Diese Tatsache bringt das klassische Planen in eine günstige Position: die Frage nach Anordnung der auszuführenden Handlungen bleibt dem klassischen Planer überlassen, solange die Aufgabe durch eine Konjunktion der Aussagen formuliert werden kann, die in einer Zielsituation gelten müssen. Dies gilt auch für komplexere logische Konstrukte, die im Term für ein klassisches Planungsziel verwendet werden dürfen. Da der klassische Planer ohne HTN-Methoden arbeitet und sich so in kleineren Schritten zum Ziel „vorarbeitet", ist er freier bei seinen Versuchen, die primitiven Operatoren zu einem Plan

---

[70] Details hierzu in z. B. in [46] beschrieben.

verknüpfen. Ein HTN-Planer hingegen kann die Aufgabe lösen, wenn aus der Beschreibung des Ziels erschlossen werden kann, welche (in der Domäne bereits definierten) Methoden und Tasks in welcher Reihenfolge zu einem Task zu kombinieren sind[71], der die Aufgabe löst, sofern sich überhaupt ein Plan für ihn konstruieren lässt.

Ein entscheidungstheoretischer Planer ist denkbar ungeeignet, wenn – wie im Beispiel oben – neue Planungsziele aus bekannten kombiniert werden sollen: zunächst gibt es gar keinen Zustandsüberführungsgraphen für den Suchraum, in dem eine Lösung für dieses komplexe Ziel gefunden werden soll. Desweiteren müssten Übergangswahrscheinlichkeiten für den aus Suchräumen für die Teilziele zu kombinierenden Suchraum bekannt sein, und die Bewertungsfunktion, aus der ja letztendlich der Plan konstruiert wird, in einem aufwändigen Lernverfahren geschätzt werden. All dies ist nicht zu schaffen, während dem Nutzer Assistenz geleistet wird.

Die Komplexität von Assistenz steigt noch weiter, wenn es für den Nutzer möglich ist, die Aufgabe, für die er Unterstützung sucht, indirekt durch eine Beschreibung des gewünschten Resultats zu spezifizieren. Ein typischer Fall hierfür ist die sehr vage Benutzeranfrage

„Ich möchte zur Langen Nacht der Musik."

Zunächst einmal ist relativ unklar, auf welche Aufgaben, für die Assistenz geleistet werden kann, sich der Benutzer bezieht, wenn er diese Anfrage an ROSE (siehe [47]) stellt. Wofür also soll ein Plan erstellt werden, wie der Nutzer bei der Lösung seiner Aufgabe unterstützt werden kann?

Zunächst also ist dieses Beispiel ein Beleg für die These aus Abschn. 2.2, dass die Problematik sowohl des Begriffs Assistenz als auch insbesondere seiner technischen Umsetzung darin liegt, dass aus der Sicht des Nutzers der Weg zunächst völlig offen ist, in welcher Form Assistenz geleistet werden soll. Für die hier vorliegende Anfrage an das ROSE-System sind verschiedene Varianten denkbar, wie der Nutzer unterstützt werden kann:

- Finde die Internet-Seite zur Veranstaltung.
- Finde eine Verkehrsverbindung zum Ort der Eröffnungsveranstaltung der Langen Nacht.
- Finde eine Verkehrsverbindung zu einem vom Nutzer wählbaren Veranstaltungsort.
- Finde einen Vorschlag für eine Veranstaltung während der Langen Nacht der Musik, die zu den Interessen des Nutzers passt (siehe Abb. 6.24).
- Finde einen Vorschlag für eine Tour zu mehreren den Nutzer interessierenden Veranstaltungen samt Verkehrsverbindung zwischen den Veranstaltungsorten (siehe Abb. 6.25).

---

[71] Dies geschieht unter Zuhilfenahme der Operatoren, die in Abschn. 6.7.2 erläutert worden sind.

Abb. 6.24 Nutzerschnittstelle des ROSE-Systems zur Präsentation von Veranstaltungsempfehlungen

Abb. 6.25 Darstellung einer berechneten Tour, die möglichst viele Präferenzen des Nutzers berücksichtigt

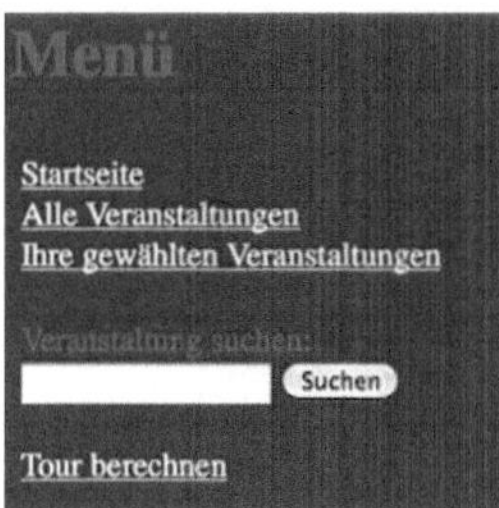

Schon an dieser kurzen Auswahl, die keinen Anspruch auf Vollständigkeit erheben kann, wird deutlich, dass auch bei ein und derselben Zielbeschreibung zahlreiche Möglichkeiten gegeben sind, wie Assistenz umgesetzt werden kann. Beispiele sind in [48] beschrieben. Die Abbildung einer Zielformulierung aus Sicht des Nutzers auf eine von einem konkreten Assistenzsystem umsetzbare „technische" Zielformulierung stellt also schon für sich alleine eine Herausforderung dar[72]. In Fällen wie dem hier vorliegenden kann die Unabhängigkeit der Beschreibung der zu unterstützenden Aufgabe von der Art und Weise der Unterstützung am besten gewahrt bleiben, indem die Anfrage des Nutzers als Beschreibung eines gewünschten Zustands nach Erfüllung der Aufgabe interpretiert wird. In Rose werden unspezifische Nutzeranfragen – zunächst informell – folgendermaßen umformuliert:

> Der Nutzer hat Präferenzen angegeben und es konnte ein Vorschlag berechnet werden.

Dieses Ziel ist in einem *Concurrent Task Tree* formuliert, der zunächst das Ziel *Der Nutzer hat eine Präferenz angegeben* iteriert und dann (als System-Task) einen Algorithmus zur Tourenplanung aufruft[73]. Die Planung des Assistenzsystems bezieht sich also nur auf den Ablauf zur Ermittlung der Präferenzen und der Suche nach einem Vorschlag, der möglichst viele Präferenzen unterstützt. Wie der Vorschlag ermittelt wird, wird von der Planung nicht weiter hinterfragt[74]. Somit ließe sich in diesem Beispiel auch eine HTN-Methode konstruieren, die eine geeignete Formalisierung der Assistenzaufgabe zulässt.

Möglich ist dies unter anderem deshalb, weil die Funktionalität des ROSE-Assistenzsystems als konstant angenommen wird. Wenn diese Annahme nicht (zu jeder Zeit, zu der Assistenz geleistet wird) gilt, ist die Zuordnung eines Tasks zu einer Assistenzaufgabe nicht ohne weiteres zu realisieren. Um diese These zu illustrieren, besprechen wir nun ein Beispiel aus der Assistenzdomäne der Bedienung eines TV-Geräts. Dazu stellen wir uns die folgende Situation vor: Der Nutzer ist gerade dabei, einen Urlaubsfilm von DVD über sein TV-Gerät auf DVD zu kopieren. Plötzlich erinnert er sich, dass ein Champions League-Spiel, das er unbedingt sehen möchte, in wenigen Minuten beginnen wird. Um nicht entweder auf das Fußballspiel verzichten zu müssen, oder das Überspielen der Urlaubsfilms abbrechen und zu einem späteren Zeitpunkt wieder neu beginnen zu müssen, sucht er also Unterstützung für das Ziel, dass das TV-Gerät in einen Zustand versetzt werde, indem es gleichzeitig Filme überspielen und eine aktuell ausgestrahlte Sendung darstellen kann. Ob es einen Plan für dieses Ziel gibt, hängt auch davon ab, welches TV-

---

[72] Im Rahmen dieser Arbeit soll gar nicht erst der Versuch gemacht werden, Algorithmen anzugeben, die diese Abbildung leisten könnten. Diese Frage kann sinnvollerweise erst bearbeitet werden, nachdem auf der technischen Seite geklärt ist, wie Ziele beschrieben werden können, und welche Lösungsalgorithmen dafür zur Verfügung stehen – genau dadurch ist der Fokus dieser Arbeit beschrieben.

[73] Der Algorithmus liefert dann eine Lösung, wenn aus den vom Benutzer als interessant gekennzeichneten Veranstaltungen eine Teilmenge gefunden werden kann, die innerhalb des durch die Lange Nacht vorgegebenen Zeitrahmens und mit minimalem Aufwand für Ortswechsel besucht werden kann.

[74] Dieses Konzept der Hierarchisierung der für die Unterstützung des Nutzers durchzuführenden (Assistenz-)Funktionen wird in Kap. 7 genau besprochen.

Gerät und welches Zubehör der Nutzer einsetzt. Stammen die Geräte vom Hersteller Loewe, gibt es beispielsweise die drei folgenden Konstellationen[75]:

- Der Nutzer verwendet einen Loewe *Modus*:
  Wenn der DVD-Recorder mit Digital Link Plus ausgestattet ist, kann der Nutzer das Fußballspiel gleichzeitig zum Überspielen ansehen, wenn es auf einem Analogsender ausgestrahlt wird. Das Umschalten auf einen Digitalsender ist während des Überspielens nicht möglich.
  Wenn der DVD-Recorder nicht über Digital Link Plus verfügt, ist es überhaupt nicht möglich, parallel auf einen anderen Speicherplatz umzuschalten, weil der Tuner mit dem Überspielen ausgelastet ist.
- Der Nutzer verwendet einen Loewe *Reference*:
  Dieses Gerät verfügt über eine integrierte Festplatte für das Speichern von Sendungen. Der Urlaubsfilm kann zunächst von der Videokamera auf die integrierte Festplatte gespeichert werden. Parallel dazu kann der Nutzer auf das Fußballspiel umschalten, weil er DVD-Tuner nicht blockiert ist. Nach dem Spiel muss der Nutzer dafür sorgen, dass der auf der Festplatte gespeicherte Film auf DVD kopiert wird. Dies kann beispielsweise durch eine Timeraufnahme geschehen.
  Ob das Spiel auf einem analogen oder einem digitalen Sender ausgetragen wird, ist bei diesem Gerätemodell irrelevant. Der Nutzer kann aber nicht gleichzeitig das Fußballspiel sehen und auf DVD kopieren, weil der Tuner nur eine der beiden Operationen gleichzeitig durchführen kann.
- Der Nutzer verwendet einen Loewe *Reference* mit *Movie Vision DR +*:
  Movie Vision DR + ist ein externes Zusatzgerät, das als externes Speichermedium über USB an ein TV-Gerät von Loewe angeschlossen werden kann. Bei dieser Gerätekonstellation kann der Nutzer parallel den Urlaubsfilm von der Kamera auf den DVD-Recorder kopieren und das Fußballspiel ansehen, weil jetzt die Kopieroperation den DVD-Tuner nicht benutzt.

Das Beispiel zeigt, dass die für die Domäne relevanten Tasks oft auch davon abhängen, welche System-Tasks das Assistenzsystem zur Verfügung stellen kann. Das Beispiel mit dem TV-Gerät ist deswegen von besonderem Interesse, weil in diesem Szenario sich die Funktionalität des Assistenzsystems ändern kann. Wenn sich nämlich der Nutzer nachträglich ein Zusatzgerät kauft, erweitert er den Umfang der zur Verfügung stehenden System-Tasks. Werden die Möglichkeiten des Systems, Assistenz zu leisten, ausschließlich über HTN-Methoden definiert, dann müssen zu dem Zeitpunkt, zu dem der Nutzer ein Zusatzgerät installiert, ganze Methoden der Domänendefinition komplett ausgetauscht werden. Folgt man jedoch dem Paradigma des klassischen Planens, so genügt es, dass bei der In-

---

[75] Die Informationen sind den aktuellen Bedienungsanleitungen entnommen, die auf der Webseite https://www.loewe.de/de/support/allgemeine-support-themen/bibliothek-bedienungsanleitungen.html abrufbar sind (letzter Aufruf der Seite: 19.06.2010).

stallation des Zusatzgeräts die Domänendefinition um neue primitive Planoperatoren für das neue Gerät erweitert wird[76].

Es zeigt sich also, dass die aus praktischen Erwägungen über den Einsatz des Assistenzsystems resultierenden Anforderungen an die Methodik, wie das Domänenwissen des Assistenzsystems konfiguriert wird, ein weiteres Kriterium bei der Beurteilung der Komplexität von Assistenz und für den Vergleich verschiedener, denkbarer Planungsverfahren sind. Die Sammlung der Beispiele zu den verschiedenen Komplexitätsstufen in diesem Abschnitt illustriert, dass je nach Einsatzzweck eines Assistenzsystems verschiedene Planungsverfahren geeignet sein können.

Der konzeptionelle Bruch zwischen dem entscheidungstheoretischen Planen auf der einen und den beiden Formen des symbolischen Planens auf der anderen Seite ist sehr groß, weil das entscheidungstheoretische Planen keine expliziten Vorbedingungen und Effekte kennt. Klassisches und HTN-Planen wiederum unterscheiden sich in der Art und Weise, eine Domäne zu modellieren: ein klassischer Planer kennt nur die primitiven Operatoren der Domäne, ein HTN-Planer auch „Strategien" für komplexe Aufgaben, die sogenannten Methoden. Ihre Erstellung erfordert umfangreiches Domänenwissen bei der „Programmierung" der Domäne. Trotz dieser algorithmischen und praktischen Unterschiede haben beide Planungsansätze eine Reihe von Gemeinsamkeiten, die sie – zumindest, soweit ihre Expressivität betroffen ist – nahe zusammenrücken lassen: [33] zeigen durch Reduktion einer Turingmaschine mit endlichem Band auf den jeweiligen Algorithmus, dass HTN-Planen und klassisches Planen dieselbe formale Sprache entscheiden können. Gerevini et al. [49] zeigen mit dem *Duet Planner*, dass sich effiziente Planer konstruieren lassen, die in Domänen mit HTN-Methoden und klassischen Operatoren arbeiten und beide Planungsansätze, nämlich die Dekomposition von Methoden und die von einer domänenunabhängigen Heuristik gestützten Suche, kombinieren. In Experimenten wurde belegt, dass dieses „verzahnte" Verfahren mehr Probleme schneller bei weniger Aufwand für die Domänenmodellierung lösen kann als ein sehr guter klassischer und ein sehr guter HTN-Planer alleine. Einen anderen Weg mit demselben Ziel, die Performanz des Planers zu steigern und gleichzeitig den Modellierungsaufwand zu verringern, verfolgen [50]. Ähnlich der in Abschn. 6.6 vorgestellten Übersetzung von *Concurrent Task Trees* in klassische Planungsdomänen geben die Autoren eine Übersetzung von total geordneten Hierarchischen Task-Netzwerken in klassische Planungsprobleme[77] an, die bijektiv und in polynomieller Zeit berechenbar ist, wenn jeder primitive Operator des HTN in mindestens einer Methode benutzt wird. In Messungen bei der Lösung von Planungsproblemen in der für symbolische Planer notorisch schwierigen Domäne *Towers of Hanoi* weisen die Autoren nach, dass das von den Methoden eingebrachte Domänenwissen drastische Geschwindigkeitssteigerungen bei der Suche nach Lösungen mit einem klassischen Pla-

---

[76] Natürlich setzt dies voraus, dass die formale Sprache und das benutzte Vokabular mit denen des TV-Geräts konsistent ist.

[77] Die Autoren benutzen die Planungssprache PDDL, die für die zu übersetzenden HTN hinreichend ausdrucksstark ist.

ner (in diesem Fall dem Planer FF (siehe [51]) bewirken. Eine vergleichbare Situation liegt beim Planen in Domänen vor, die aus *Concurrent Task Trees* generiert wurden. Da klassische Planer nicht auf weiteres Wissen über die Domäne zurückgreifen, dürfen die Aussagen von [50] auch auf Assistenzdomänen übertragen werden.

Zusammenfassend lässt sich konstatieren: Keines der vorgestellten Verfahren kann gegenüber den anderen ausschließlich Vorteile aufzuweisen. Letztlich ist also eine problemspezifische Abwägung der Stärken und Schwächen anhand der Anforderungen und Bedingungen der Assistenzdomäne entscheidend:

- Gibt es genügend Information, um die Domäne mit Operatoren oder sogar Methoden samt der zugehörigen Vorbedingungen und Effekte zu modellieren?
  Diese Frage stellt sich eventuell *vor* der Durchführung von Task-Analysen, wenn zunächst Daten zu erheben sind, welche Aufgaben Nutzer in einer Assistenzdomäne lösen.
  Im Projekt ROSE wurde und wird beispielsweise untersucht ([52, 53], wie sich Nutzer verhalten, die gerade eine geplante Tour (in einer Stadt) absolvieren. Zunächst ist nicht bekannt bzw. empirisch belegt, welche User-Tasks Nutzer in der Domäne durchführen; sie müssen durch Anwendung experimenteller Methoden erschlossen werden.
- Welche Arten von Assistenz soll das zu entwickelnde Assistenzsystem anbieten? Welche Anforderungen an Assistenzsysteme muss es dementsprechend erfüllen?
  Bei der Diskussion oben zur Komplexität von Assistenz wurde diese Problematik bereits deutlich; da unterschiedliche Arten von Assistenz entsprechend unterschiedliche, v. a. auch algorithmische Anforderungen stellen, kann es *das* „generische" Assistenzsystem nicht geben. Der „Normalfall" ist eine hybride Architektur die Planung und Planausführung der Lösung aus Sicht des Nutzers (d. h. gemäß durchgeführter Task-Analysen) mit geeigneten Algorithmen für Einzelprobleme – die als System-Tasks in den Task-Analysen erscheinen – kombiniert.
- In welcher Hard- und Softwareumgebung soll das Assistenzsystem implementiert werden?
  Aus diesen Umständen ergeben sich in der Regel nicht zu vernachlässigende Restriktionen für die Verfügbarkeit von Rechenressourcen, Betriebssystemen und Laufzeitumgebungen für zu verwendende Programmiersprachen.

Wie auch immer diese konzeptionellen Entscheidungen zur Architektur eines Assistenzsystems ausfallen, bleibt das zentrale Ergebnis dieses Kapitels, dass Planung und Planausführung geeignet kombiniert werden müssen, damit ein Assistenzsystem den Anforderungen an interaktive und kooperative Unterstützung des Nutzers gerecht werden kann. Eine Lösung für diese bislang noch offene Frage zu entwickeln, ist Thema des folgenden Kapitels.

Literatur

1. S. Thrun, W. Burgard, D. Fox, *Probabilistic Robotics* (MIT Press, 2005)

2. J.D. Williams, in *Proc Interspeech 2008* (Brisbane, Australia, 2008), S. 1173–1176

3. R. Reiter, *Knowledge in Action: Logical Foundations for Specifying and Implementing Dynamical Systems* (MIT Press, 2001)

4. H. Jungermann, H.R. Pfister, K. Fischer, *Die Psychologie der Entscheidung – Eine Einführung*, 2nd edn. (Elsevier Spektrum Akademischer Verlag, 2009)

5. C. Gonzalez, J.F. Lerch, C. Lebiere, Cogn. Sci. **27**, 591 (2003)

6. M. Ghallab, D. Nau, P. Traverso, *Automated Planning – Theory and Practice* (Elsevier, 2004)

7. M.L. Puterman, *Markov Decision Processes: Discrete Stochastic Dynamic Programming* (Wiley-Interscience, 1994)

8. C. Watkins, Learning from delayed rewards. Ph.D. thesis, University of Cambridge,England (1989)

9. R.S. Sutton, A.G. Barto, *Reinforcement Learning: An Introduction* (MIT Press, 1998)

10. C. Linnhoff-Popien, H. König, Nachrichtentechnik/Elektronik (1990)

11. C. Linnhoff-Popien, H. König, Syst. Anal. Model. Simul. **8**(4) (1990)

12. J.C.M. Baeten, T. Basten, M.A. Reniers, *Process Algebra: Equational Theories of Communicating Processes* (Cambridge University Press, 2010)

13. J.E. Hopcroft, R. Motwani, J.D. Ullman, *Introduction to Automata Theory, Languages, and Computation*, 3rd edn. (Addison Wesley, 2006)

14. W.J. Fokkink, *Introduction to Process Algebra*, 2nd edn. EATCS (Springer, 2007)

15. J. Hertzberg, *Planen – Einführung in die Planungsmethoden der Künstichen Intelligenz* (BI-Wissenschaftsverlag, 1989)

16. A. Blum, M. Furst, Artif. Intell. **90**, 281 (1997)

17. N. Nilsson, *Principles of Artificial Intelligence* (Morgan Kaufmann, San Francisco, 1980)

18. M. Helmert, *Understanding Planning Tasks: Domain Complexity and Heuristic Decomposition, Lecture Notes in Artificial Intelligence*, vol. 4929 (Springer, Heidelberg, 2008)

19. C. Betz, M. Helmert, in *Proceedings of the 32nd Annual German Conference on Artificial Intelligence (KI 2009)* (Springer, 2009), S. 9–16

20. G. Röger, M. Helmert, in *Proceedings of the 20th International Conference on Automated Planning and Scheduling (ICAPS 2010)* (2010)

21. G. Röger, M. Helmert, The more, the merrier: Combining heuristic estimators for satisficing planning. Tech. rep., Albert-Ludwigs-Universität Freiburg, Institut für Informatik (2010)

22. B. Bonet, H. Geffner, in *Proc. 5th Int. Conf. on AI Planning and Scheduling (AIPS 2000)* (AAAI Press, Colorado, 2000), S. 52–61

23. J. Hoffmann, R.I. Brafman, Artif. Intell. **170**(6-7), 507 (2006)

24. J. Hoffmann, R.I. Brafman, in *Proceedings of ICAPS'05* (AAAI, 2005), S. 71–80

25. H. Wandke, Theor. Issues Ergonomics Sci. **6**(2), 129 (2005)

26. G. Röger, M. Helmert, B. Nebel, in *KR*, ed. by G. Brewka, J. Lang (AAAI Press, 2008), S. 544–550

27. M. Fox, D. Long, J. Artif. Intell. Res. (JAIR) **20**, 61 (2003)

28. H. Palacios, H. Geffner, in *Proc. 17th Int. Conf. on Planning and Scheduling (ICAPS-07)* (Providence, 2007)

29. A. Albore, H. Palacios, H. Geffner, in *Proc. IJCAI-09* (Pasadena, 2009)

30. A. Albore, H. Palacios, H. Geffner, in *Proc. 12th Conf. Spanish AI (CAEPIA-07)*, no. 4788 in Lecture Notes in Computer Sciencs (Springer, Salamanca, 2007), S. 1–10

31. R.I. Brafman, J. Hoffmann, in *ICAPS*, ed. by S. Zilberstein, J. Koehler, S. Koenig (AAAI, 2004), S. 355–364

32. T. Bauereiß, Automatische Übersetzung von ctt in pddl. Master's thesis, Lehrstuhl für Künstliche Intelligenz, Universität Erlangen-Nürnberg (2009)

33. M. Lekavy, P. Navrat, in *Agent and multi-agent Systems. Technologies and applications. 1st KES International Symposium, KES-AMSTA 2007, Lecture Notes in Artificial Intelligence*, vol. 4496 (Springer, Wroclaw (Poland), 2007), *Lecture Notes in Artificial Intelligence*, vol. 4496, S. 121–130

34. H. Palacios, H. Geffner, in *Proc. 21st Nat. Conf. on Artificial Intelligence (AAAI-06)* (Boston, 2006)

35. H. Palacios, H. Geffner, JAIR S. 623–675 (2009)

36. O. Ilghami, Documentation for jshop2. Tech. rep., Department of Computer Science, University of Maryland, College Park, MD 20742, USA (2006)

37. A. Tate, in *Proceedings of the International Joint Conference on Artificial Intelligence* (1977), S. 888–893

38. A. Tate, B. Drabble, R. Kirby, in *Intelligent Scheduling* (Morgan Kaufmann, 1994), S. 213–239

39. A. Tate, in *Research and Development in Intelligent Systems XVII, Proceedings of ES2000, The Twentieth British Computer Society Special Group on Expert Systems International Conference on Knowledge Based Systems and Applied Artificial Intelligence* (Springer, Cambrige, UK, 2000), S. 3–16

40. D.E. Wilkins, Comput. Intell. **6**(4), 232 (1990)

41. K. Erol, J. Hendler, D.S. Nau, in *Proc. International Conference on AI Planning Systems (AIPS)* (1994), S. 249–254

42. D.S. Nau, Y. Cao, A. Lotem, H. Munoz-Avila, in *IJCAI'99: Proceedings of the 16th international joint conference on Artificial intelligence* (Morgan Kaufmann, San Francisco, 1999), S. 968–973

43. D. Nau, O. Ilghami, U. Kuter, J.W. Murdock, D. Wu, F. Yaman, J. Artif. Intell. Res. **20**, 379 (2003)

44. K. Erol, J. Hendler, D.S. Nau, in *Annals of Mathematics and Artificial Intelligence* (1995), S. 69–93

45. F.Y. N. Fazil Ayan, Ugur Kuter, R. Goldman, in *Proceedings of the ICAPS-07 Workshop on Planning and Plan Execution for Real-World Systems – Principles and Practices for Planning in Execution* (2007)

46. R. Schaller, M. Harvey, D. Elsweiler, in *Advances in Information Retrieval, Lecture Notes in Computer Science*, vol. 8416, ed. by M. de Rijke, T. Kenter, A. de Vries, C. Zhai, F. de Jong, K. Radinsky, K. Hofmann (Springer, 2014), S. 681–686. 10.1007/978-3-319-06028-6_76. http://dx.doi.org/10.1007/978-3-319-06028-6_76

47. B. Ludwig, B. Zenker, in *IMC 2009, CCIS*, vol. 53, ed. by D. Tavangarian, T. Kirste, D. Timmermann (Springer, Rostock, 2009), *CCIS*, vol. 53, S. 97–107

48. R. Schaller, M. Harvey, D. Elsweiler, in *Proceedings of the 36th International ACM SIGIR Conference on Research and Development in Information Retrieval* (ACM, New York, 2013), SIGIR '13, S. 953–956. 10.1145/2484028.2484119. http://doi.acm.org/10.1145/2484028.2484119

49. A. Gerevini, U. Kuter, D.S. Nau, A. Saetti, N. Waisbrot, in M. Ghallab, C.D. Spyropoulos, N. Fakotakis, N.M. Avouris (eds.). *ECAI 2008 - 18th European Conference on Artificial Intelligence, Patras, Greece, July 21-25, 2008, Proceedings, Frontiers in Artificial Intelligence and Applications*, vol. 178 (IOS Press, 2008), S. 573–577

50. R. Alford, U. Kuter, D.S. Nau, in C. Boutilier (ed.).*IJCAI 2009, Proceedings of the 21st International Joint Conference on Artificial Intelligence, Pasadena, July 11–17, 2009* (2009), S. 1629–1634

51. J. Hoffmann, B. Nebel, J. Artif. Intell. Res. (JAIR) **14**, 253 (2001)

52. R. Schaller, in *STAIRS 2014 - Proceedings of the 7th European Starting AI Researcher Symposium, Prague, Czech Republic, August 18-22, 2014* (2014), S. 260–269. 10.3233/978-1-61499-421-3-260. http://dx.doi.org/10.3233/978-1-61499-421-3-260

53. R. Schaller, D. Elsweiler, in *Proceedings of the 5th Information Interaction in Context Symposium* (ACM, New York, 2014), IIiX '14, S. 185–194. 10.1145/2637002.2637024. http://doi.acm.org/10.1145/2637002.2637024

Bisher wurden Planungsverfahren aus der Künstlichen Intelligenz vorgestellt, die für die Verwendung in Assistenzsystemen geeignet erscheinen, weil sie sehr viele Anforderungen zur algorithmischen Umsetzung von Assistenz erfüllen. Nach dieser vergleichenden Diskussion ihrer Vor- und Nachteile insbesondere für die Realisierung von interaktiven Assistenzsystemen, ist es nun Ziel des aktuellen Kapitels, zu erörtern, wie Planungsalgorithmen so in Assistenzsysteme integriert werden können, dass sie die in Abschn. 2.3 motivierten Ansprüche erfüllen.

Insbesondere wird es Thema dieses Kapitels sein, wie ein für die Erfordernisse interaktiver Szenarien relaxiertes Planungsverfahren – so wie in Abschn. 6.6.10 eingeführt – mit der Ausführung von Plänen verzahnt werden kann, so dass das Assistenzsystem zielgerichtete Unterstützung über mehrere Schritte leisten kann.

Ausgangspunkt der Überlegungen in diesem Kapitel ist die Annahme, dass die Modellierung einer Domäne in Form von *Concurrent Task Trees* vorliegt und mit dem in Abschn. 6.6.10 und – detaillierter – in [1] beschriebenen Algorithmus in eine PDDL-Domäne übersetzt worden ist. Zur Illustration der Überlegungen soll ein Beispiel aus einer Assistenzdomäne für die Bedienung eines (Loewe) TV-Geräts dienen; aus ihr greifen wir zunächst den Task *Sendung aufnehmen* heraus, dessen CTT-Modellierung in den Abb. 7.1, 7.2, 7.3 und 7.4 zu sehen ist.

7.1 Fallstudie: Aufnahme einer Sendung

Die zugrundeliegende Task-Analyse wurde in diesem Fall anhand einer detaillierten Auswertung von Loewe-Bedienungsanleitungen erstellt; aus dieser Formalisierung des in den Bedienungsanleitungen natürlichsprachlich codierten Wissens wurde dann ein Assistenzsystem realisiert. Es kann dem Nutzer die einzelnen Bedienschritte textuell und graphisch – teilweise mit animierten schematischen Illustrationen – erklären.

© Springer-Verlag Berlin Heidelberg 2015

255

B. Ludwig, *Planbasierte Mensch-Maschine-Interaktion in multimodalen Assistenzsystemen*, Xpert.press, DOI 10.1007/978-3-662-44819-9_7

Abb. 7.1 Die ersten beiden Ebenen des *Concurrent Task Trees* für den Task *Sendung aufnehmen*. Der Task ist auszuführen, indem zunächst der Nutzer eine Sendung wählt, und danach die Aufnahme in Kooperation zwischen Nutzer und System programmiert wird

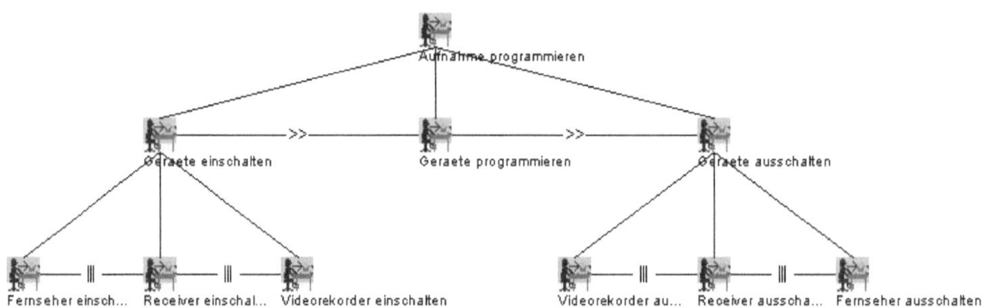

Abb. 7.2 Der Subtask *Aufnahme programmieren* zerfällt in drei Schritte

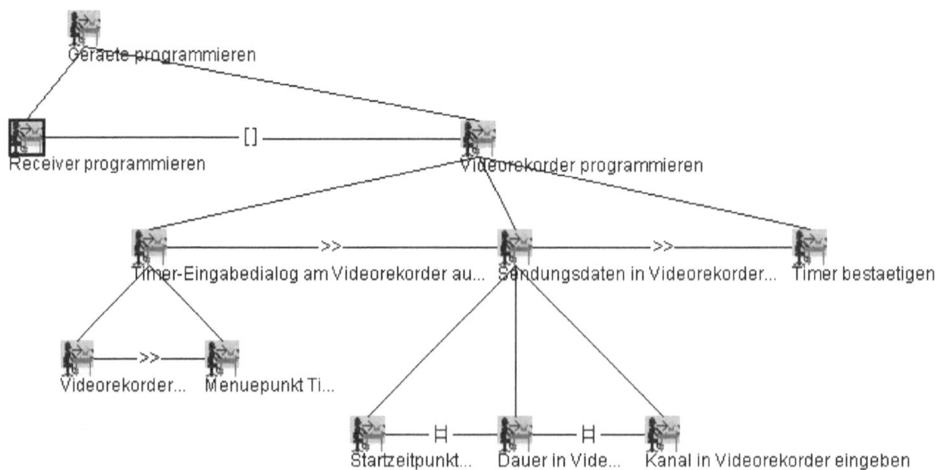

Abb. 7.3 Programmierung der Geräte für eine Aufnahme

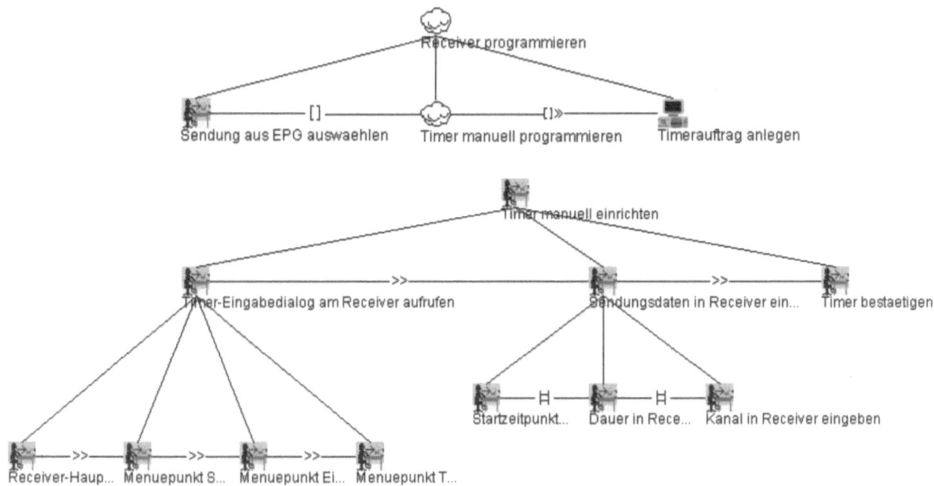

Abb. 7.4 Subtask zur Auswahl der aufzuzeichnenden Sendung und zur Programmierung des Receivers

Nach der Übersetzung dieses Tasks in eine PDDL-Domäne können Pläne erstellt werden, wie der Task zu lösen sei. Dabei sind zwei Aufgaben zu bewältigen:

1. Auflösung der nichtdeterministischen Operatoren durch die in Abschn. 6.6.11 beschriebene Vorgehensweise
2. Herstellung eines Bezugs zur aktuellen Situation und Berücksichtigung der in ihr enthaltenen Information bei der Planerstellung

Wir werden diese beiden Punkte in den folgenden Abschnitten ausführlich diskutieren. Um aber zunächst die Fallstudie komplett zu präsentieren, sei unten ein von FF[1] erstellter Plan gezeigt, der die Problematik des Bezugs zur aktuellen Situation ignoriert und ausschließlich den Nichtdeterminismus der Operatoren behandelt. Für die an und für sich nicht besonders herausfordernde Aufgabe, eine Sendung aufzuzeichnen, wird immerhin ein Plan von beträchtlicher Länge – er besteht aus 37 Schritten – erzeugt. Einige dieser Schritte sind allerdings die in Abschn. 6.6.11 eingeführten Verwaltungsoperationen, die der Nutzer bei der Ausführung des Plans gar nicht wahrnehmen wird. Für die Berechnung dieses Plans benötigt FF auf einem zur Zeit aktuellen Linux-PC ca. 10 ms – eine Zeitspanne, die den Bedienablauf bei der Durchführung einer Aufnahme sicherlich nicht beeinträchtigen wird.

```
0:  BEGIN-SENDUNG-AUFNEHMEN
1:  DO-SENDUNG-AUSWAEHLEN
2:  STEP2-SENDUNG-AUFNEHMEN
```

---

[1] Der Planer ist in [2] beschrieben.

```
 3: BEGIN-AUFNAHME-PROGRAMMIEREN
 4: BEGIN-GERAETE-EINSCHALTEN
 5: DO-VIDEOREKORDER-EINSCHALTEN
 6: DO-RECEIVER-EINSCHALTEN
 7: DO-FERNSEHER-EINSCHALTEN
 8: DONE-GERAETE-EINSCHALTEN
 9: STEP2-AUFNAHME-PROGRAMMIEREN
10: BEGIN-GERAETE-PROGRAMMIEREN
11: CHOOSE GERAETE-PROGRAMMIEREN RECEIVER-PROGRAMMIEREN
12: BEGIN-RECEIVER-PROGRAMMIEREN
13: CHOOSE RECEIVER-PROGRAMMIEREN SENDUNG-AUS-EPG-AUSWAEHLEN
14: BEGIN-SENDUNG-AUS-EPG-AUSWAEHLEN
15: DO-EPG-AKTIVIEREN
16: STEP2-SENDUNG-AUS-EPG-AUSWAEHLEN
17: DO-SENDUNG-MARKIEREN
18: STEP3-SENDUNG-AUS-EPG-AUSWAEHLEN
19: DO-TIMER-KNOPF-DRUECKEN
20: STEP4-SENDUNG-AUS-EPG-AUSWAEHLEN
21: DO-EPG-SCHLIESSEN
22: DONE-SENDUNG-AUS-EPG-AUSWAEHLEN
23: STEP2-RECEIVER-PROGRAMMIEREN
24: DO-TIMERAUFTRAG-ANLEGEN
25: DONE-RECEIVER-PROGRAMMIEREN
26: DONE-GERAETE-PROGRAMMIEREN
27: STEP3-AUFNAHME-PROGRAMMIEREN
28: BEGIN-GERAETE-AUSSCHALTEN
29: STEP3-GERAETE-AUSSCHALTEN
30: DO-FERNSEHER-AUSSCHALTEN
31: STEP2-GERAETE-AUSSCHALTEN
32: DO-RECEIVER-AUSSCHALTEN
33: STEP1-GERAETE-AUSSCHALTEN
34: DO-VIDEOREKORDER-AUSSCHALTEN
35: DONE-GERAETE-AUSSCHALTEN
36: DONE-AUFNAHME-PROGRAMMIEREN
37: DONE-SENDUNG-AUFNEHMEN

0.01 seconds total time
```

7.2 Diskussion des Plans

Die Struktur des vorliegenden Plans ergibt sich in wesentlichen Elementen aus dem vorgegebenen *Concurrent Task Tree*; wie von [3] beobachtet, wirken sich die Strukturvorgaben der *Concurrent Task Trees* positiv auf die Größe des von FF zu analysierenden Suchraums aus.

Nicht zuletzt deshalb interessieren uns nun vor allem die Stellen des Plans, in denen der *Concurrent Task Tree* keine Vorgaben macht, da nichtdeterministische Operatoren verwendet wurden. Wir wollen die Lösung von FF für diese Fälle erörtern und diskutieren, inwieweit sie als Relaxation des ursprünglichen Planungsproblems aufzufassen ist. Das Interesse, wie Nichtdeterminismus aufgelöst werden kann, lenkt das Augenmerk auf drei Stellen im *Concurrent Task Tree*:

- Verwendung des *Choice*-Operators (verwendet in `Receiver-programmieren` – siehe Abb. 7.4)
  Schritt 12 im Plan oben besteht in der Aktion `begin-Receiver-program mieren`. Weil ihre Kinder durch den *Choice*-Operator verbunden sind, hat die Aktion den Effekt

```
(and (task-running Receiver-programmieren)
    (choice Receiver-programmieren Sendung-aus-EPG-auswaehlen)
    (choice Receiver-programmieren Timer-manuell-einrichten))))
```

Der Fluent `choice` hat hier zusammen mit der Konjunktion der beiden Aussagen einen mit dem Operator M (siehe Abschn. 6.6.10) vergleichbaren Effekt: Unter der Annahme, dass der Plan im Hypothesenraum erstellt werde, ist es plausibel, den *erwarteten* Effekt des *Choice*-Operators so zu umschreiben: es ist möglich, dass `Sendung-aus-EPG-auswaehlen` durchgeführt werden soll, und es ist möglich, dass `Timer-manuell-einrichten` durchgeführt werden soll.
Die Auswahl selbst wird von der Verwaltungsoperation `choose` kontrolliert (Schritt 13 im Plan):

```
(:action choose
 :parameters (?parent - task ?choice - task)
 :precondition (and (task-active ?parent) (task-running ?parent)
  (choice ?parent ?choice))
 :effect (and (task-active ?choice)
  (forall (?t - task)
  (when (and (choice ?parent ?t)
  (not (concurrent-choice ?choice ?t)))
  (not (choice ?parent ?t)))))))
```

Bei der Konstruktion eines Plans unifiziert der Planer die Variable `?choice` mit einer Konstanten des Typs `task` der aktuellen Situation, die eine Instanz von `Sendung-aus-EPG-auswaehlen` oder `Timer-manuell-einrichten` bezeichnet. Nachdem nun die Vorbedingungen von `choose` erzwungen haben, dass ein „Kind" des *Choice*-Knotens ausgewählt wird, setzt der Effekt von `choose` alle Wahlmöglichkeiten auf falsch[2]. Die Schritte 14 bis 22 setzen die gewählte Option um.

---

[2] Dabei bleiben Tasks unverändert, die nebenläufig zum aktuellen Task sind, um Interferenzen zwischen parallelen Prozessen zu vermeiden.

Schließlich überprüft die Verwaltungsoperation `done-Receiver-program`
`mieren` (Schritt 25 des Plans) anhand ihrer Vorbedingungen, ob zumindest eine
der Wahlmöglichkeiten durchgeführt wurde:

```
(and (task-active Receiver-programmieren)
     (task-running Receiver-programmieren)
     (or (task-done Sendung-aus-EPG-auswaehlen)
         (task-done Timer-manuell-einrichten))
     (task-done Timerauftrag-anlegen)))
```

Nur dann wird der Task als abgeschlossen betrachtet.

Der interessante Punkt ist die Frage, welche der beiden Alternativen in den Plan aufgenommen wird. Die Definition der Planoperatoren lässt nämlich diese Entscheidung
offen; also obliegt es dem Planextraktionsverfahren des FF-Planers, eine Auswahl zu
treffen, weil er nur dadurch einen Plan für das vorgegebene Ziel konstruieren kann. Aus
Sicht des Assistenzvorgangs ist diese Entscheidung des Planers willkürlich, garantiert
aber immerhin, dass die aktuelle Aufgabe lösbar ist.

Wie das Assistenzsystem den Plan nun zur Unterstützung des Nutzers einsetzen wird,
wollen wir unten in Abschn. 7.5 erläutern.

- Verwendung des *Order Independency*-Operators (verwendet an mehreren Stellen, z. B.
  in `Geraete-ausschalten` – siehe Abb. 7.2)
  Die Verwaltungsoperation `begin-Geraete-ausschalten` (Schritt 28) setzt
  in ihrem Effekt ihre drei Kinder vom Typ `Fernseher-ausschalten`, `Recei`
  `ver-ausschalten` bzw. `Videorecorder-ausschalten` auf den Status aus-
  führbereit:

```
(and (task-running Geraete-ausschalten)
   (task-ready Receiver-ausschalten)
   (task-ready Fernseher-ausschalten)
   (task-ready Videorekorder-ausschalten)))
```

Die Ausführung beider Tasks wird von den Verwaltungsoperationen `step1-Gerae`
`te-ausschalten`, `step2-Geraete-ausschalten` und `step3-Geraete-`
`ausschalten` garantiert. Erstere hat folgende Vorbedingung:

```
(and (task-active Geraete-ausschalten)
   (task-running Geraete-ausschalten)
   (not (task-active Receiver-ausschalten))
   (not (task-active Fernseher-ausschalten))
   (task-ready Videorekorder-ausschalten))
```

Analog sind die beiden Operationen `step2-Geraete-ausschalten` und `step3-`
`Geraete-ausschalten` definiert. Der ausgelöste Effekt besteht in folgender Ver-
änderung der aktuellen Situation:

```
(and (not (task-ready Videorekorder-ausschalten))
     (task-active Videorekorder-ausschalten)))
```

Zweck der Verwaltungsoperationen ist es, genau einen der Tasks auszuführen. Da die Vorbedingung von `done-Geraete-ausschalten` (siehe Schritt 35) jedoch erfordert, dass alle Tasks ausgeführt sind, um `Geraete-ausschalten` abschließen zu können – nämlich durch

```
(and (task-active Geraete-ausschalten)
     (task-running Geraete-ausschalten)
     (task-done Videorekorder-ausschalten)
     (task-done Fernseher-ausschalten)
     (task-done Receiver-ausschalten))
```

– müssen alle drei Aktionen eingeplant werden (vgl. die Schritte 29, 31 bzw. 33). Indem sie jeweils den im *Concurrent Task Tree* enthaltenen Task auf `task-active` setzen, ermöglichen die Verwaltungsoperationen schließlich die Ausführung des zugeordneten System-Tasks (Schritte 30, 32 und 34 im Plan). Dass die Reihenfolge wiederum von der Planextraktion, nicht aber von der Struktur des *Concurrent Task Trees* festgelegt wird, ist daran zu erkennen, dass die System-Tasks in zur Reihenfolge im *Concurrent Task Tree* gerade umgekehrter Reihenfolge ausgeführt werden (vgl. die Schritte 30, 32 und 34 mit dem Baum für `Geraete-ausschalten` in Abb. 7.2).
Verglichen mit dem *Choice*-Operator sind Diskrepanzen zwischen der geplanten Abfolge reihenfolgeunabhängiger Tasks und der tatsächlichen Abfolge während der Planausführung weniger gravierend. Da ja beide Tasks notwendig sind für die Lösung der Aufgabe, ist es ausgeschlossen, dass ein kompletter Teilplan ausgewechselt werden muss – was ja bei *Choice* durchaus passieren kann, wenn bei der Planausführung eine andere Option gewählt wird als im Plan vorgesehen. Dieser Aspekt wird im Abschn. 7.5 zu vertiefen sein.

- Verwendung des *Concurrency*-Operators (verwendet an mehreren Stellen, z. B. in `Geraete-ausschalten` – siehe Abb. 7.2)
  In Schritt 45 des Plans startet der Task `Geraete-ausschalten`. Er besteht aus drei nebenläufigen Tasks, die von der Verwaltungsoperation `begin-Geraete-aus schalten` in ihrem Effekt aktiviert werden:

```
(and (task-running Geraete-ausschalten)
     (task-active Videorekorder-ausschalten)
     (task-active Receiver-ausschalten)
     (task-active Fernseher-ausschalten))
```

Dass alle Subtasks ausgeführt wurden, überprüft die Aktion `done-Geraete-aus schalten` (Schritt 49) anhand ihrer Vorbedingung:

```
(and (task-running Geraete-ausschalten)
   (task-done Fernseher-ausschalten)
   (task-done Receiver-ausschalten)
   (task-done Videorekorder-ausschalten))
```

Die Nebenläufigkeit der drei Tasks wird in den Schritten 46 bis 48 realisiert. In diesem Fall handelt es sich um atomare Tasks; jeder von ihnen erfordert seine Aktivierung als Vorbedingung, die von `begin-Geraete-ausschalten` durchgeführt wird, und setzt für sich den Fluenten `task-done`. Um den Task `Geraete-ausschalten` durchzuführen, kann also der Planer eine beliebige Reihenfolge vorsehen wie auch schon beim *Order Independency*-Operator – natürlich auch mit vergleichbaren Konsequenzen für die Planausführung (siehe Abschn. 7.5).

7.3 Relaxation des Planungsproblems

Das besprochene Beispiel illustriert, inwiefern das Planungsproblem relaxiert ist: bei der Planung werden drei approximierende Annahmen getroffen:

- Der Nichtdeterminismus von Operatoren, mit denen Entscheidungen des Nutzers simuliert werden, wird durch Planextraktionsheuristiken aufgelöst. Die Relaxation besteht darin, dass das zukünftige Verhalten des Nutzers durch die im Sinn der Heuristik optimale Entscheidung approximiert wird.
- Bei der Planung ist unsicher, ob im Plan enthaltene System-Tasks überhaupt ausführbar sind. Als primitive Tasks werden sie in der zugehörigen PDDL-Domäne als primitive Operatoren modelliert.
  In der Praxis sind aber System-Tasks selbst komplexe Tasks bzw. Prozeduren (im Sinn von GOLOG). Die Relaxation besteht also darin, dass die Verifikation des Plans zur Lösung der Aufgabe aufgegeben wird. Diese Approximation ist gefährlich, weil sie die Anforderungen an Assistenzsysteme, zielgerichtete Unterstützung zu leisten, untergräbt. In den Abschn. 7.4 und 7.5 wird eine Lösung für diesen Konflikt präsentiert, die im Grundsatz darin besteht, die Verifikation des Plans für möglichst wenige System-Tasks durchzuführen und so oft zu wiederholen, bis ein verifizierter Plan gefunden oder die Unlösbarkeit der Aufgabe sichergestellt ist.
- Da schließlich das Verhalten des Nutzers nicht nur bei anstehenden Entscheidungen, sondern bei allen dem Nutzer zufallenden Aktionen unvorhersehbar ist, muss das Assistenzsystem bei der Planung annehmen, dass sich sowohl Nutzer als auch die Umgebung so verhalten werden wie nach der dem Planungsproblem zugrundeliegenden Task-Analyse zu erwarten.

7.4 Hierarchisierung des Planungsproblems

Da die Relaxation eines Planungsproblems immer das Risiko beinhaltet, dass ihre vereinfachenden Annahmen die ursprüngliche Aufgabe unlösbar machen, müssen wir uns damit befassen, klarzustellen, dass die oben skizzierte Relaxation von diesem Risiko frei ist – zumindest soweit, dass das Assistenzsystem seinen Zweck, dem Nutzer Unterstützung zu leisten, nachkommen kann.

Der heikelste der drei obigen Punkte ist die Annahme, dass alle System-Tasks ausführbar seien; falls dem nämlich nicht so ist, und das Assistenzsystem eine Lösung vorschlägt, die überhaupt nicht durchführbar ist, verfehlt es seinen Zweck.

7.4.1 Das Problem mit dem Domänenwachstum

Die naheliegendste Idee, wie die Durchführbarkeit eines Assistenzplans gesichert werden kann, besteht darin, System-Tasks (und User-Tasks) mit Vorbedingungen und Effekten zu versehen, die auf die aktuelle beschriebene Situation Bezug nehmen. Dadurch würde der Plan sowohl den Assistenzvorgang selbst und dessen aktuellen Zustand sowie den Zustand der zu lösenden Aufgabe berücksichtigen. Allerdings ist diese Idee mit schwerwiegenden Nachteilen verbunden:

- Task-Analysen und die formale Rekonstruktion als *Concurrent Task Trees* sind extrem eng mit der Funktionalität des zu bedienenden Systems gekoppelt. Weiter oben in Abschn. 6.8 wurde anhand der Aufgabe, eine TV-Sendung anzusehen, während gleichzeitig ein Videofilm überspielt werden soll, illustriert, wie abhängig die Umsetzung der Aufgabe von den vorhandenen technischen Möglichkeiten sein kann, ohne dass dies aus Sicht des Nutzers eine Änderung des Bedienablaufs erfordern würde. Der Nutzer möchte nämlich die technischen Details an das TV-Gerät „delegieren".
- Ein weiterer Nachteil liegt in der mangelnden Modularisierung. In der Praxis können sich Funktionserweiterungen des zu bedienenden technischen Geräts ergeben, die keinen Einfluss auf die Bedienaufgaben haben: Rüstet der Nutzer *Movie Vision DR +* nach, gibt es für einige System-Tasks zwar neue Lösungswege, aber Analyse, wie der Nutzer normalerweise ein TV-Gerät handhabt, bleibt davon unberührt[3]. Das gilt z. B. insbesondere dann, wenn sich der Nutzer ein neues TV-Gerät kauft und dabei das Fabrikat wechselt. Ähnliche gelagerte Beispiele sind die vielen existierenden Window-Manager für PCs, bei denen zwar viele Bedienvorgänge gleich ablaufen, aber auch – gerade in entscheidenden Details – viele Unterschiede bei der Umsetzung eines Vorgangs bestehen.

---

[3] Selbstverständlich soll hier nicht darüber hinweggesehen werden, dass technische Neuerungen oft neue Bedienmöglichkeiten und bisher nicht durchführbare Aufgaben ermöglichen. In solchen Fällen ist natürlich auch die Assistenzdomäne zu modifizieren.

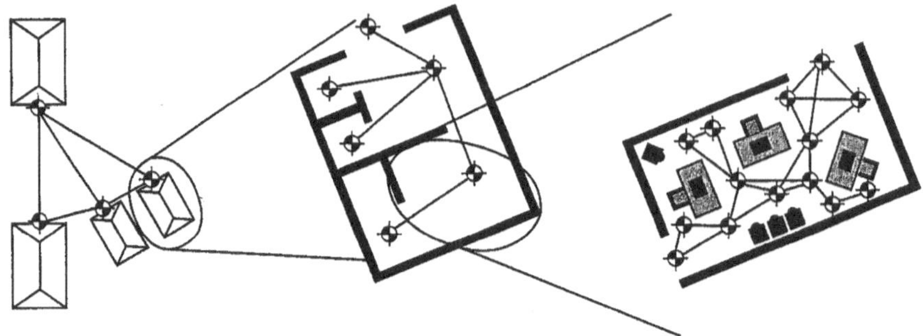

Abb. 7.5 Hierarchische Strukturierung des Suchraums für ein Pfadplanungsproblem. Die Abbildung stammt aus [4]

Beide beschriebenen Nachteile lassen den Schluss zu, dass ein praktikabler Mittelweg zwischen der Integration der Semantik aller Systemfunktionen in die Planungsdomäne, die zu den *Concurrent Task Trees* gehört, und ihrer vollständigen Vernachlässigung darin liegt, eine hierarchisch strukturierte Domäne zu konstruieren, die in der übergeordneten Ebene Bedienabläufe und in der untergeordneten Ebene die System- und User-Tasks formalisiert.

Eine ähnliche Strukturierung des Problemraums wird bei Pfadplanungsverfahren eingesetzt. Ein Beispiel dafür, wie man sich diese Struktur vorzustellen hat, zeigt Abb. 7.5. Auf der obersten Ebene, die der stärksten Vergröberung des Suchproblems entspricht, werden Pläne konstruiert, die auf starken Approximationen für die Lösung der Aufgabe begründet sind. In der mittleren Ebene wird versucht, den Plan der höheren Ebene in einer konsistenten Weise zu verfeinern. Dasselbe gilt für die dritte Ebene in Bezug zur mittleren. Dieser Ansatz, den Suchraum in mehreren Schichten zu organisieren, wobei die unterste Schicht der ursprüngliche Suchraum selbst ist, und jede höhere Ebene eine Vergröberung der unmittelbar darunter liegenden darstellt, ist auch in der Robotik weit verbreitet[4]. Eine frühe Veröffentlichung zu dem Thema ist [6]; neuere Arbeiten sind [7], [8] und [9]: sie stellen Bewegungsplaner vor, die zunächst eine Pfadplanung unter Berücksichtigung der Umgebungskarte und der aktuellen Position bekannter Hindernisse durchführen. Während des Abfahrens des geplanten Pfads aktualisiert der Algorithmus seine Information über die nähere Umgebung und berechnet in diesem Gebiet Pfade, die Hindernisse vermeiden, aber das ursprüngliche Ziel nicht aus dem Auge verlieren. Wenn es um die Feinsteuerung der Bewegung durch Berechnung der richtigen Motoroperationen geht, findet die Planung in räumlich extrem eingeschränkten Gebieten der ursprünglichen Karte statt.

Bemerkenswert an diesen Ansätzen ist, dass sie eine Unabhängigkeitsannahme treffen: die Feinplanungen für zwei aufeinanderfolgende Schritte einer höheren Ebene sind voneinander unabhängig. Anhand der Abb. 7.5 wird ersichtlich, warum diese Annahme plausibel ist: Die Detailplanung beispielsweise im oberen Raum in der mittleren Graphik

---

[4] Wie später herausstellen wird, erlaubt diese Organisation des Suchraum die Implementierung einer Systemarchitektur nach dem in [5] beschriebenen *deliberative/reactive paradigm*.

beeinflusst die Wahl der Route im unteren Raum nicht, sobald der „Schritt" vom einen Raum in den anderen durchgeführt worden ist[5]: Ist ein Hindernis einmal umfahren, muss es bei der weiteren Planung, wie die Route fortzusetzen sei, nicht wieder berücksichtigt werden; die Bewegung startet einfach von einer anderen Position aus neu.

Betrachten wir hingegen nochmals das Beispiel aus Abschn. 6.8, wird rasch deutlich, dass in diesem Assistenzszenario die Unabhängigkeitsannahme, die für die Planung von Bewegungen plausibel ist, nicht zutrifft: Früher ausgeführte System-Tasks verändern den Zustand des TV-Geräts langfristig in einer Weise, die auf die Vorbedingungen späterer Tasks Auswirkungen hat. Das Beispiel drehte sich ja genau um die Problematik, dass der DVB-Tuner des TV-Geräts nur einen Datenstrom gleichzeitig verarbeiten kann. Somit blockiert ein System-Task, der den Tuner benutzt, spätere Tasks, die ihn auch benötigen[6].

Ähnliche Abhängigkeiten finden sich im Plan, der oben als Lösung für die Aufgabe `Sendung aufnehmen` angegeben wurde: Schritt 19 `do-timer-knopf-druecken` schafft die Voraussetzungen für Schritt 24, in dem der primitive Task `Timerauftrag-anlegen` ausgeführt wird: Er benötigt die Information über die in Schritt 19 bestätigte Auswahl der in Schritt 17 vom Nutzer selektierten Sendung.

Wir sehen also, dass der Entwurf einer „besser informierten" Relaxation als der schlichten Ignorierung der Ausführungsbedingungen von System- und User-Tasks nicht dadurch gefunden werden kann, dass diese primitiven Tasks unter einer Unabhängigkeitsannahme wie bei der Bewegungsplanung lokal geplant werden. Wäre dies möglich, könnten wir den in der Assistenzdomäne konstruierten Plan mit dem „Grobplan" eines Bewegungsplaners vergleichen und während der Planausführung schrittweise die Feinplanung der System-Tasks anstoßen. Der Grund, warum wir mit diesem Ansatz nicht zufrieden sein können, liegt in den Anforderungen an Assistenzsysteme: Zielorientierung und Assistenz über mehrere Schritte werden ad absurdum geführt, wenn erst während der Feinplanung erkannt wird, dass der Grobplan nicht umsetzbar ist, weil frühere Aktionen die Ausführbarkeit späterer verhindern, und dies nicht rechtzeitig festgestellt wurde[7].

7.4.2 Relaxation durch Versuch und Irrtum

Wie kann also eine Lösung gefunden werden, die einen praktikablen Rechenaufwand während der Planung verursacht und trotzdem den Anforderungen an Assistenzsysteme gerecht wird? Für den Planer wäre hilfreich zu wissen, welche System- und User-Tasks zum Planungszeitpunkt *nicht ausführbar* sind. Dies würde dazu führen, dass der Planer nur Pläne konstruiert, deren Ausführbarkeit gewährleistet ist. In der initialen Situation

---

[5] Diese Aussage trifft natürlich nur dann zu, wenn globale Effekte wie etwa Ressourcenverbrauch oder Fahrtdauer ignoriert werden.

[6] Ähnliche Abhängigkeiten ergaben sich beim Modell *Modus*.

[7] Im Beispiel mit dem TV-Gerät *Modus* ist es nicht möglich, das zuvor ausgewählte Fußballspiel gleichzeitig zum Überspielen von der Kamera auf einen externen, über Digital-Link angeschlossenen Recorder anzusehen, wenn das Spiel auf einem Digitalsender ausgestrahlt wird.

könnte die Ausführbarkeit eines System- oder User-Tasks `t1` durch einen dafür reservierten Fluenten formuliert werden:

```
(task-executable t1)
```

Mit einer geringfügigen Modifikation kann der neue Fluent in der Planungsdomäne berücksichtigt werden: Operatoren für System- und User-Tasks erhalten eine weitere Vorbedingung, nämlich gerade die, dass für einen Task der Fluent `task-executable` wahr sein muss:

```
(:action do-EPG-aktivieren
   :parameters (?t - EPG-aktivieren)
   :precondition (and (task-active ?t) (task-executable ?t))
   :effect (and (task-done ?t) (not (task-active ?t)))))
```

Nach dieser Ergänzung der Vorbedingungen wird der Planer keinen Task mehr in einen Plan einführen, der zum Planungszeitpunkt nicht ausführbar ist.

Fraglich ist nur, wie der Planer erfahren soll, welche Tasks ausführbar sind. Versucht man es so, wie eben beschrieben, scheitert das Vorhaben schon an der Menge der Tasks, deren Ausführbarkeit festzustellen ist. Da Tasks ja in der Regel Parameter haben und für manche (vektorwertige) Argumente ausführbar sind, und für andere wiederum nicht, müssten *alle variablenfreien* Terme für instantiierte Operatoren von System- und Nutzer-Tasks vor der Planung probeweise auf Ausführbarkeit geprüft werden. Ein Aufwand, der nicht praktikabel ist!

Um diesen Aufwand zu begrenzen, wäre eine Idee vonnöten, wie die Zahl der zu prüfenden Tasks deutlich reduziert werden kann. Idealerweise stünde ein Orakel zur Verfügung, das prophezeihen könnte, welche primitiven Tasks zu überprüfen sind. Aus der Perspektive dieses Orakels kann die Arbeitsweise des Planers als randomisiertes Verfahren verstanden werden, das die auf Ausführbarkeit zu prüfenden Tasks „errät". Freilich geschieht dies nicht tatsächlich auf statistischem Weg, sondern auf Grund der von der Planungsheuristik bestimmten Werte[8]. Der entscheidende Vorteil ist jedoch, dass nicht mehr alle variablenfreien Terme für Operatoren getestet werden müssen, sondern nur die vom Planer ausgewählten. Falls alle diese Tasks ausführbar sind, ist ein Plan gefunden worden; wenn sich mindestens ein Task als nicht ausführbar erweist, ist die Auswahl der Planungsheuristik falsch, der konstruierte Plan ist nicht ausführbar. Das Assistenzsystem könnte jetzt die nicht ausführbaren Tasks entsprechend markieren, um zu verhindern, dass sie wieder in einen Plan aufgenommen werden, und erneut versuchen, einen Plan für die aktuelle Aufgabe zu konstruieren. Die Planungsheuristik wird nun andere Entscheidungen treffen. Das Prozedere kann so lange iteriert werden, bis entweder ein Plan gefunden wird, oder fest steht, dass es keinen Plan geben kann, weil nicht genügend primitive Tasks ausführbar sind.

---

[8] Das sind natürlich die geschätzten Restkosten aus Abschn. 6.6.7.

Hier tut sich nun aber ein Konflikt auf: wird nämlich `task-executable` als Vorbedingung dafür gefordert, dass ein primitiver Task überhaupt in den Plan aufgenommen werden kann, so ist dies unmöglich, wenn nicht zuvor alle Tasks geprüft worden sind. Wenn wir also die Planungsheuristik weiterhin als eine Art informiertes Orakel einsetzen wollen, müssen wir die Vorbedingungen für primitive Tasks nochmals ändern. Dazu nehmen wir zunächst optimistisch an, dass ein primitiver Task ausführbar ist, solange nicht das Gegenteil davon bewiesen ist. Dann jedoch markieren – wie bei der Eliminierung negativer Effekte in Abschn. 6.6.7.3 dem Prinzip der doppelten Verneinung folgend – wir den Task als:

```
(task-not-executable t1)
```

Ein Task ist damit ausführbar, solange nichts anderes markiert ist, d. h. wir ändern die Vorbedingung entsprechend auf:

```
(:action do-EPG-aktivieren :parameters (?t - EPG-aktivieren)
   :precondition (and (task-active ?t) (not (task-not-executable ?t)))
   :effect (and (task-done ?t) (not (task-active ?t))))
```

Die Vorbedingung ist nun höchstens dann nicht erfüllbar, wenn der untersuchte Task `?t` bereits als `task-not-executable` markiert ist. Versucht der Planer also, falls die Verifikation des ermittelten Plans gescheitert ist, einen neuen Vorschlag zu konstruieren, werden Tasks, die bei der Verifikation „durchgefallen" sind, sicherlich nicht in den neuen Plan integriert werden. Dieser Zyklus von Plangenerierung und anschließender Planverifikation ist so oft zu wiederholen, bis eine verifizierte Lösung gefunden ist, oder kein Plan mehr gefunden werden kann, und damit die Aufgabe unter den gegebenen Umständen nicht lösbar ist.

7.4.3 Durchführung der Verifikation

Darüber, *wie* die Verifikation durchzuführen ist, wurde bisher noch nicht gesprochen, um zunächst die Idee der iterativen Konstruktion eines ausführbaren Plans in ihrer Gänze darzustellen. Jetzt aber soll die Frage der Verifikation in den Vordergrund rücken:

Auf der Ebene der *Concurrent Task Trees* – und der zugeordneten Planungsdomäne – ist über die primitiven Tasks nichts weiter bekannt, außer dass für sie eine weitere Dekomposition vorliegt. An dieser Stelle der Überlegungen zur Entwicklung eines Planungsverfahrens für Assistenzsysteme sind wir an dem Punkt angekommen, an dem die Hierarchisierung „die Szene betritt": die Konstruktion nicht verifizierter Pläne entspricht der Skizze ganz links in Abb. 7.5 – die Planung, wie die Lösung einer Aufgabe ablaufen könnte, findet auf einem sehr hohen Abstraktionsniveau aus der Sicht der vom Assistenzsystem angebotenen Funktionalität statt; sie beschreibt jedoch zuerst nur, wie die Aufgabe

anhand einer vorliegenden Task-Analyse *prinzipiell* gelöst werden kann. Die Konkreti-
sierung der Planung findet auf einer niedrigeren Abstraktionsebene (mittlere Skizze von
Abb. 7.5) statt: jede grundsätzliche Lösung muss auch in der aktuellen Situation konkret
durchführbar, d. h. die Vorbedingungen aller eingeplanten Schritte müssen erfüllt und die
ihnen zugedachten Effekte erreichbar sein.

7.4.3.1 Verifikation von in *Concurrent Task Trees* primitiven Tasks

Die Verifikation eines System-Tasks besteht also darin, einen Plan für diesen Task in
der aktuellen Situation der Applikation, und damit der Abstraktionsebene, die der Assistenzebene unmittelbar hierarchisch untergeordnet ist, zu finden. Wie dieser Plan nun
zu finden ist, hängt vor allem davon ab, wie detailliert die Applikationsebene modelliert
ist. Zunächst kann jeder aus Sicht der Assistenzebene primitive Task als eigenständiges
Planungsproblem in der Applikationsebene aufgefasst werden. Das Wissen über die Applikation lässt sich daher systematisch modularisieren. Im allgemeinen Fall haben wir –
wie in jeder Planungsdomäne – auch für die Assistenzebene zwischen zwei Typen von
Tasks zu unterscheiden:

- *primitive* Tasks: in diesem Fall entspricht der System-Task genau einer Aktion. Er ist
  verifiziert, wenn in der aktuellen Situation der Applikation die Vorbedingungen der Aktion erfüllt sind. Die Effekte der Aktion beschreiben dann genau die aktuelle Situation
  nach Ausführen des primitiven Tasks.
- *komplexe* Tasks: ist der zu verifizierende Task in der Applikationsebene komplex, kann
  er nur durch Ausführen von mindestens zwei Aktionen verifiziert werden. Welche dies
  sind, ist durch Konstruktion eines Plans festzustellen, der die aktuelle Situation der
  Applikation als initiale Situation und die intendierten Effekte des Tasks als Ziel hat.
  Ein komplexer Task ist also verifiziert, wenn für ihn ein solcher Plan gefunden werden
  kann. Die aus der Ausführung des komplexen Tasks resultierende Situation der Applikation ist die aus der initialen Situation durch sukzessive Anwendung der Aktionen des
  Plans entstehende Situation.

Die Konstruktion der aus der Ausführung eines System-Tasks resultierenden Situation ist
deshalb sehr wichtig, weil auf diese Weise die in Abschn. 7.4.1 kritisierte Unabhängigkeitsannahme zwischen einzelnen Tasks aus der Applikationsebene aufgehoben werden
kann: das Assistenzsystem schreibt bei der Verifikation eines Plans die aktuelle Situation
der Applikation über den kompletten Plan mit; die aus der Verifikation der ersten Tasks
resultierende Situation ist also die initiale Situation für den zweiten zu verifizierenden
Task – dies setzt sich solange fort, bis der komplette Plan verifiziert oder ein die Verifikation blockierender Task identifiziert ist, der dann als `task-not-executable` markiert
wird. Dieser Sachverhalt ist in Abb. 7.6 schematisch illustriert.

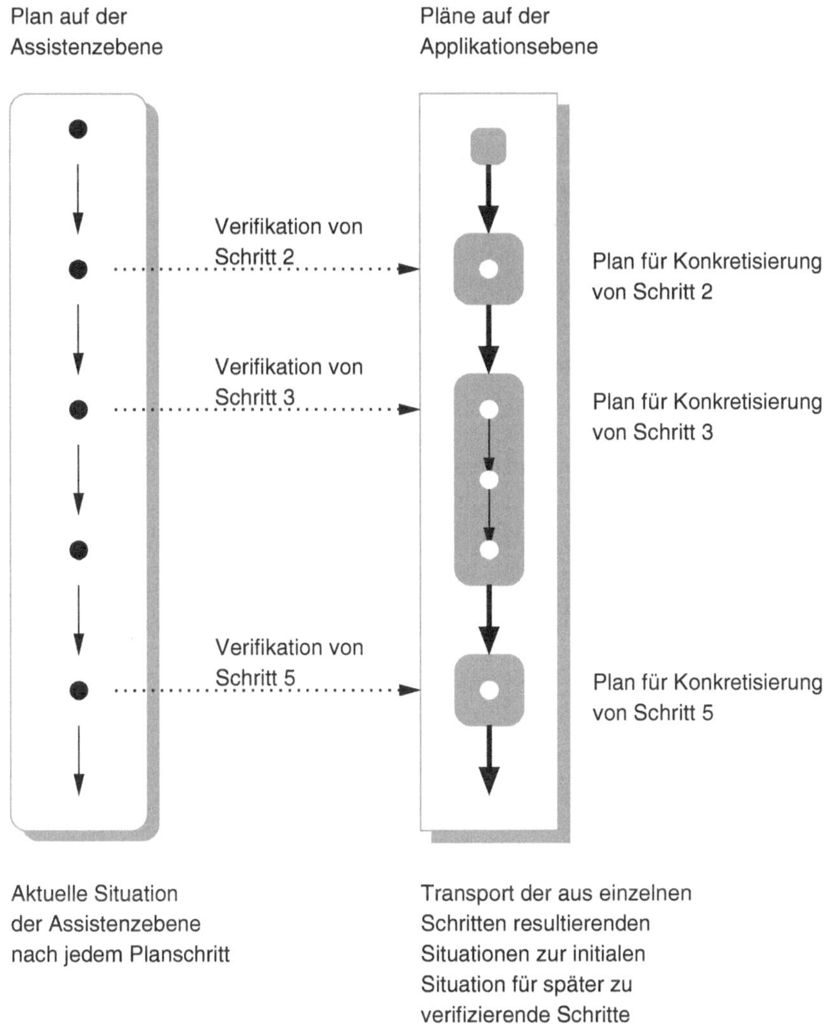

Abb. 7.6 Schematische Darstellung der simulierten aktuellen Situationen in der Assistenz- und der Applikationsebene. Die gefüllten Kreise sind Aktionen in Plänen, die senkrechten Pfeile deuten an, welche Aktion auf welche vorausgehende folgt. Die grau gefärbten Flächen in der Applikationsebene sind Pläne, mit denen primitive Tasks der Assistenzebene verifiziert werden sollen. Die Pfeile zwischen den grauen Flächen beschreiben den Transport der aus der Durchführung eines primitiven Tasks resultierenden Aussagen in die initiale Situation des nachfolgenden Tasks

7.4.3.2 Verifikation deterministischer und nichtdeterministischer Tasks

Deterministische Operatoren, die aus der Übersetzung entsprechender Knoten im *Concurrent Task Tree* resultieren, sind per Konstruktion des Plans verifiziert. Enthält der Plan auf Assistenzebene Aktionen, die Instantiierungen nichtdeterministischer Operatoren darstellen, beispielsweise `choose`-Aktionen, ist zur Verifikation des Plans ebenfalls nichts weiter zu tun, weil der Planer nichtdeterministische Aktionen durch die oben beschriebene Heuristik auflöst. Dazu muss er nicht auf Information aus der Applikationsebene zurückgreifen.

7.4.3.3 Verifikation von Nutzer-Tasks

Auch Nutzer-Tasks sind aus der Sicht des Assistenzsystems nichtdeterministischer Natur. Sie unterscheiden sich von anderen nichtdeterministischen Operatoren dadurch, dass bei der *Planausführung* der Nutzer als handelnde Person ins Spiel kommt, und seine Aktionen oft nicht direkt festgestellt, sondern nur indirekt anhand von Beobachtungen aus der Umgebung geschätzt werden können. Für die *Verifikation eines Plans* spielt dies jedoch keine Rolle, solange der *erwartete Effekt* der Handlung des Nutzers im Hypothesenraum des Planers enthalten ist. Unter diesen Umständen kann nämlich die Verifikation des Nutzer-Tasks bereits vom Planer geleistet werden: sobald es irgendeinen erwartbaren Effekt gibt, der zu einer Lösung der aktuellen Aufgabe beiträgt, ist der Nutzer-Task verifiziert, weil er erfüllbar ist und die Lösung nicht blockiert[9]. Während der Planausführung wird dann eventuell festgestellt, dass die Reaktion des Nutzers eine andere als die erwartete war; wie das Assistenzsystem in diesem Fall reagieren soll, werden wir weiter unten diskutieren.

7.5 Planausführung

Nach der Erläuterung der Verifikation eines Plans wenden wir uns der Frage zu, wie der Plan ausgeführt wird. Dabei ist zu berücksichtigen, dass Entscheidungen, die bei der Planung getroffen wurden, und Annahmen über erwartete Reaktionen sich als unzutreffend oder überholt erweisen können.

Die Situation ist also vergleichbar mit der beim entscheidungstheoretischen Planen[10]. Nichtdeterminismus und unsicheres Wissen darüber, ob und wie sich die aktuelle Situation aufgrund von externen Ereignissen und – als Spezialfall davon – Handlungen des Nutzers verändern wird, müssen kontrolliert werden, indem der aktuelle Plan ständig zur Disposition steht und anhand von Diagnosen über Abweichungen der tatsächlichen Ereignisse von den geplanten revidiert werden kann. Insbesondere bedeutet dies auch, dass zu jedem Zeitpunkt des Assistenzvorgangs ein neu ermittelter Plan verifizierbar sein muss. Dies wiederum bedeutet, dass ständig Pläne auf niedrigeren Stufen der oben besprochenen Planungshierarchie konstruiert und durch Simulation verifiziert werden müssen. Im Unterschied zum entscheidungstheoretischen Planen wird also beim interaktiven Planen,

---

[9] Zumindest dann nicht, wenn sich der Nutzer der Erwartung entsprechend verhält. Bei der Durchführung des Plans kann das Assistenzsystem für geeignete Aktionen – z. B. Informationen über die erwartete Reaktion des Nutzers – versuchen, den Nutzer so zu instruieren, dass der gewünschte Effekt eintritt. Will er sich wirklich kooperativ verhalten, wird der Nutzer kaum entgegen der gegebenen Information handeln.

[10] Siehe dazu Abschn. 6.5.4.

wie es hier beschrieben ist, nicht allein durch (stochastische) Interpretation von Beobachtungen eine möglichst plausible Hypothese für den aktuellen Zustand konstruiert und anschließend die – im entscheidungstheoretischen Sinn – beste Aktion in Hinblick auf ein gegebenes Ziel aus einer „vorcompilierten" Tabelle gewählt. Vielmehr wird anhand der über die aktuelle Situation bekannten Fakten und anhand des in den Planoperatoren formulierten Wissens über die Domäne ein neuer Plan berechnet, der – auch darin liegt ein Unterschied zum entscheidungstheoretischen Planen – in der aktuellen Situation verifiziert werden kann.

Zusätzlich – und darin besteht die Erweiterung von Planverifikation zu Planausführung – müssen auch primitive Aktionen auf allen Hierarchiestufen *ausgeführt* statt nur *simuliert* werden können, um einen Plan tatsächlich umzusetzen.

7.5.1 ALGO – eine Sprache zur Ausführung von Plänen

Nach diesen einleitenden Überlegungen zur Planausführung soll nun ihre konkrete Umsetzung in einem Assistenzsystem zum Thema werden. Grundsätzlich wäre ja – wie in den Kap. 5 und 6 besprochen – GOLOG ein geeigneter Kandidat als Werkzeug zur Planausführung (vgl. Abschn. 5.2.2). In Abschn. 6.5.6 wurde sogar erörtert, inwiefern Konzepte der Nebenläufigkeit[11] mit Hilfe nichtdeterministischer Auswahl – und somit prinzipiell auch mit Hilfe von GOLOG – formalisiert werden können.

Dennoch gibt es für die Entwicklung von Assistenzsystemen einige Kritikpunkte an GOLOG: allen voran steht die mangelhafte Effizienz der Regression, auf der GOLOG basiert. Jeder Fluent wird in einem Inferenzverfahren für Prädikatenlogik erster Stufe auf Aussagen der initialen Situation abgeleitet; hier wird mit Kanonen auf Spatzen geschossen. Denn beispielsweise die Vorwärtsexpansion von Graphplan ist auch in der Lage, festzustellen, ob die Vorbedingungen einer auszuführenden Aktion erfüllt sind, und gegebenenfalls die aus der Aktion resultierende Folgesituation zu konstruieren – ohne prädikatenlogische Klauseln wie ein Theorembeweiser verarbeiten zu können. Wir wären in diesem Punkt also mit viel weniger zufrieden, als GOLOG bietet.

Andererseits fehlen GOLOG einige andere Merkmale eines für Assistenzsysteme geeigneten Werkzeugs zur Planausführung: hier ist an erster Stelle die Integration eines Planungsverfahrens und anderer Problemlöser aus der Applikationsdomäne zu nennen. Ebenso ist es – zumindest aus der Sicht eines Programmierers – umständlich und aufwändig, Sensorik und Aktorik eines Assistenzsystems anzubinden und GOLOG auf mobilen Geräten[12] einzusetzen. Anlass genug, ein eigenständiges Werkzeug zu realisieren, das die an GOLOG kritisierten Nachteile vermeidet.

---

[11] Voraussetzung dafür war, Nebenläufigkeit durch *interleaving* primitiver Aktionen aus konkurrenten Prozessen zu modellieren.

[12] In allen Szenarien und Beispielen, die in dieser Arbeit beschrieben werden, sind mobile Geräte oder eingebettete Systeme (z. B. TV-Geräte) die Umgebungen, auf denen ein Assistenzsystem realisiert werden muss.

ALGO (**A** Language like **GO**LOG) basiert auf der Sprache PL/0, die in [10] eingeführt und benutzt wird4. ALGO ist wie PL/0 eine prozedurale Programmiersprache, die es erlaubt, Prozeduren mit lokalen Variablen und sogar lokalen Prozeduren zu definieren und in Programmen einzusetzen. ALGO bietet mehrere für Assistenzsysteme relevante Standarddatentypen an:

- *Integer*-Zahlen
- *Float*-Zahlen
- Graphen mit Knoten und Kanten
- Prädikatenlogische Formeln
- Listen
- Terme
- Situationen und Diskursrepräsentationsstrukturen

Der wesentliche Unterschied zu PL/0 – und wohl zu fast allen anderen imperativen Programmiersprachen – besteht darin, dass neben dem aktuellen Zustand des auszuführenden ALGO-Programms eine *aktuelle Situation* als Liste (konjunktiv zu lesender) prädikatenlogischer Formeln existiert. Diese Liste repräsentiert eine Menge von Fluenten; auf sie kann mit Hilfe spezieller Konstrukte von ALGO-Programmen aus zugegriffen werden:

- Mit Hilfe des Konstrukts `test` kann abgefragt werden, ob ein – als Argument zu `test` anzugebendes – Literal mit einem Literal in der aktuellen Situation unifizierbar ist.
- Der elementare ALGO-Befehl `do` modifiziert die aktuelle Situation durch Ausführen von Aktionen aus der Assistenzdomäne.

Hier wird die Absicht deutlich, die mit der Realisierung von ALGO verfolgt wurde: die Entwicklung einer Programmiersprache zur Spezifikation von Kontrollmodulen interaktiver Assistenzsysteme. Ein ALGO-Programm wird aus der Definition der Planoperatoren einer Assistenzdomäne automatisch erzeugt, indem die Operatoren als Prozeduren definiert werden. Inhalt der Prozedur ist die Überprüfung der Vorbedingungen anhand der aktuellen Situation, die Ausführung der Aktion selbst und die Kontrolle ihres Erfolgs. Pläne zur Lösung von Assistenzaufgaben werden als Sequenz von Prozeduraufrufen interpretiert, nachdem sie aus einer Kontrollfunktion heraus mit Hilfe des Planers FF (siehe [2]) konstruiert worden sind.

Nach diesem Überblick über die Assistenzsprache ALGO sollen nun einige ihrer für die Konstruktion eines Assistenzsystems relevanten Eigenheiten noch detaillierter dargestellt werden.

7.5.1.1 Durchführung von Assistenzaufgaben mit ALGO-Programmen

Ein generisches Assistenzsystem führt, um den bisher diskutierten Anforderungen gerecht zu werden, stets die folgenden vier Schritte zyklisch aus:

1. Intentionserkennung: *Was ist die aktuelle Aufgabe?*
2. Planung: *Wie lässt sich die aktuelle Aufgabe lösen?*
3. Planverifikation: *Ist die Lösung in der aktuellen Situation praktikabel?*
4. Planausführung: *Wie wird der Plan im Detail tatsächlich durchgeführt?*

Um diese Schritte durchführen zu können, wird zu Beginn die aktuelle Situation mit der zu diesem Zeitpunkt bekannten Information aus der beschriebenen Situation initialisiert und erst bei der Planausführung durch die Aktionen des Plans verändert. Dabei enthält die aktuelle Situation alle bekannten Informationen aus der Assistenz-, der Applikations- und der Ausführungsebene.

7.5.1.2 Ausführung primitiver Tasks

Die Semantik für Aktionen in ALGO ist von GOLOG übernommen; alleine die Darstellung der Aktionen ist anders: Aktionen sind keine Daten eines Programms, sondern Bestandteile eines ALGO-Programms wie andere Sprachkonstrukte auch; eine Aktion wird also ausgeführt, indem ALGO-Code interpretiert wird; dabei sind – analog zur bisherigen Unterscheidung in primitive Tasks, abstrakte Tasks und Verwaltungsoperationen – verschiedene Fälle zu unterscheiden.

Handelt es sich bei dem auszuführenden primitiven Task um eine Verwaltungsoperation[13], dann sind in der aktuellen Situation die Effekte des Tasks auf Assistenzebene umzusetzen. Ein Abstieg in die Applikationsebene ist nicht nötig.

Bei interaktiven Tasks wird dem Nutzer in der Ausführungsebene eine Auswahl in graphischer Form präsentiert, auf die der Nutzer durch Selektion mindestens einer Option reagieren muss. Grundsätzlich jedoch kann das Assistenzsystem alle Informationen bereitstellen, die zur Umsetzung des interaktiven Tasks in einer bestimmten Modalität oder sogar zur multimodalen Interaktion notwendig sind. Weil dann aber wieder ein Auswahlproblem entsteht – nämlich wie die Umsetzung konkret gestaltet wird –, soll diese Thematik erst im folgenden Kapitel diskutiert werden.

Die Ausführung von System-Tasks und von Nutzer-Tasks wird regelmäßig an die Applikationsebene delegiert; dieser Fall ist der komplexeste von allen dreien und soll im Folgenden näher besprochen werden.

Die Ausführung eines System-Tasks wird von der Assistenz- an die Applikationsebene delegiert (siehe Abb. 7.7). Für die weitere Ausführung ist zu unterscheiden, ob er in der Assistenzebene primitiv oder komplex ist. Primitive Tasks stellen die Brücke zu anwendungsspezifischen Problemlösern, Aktorik und Sensorik des Assistenzsystems dar: Zur Realisierung dieser Schnittstelle werden die Vor- und Nachbedingungen primitiver Operatoren der Applikationsebene wie ein *application programming interface* (API) der Ausführungsebene verstanden. Der ALGO-Befehl do erwartet die Existenz einer Methode, die zum Operator namensgleich ist und dieselbe Signatur hat, die er zur Ausführung

---

[13] „Verwaltungsoperationen" wurden in Abschn. 6.6.11 eingeführt, um eine prozedurale Interpretation der Knotentypen von *Concurrent Task Trees* zu gewinnen.

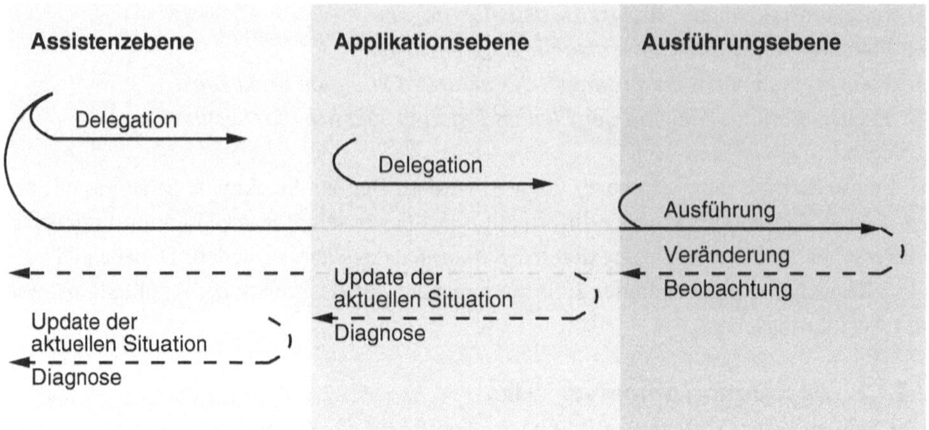

Abb. 7.7 Prinzip der hierarchischen Planausführung

des Operators aktiviert (siehe Abb. 7.7). Die Methode liefert eine Liste variablenfreier prädikatenlogischer Literale zurück, mit denen sie ihre eigenen Effekte, d. h. die von ihr ausgelösten Änderungen der aktuellen Situation beschreibt. Diese Fluenten werden – per Unifikation – mit den nach der Definition des Planoperators erwarteten Effekten verglichen. Konnte die Methode wie vom Operator erwartet ausgeführt werden, sind alle seine Effekte mit von der Methode zurückgegebenen Fluenten unifizierbar; wenn dies nicht der Fall ist, liegt ein Konflikt zwischen den Erwartungen des Planers und den tatsächlichen Ergebnissen der Aktionsausführung vor (siehe die von der Ausführungs- zur Assistenzebene verlaufenden Pfeile in Abb. 7.7).

Der Ausgang dieses Vergleichs hat Auswirkung darauf, wie die aktuelle Situation der Assistenzebene aktualisiert werden muss: bei erfolgreicher Ausführung wird der System-Task als `task-done` markiert, und der nächste Schritt des Plans kann ausgeführt werden. Andernfalls muss eine Diagnose über die Diskrepanz zwischen Erwartung und tatsächlichem Ergebnis der Planausführung erstellt (siehe unten den Abschn. 7.7) und gegebenenfalls eine Neuplanung (Inhalt des Abschn. 7.8) ausgelöst werden.

Bei komplexen Tasks besteht die Ausführung nicht allein im Aufruf einer Methode, sondern im Abarbeiten eines zur Lösung des komplexen Tasks erstellten Plans. Dieser Plan wird in derselben Weise abgearbeitet, wie der in der Assistenzebene aktuelle Plan: Die Ausführung primitiver Tasks wird wieder an die Ausführungsebene delegiert, von der eine Menge von Fluenten über die ausgelösten Effekte zurückgeliefert wird. Wird bei der Kontrolle, ob die Aktion erfolgreich, d. h. den Erwartungen des Plans gemäß, ausgeführt werden konnte, festgestellt, dass ein Konflikt aufgetreten ist, wird eine Ersatzlösung geplant. Erst wenn keine gefunden werden kann, gilt der Task als gescheitert – ein Umstand, der an die Assistenzebene zurückgemeldet wird. Das weitere Vorgehen des Assistenzsystems ist nun identisch mit dem für primitive System-Tasks (siehe oben).

Ein wichtiger Vorteil des hierarchischen Ansatzes, den Anforderungen an Assistenzsysteme durch hierarchische Planung und Planausführung gerecht zu werden, wird nun
deutlich: Nicht nur die Assistenz-, sondern auch die Applikationsebene kann grundsätzlich mit Hilfe von *Concurrent Task Trees* modelliert werden. Vor allem jedoch ist eine
Beschränkung auf die beiden Perspektiven der Assistenz und der Applikation nicht zwingend: es können vielmehr weitere Perspektiven, die andere Aspekte interaktiver Assistenz
berücksichtigen, auf dieselbe Weise berücksichtigt werden. Die in Abschn. 3.3 analysierten pragmatischen Vorgänge bei der Mensch-Maschine-Interaktion sind derartige Perspektiven, die vor allem bei natürlichsprachlicher Interaktion bedeutsam sind[14]. Je nach
dem Detailgrad, mit dem die Interaktionsfähigkeiten eines Assistenzsystems ausgestaltet
werden, können für diese Perspektiven unterschiedlich komplexe Tasks als Abarbeitungs-
schemata für einzelne Vorgänge spezifiziert werden.

Schließlich ist noch zu besprechen, wie die Ausführung von Nutzer-Tasks vonstatten
geht. Das Assistenzsystem kann dabei ja selbst nur versuchen, die erwartete Ausführung des Tasks zu initiieren, indem es den Nutzer durch geeignete kommunikative Mittel
auffordert, eine Handlung durchzuführen. Darüberhinaus muss das Assistenzsystem versuchen, über geeignete Beobachtungen zu ermitteln, ob der Nutzer die erwartete Handlung
durchgeführt hat, oder andere, nicht erwartete Veränderungen der aktuellen Situation eingetreten sind.

In Abschn. 6.3 wurden Operationen zur Beobachtung in einer auf unsicheres Wissen erweiterten Variante von GOLOG eingeführt; hier soll nun erläutert werden, wie die
tatsächliche Durchführung der Beobachtung mit den von ALGO zur Verfügung gestellten Mitteln erfolgen kann. Zur Illustration soll wieder das auch in Abschn. 6.3 benutzte
Beispiel aus dem ROSE-Navigationsszenario herangezogen werden. Die Aufgabe des Assistenzsystems besteht darin, den Nutzer dabei zu unterstützen, einen bestimmten Ort zu
erreichen. Ein Ausschnitt aus dem Plan zur Lösung der Aufgabe umfasst die Aktionssequenz

$$\texttt{perform(user)} : \texttt{sensePerform(user)}$$

Die erste Aktion ist ein Nutzer-Task; das Assistenzsystem kann ihn unterstützen, indem
es eine zur Realisierung der Aktion passende Instruktion gibt. Ob der Nutzer-Task durch
`meet`, `enter` oder `follow` realisiert wird, ist bereits bei der hierarchischen Planung
und Planverifikation entschieden worden. Fiel die Wahl beispielsweise auf `follow`, ist
jedoch eindeutig festgelegt, wie `sensePerform(user)` zu realisieren ist. Denn auf Grund
der Vorbedingungen der `observe`-Aktionen[15] ist alleine `observeFollow` ausführbar.
Sind nun Vorbedingungen oder Effekte von `observeFollow` nicht erfüllbar, muss das
Assistenzsystem eine Diagnose für das Scheitern erstellen und entsprechend reagieren.

Bevor die Realisierung von Diagnose und Reaktion besprochen werden, soll im Folgenden erläutert werden, wie der Test auf Erfüllbarkeit von Fluenten in ALGO durchge-

---

[14] Siehe dazu später in Kap. 8.
[15] Sie wurden in Abschn. 6.3 angegeben.

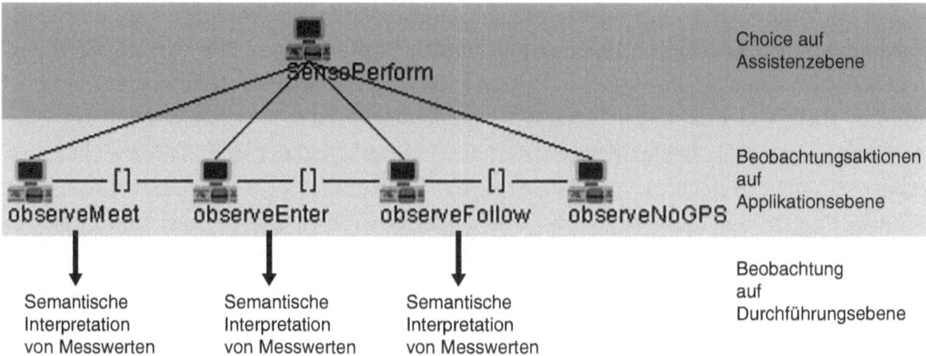

Abb. 7.8 Schematische Darstellung, wie mit Hilfe einer sense-Aktion bei Ausführung eines Plans Beobachtungen gemacht werden

führt wird. Dazu gibt Abb. 7.8 einen schematischen Überblick über die Ausführung von sensePerform.

In der Assistenzebene ausgelöst, wird sensePerform durch eine der observe-Aktionen auf Applikationsebene realisiert. Um tatsächlich beobachten zu können, ob das erwartete Ereignis eingetreten ist, muss in der Durchführungsebene ein spezieller Problemlöser aktiviert werden. Im Fall von observeFollow handelt es sich um einen Klassifikator, der die semantische Interpretation vorliegender GPS-Sensor-Daten durchführt[16].

Für den in der Assistenzebene primitiven Task observeFollow existiert folgende, aus der Planungsdomäne compilierte ALGO-Prozedur:

```
void do-observeFollow(task t) {
  if test("task-active", "observeFollow", t) = false { throw t, "pre"; };
  do "observeFollow";
  if test("task-active", "observeFollow", t) = true { throw t, "eff"; };
  if test("task-done", "observeFollow", t) = false { throw t, "eff"; };
}
```

Mit Hilfe des ALGO-Konstrukts test wird auf Fluenten in der aktuellen Situation zugegriffen. In der ersten Zeile von do-observeFollow wird dabei geprüft, ob die Vorbedingung von observeFollow erfüllt ist. In der dritten Zeile wird abgefragt, ob der – per Delegation an die Ausführungsebene – aktivierte Problemlöser die Beobachtung durchgeführt hat, und damit task-active für den Task t nicht mehr gilt. In der vierten Zeile wird schließlich festgestellt, ob t erfolgreich ausgeführt wurde[17]. Immer, wenn

---

[16] Details zur Dateninterpretation bei ROSE sind in Abschn. 2.3.1 beschrieben worden.

[17] Wie oben beschrieben, fordert das API zwischen Applikations- und Ausführungsebene, dass der Problemlöser die Nachbedingungen von observeFollow seinem Berechnungsergebnis entsprechend setzt. Im Allgemeinen modifiziert er die aktuelle Situation noch weiter, um das Ergebnis

ein Test fehlschlägt, wird der ALGO-Befehl `throw` ausgeführt. Er speichert den nicht erfüllten Fluenten in einer Fehlerliste und markiert zusätzlich, welcher Task den Fehler verursacht hat, und ob der Task wegen nicht erfüllter Vorbedingungen gar nicht ausgeführt werden konnte (`throw t, „pre"`), oder ob er fehlerhaft erledigt wurde (`throw t, „eff"`). Wenn nach Test der Vorbedingungen der ALGO-Befehl `do` ausgeführt werden soll, aber die Fehlerliste nicht leer ist, wird – ähnlich einer *exception* beispielsweise in Java oder C++ – `do` nicht ausgeführt und die weitere Abarbeitung des Prozedurrumpfs abgebrochen, falls gerade eine Prozedur ausgeführt wird. Falls erst bei den Effekten nach Ausführung von `do` Fehler auftreten, wird der Prozedurrumpf weiter ausgeführt, solange keine programmzustandsändernden Befehlen zu bearbeiten sind. Dies erlaubt es, alle Effekte zu prüfen. Wird jedoch der Prozedurrumpf verlassen, oder ist ein zustandsändernder Befehl auszuführen, wird die Interpretation des aktuellen Programms abgebrochen und die Kontrolle an die Diagnose (siehe Abschn. 7.7) übergeben.

Während das Thema der Diagnose in Abschn. 7.7 behandelt werden wird, ist der letzte Teil dieses Abschnitts der Frage gewidmet, wie die letzte der in Abschn. 7.3 erörterten Annahmen zur Relaxation des Planungsproblems während der Planausführung aufgelöst werden kann: Es geht um die Behandlung nichtdeterministischer Aktionen. In Abschn. 6.6.10 wurde erläutert, wie durch Übergang in den Hypothesenraum eine Relaxation gefunden werden kann, die es einem klassischen Planer erlaubt, einen im Sinn seiner Heuristik optimalen Plan zu finden, auch wenn dazu Aktionen benötigt werden, die im ursprünglichen Suchraum nichtdeterministische Effekte haben. Das Optimierungskriterium der Heuristik, einen möglichst kurzen Plan zu finden, muss kein gutes Kriterium für ein Assistenzsystem sein – zumindest können viele andere Aspekte, die mit der Planlänge überhaupt nichts zu tun haben, als ebenso bedeutsam angesehen werden. In unserem Beispiel aus dem Navigationsszenario wird ein Plan möglichst kurz, wenn er möglichst wenige Verzögerungen, also Planschritte aus den Operatoren `meet` oder `enter` enthält. Für einen ROSE-Nutzer, der noch genügend Zeit bis zur Abfahrt des Zuges, aber eine Abneigung gegen die an Bahnhöfen verbreiteten Fast-Food-Ketten hat, ist also ein Plan, der ihn in wenigen Schritten zum Bahnhof bringt und dann dort auf den Zug warten lässt, nicht optimal. Für die Qualität der Lösung einer Aufgabe ist also aus Sicht des Nutzers nicht alleine entscheidend, in wievielen Schritten sie erreicht wird, sondern inwieweit sie seine individuellen Bewertungskriterien erfüllen kann. Einen vergleichbaren Schluss ziehen [11], [12] und [13], wenn es um die ergonomische Bewertung von Mensch-Maschine-Interaktion geht: der Vergleich verschiedener Datenbankschnittstellen machte deutlich, dass Nutzer dann eine Datenbank umso effizienter nutzen können, je flexibler das Interface, aber auch die Funktionalität der Applikation ist. Diese beiden Kriterien sind wichtiger als die Länge einer Lösung (von RAUTERBERG *interactive directness* genannt). Rauterberg [12] entwickelt eine Reihe von Metriken, mit denen eine quantitative Bewertung der Ergonomie von Lösungen für Aufgaben und damit auch für

---

selbst an das Assistenzsystem zu kommunizieren – in unserem Beispiel etwa die ermittelte *a posteriori*-Wahrscheinlichkeit und Konfidenz.

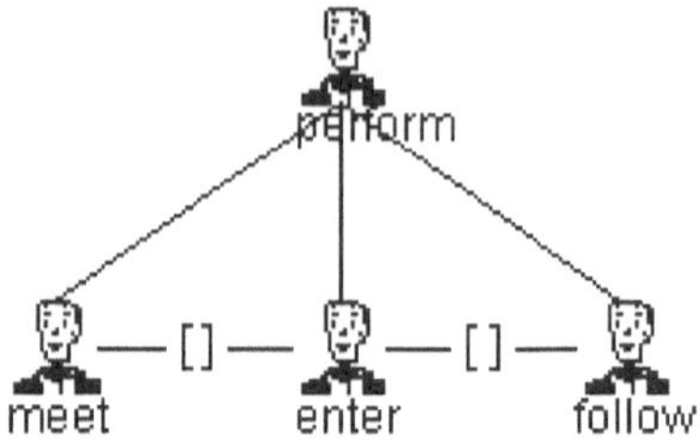

Abb. 7.9 *Concurrent Task Tree* für den Nutzer-Task perform in der ROSE-Navigationsdomäne

von Assistenzsystemen entwickelte Pläne ermittelt werden kann. Fjeld et al. [14, 15] belegen sogar empirisch, dass es unter Nutzern desselben Programmsystems verschiedene Problemlösestrategien für ein und denselben Task gibt. Der Zusammenhang zwischen derartigen Strategien und der Heuristik ist vollkommen unklar; die zahlreiche Literatur zu *usability*-Studien interaktiver Systeme legt vielmehr den Schluss nahe, dass es je nach Nutzertyp, Erfahrung des Nutzers, Anwendungszweck, verfügbaren Modalitäten oder Einsatzumgebung – um nur einige prominente Parameter zu nennen – jeweils ganz spezifische Bewertungskriterien gibt, nach denen Nutzer während eines Problemlösevorgangs (strategische) Entscheidungen treffen[18]. Die Tatsache, dass es keinen Konsens in der Fachliteratur über geeignete allgemeingültige Kriterien zur Bewertung von Mensch-Maschine-Interaktion und damit insbesondere zur Bewertung interaktiver Assistenz gibt, führt zu dem Ansatz, ALGO um eine Möglichkeit zur Programmierung von Bewertungskriterien zu erweitern.

Bevor wir im Detail erläutern, wie man sich dies vorzustellen hat, soll anhand des oben schon diskutierten Tasks perform(user) verdeutlicht werden, wie mit Hilfe der Verwendung von Bewertungen Nichtdeterminismus von Aktionen unabhängig von einer Planungsheuristik in einer Weise aufgelöst werden kann, dass auch – zumindest zu unterstellende – Kriterien des Nutzers Berücksichtigung finden können. Zur Illustration ist in Abb. 7.9 der *Concurrent Task Tree* zu perform(user) dargestellt. Dieser Task ist – als Nutzer-Task – nichtdeterministisch: Der Nutzer kann sich für eine der drei angegebenen Alternativen entscheiden: der Anweisung des Systems Folge leisten, ein Gebäude am Weg betreten oder stehen bleiben und – eventuell auch – mit einer Person sprechen. Bei der Planung einer Lösung, die auch den Task perform beinhaltet, wird von der Planextraktion eine Realisierung dieses Tasks ausgewählt, die in der zum Planungszeitpunkt aktuellen Situation verifizierbar ist. Der Plan enthält dann, wie in Abschn. 7.2 besprochen, die Verwaltungsoperation, deren ALGO-Code folgendermaßen lautet:

```
int choose (task parent, task choice, task t)
{
  var list l, boolean none = true;
```

---

[18] Noch unübersichtlicher wird die Literatur, wenn auch die neueren Forschungsrichtungen *Affective Computing* (siehe [16]) und *Pervasive Computing* (siehe [17]) berücksichtigt, deren thematische Nähe zu Assistenzsystemen ja nicht von der Hand zu weisen ist: diskutieren wir hier doch immer wieder das Beispiel des Navigationssystems ROSE.

```
if test("task-active", parent) = false  { throw "choose", pre; };
if test("task-running", parent) = false  { throw "choose", pre; };
if test("choice", parent, choice) = false  { throw "choose", pre; };

do "choose", parent, choice;

l := all("task", x);
while more(l) {
  substitute x, next(l);
  if test("task-active", x) = true { none := false; };
  if test("choice", parent, x) = true {
    if test("concurrent-choice", choice, x) = true
      { throw "choose", eff; };
  };
};

if none = true {
  throw "choose", not(some(x, test("task-active", x))), eff;
};
}
```

Der Code prüft zunächst, ob die Vorbedingungen der Aktion immer noch gegeben sind.
In der auf den Befehl do folgenden while-Schleife werden die Effekte des Operators
choose überprüft; in der if-Anweisung am Ende der Prozedur wird schließlich abgefragt, ob eine der möglichen Realisierungen des auszuführenden nichtdeterministischen
Tasks ausgewählt wurde. Falls dies nicht der Fall ist, wird dies in der Fehlerliste der Prozedur choose gespeichert. Die Diagnose muss dann auf diese Situation reagieren.

Der interessante Punkt am Code ist die Auswahl der Realisierung für den Task. Zwar
wurde bei der Planung bereits eine Auswahl getroffen, jedoch sind, wie oben diskutiert,
die Kriterien der Planungsheuristik nicht unbedingt für die Assistenzaufgabe angemessen – sie hatten ja nur dazu gedient, eine Relaxation zu finden, die den Einsatz eines
klassischen Planers ermöglichen sollte. Darüber hinaus ist fraglich, ob zum Zeitpunkt der
tatsächlichen Ausführung des Tasks die – auf welche Weise auch immer – getroffene Entscheidung des Planers noch für die Lösung der Aufgabe zweckdienlich ist. Eventuell hat
sich durch externe Ereignisse die Situation so geändert, dass eine andere Auswahl besser
wäre.

Ob dem so ist, kann nur dadurch festgestellt werden, dass die Auswahl zur Planausführungszeit hinterfragt wird. Da bei der Planausführung die Entscheidung nicht mehr
von der Planungsheuristik diktiert wird, ist es jetzt sogar denkbar und möglich, andere
Entscheidungskriterien und -algorithmen zu benutzen. Damit wird die während der Planung vorgenommene Relaxation aufgehoben: choose aktiviert einen für das anstehende
Auswahlproblem spezialisierten Problemlöser – ähnlich wie dies bei der Beobachtung
der Umgebung mit Klassifikatoren geschehen ist. Um der Assistenzebene nicht komplett
die Kontrolle über die Auswahl zu entziehen, ist sie auf der Durchführungsebene durch

Regeln parametrisierbar (siehe nächsten Abschnitt). So wird es möglich, problemspezifische Kriterien zu spezifizieren, nach denen das Assistenzsystem Entscheidungen trifft bzw. Vorschläge auswählt. Im Fall von `perform(user)` etwa kann das System die drei zur Verfügung stehenden Optionen in Kenntnis von Präferenzen des Nutzers so bewerten, dass – um auf das einleitende Beispiel zurückzukommen – Fast-Food-Ketten am Bahnhof vermieden werden.

Da im Allgemeinen das Hinterfragen der vom Planer getroffenen Auswahl zu einer anderen Entscheidung und damit zu einem Konflikt mit dem aktuellen Plan führen kann, muss bei der Ausführung von `choose` eine Neuplanung und Planverifikation durchgeführt werden, sobald die Auswahl bei Ausführung des aktuellen Plans von der vom Planer bestimmten und in der Variablen *choice* (siehe oben den Code von `choose`) gespeicherten Entscheidung abweicht. Im schlimmsten Fall ist für keine der theoretisch in Frage kommenden Optionen ein Plan verifizierbar; dann ist auch für keine Realisierung des Tasks `task-active` erfüllt, und die Ausführung von `choose` scheitert (siehe letzte `if`-Anweisung im Code von `choose`).

7.5.2　MADL – eine Sprache zur Berechnung von Entscheidungen

Nach der Darstellung der Idee zur Auflösung von Nichtdeterminismus durch Neubestimmung einer Auswahl mit anderen, der aktuellen Assistenzaufgabe angemesseneren als den von der Planungsheuristik benutzten Kriterien und durch Neuplanung zur Planausführungszeit[19] soll nun besprochen werden, wie Entscheidungskriterien dargestellt und ausgewertet werden können. Als Hilfsmittel dafür wird die problemorientierte Programmiersprache MADL (*Multi Attribute Decision Language*) zur Formalisierung und Ausführung von Entscheidungen benutzt, zur der technische Details in [18] und [19] zu finden sind.

Auslöser dafür, es nicht bei dem in Abschn. 6.5 vorgestellten entscheidungstheoretischen Planen bewenden zu lassen, ist der Umstand, dass mit der auf Wahrscheinlichkeitsverteilungen beruhenden entscheidungstheoretischen Optimierung die *Strategie*, die der Entscheidung zu Grunde liegt, nicht explizit formuliert werden kann. Denn durch den Ansatz, den erwarteten Nutzen zu maximieren, ist die Strategie ja fixiert. Letztlich streben wir also eine Verallgemeinerung der in Abschn. 2.4 präsentierten Strategie an in Hinblick auf die Entscheidungsregel (Optimierung des erwarteten Nutzens) und die dazu benutzten Daten (*reward* und Wahrscheinlichkeitsverteilung über den Zustandsraum).

Zunächst muss es bei dieser Erweiterung darum gehen, die Entscheidungskriterien explizit offen zu legen, die implizit im *reward* enthalten sind. Damit werden Entscheidungen und Bewertungen erklär- und dem Nutzer vermittelbar. Die nächste Dimension der Erweiterung besteht darin, dass Abhängigkeiten zwischen Erweiterungen erfasst und in

---

[19] Dieser Vorgang erinnert an die Vorgehensweise, wie ein entscheidungstheoretischer Planer die nächste Aktion zur Planausführungszeit die nächste Aktion auswählt.

Entscheidungsregeln dargestellt werden können. Drittens sind, wie ja auch in Abschn. 6.5 schon dargestellt, Entscheidungen durch die Effekte von Handlungen beeinflusst, die zeitlich vor, aber auch nach ihnen stattfinden. Schließlich ist zu berücksichtigen, dass die Maximierung des Erwartungswerts nicht die einzige denkbare Strategie zur Auswahl einer Option darstellt.

Alle diese vier Problemkomplexe sollen im Folgenden an einer in MADL realisierten Lösung für das Entscheidungsproblem beschrieben werden, die in der aktuellen Situation beste Realisierung für den abstrakten Task `perform` zu finden[20]. Dabei werden in Abschn. 2.3.1 eingeführte Begriffe zur Interpretation von Sensordaten benutzt. Damit illustriert das Beispiel auch, wie MADL als Alternative zu BAYES-Netzen verwendet werden kann, wenn zwar funktionale Abhängigkeiten zwischen Entscheidungskriterien, aber nicht die notwendigen Wahrscheinlichkeitsverteilungen bekannt sind[21]. Zunächst sei der MADL-Programmcode dargestellt; er wird im Anschluss kommentiert werden.

```
CON madldomain.ROSEModel AS user

SumDecision perform {
  ALT "follow" [location = 0, urgence = 1.5, poinearby = 0,
                !userfocus,
                user.committed = math.in(user.orientedtogoal,66%,100%)]
  ALT "meet" [location = 0, urgence = 6, poinearby = 0,
              !userfocus,
              user.committed = 1 - math.in(user.orientedtogoal,66%,100%)]
  ALT "enter" [location = 1, urgence = 5, poinearby = 1,
               !userfocus,
               user.committed = 1 - math.in(user.orientedtogoal,66%,100%)]

  GOAL FIX!(user.indoor,location)
  GOAL SAT!(user.poinearby,poinearby)
  GOAL FIX!(user.speed,userspeed)
  GOAL MAX!(user.committed)
  GOAL MIN!(user.interrupted)
  GOAL SAT!(10.0-user.urgence,urgence)
  GOAL user.taskactive = 1
}

SumDecision userfocus {
  ALT "unerwartetesereignis"
      [!location, userspeed = 0, indoor=0.25,
       user.interrupted = math.abs(user.speed - userspeed)]
```

---

[20] Diese Information ist für ein Assistenzsystem unter anderem deshalb wichtig, weil es dem Nutzer sehr konkrete Hinweise zum nächsten Schritt für die Lösung der aktuellen Aufgabe geben kann. Siehe dazu den *Concurrent Task Tree* in Abb. 6.6.

[21] In Abb. 2.4 ist ein BAYES-Netz dargestellt, mit dem aus Beobachtungen der Interessenstatus des Nutzers erschlossen werden soll.

```
ALT "persongetroffen"
    [!location, indoor = 0, userspeed = 0,
     user.interrupted = math.abs(user.speed - userspeed)]
ALT "navigation"
    [!location, indoor = 0, userspeed = 5,
     user.interrupted = math.abs(user.speed - userspeed)]

GOAL FIX!(user.indoor,indoor)      WEIGHT 0.4
GOAL FIX!(user.speed,userspeed)    WEIGHT 0.6
}


SumDecision location {
  ALT "indoor" [gpsvariance = 10,user.indoor = 1]
  ALT "outdoor" [gpsvariance = 2.5,user.indoor = 0]

  GOAL FIX!(gpsvariance,user.gpsvariance)
}
```

In der Entscheidungsprozedur `perform` stehen (vgl. dazu Abb. 7.9) die Optionen
`enter`, `meet`, `follow` zur Auswahl. Die Bewertung jeder Option hängt von einer Reihe
von Kriterien ab, die als Effekt der Option in eckigen Klammern ausgeführt sind, sowie
eine Reihe von Zielattributen, die in den mit `GOAL` beginnenden Zeilen festgelegt sind.
Die Kriterien selbst unterteilen sich in drei Sorten:

- *optionsspezifische Werte* (z. B. `location` = 0): Die Entscheidung setzt den Wert
  der Variablen `location` für nur eine Option.
- *situationsabhängige Werte* (z. B. `user.committed = math.in(user.orien`
  `tedtogoal,66%,100%)`): Die Auswahl der Option, aus der das Kriterium stammt,
  modifiziert die Situation, in dem sie den Fluenten `committed` auf den Funktionswert von `math.in(user.orientedtogoal,66%,100%)` setzt. Das Kriterium
  benutzt auch Werte von Fluenten der aktuellen Situation, im vorliegenden Fall die Ähnlichkeit zwischen der aktuellen Schätzung des Bewegungsvektors des Nutzers und dem
  Vektor von der aktuellen geschätzten Position des Nutzers zum Ziel.
- *andere Entscheidungen* (z. B. `!userfocus`): Derartige Kriterien werden ausgewertet,
  indem zunächst eine andere Entscheidung herbeigeführt werden muss.

Die Entscheidung `userfocus` ist ebenfalls angegeben. Sie ermittelt eine Hypothese, wie
Sensordaten aus der Umgebung im Hinblick auf bestimmte abstrakte Begriffe aus der As-
sistenzdomäne zu interpretieren sind (vgl. dazu Abb. 2.4)[22]: Sie führt eine Bewertung und
Auswahl aus den Alternativen aus, ob dem Nutzer ein unerwartetes Ereignis widerfahren

---

[22] Das Beispiel nimmt eine sehr pragmatische Haltung zum unter dem Namen *symbol grounding*
bekannten Problem der Zuordnung von Wahrnehmungen zu in Algorithmen benutzten Symbolen
ein, da bei ROSE Sensordaten eindeutig zuzuordnen sind. Im Allgemeinen ist diese Aufgabe viel
komplizierter (siehe dazu etwa [20] oder [21]).

ist, er unterwegs jemanden getroffen hat oder immer noch den Hinweisen des Assistenzsystems folgt. Die Entscheidung benutzt GPS-Sensorwerte, um aus ihrem Rauschen und Mittelwerten eine Hypothese zu generieren, ob sich der Nutzer bewegt oder nicht ob er sich im Freien und in einem Gebäude befindet. Auch diese Entscheidung modifiziert die aktuelle Situation, indem sie den Fluenten `interrupted` auf den Abstand zwischen gemessener und erwarteter Geschwindigkeit des Nutzers setzt. Die Entscheidung sucht diejenige Alternative heraus, die bei Geschwindigkeit und Aufenthaltsort des Nutzers (innen oder im Freien) die geringste Überraschung aufweist.

Das Ergebnis wird in einer Zielfunktion der übergeordneten Entscheidung `perform` benutzt: Da das Assistenzsystem versucht, die Lösung der Aufgabe zielorientiert und ohne große „Umwege" durchzuführen, ist eine Entscheidung umso besser, je geringer die Bewertung dafür ist, dass der Nutzer den Weg zum Ziel unterbrochen hat. Gleichzeitig soll seine Orientierung zum Ziel möglichst hoch sein (`MAX!(user.committed)`). Alle anderen Zielfunktionen der Entscheidung versuchen, die Auswahl so zu treffen, dass der Abstand von in der aktuellen Situation gemessenen und für eine Option erwarteten Werte minimal werden.

Die Messwerte erhält MADL durch Zugriff auf die von ALGO verwaltete aktuelle Situation über die Schnittstelle `user`, an die es auch das Ergebnis der Entscheidung zurückgibt. Die Aktualisierung der aktuellen Situation nach Durchführung der Entscheidung bleibt dem ALGO-Laufzeitsystem überlassen.

Wie das Beispiel der Entscheidung `perform` zeigt, gibt es vier Arten von GOAL-Angaben:

- MAX: Eine Variable soll einen möglichst großen Wert annehmen.
- MIN: Der Wert einer Variablen soll möglichst klein sein. Also:

$$\text{MIN}(x) = \text{MAX}(-x)$$

- SAT: Der Wert einer Variablen soll nicht unter einer möglichst hohen Grenze liegen:

$$\text{SAT}(x, y) = \begin{cases} \text{MAX}(y) & y < x \\ \text{MAX}(x) & y \geq x \end{cases}$$

- FIX: Der Wert einer Variablen soll möglichst nahe bei einem festen Wert liegen:

$$\text{FIX}(x, y) = \text{MAX}(|x - y|)$$

Darüberhinaus kann eine GOAL-Angabe in einem Vergleich zwischen zwei optionsspezifischen oder situationsabhängigen Werten von Variablen oder konstanten Werten bestehen, der unbedingt erfüllt sein muss, damit eine Alternative als Lösung für die anstehende Entscheidung in Frage kommt. Ein Beispiel dafür ist die Randbedingung

```
GOAL user.taskactive = 1
```

Dieser *constraint* besagt, dass es eine Entscheidung nur gibt, wenn die angegebene Bedingung in der aktuellen Situation erfüllbar ist.

Um festzulegen, welche Abhängigkeit zwischen den einzelnen Zielgrößen besteht, ist für jede Entscheidung eine Strategie festzulegen. Soweit keine andere Strategie explizit angegeben ist, wird eine gewichtete Summe aus den Zielgrößen gebildet und maximiert. Die Gewichtung der Zielgrößen untereinander wird mit Hilfe des Befehls WEIGHT angegeben, wie es bei der Entscheidung userfocus der Fall ist.

Allgemein gibt es bei einer Entscheidung n Zielattribute A_i ($1 \leq i \leq n$), die für eine Alternative a_k ($1 \leq k \leq m$) mit den Werten $a_{k,i}$ aus dem zulässigen Wertebereich der Attribute A_i belegt sind. Das Gewicht eines Attributs ist eine Funktion aller n Attributwerte:

$$w_{k,i}(a_{k,1}, \ldots, a_{k,n}).$$

Jedem Zielattribut ist auch eine Zielfunktion $\zeta_{A_i} \in \{\text{MAX}, \text{MIN}, \text{FIX}, \text{SAT}\}$ zugeordnet.

- **Gewichtete Summe**
  Bei Anwendung der Strategie der gewichteten Summe wird das Skalarprodukt aus dem Gewichtsvektor $\mathbf{w}_k = (w_{k,1}, \ldots, w_{k,n})$ und dem Wertevektor $\mathbf{a}_k = (a_{k,1}, \ldots, a_{k,n})$ für die Alternative a_k ermittelt:

$$\text{val}_k(\mathbf{a}_k, \mathbf{w}_k) = \sum_{1 \leq i \leq n} \zeta_{A_i}(\mathbf{a}_k) \cdot \mathbf{w}_k(\mathbf{a}_k)$$

  Die Strategie entscheidet sich für die Alternative $a_{\hat{k}}$ mit der Eigenschaft

$$\hat{k} = \text{argmax}_{1 \leq k \leq m} \text{val}_k(\mathbf{a}_k, \mathbf{w}_k).$$

  Die Entscheidung hat die Bewertung:

$$\text{val}(\{a_1, \ldots, a_m\}) = \text{val}_{\hat{k}}(\mathbf{a}_{\hat{k}}, \mathbf{w}_{\hat{k}})$$

  Handelt es sich bei den Gewichten um Wahrscheinlichkeiten für die zugeordneten Attributwerte, entspricht die Strategie der gewichteten Summe gerade der entscheidungstheoretischen Maximierung[23] des Erwartungswerts einer Zielgröße.

- **MiniMax**
  Die MiniMax-Strategie erfordert, dass die Werte aller Attribute dieselbe Einheit haben und daher untereinander vergleichbar sind. Wir können uns daher alle Attribute für alle Alternativen als eine $m \times n$-Matrix vorstellen, wenn m die Zahl der Alternativen

---

[23] Eine umfassende Darstellung der Entscheidungstheorie, die auch für Assistenzsysteme eine wesentliche Rolle spielt, zu der aber in dieser Arbeit keine neuen Beiträge geleistet werden, findet sich etwa in [22–26]. Ihre Rolle für die psychologische Analyse menschlicher Entscheidungen dokumentiert [27].

und n – wie gehabt – die Zahl der Attribute bezeichnet Ist diese Bedingung gegeben, sucht MiniMax zunächst für jede Alternative den kleinsten Attributwert heraus, d. h. die Strategie konstruiert den m-dimensionalen Vektor $r^{\min}$ der niedrigsten Bewertungen mit

$$r_k^{\min} = \min_{1 \leq i \leq n} a_{k,i}$$

und wählt diejenige Alternative $a_{\hat{k}}$ aus, deren Attributwert im Vektor $r^{\min}$ am größten ist:

$$\hat{k} = \mathrm{argmax}_k\, r_k^{\min}$$

Die Bewertung der Entscheidung hat den Wert:

$$\mathrm{val}(\{a_1, \ldots, a_m\}) = r_{\hat{k}}^{\min}$$

- **MiniMin**

  MiniMin sucht aus $r^{\min}$ die Alternative mit dem niedrigsten Attributwert heraus:

$$\hat{k} = \mathrm{argmax}_k\, r_k^{\min}$$

Die Bewertung der Entscheidung hat bei dieser Strategie den Wert:

$$\mathrm{val}(\{a_1, \ldots, a_m\}) = r_{\hat{k}}^{\min}$$

- **MaxiMin**

  MaxiMin konstruiert im ersten Schritt – im Gegensatz zu den beiden bisher vorgestellten Strategien – zunächst den Vektor der höchsten Attributwerte, also einen Vektor $r^{\max}$ der Dimension m mit:

$$r_k^{\max} = \max_{1 \leq i \leq n} a_{k,i}.$$

Aus diesem Vektor wird dann im zweiten Schritt der kleinste Wert gesucht; er ist der Wert der Entscheidung:

$$\mathrm{val}(\{a_1, \ldots, a_m\}) = \min_{1 \leq k \leq m} r_k^{\max}$$

Gewählt wird dementsprechend die Alternative $a_{\hat{k}}$ mit

$$\hat{k} = \mathrm{argmin}_{1 \leq k \leq m} r_k^{\max}$$

- **MaxiMax**

  Die MaxiMax-Strategie sucht in $r^{\max}$ die Alternative $a_{\hat{k}}$ mit:

$$\hat{k} = \mathrm{argmax}_k\, r_k^{\max}$$

und bewertet die gesamte Entscheidung mit:

$$\mathrm{val}(\{a_1, \ldots, a_m\}) = r_{\hat{k}}^{\max}$$

Die Strategien MiniMax, MaxiMin und MaxiMax sind hilfreich, wenn Gewichte von Attributen nicht oder nur sehr mühsam bestimmt werden können.

- **Take the best**
  Diese Strategie (zum ersten Mal vorgestellt in [28]) versucht diejenige Alternative auszuwählen, die im wichtigsten Attribut den besten Wert aufweist. Dazu wird eine Permutation pr auf der Menge $\{1, \ldots, n\}$ festgelegt, so dass $A_{\mathrm{pr}(1)}$ das Attribut mit der höchsten pragmatischen Bedeutung ist, und $A_{\mathrm{pr}(n)}$ das mit der niedrigsten. Die Attribute werden also nach ihrer Wichtigkeit absteigend sortiert. Für $1 \leq i \leq n$ wird die Menge B_i der besten Alternativen für das Attribut $A_{\mathrm{pr}(i)}$ bestimmt:

$$B_i = \{a_{\hat{k}} \in B_{i-1} : \hat{k} = \mathrm{argmax}_{1 \leq k \leq m} a_{k,\mathrm{pr}(i)}\}$$

  Dabei ist $B_0 = \{a_1, \ldots, a_m\}$.
  Wenn das Maximum für mehr als ein Attribut angenommen wird, enthält B_i entsprechend viele Elemente. Die Entscheidung ist gefallen, sobald ein $1 \leq e \leq n$ gefunden ist mit $|B_e = 1|$. Die gewählte Entscheidung ist dann $a_{\hat{k}} \in B_e$ mit der Bewertung

$$\mathrm{val}(\{a_1, \ldots, a_m\}) = a_{\hat{k},\mathrm{pr}(e)}$$

  Falls auch noch B_n mehr als ein Element enthält, kann keine eindeutige Entscheidung getroffen werden. $\mathrm{val}(\{a_1, \ldots, a_m\})$ ist dann undefiniert, und für die Menge B_n muss eine Entscheidung nach einer anderen Strategie oder nach anderen bzw. zusätzlichen Attributen gefunden werden.
  Wird die Wichtigkeit von Attributen aus einem Datencorpus anhand des informationstheoretischen Begriffs der Entropie[24] ermittelt, ähnelt die Strategie *Take the best* stark der Vorgehensweise bei der Klassifikation mit Entscheidungsbäumen[25].

- **Pareto-Dominanz**
  Die Dominanz-Strategie unterscheidet sich von den anderen dadurch, dass sie im allgemeinen Fall keine eindeutige Entscheidung fällt. Vielmehr sucht sie diejenigen Alternativen heraus, die bei mindestens einem Attribut den besten Wert unter allen Alternativen aufweisen. Eine Alternative mit dieser Eigenschaft ist also insofern optimal, als es keine Alternative gibt, die die ausgesuchte Alternative *dominiert*, d. h. in allen Attributen besser bewertet ist als die ausgesuchte Alternative; jede nicht dominierte Alternative ist ein Element der Pareto-optimalen Menge $P \subseteq \{a_1, \ldots, a_m\}$ [26].

---

[24] Siehe dazu beispielsweise den berühmten Aufsatz [29].
[25] Siehe [30].
[26] Ausführliche Darstellungen der Pareto-Optimalität sind beispielsweise in [31, 32] gegeben.

Die Strategie konstruiert also eine „Kompromissmenge" aus Alternativen, zwischen denen ein Patt unter verschiedenen Attributen besteht. Da P eben nicht geordnet werden kann, sind sie alle gleich bewertet:

$$\mathrm{val}(a_k) = \mathrm{MAX} \leftrightarrow a_k \in P$$

Für die Bewertung der Entscheidung gilt:

$$\mathrm{val}(\{a_1, \ldots, a_m\}) = \begin{cases} \mathrm{MAX} & \text{falls } |P| = 1 \\ \text{undefiniert} & \text{sonst} \end{cases}$$

Die Entscheidung für den Fall $|P| > 1$ muss mit Hilfe einer anderen Strategie, die weniger „vorsichtig" agiert, herbeigeführt werden (siehe unten).

Bei Ermittlung der Entscheidung für die Entscheidungsprozedur aus dem obigen Beispiel ermittelt MADL in einer Situation mit den Werten

```
orientedtogoal(user,0.5)    committed(user,0)       interrupted(user,0)
speed(user,2.234)           gpsvariance(user,4.6)   indoor(user,1)
urgence(user,8.3)           poinearby(user,0)
```

die folgenden Bewertungen[27]:

	interrup.	indoor	comm.	speed	poi.	urg.	gesamt
follow	2.234	0	0	2.234	0	1.7	−2.768
meet	2.324	0	1	2.243	0	1.7	−3.468
enter	2.234	0	1	2.234	0	1.7	−4.468

Die Gesamtbewertung pro Option erhält man, wenn man die in der Tabelle angegebenen Werte in die Zielfunktionen einsetzt und über alle erhaltenen Funktionswerte summiert.

Wie an den Werten in der Spalte *gesamt* zu sehen, entscheidet MADL für die Alternative `follow`, weil der Zeitdruck (`urgence`) des Nutzers mit 8.3 fast den Maximalwert 10 aufweist, aber obwohl die Variable `committed` den Wert 0, also `false`, hat – ein Beispiel dafür, dass die Strategie der *gewichteten Summe* Entscheidungen treffen kann, die in den einzelnen Kriterien nicht immer nachvollziehbar sind. Für die Entscheidung `userfocus` ergeben sich folgende Werte:

	speed	indoor	gesamt
persongetroffen	2.234	0	−2.234
unerwarteteseitereignis	2.324	0	−2.484
navigation	2.234	0	−2.766

---

[27] Die Spalte *gesamt* enthält den jeweiligen Wert für $\mathrm{val}(\{a_1, \ldots, a_m\})$.

Die letzte für `perform` relevante Entscheidung ist `location` mit dem Ergebnis:

	gpsvariance	gesamt
outdoor	2.5	−2.099
indoor	2.5	−5.4

MADL entscheidet in den letzten beiden Fällen also für *persongetroffen* und *outdoor*, zwei Ergebnisse, die gemäß der Ausgangsbedingungen plausibel sind. Führt man jedoch statt der gewichteten Summe eine Pareto-Entscheidung für die Alternative `perform` durch, ergibt sich ein anderes Resultat:

	interrup.	indoor	comm.	speed	poi.	urg.	gesamt
follow	2.234	0	0	2.234	0	1.7	1000
meet	2.324	0	1	2.243	0	1.7	1000
enter	2.234	0	1	2.234	0	1.7	0

Dabei bedeutet der Gesamtwert 1000, dass die Alternative im Pareto-Optimum enthalten ist, während 0 aussagt, dass die Alternative von mindestens einer anderen dominiert wird. Die Pareto-Strategie hat also den Widerspruch in den Kriterien `committed` und `urgence` aufdecken können, liefert jetzt aber kein eindeutiges Ergebnis mehr[28]. Welche der Strategien für eine bestimmte Domäne geeignet ist, hängt, wie die vergleichende Darstellung oben zeigt, von anwendungsspezifischen Eigenschaften der verfügbaren Daten ab. Diese Frage muss in jeder Anwendungsdomäne empirisch anhand von vergleichenden Auswertungen verschiedener Strategien beantwortet werden.

MADL stellt dazu ein Werkzeug bereit, mit dem ein Assistenzsystem befähigt wird, bei der Ausführung von Plänen Entscheidungen zu simulieren, die eigentlich der Nutzer zu treffen hat. So wird das Assistenzsystem in die Lage versetzt, Pläne nicht nur zu verifizieren, sondern auch zu bewerten.

7.6 Simulation von Entscheidungen

Mit Hilfe von MADL lässt sich damit nun präzisieren, was bei der Ausführung des ALGO-Befehls do „`choose`" (siehe den Code der Funktion `choose` oben in Abschn. 7.5.1) im Detail passiert: Die zur Auswahl stehenden und in der aktuellen Situation zulässigen Alternativen werden unter Rückgriff auf eine in MADL formulierte Entscheidungsregel bewertet – die oben vorgestellte Entscheidungsprozedur ist dafür ein Beispiel. Da diese Regel nicht Bestandteil der Task-Analyse ist, muss sie zusätzlich zu ihr entwickelt und für die Konfiguration des Assistenzsystems bereitgestellt werden. Diese Anforderung ist nicht trivial und beschäftigt den Forschungszweig *preference elicitation*[29]. Wir nehmen

---

[28] Wie das Assistenzsystem in solchen Fällen reagiert, wird unten beschrieben.
[29] Ein Überblick über diese Forschungsrichtung ist in [33] gegeben.

hier dennoch an, dass für die Entscheidungen einer Domäne Kriterien vorliegen, die als Multi-Attribut-Entscheidung[30] im Sinn von MADL formuliert werden können.

7.6.1 Domänenspezifische MADL-Prozeduren gegen domänenunabhängige Planungsheuristiken – Wettkampf oder Symbiose?

Eine zentrale Frage bei der Ausführung einer in einem Plan enthaltenen choose-Aktion dreht sich darum, woher die zur Entscheidung heranzuziehenden Alternativen stammen[31]. Bei der Entscheidung über die Realisierung einer nichtdeterministischen Aktionen sind die Alternativen ja (Rest-)Pläne zur Lösung der aktuellen Aufgabe. Sie unterscheiden sich zumindest in der ersten Aktion, nämlich der auszuwählenden Realisierung untereinander. Welche Alternativen grundsätzlich möglich sind, ist zwar im Task-Tree repräsentiert, aber bei der Suche nach einer verifizierbaren Lösung einer Aufgabe hatte ja die Planungsheuristik (in der Rolle eines Orakels) gerade die Entscheidungen durch eine eigene Auswahl relaxiert[32].

Da die Auswahlaktion choose aber ebenso wie die von der Planungsheuristik ausgewählte Realisierung von perform im Plan enthalten ist, besteht während der Planausführung die Möglichkeit, die Auswahl der Heuristik aufgrund von zusätzlicher Information über domänenrelevante Entscheidungskriterien (formalisiert in einer MADL-Regel für die Entscheidung perform) und aufgrund von Information aus der aktuellen Situation zu revidieren und damit die Relaxation während der Planung durch eine präzisere Entscheidung zu ersetzen. Um dies zu ermöglichen, müssen, wie oben bereits erwähnt, die in der aktuellen Situation zulässigen Alternativen ermittelt werden. Es muss also überprüft werden, welche Kinder von perform ausführbar sind. Dies impliziert offensichtlich, dass Teile des Suchraums, die vom Planer bereits abgesucht wurden, nochmals besucht werden müssen. Der Aufwand hält sich dabei in Grenzen, solange nur die unmittelbar nachfolgenden Aktionen betrachtet werden. Dann werden aber nur lokale Entscheidungen berechnet, die Abhängigkeiten zwischen mehreren choose-Aktionen in einem Plan ignorieren und dabei im schlimmsten Fall Entscheidungen herbeiführen, die zu einem nicht verifizierbaren Plan führen.

Diese Diskussion verdeutlicht zwei Punkte: erstens ist das Revidieren von Planungsentscheidungen während der Planausführung eng mit der Frage der Neuplanung verbunden:

---

[30] Da MADL auch Wahrscheinlichkeitsverteilungen verarbeiten kann, sind stochastische Kriterien, die etwa durch statistische Auswertungen von Corpora gewonnen wurden, in den zulässigen Kriterien eingeschlossen.

[31] Im Beispiel oben sind sie – als in Experimenten herausgefundene Entscheidungskriterien – fest vorgegeben; in vielen Fällen – etwa bei der Suche nach interessanten Besichtigungszielen – sind die Alternativen sowohl in Zahl als auch in Inhalt variabel und müssen von ins Assistenzsystem integrierten Problemlösern ermittelt werden.

[32] Siehe dazu die Diskussion der Abb. 7.9 im letzten Abschnitt.

Denn die Tatsache, dass eine Entscheidung nicht zu einem nicht verifizierbaren Plan führen darf, kann als Randbedingung in das Entscheidungsziel aufgenommen werden. Eine Überprüfung der Randbedingung kann durchgeführt werden, indem ermittelt wird, ob nach der hypothetischen Ausführung der durch die Entscheidung gewählten Alternative noch ein verifizierbarer Plan gefunden werden kann. Falls nicht, wird die zweitbeste Entscheidung herangezogen. Dieses Vorgehen wird wiederholt, bis die bestbewertete Alternative mit verifizierbarem Plan für den „Rest" der Lösung der Aufgabe gefunden ist. Diese Alternative muss existieren, denn andernfalls hätte es für die gesamte Lösung inklusive der aktuellen Entscheidung keinen verifizierbaren Plan gegeben.

7.6.2　Entscheidung über alternative Pläne

Die eben beschriebene Suche nach der anhand vorgegebener Entscheidungskriterien bestbewerteten verifizierbaren Alternative erlaubt zwar, die Anforderung der zielorientierten Assistenz über mehrere Schritte hinweg umzusetzen, sie bietet aber keine Antwort auf die Frage, wie Abhängigkeiten zwischen mehreren Entscheidungen in einem Plan berücksichtigt werden können.

Um doch eine Antwort geben zu können, überlegen wir uns, dass die Anforderung, den am besten bewerteten verifizierbaren Plan zu finden, bedeuten würde, alle konstruierbaren Pläne[33] miteinander zu vergleichen. In einer sehr ähnlichen Situation standen wir beim entscheidungstheoretischen Planen (siehe Abschn. 6.5). Dort wurde die Komplexität der Suche nach der bestbewerteten Aktionsfolge dadurch beschränkt, dass das Konzept des Planungshorizonts eingeführt wurde: die exakte Planung erfolgt nur eine endliche Zahl von Schritten in die Zukunft, und am Ende des Planungshorizonts wird eine auf dem Erwartungswert basierende Schätzung vorgenommen, welche Aktion als nächste auszuführen ist, um einen möglichst großen Nutzen zu erzielen[34].

Diese Idee soll nun auf die Simulation von Entscheidungen in verifizierbaren Plänen übertragen werden. Dazu ist zunächst eine Entsprechung für den *payoff* einer Entscheidung zu bestimmen, den wir über den für die ausgewählte Alternative $\hat{k}$ berechneten Wert $\mathrm{val}_{\hat{k}}(a_1, \ldots, a_n)$ festlegen. $\hat{k}$ ist eine Aktion, d. h. ein instantiierter Operator der Domäne. Allerdings interessiert uns nicht der Wert einer einzelnen Aktion, sondern eines kompletten Plans. Dieser besteht nicht nur aus Entscheidungen, sondern auch aus deterministischen Aktionen, für die wir ebenfalls den Begriff der Bewertung erklären müssen.

Die Definition der Bewertung eines Plans erfolgt rekursiv über seine Länge. Der leere Plan $\pi = \langle \rangle$ habe die Bewertung $\mathrm{val}(\pi) = 0$. Besteht der Plan aus mindestens einer Aktion (also: $\pi = \langle \alpha_1, \ldots, \alpha_n \rangle$ mit $n \geq 1$), so gilt:

$$\mathrm{val}(\pi) = f(\mathrm{val}(\alpha_1), \mathrm{val}(\mathrm{tail}(\pi)))$$

---

[33] Deren Länge nicht einmal vorhersehbar ist.
[34] D. h. das Ziel möglichst schnell zu erreichen.

Dabei ist tail(π) der Plan, der entsteht, wenn π um die erste Aktion α_1 verkürzt wird. Die Funktion $f(\cdot,\cdot)$ kombiniert die Bewertung der ersten Aktion und des Rests von π. Ist f linear, gilt: $f(x,y) = ax + by$.

Zur Bewertung einer einzelnen Aktion α_1 ist zu unterscheiden, ob es sich um eine Entscheidung oder eine Aktion anderen Typs handelt. Für die letzte Art von Aktionen wird keine Bewertung bestimmt, weil keine Entscheidung zu treffen ist. Damit gilt in diesem Fall:

$$\mathrm{val}(\pi) = f(\mathrm{val}(\alpha_1), \mathrm{val}(\mathrm{tail}(\pi))) = \mathrm{val}(\mathrm{tail}(\pi))$$

Falls es sich bei α_1 jedoch um eine Entscheidung handelt, besteht die Bewertung in dem von der Entscheidungsstrategie ermittelten Wert: Sind $\beta_1, \ldots, \beta_m$ die laut *Concurrent Task Tree* denkbaren Realisierungen von α_1, und ist s die Situation nach Ausführung von choose und vor Ausführung von β_i $(1 \leq i \leq m)$, so ist

$$\pi_i = \begin{cases} \langle\rangle, & \text{falls in } \gamma(\beta_i, s) \text{ kein Plan für die aktuelle Aufgabe } g \text{ existiert} \\ \psi & \text{falls } \psi \text{ ein Plan für } g \text{ in } \gamma(\beta_i, s) \text{ ist} \end{cases}$$

Damit besteht die Menge der verifizierbaren Pläne für α_1 in:

$$V(\alpha_1) = \{\pi_i : \pi_i \neq \langle\rangle\} \quad (1 \leq i \leq m)$$

$V(\alpha_1)$ stellt eine Alternativenmenge dar, die mit einer Entscheidungsstrategie bewertet werden kann. Sie entscheidet sich für einen Plan $\pi_{\hat{k}} \in V(\alpha_1)$, so dass für die Bewertung von α_1 gilt:

$$\mathrm{val}(\alpha_1) = \mathrm{val}_{\hat{k}}(V(\alpha_1))$$

Da $\pi_{\hat{k}}$ den Plan tail(π) ersetzt, gilt, wenn α_1 eine Entscheidung ist, sogar:

$$\mathrm{val}(\pi) = \mathrm{val}_{\hat{k}}(V(\alpha_1))$$

Das hier vorgestellte Konzept zur Bewertung von Plänen, die nichtdeterministische – als Entscheidungen zur Planausführungszeit realisierte – Aktionen enthalten können, hat einen gravierenden Nachteil: es konstruiert einen sehr schnell wachsenden Suchraum, wenn es viele aufeinanderfolgende Entscheidungen und viele Alternativen pro Entscheidung zu berücksichtigen gilt. Beim entscheidungstheoretischen Planen begegnet man diesem Nachteil durch die Einführung des Planungshorizonts, der die Tiefe der aufeinanderfolgenden Entscheidungen auf einen konstanten Wert beschränkt. Desweiteren nutzt man die Monotonie des erwarteten kumulativen *payoff* aus, um die Entscheidungsstrategie der Maximumsauswahl anwenden zu können. Nicht alle MADL-Entscheidungsstrategien sind jedoch monoton, so dass bei einer Folge von zu treffenden Entscheidungen die Auswahl der jeweils lokal besten Alternative global, d. h. über alle Entscheidungen gesehen, nicht immer korrekt ist.

Will man in einer derartigen Situation trotzdem die global beste Lösung suchen, bleibt nichts anderes übrig, als tatsächlich alle korrekten Lösungen zu generieren und ihre Bewertung zu vergleichen. Dieses Verfahren ist ineffizient; allerdings ist es bei Assistenzsystemen oft nicht erforderlich, ein globales Optimum zu finden, insbesondere dann, wenn – wie im Fall interaktiver Assistenzsysteme – sowieso im Verlauf der Planausführung mit einer Neuplanung zumindest für einen Teil der Lösung für die aktuelle Aufgabe zu rechnen ist. Es ist in diesen Fällen also praktikabel, bei einer anstehenden Entscheidung den *branching*-Faktor B auf einen konstanten Wert zu beschränken, d. h. nur einige der denkbaren Alternativen zu berücksichtigen und die anderen zu ignorieren. Die Auswahl der zu berücksichtigenden Alternativen ist dabei ein Meta-Entscheidungsproblem, das wie bei regelbasierten Systemen (siehe [34], Abschn. 9.3.3 und 14.7.1) mit denselben Mitteln behandelt werden kann wie das ursprüngliche Problem: soll dies beispielsweise mit Hilfe einer Pareto-Entscheidung gelöst werden, die mehr als B pareto-optimale Alternativen findet, führt eine Top-B-Auswahl der nach der Strategie der gewichteten Summe nachbewerteten Pareto-Menge zum beabsichtigten Pruning der Lösungen hinsichtlich der Zahl an Alternativen pro Entscheidung.

Pruning in der Anzahl der Entscheidungen wird wie beim entscheidungstheoretischen Planen über einen endlichen und konstanten Planungshorizont T erreicht: maximal die ersten T Entscheidungen eines Plans werden bewertet. Enthält der Plan danach noch weitere Entscheidungen, werden diese alle im Sinn der Planungsheuristik als deterministisch angesehen. Damit ist die erwartete Bewertung eines Plans jenseits von T gleich 0; in die Bewertung fließen nur die Entscheidungen innerhalb des Planungshorizonts ein.

Zur technischen Realisierung der Bewertung von Entscheidungen stellt der ALGO-Befehl do „choose", nachdem er mit Hilfe von MADL die vorhandenen Alternativen bewertet hat, nicht nur seine Entscheidung, sondern auch die ermittelte Bewertung in der aktuellen Situation zur Verfügung. Dies führt zu einer kleinen Erweiterung der Definition der ALGO-Prozedur choose:

```
int choose (task parent, task choice, task t) {
  var list l, boolean none = true;

  if test("task-active", parent) = false  { throw "choose", pre; };
  if test("task-running", parent) = false  { throw "choose", pre; };
  if test("choice", parent, choice) = false  { throw "choose", pre; };

  do "choose", parent, choice;

  l := all("task", x);
  while more(l) {
    substitute x, next(l);
    if test("task-active", x) = true { t := x; none := false; };
    if test("choice", parent, x) = true {
      if test("concurrent-choice", choice, x) = true
        { throw "choose",eff; }; };
```

```
  };
  if none = true {throw "choose",not(some(x,test("task-active",x))),eff;}
  else {
    if test(some(v, test("valuation", t, v)))) { return v; };
    else { throw "choose", eff; };
}
```

Die Ergänzung besteht in der Suche nach der von MADL ermittelten und in die aktuelle Situation eingetragenen Belegung der Variablen v in $\exists v : \mathrm{valuation}(t, v)$ und in der Rückgabe von v als Wert für $\mathrm{val}_{\hat{k}}(V(\alpha_1))$ an die aufrufende ALGO-Prozedur.

Die MADL-Prozedur ist also in der Lage, durch Bewertung aller Alternativen und durch Auswahl einer Alternative nach einer Entscheidungsstrategie die bei der Ausführung eines Plans anstehende Entscheidung zu simulieren. Sie ermittelt aber nicht nur die Bewertung, sondern auch die Konsequenzen der Entscheidung, indem sie, wie oben ausgeführt, auch verifiziert, dass die gewählte Alternative $a_{\hat{k}}$ die Konstruktion eines Plans für $a_{\hat{k}}$ erlaubt, wenn man annimmt, dass die gewählte Alternative als nächster Schritt zur Lösung ausgeführt werden soll.

Hat die Entscheidung nicht zu einer eindeutigen Lösung geführt, muss das Assistenzsystem entscheiden, wie diese Ambiguität aufzulösen ist. Für diese Situation bietet MADL die Möglichkeit, „Meta"-Entscheidungen – ähnlich wie bei Produktionensystemen[35] – anzugeben, so dass auch diese Entscheidung vom Entwickler des Assistenzsystems konfigurierbar ist. Im Beispiel oben war bei Anwendung der Pareto-Strategie keine eindeutige Entscheidung zustande gekommen; für diesen Fall sieht die ROSE-Domäne folgende Meta-Entscheidung vor:

```
UserDecision interest {
  ALT perform 1
}
```

Sie „importiert" alle bestplatzierten Ergebnisse der Entscheidung `perform` und versucht, durch Interaktion mit dem Nutzer eine Klärung zu erreichen. In der MADL-Entwicklungsumgebung führt dieser Versuch zu folgendem Dialog:

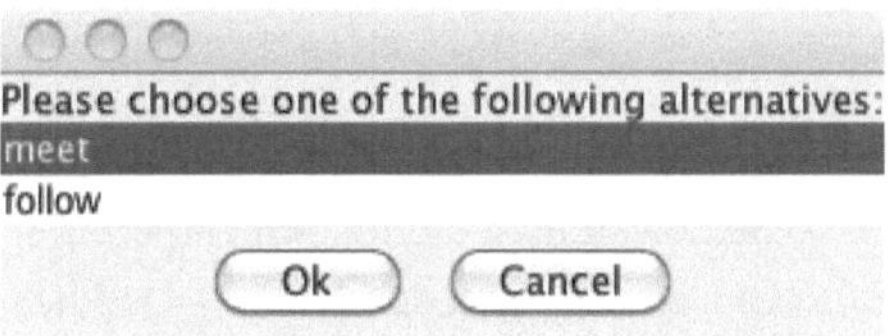

Da die Meta-Entscheidung frei programmierbar ist, kann auch eine andere – vom Assistenzsystem autonom durchgeführte Entscheidungsstrategie realisiert werden, sofern sie nur Information benutzt, die in der aktuellen Situation verfügbar ist.

---

[35] Siehe dazu beispielsweise Abschn. 2.8 in [35].

Insgesamt verfeinert dieses Vorgehen der Simulation von Entscheidungen in Plänen also die in Abschn. 7.4.3 eingeführte Planverifikation, indem sie in Fällen nichtdeterministischer Auswahl die durchzuführende Entscheidung simuliert statt sich auf die Auswahl der Planungsheuristik zu „verlassen". Dieser „gröbere" Verifikationsschritt kann aber auch nicht ausgelassen werden, weil nur er den Plan konstruieren kann, der die zu simulierende Entscheidung beinhaltet.

Wie wirkt sich das Ergebnis der Simulation nun weiter aus? Um nicht nur diese eine Entscheidung, sondern alle bis zum Ende des Planungshorizonts T zu simulieren und damit die Bewertung val(π) eines Plans ermitteln zu können, muss der zur gewählten Alternative gehörende Plan $\pi_{\hat{k}}$ in einer simulierten aktuellen Situation (vgl. Abb. 7.6) testweise ausgeführt werden, bis die nächste Entscheidungsaktion erreicht ist[36]. Dieses Prozedere wird bis ans Ende des Planungshorizonts fortgesetzt. Aus den sich bei jeder Entscheidung ergebenden Bewertungen wird dann vom Assistenzsystem die Bewertung val(π) des ursprünglichen Plans errechnet. Das Assistenzsystem kennt jetzt eine korrekte Lösung für die aktuelle Aufgabe, die innerhalb des Planungshorizonts für Entscheidungen sogar optimal im Sinne der für die T Entscheidungen benutzten MADL-Entscheidungsprozeduren ist.

Um die Lösung der aktuellen Aufgabe voranzubringen, wird, sobald val(π) bekannt ist, die bei der ersten Entscheidung gewählte Alternative ausgeführt. Sobald die nächste Entscheidung erreicht ist, wird das Assistenzsystem die Optionen unter Berücksichtigung der zwischenzeitlich eingetretenen Veränderungen der aktuellen Situation bewerten und bestimmen, wie die Lösung der Aufgabe fortgesetzt werden soll. Grob gesehen ähnelt das Verfahren also dem eines auf POMDP basierenden Kontrollverfahrens (siehe Abschn. 6.5). Zentrale Unterschiede liegen jedoch in den zur Durchführung der Kontrolle benutzten Daten und der Separierung der Planung in eine erste Phase, die unter Benutzung starker Relaxationen eine korrekte Lösung bis zum Zielzustand findet, und eine zweite Phase, die unter Rückgriff auf aktuelle Information die Relaxation durch eine präzisere Entscheidungsstrategie ersetzt.

7.6.3 Alternativen zum Einsatz von MADL bei der Konstruktion von Plänen

Natürlich stellt sich die Frage, ob im Bereich der KI-Planung nicht andere Ansätze eine Lösung für das sich bei Assistenzsystemen stellende Problem der Planung bei unsicherer Information gerade über die Entscheidungen des Nutzers stellen.

Eine denkbare Sicht auf das in MADL codierte Wissen ist ja, dass es Nutzerpräferenzen formalisiert. Dies ist auch im Sinn der Erfindung; sind doch Präferenzen das zentrale Entscheidungskriterium, nach dem Nutzer vorgehen (siehe z. B. [27]). Sie sind viel promi-

---

[36] Der Planer ist ein Pruningverfahren für die T Schritte in die Zukunft durchzuführende Ermittlung der Konsequenzen einer Entscheidung.

nenter als die vom entscheidungstheoretischen Planen realisierten Rationalitätskriterien, zu deren konsequenter Umsetzung Menschen in der Regel nicht hinreichend diszipliniert sind.

Gibt es also Planer, die das Planen mit Nutzerpräferenzen erlauben? Zu diesem Thema finden sich in der Literatur zum klassischen Planen in erster Linie die Arbeiten [36–39]; einmal abgesehen davon, dass man etwa die *payoff*-Funktion und Wahrscheinlichkeitsverteilung für Zustandsübergänge, die ein entscheidungstheoretischer Planer nutzt, auch als Formalisierung von Nutzerpräferenzen interpretieren kann. Es ist sogar so, dass letztlich jede heuristische Funktion, die Daten über Nutzer verwendet, als Formalisierung von Präferenzen bezeichnet werden kann. Entsprechend unübersichtlich ist auch die Literatur zu diesem Thema.

Da das entscheidungstheoretische Planen ja schon besprochen wurde, bleibt hier noch die Frage zu klären, ob das klassische Planen mit Präferenzen tatsächlich ein Werkzeug für interaktives Planen in Assistenzsystemen bereitstellt. [36] definieren Präferenzen als

„desired properties of the entire sequence of states traversed by a plan."

An dieser Definition wird schon deutlich, dass interaktive Planung nicht zu den Zielen der Autoren zählt. Sie nutzen Präferenzen stattdessen zur heuristischen Steuerung der domänenunabhängigen Planungsheuristiken, um zu vermeiden, dass ein Planer Pläne errechnet, die durch Zustände mit vom Anwender des Planers unerwünschten, nicht aber im Sinne des Planungsproblems falschen Eigenschaften führen. Diese Eigenschaft eines Plans ist freilich auch für Assistenzsysteme sinnvoll, gibt aber keine Antwort darauf, wie das Assistenzsystem Zielorientierung und Unterstützung über viele Planschritte hinweg leisten kann, obwohl zur Planungszeit nicht bekannt ist, wie sich die aktuelle Situation während der Planausführung entwickeln wird.

Verwirrend ist bei [36] auch der Begriff *user*. Gemeint ist wohl der Nutzer des Planers, das ist aber der Entwickler, nicht der „Endnutzer" des Assistenzsystems. *user preferences* sind also tatsächlich ein formales Werkzeug, Domänenwissen in den Planungsprozess zu integrieren, das nicht notwendigerweise Bezug zum „Endnutzer" des Systems hat.

Grundlage der oben zitierten Arbeiten ist der Aufsatz von [40], in dem als Zweck der Verwendung von Präferenzen formuliert wird, unter den vielen korrekten Lösungen eines Planungsproblems eine Rangordnung hinsichtlich der Qualität der Lösungen ermitteln zu können.

Als Fazit ergibt sich zunächst, dass klassische Planer mit Präferenzen in Assistenzsystemen durchaus eingesetzt werden können, um mit Hilfe „weicher" Randbedingungen an Lösungen Pläne zu ermitteln, die den pragmatischen Erwartungen sehr gut besprechen. Um mit der Interaktivität umgehen zu können, ist ein Planer mit Präferenzen aber kein hinreichendes Werkzeug.

Interessant an [36] in Hinblick auf die in diesem Abschnitt beschriebene mehrstufige Vorgehensweise zur Simulation von Entscheidungen ist der verwendete Algorithmus zur Suche im Zustandsraum des Planungsproblems: auch er plant zunächst mit einer „üblichen" Heuristik eines klassischen Planers, um festzustellen, ob das Planungsproblem überhaupt lösbar ist. Falls ja, wird eine Bewertung des Plans ermittelt. In der folgenden Episode wird mit einer anderen Heuristik, die Wissen über die Präferenzen formalisiert, geplant. Die Expansion des Suchraums wird mit derjenigen während der ersten Episode verglichen; an Stellen im Lösungspfad, für die eine bessere Bewertung ermittelt werden konnte, wird der Plan modifiziert. Dieses Verfahren kann mit anderen Heuristiken und dem Plan der zweiten Episode als Vergleichsgröße wiederholt werden, um die Qualität des Plans weiter zu steigern. Es wird rasch deutlich, dass das Vorgehen ähnlich dem oben beschriebenen der stückweisen Präzisierung ist. [36] berichten auch, dass sogar für die komplexen Planungsprobleme der *international planning competition* das Verfahren des Planens in Episoden zu den performantesten Ansätzen zählt, die zum Vergleich bei der 5. *international planning competition* angetreten sind. Die Planungsprobleme in Assistenzsystemen sind um Größenordnungen einfacher, so dass die Ergebnisse in [36] als weiterer Beleg für die Praktikabilität der Simulation von Entscheidungen während der Planausführung angesehen werden können.

7.7 Diagnose

Nachdem bisher die Rede vor allem davon war, welche Problemlösungsprozesse, die beim Leisten von Assistenz auftreten, mit Hilfe welcher Verfahren der Künstlichen Intelligenz auf welche Weise gelöst werden können, wird in diesem Abschnitt das Thema sein, wie die Problemlösung in Fällen funktioniert, in denen das tatsächliche Geschehen von dem bei der Planung erschlossenen Ablauf bzw. den unterstellten Fakten abweicht.

In diesem Zusammenhang verstehen wir unter *Diagnose* die vom Assistenzsystem festgestellte Inkonsistenz zwischen Fakten der aktuellen Situation und Fakten, die bei der Planung für diese Situation angenommen worden sind und damit die Verifikation des Plans ermöglicht haben.

Neben dem Versuch, trotz Auftreten einer Störung im geplanten Ablauf einen Plan zu finden, der die aktuelle Aufgabe zu lösen vermag, besteht eine wichtige Aufgabe[37] darin, den Nutzer auf die Störung in der aktuellen Situation aufmerksam zu machen, also – wie es in der englischsprachigen Literatur (z. B. in [42]) genannt wird – *situation awareness* herzustellen. Dieses „Problembewusstsein" ist nach zahlreichen Studien, von denen einige sehr interessante in Kap. 6 von [42] vorgestellt werden, Voraussetzung dafür, dass sich der Nutzer auch bei Vorliegen einer Störung, die er nicht notwendigerweise selbst bemerkt, kooperativ in Hinblick auf die aktuelle Aufgabe verhalten kann.

Dazu muss das Assistenzsystem neben der Fähigkeit zur Diagnose (englisch laut [42]: *troubleshooting*) auch über das notwendige Wissen verfügen, wie eine Störung behoben werden kann. Wie im „Normalbetrieb" auch, ist also Problemlösekompetenz erforderlich.

---

[37] Siehe dazu auch die Liste der Assistenzfunktionen nach [41] in Abschn. 2.2.

Zur Behebung von Störungen kann dabei sogar Wissen erforderlich sein, das über das für die Planung und Durchführung eines fehlerfreien Ablaufs notwendige hinaus geht.

Ziel dieses Abschnitts ist es nicht, zu postulieren, dass ein Assistenzsystem in der Lage wäre, Diagnosen von alleine lösen zu können, sondern zu zeigen, dass die bei der Behebung von Störungen ablaufenden Prozesse strukturell analog sind zu den bisher besprochenen. Daraus lässt sich die Folgerung ziehen, dass ein Assistenzsystem auf Störungen umso angemessener reagieren kann, mit je mehr zusätzlich akquiriertem Wissen über die Behandlung von Fehlern es ausgestattet ist. Dabei zeigt sich, dass dieselben Methoden zur Akquisition und Verarbeitung dieses zusätzlichen Wissens verwendet werden können wie bisher.

7.7.1 Fallstudie: Verpasst der Nutzer den Bus?

In den vorausgehenden Abschnitten wurde erörtert, wie in der Aktionssequenz

$$\mathrm{perform(user) : sensePerform(user),}$$

die Bestandteil eines Plans zur Lösung einer Navigationsaufgabe ist, die Aktion perform(user) ausgeführt wird. In Abschn. 7.5.1 wurde besprochen, wie das System eine Realisierung von sensePerform(user), nämlich observeFollow ausführt, wenn kein Fehler auftritt. In diesem Abschnitt wollen wir uns nun damit beschäftigen, wie das Assistenzsystem abnormales Verhalten bei der Ausführung von observeFollow diagnostiziert und im Sinne der Anforderungen an Assistenzsysteme auf eine Diagnose reagiert.

Überblicksartig formuliert, sind also zwei Aufgaben zu lösen:

- Ursachenerforschung
- Schaffen von Abhilfe

In der Fallstudie observeFollow geht es demgemäß um die Frage, wie Information aus der Durchführungsebene (vor allem in Form von Messwerten gewonnen) in der Applikationsebene so interpretiert werden kann, dass an die Assistenzebene eine Rückmeldung gegeben werden kann, ob der Task observeFollow erfolgreich ausgeführt werden konnte oder nicht[38]. Zu diesem Zweck führt das Assistenzsystem bei der Durchführung des ALGO-Befehls do „observeFollow" die in Abschn. 7.5.2 präsentierte MADL-Entscheidungsprozedur anhand der aktuellen Daten nochmals aus; diesmal allerdings nicht, um eine Aktion auszuwählen, sondern um die Bewertungen der Beobachtungen perform, userfocus und location zu aktualisieren. Erhält die Alternative follow nicht die beste Bewertung für perform, muss das Assistenzsystem annehmen,

---

[38] Vergleiche dazu die Abb. 7.7 und 7.8.

dass der Nutzer die Aktion nicht ausgeführt hat - eine andere Interpretation lassen die Beobachtungen nicht zu. Damit sind aber schon die Vorbedingungen für `observeFollow` (siehe Abb. 6.2) nicht erfüllt. Die aktuelle Situation kann also nicht durch die Ausführung von `follow`(user) aktualisiert werden. Der Plan des Assistenzsystems zur Lösung der aktuellen Aufgabe ist damit nicht wie vorgesehen durchführbar. Insbesondere kann der abstrakte Task `instruct` aus Abb. 6.6 nicht durchgeführt werden, da seine Voraussetzung, nämlich der Abschluss von `perform`, nicht gegeben ist[39].

Das Assistenzsystem muss also Ursachenforschung betreiben. Ein dazu zentraler Begriff wurde bereits in Abschn. 2.3.1 verwendet: der Interessenstatus des Nutzers. Wenn anzunehmen ist, dass der Nutzer kein Interesse mehr an Assistenz oder sogar der aktuellen Aufgabe hat, besteht die beste Entscheidung des Systems darin, die Assistenz abzubrechen. Andernfalls – so sagt die Task-Analyse zur Benutzung des ROSE-Assistenzsystems – will der Nutzer zwischenzeitlich einen anderen als den geplanten Ort erreichen (Status s_2) oder er wird durch einen äußeren Umstand aufgehalten (Status s_4). In diesen Fällen muss das Assistenzsystem für die ursprüngliche Störung Abhilfe schaffen, indem es seinen Assistenzplan modifiziert.

Bei der Diskussion, wie das Assistenzsystem sich für eine plausible Diagnose entscheidet, lassen wir den Fall s_2 außer Acht, um das Beispiel übersichtlich zu halten. Eine Reaktion auf diese Diagnose kann als weitere Entscheidungsalternative modelliert werden: falls das System Routen mit Via-Punkten berechnen kann, wäre die passendste Reaktion, das zwischenzeitliche Ziel als Via-Punkt in die bisherige Route aufzunehmen. Wie schon bisher hängt also auch die Modellierung von Tasks zur Störungsbeseitigung von der Funktionalität der Applikation ab; auf diese schier endlose Liste von denkbaren Eigenschaften einzugehen, ist aber nicht Zweck dieses Abschnitts. Ebenso diskutieren wir nicht den Fall, dass die plausibelste Diagnose die Annahme eines Messfehlers sein könnte; hierfür ist eine weitere Entscheidungsalternative modellierbar, die als Reaktion die erneute Ausführung von `observeFollow` vorsieht.

Was aber im Folgenden besprochen werden soll, ist in Abb. 7.10 zu sehen: die denkbaren Reaktionen auf eine diagnostizierte Störung von `observeFollow` werden wieder als `Concurrent Task Tree` modelliert. Dies ist auch die generelle Antwort, wie das Assistenzsystem auf die Behandlung von Störungen vorbereitet wird: Reparaturstrategien werden als `Concurrent Task Trees` modelliert. Bei Diagnostizierung einer Störung und Auswahl einer Reparaturstrategie wird dann die Behebung der Störung als neue, zwischengeschaltete aktuelle Aufgabe verstanden, die es nach der bekannten Vorgehensweise zu lösen gilt.

Wenden wir uns also dem Punkt der Ursachenerforschung zu. Er ist deswegen zentral, weil, wie Abb. 7.10 verdeutlicht, die Reaktion des Systems zunächst in einer Auswahlentscheidung besteht. Wie wir im Abschn. 7.5.2 über MADL gesehen haben, wird eine

---

[39] `instruct` wäre durchführbar, wenn `observeFollow` ausgeführt werden konnte, aber die Richtung des Nutzers nicht präzise genug auf das Ziel ausgerichtet ist – ein Fehler, der von `correct` interaktiv behoben werden soll.

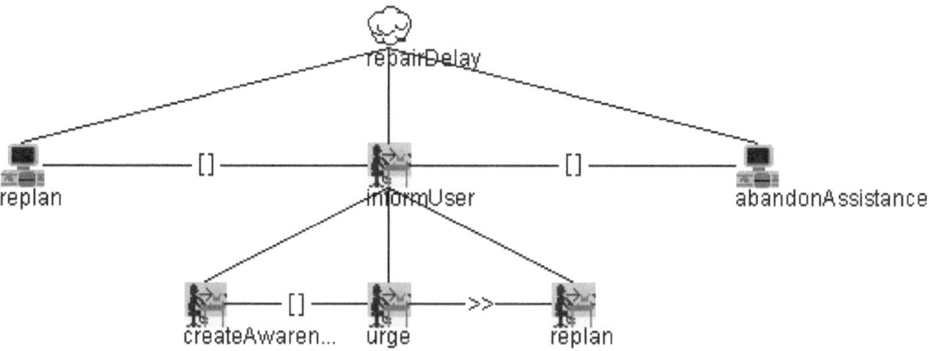

Abb. 7.10 *Concurrent Task Tree* zur Modellierung einer Strategie, wie das Assistenzsystem reagieren kann, wenn der Nutzer die Navigationsanweisungen des Systems missachtet

Entscheidung aufgrund einer Bewertung der Fakten in der aktuellen Situation getroffen. Daher haben wir uns nun die Frage zu stellen, welche Fakten das System wie bewerten soll, um über seine Reaktion auf die Beobachtung zu entscheiden. Zunächst ist eine Hypothese über den Interessenstatus des Nutzers zu generieren. Dazu kann folgende, in MADL formulierbare Heuristik als Entscheidungsprozedur benutzt werden:

- Wenn sich der Nutzer mit üblicher Fußgängergeschwindigkeit auf den Zielort zu bewegt, und der Bus noch erreichbar ist, ist das ein Indiz für s_1.
- Wenn sich der Nutzer mit üblicher Fußgängergeschwindigkeit bewegt, aber nicht in Richtung auf den Zielort, und der Bus noch erreichbar ist, ist dies ein Indiz für s_2.
- Wenn sich der Nutzer nicht bewegt, oder nicht im Freien aufhält, ist dies ein Indiz für s_3.
- Wenn sich der Nutzer nicht in Richtung auf den Zielort oder gar nicht bewegt, er vor einer Verspätung gewarnt wurde, und der Bus noch erreichbar wäre, ist dies ein Indiz für s_4.

Die Heuristik ist auf folgende MADL-Zielfunktionen abbildbar:

```
GOAL FIX!(user.indoor,location)
GOAL FIX!(user.speed,userspeed)
GOAL MAX!(user.committed)
GOAL MIN!(user.interrupted)
GOAL MIN!(user.userUrged)
GOAL SAT!(-user.estimArrival,2-bus.departure)
```

Selbstverständlich gibt es in vielen Situationen Überlappungen zwischen den vier denkbaren Hypothesen, so dass eine zweite Entscheidung durch Rückfrage beim Nutzer oft nicht vermeidbar ist. Grundsätzlich könnte sogar die Information, ob der Nutzer auf die Rückfrage reagiert, als weiteres Kriterium herangezogen werden.

Die benutzten Zielfunktionen sind großteils auch in der Entscheidungsprozedur für `follow`, `meet` und `enter` enthalten; dies ist nicht verwunderlich, korreliert doch die Diagnose des Interessenstatus stark mit der Beobachtung, welche Aktion der Nutzer durchgeführt hat. Die neuen Kriterien berücksichtigen vor allem die Interaktionshistorie zwischen Nutzer und System beim Bemühen des Systems, die Aufgabe erfolgreich zu lösen, wenn unterstellt wird, dass die *situation awareness* des Nutzers gering ist.

Anhand der Beurteilung des Interessenstatus kann das System nun eine Entscheidung über seine Reaktion treffen. Dazu wird zunächst der Interessenstatus mit Hilfe einer MA-DL-Anweisung quantifiziert:

```
MEASURE user.commitment ["s1" : 100%, "s2" : 75%, "s3" : 50%, s4: 15%]
```

Diese Abbildung erlaubt es, den Interessenstatus als zu optimierendes Entscheidungs-kriterium einzusetzen:

```
Decision repairDelay {
  ALT "replan"              [!commitment,commitment=100%,calcRoute]
  ALT "createawareness"     [!commitment,commitment=62.5%,
                             user.userInformed++]
  ALT "urge"                [!commitment,commitment=62.5%,user.userUrged++]
  ALT "abandonassistance"   [!commitment,
                             commitment=15%,system.commitment=0]

  GOAL SAT!(-user.estimArrival,2-bus.departure)
  GOAL FIX!(user.commitment,commitment)
  GOAL MAX!(user.userUrged)
}
```

Die Entscheidung wird also so getroffen, dass genügend Zeitspielraum zwischen der Ankunft an der Haltestelle und der erwarteten Abfahrt des Busses eingeplant ist, ein der Reaktion – im Sinn der obigen Regeln – angemessener Interessenstatus unterstellt werden kann und im Zweifelsfall Warnungen vor Verspätung Vorrang vor weniger eindringlichen Informationen haben[40].

7.7.2 Vergleich mit Reiters *Theory of Diagnosis from First Principles*

Der vorausgehende Abschnitt hat illustriert, dass Diagnose und Behandlung von Störun-gen im Plan zur Lösung einer Aufgabe wie die Auflösung von Nichtdeterminismus im

---

[40] In der Alternative `replan` wird dabei ausgenutzt, dass MADL in einer hypothetischen ak-tuellen Situation ALGO-Prozeduren ausführen kann, um die Effekte von Aktionen in die Be-wertung einer Alternativen eingehen zu lassen (siehe [18]). In diesem Fall wird ein neuer Fußweg zur Haltestelle ermittelt. Falls er eine bessere Bewertung in der Zielfunktion `GOAL SAT!(-user.estimArrival,2-bus.departure)` bekommt als der aktuelle Fußweg, ist dieser Umstand ein „Pluspunkt" für die Alternative `replan`.

„regulären" Ablauf der Verarbeitung eines Plans interpretiert werden können, also gar keinen Ausnahmefall darstellen, sofern für die Entscheidungsalternativen geeignete Task-Modellierungen existieren, die definieren, wie das Assistenzsystem zu reagieren hat, wenn die aktuellen Beobachtungen von den bei der Planung angenommenen abweichen.

Der Ansatz stellt einen Zwischenweg zwischen stochastischen Ansätzen der Diagnose, insbesondere des *belief update* mit Hilfe von rekursiven BAYES-Filtern, und formallogischen Ansätzen der modellbasierten Diagnose dar, die im Wesentlichen ihren gemeinsamen theoretischen Kern in REITERS *Theory of Diagnosis from First Principles* (siehe [43]) haben[41]. Bei den stochastischen Ansätzen[42] wird nach jeder Aktion aus Beobachtungen der Umgebung eine neue Schätzung des aktuellen Zustands errechnet; die Diagnose ist implizit in den benutzten Wahrscheinlichkeitsverteilungen vorhanden.

Im oben beschriebenen Verfahren wird diese Vorgehensweise imitiert, allerdings wird die Diagnose als Multi-Attribut-Entscheidungsproblem explizit formuliert. Um die Entscheidungskriterien effizient und möglichst robust gegen Rauschen von Messwerten – wie etwa des GPS-Signals – zu bestimmen, darf sich die MADL-Entscheidungsprozedur jedoch geeigneter Klassifikatoren, die auch auf statistischen Modellen beruhen können, bedienen. Am Beispiel `calcRoute` haben wir sogar gesehen, dass Problemlöser in den Prozess der Entscheidungsfindung integriert werden. Dies geschieht deshalb, weil unklar ist, wie ein rein deskriptives Modell der Diagnose – und REITERS Ansatz liefert eben ein solches – effektiv umgesetzt werden kann. Denn die Berechnung der Entscheidungskriterien ist keine Fragestellung, die mit einem Test auf Konsistenz einer Formelmenge bezüglich einer gegebenen logischen Theorie durchgeführt werden kann.

Nichtsdestotrotz kann der beschriebene Ansatz als eine „Inkarnation" von REITERS Modell aufgefasst werden. Warum dem so ist, soll zum Abschluss dieses Abschnitts erläutert werden. [43] geht davon aus, dass ein zu diagnostizierendes System als eine Menge von Konstanten für die Komponenten des Systems, eine Menge von Aussagen, die den aktuellen Zustand der Komponenten beschreiben, und eine Menge von Axiomen der Form

$$\bigwedge_{1 \leq i \leq N} (\text{component}(x_i) \wedge \neg \text{AB}(x_i) \to \phi(x_1, \ldots, x_N))$$

gegeben ist. Diese Axiome formulieren das normale, erwartete Verhalten der Komponenten, wobei $\phi(x_1, .., x_N)$ Formeln der verwendeten Logik sind, und das Prädikat $\text{AB}(x)$ bezeichnet, dass sich Komponente x abnormal verhält. Zusätzlich wird eine Menge O von Aussagen angenommen, die Beobachtungen über den Zustand des Systems zum Zeitpunkt der Diagnose. Wenn sich das System normal, d. h. entsprechend der bekannten Axiome verhält, so ist die Vereinigung der drei Formelmengen konsistent. Im Fehlerfall ist sie es nicht, und diese Tatsache kann nur dadurch korrigiert werden, dass die minimale Menge Komponenten aus der Vereinigung entfernt werden muss, so dass die Konsistenz wieder

---

[41] Eine Implementierung der Theorie in einem Java-Programm ist in [44–47] beschrieben.
[42] Zu ihrem Einsatz in der Robotik siehe etwa [48].

gegeben ist. Aus der Kenntnis dieser Menge lässt sich dann der Schluss ziehen, dass der Fehler von mindestens einer der identifizierten Komponenten verursacht sein muss.

Es gibt deutliche Analogien zwischen diesem Ansatz von REITER und der oben beschriebenen Vorgehensweise: Als Axiome über normales Verhalten dienen die Vorbedingungen und Effekte der Planoperatoren aus der Domäne, Komponenten sind die instantiierten Aktionen in einem Planungsproblem und die auf Domänenobjekte verweisenden Konstanten. Beobachtungen sind, wie oben ausgeführt, die tatsächlich beobachtbaren Werte für die zur Ausführung einer Aktion relevanten Fluenten. Sind Vorbedingungen nicht erfüllt, können wir aus der Domänenmodellierung als Axiom für abnormales Verhalten ableiten, dass:

$$\neg\mathrm{poss}(\alpha, s) \rightarrow \bigvee_{1 \leq i \leq k} \neg\phi_i(\alpha, s),$$

dass also mindestens ein Fluent $\phi_i(\alpha)$ aus den Vorbedingungen inkonsistent sein muss. Analog gilt für die Ausführung der Aktion:

$$\mathrm{AB}(\mathbf{do}(\alpha, s)) \rightarrow \bigvee_{1 \leq i \leq k} \neg\phi_i(\alpha, \mathbf{do}(\alpha, s))$$

Wenn das Verhalten von α, d. h. das Ergebnis der Ausführung dieser Aktion, im Sinn von REITER abnormal ist, dann ist zumindest ein Fluent aus allen Effekten der Aktion nicht konsistent mit den bei der Planung ermittelten Effekten von α.

Die minimale Diagnose besteht also in der Konjunktion aller inkonsistenten Fluenten aus den Vorbedingungen und aus den Effekten[43]. Die Diagnose wird während der Ausführung der ALGO-Prozedur für α durch das Testen der Bedingungen und die Konstruktion einer Fehlerliste über den ALGO-Befehl `throw` konstruiert, wie in Abschn. 7.5.1 beschrieben. Die „Ursachenerforschung" zu einer Diagnose gibt REITER als ein zusätzliches Axiom an:

$$\mathrm{TYPE}(x) \wedge \mathrm{AB}(x) \longrightarrow \bigvee_{1 \leq i \leq n} \mathrm{FAULT}_i(x)$$

Für die $\mathrm{FAULT}_i(x)$ haben wir oben jeweils eine Alternative in einem MADL-Entscheidungsproblem angegeben; auf diese Weise ist ein effektiver Weg angegeben, wie die Unsicherheit in REITERs Axiom algorithmisch aufgelöst werden kann. Dies ist in einem Assistenzsystem von besonderer Bedeutung, interessiert doch nicht unbedingt die Berechnung *aller denkbaren* Diagnosen wie bei REITER, sondern das möglichst rasche Auffinden einer *plausiblen* Problemanalyse und die Ermittlung einer situationsangepassten Reaktion, um die Assistenz anhand eines Tasks zur „Störungsbehebung" aufrecht erhalten zu können. Dies scheint in der Praxis ein gangbarer Kompromiss zwischen theoretischen Ansprüchen an die Vollständigkeit der Problemanalyse und den Engpässen bei den verfügbaren Ressourcen zur Berechnung der Analyse zu sein. War die Analyse (teilweise)

---

[43] Vergleiche dazu das Beispiel in Abschn. 2.3.2, indem für die Beispieldomäne der Aufzugsteuerung derartige Diagnoseregeln implementiert sind.

unzutreffend, wird sich dies – ähnlich wie bei der Kontrolle eines Roboters mit einem POMDP-Ansatz – in einem weiteren Schritt der Planausführung zeigen. Darauf kann das Assistenzsystem durch Anwenden einer geeigneten Reparaturstrategie reagieren.

7.8 Neuplanung

Bei der Diskussion im letzten Abschnitt, wie aus einer Diagnose eine Reaktion des Assistenzsystems erschlossen werden kann, zeigte sich bereits exemplarisch, dass ein Assistenzsystem beim Eintreten von Störungen in der Lage sein muss, neue Ziele zu generieren, meist ohne dabei die Lösung der bisherigen Aufgabe aufzugeben. In manchen Fällen ist aber auch die Aufgabe zu modifizieren – der extremste Fall in der obigen Diskussion war die Ausführung von `abandonAssistance` mit dem Effekt, die aktuelle Aufgabe aufzugeben.

Beide Fälle – das Hinzufügen von Zielen und die Modifikation bestehender Ziele – haben Implikationen für die Realisierung der Kontrolle eines Assistenzsystems, die zum Abschluss dieses Kapitels noch dargelegt werden sollen.

7.8.1 Mehrere Ziele

Sobald sich das Assistenzsystem durch Aktivierung eines Tasks zur Behebung einer Störung ein neues Ziel, d. h. eine neue aktuelle Aufgabe, stellt, kommt die Frage auf, welche Relation zwischen diesem Ziel und dem bisherigen besteht. Bei graphischen Nutzeroberflächen ist die Ordnung der Ziele im Regelfall durch die Funktionalität der Bedienelemente gegeben: es gibt stets ein fokussiertes Interaktionselement, das alle Nutzereingaben aufnimmt und zur Ausführung seiner aktuellen Aufgabe nutzt. Sobald das Element sein Ziel erreicht hat, gibt es den Fokus an dasjenige Element zurück, das sein „Verursacher" ist. Damit entsteht eine Ordnung der Ziele, die mit einem *stack* dargestellt werden kann.

Wie ist nun die Situation, wenn die Interaktion zwischen Mensch und Maschine in natürlicher Sprache durchgeführt wird? Antworten auf diese Frage erarbeitet seit Jahren das Forschungsgebiet der Diskursanalyse. In der grundlegenden Arbeit [49] formulieren GROSZ und SIDNER ein Modell zur Diskurskohärenz, das mit einem *stack* auskommt. Gardent und Konrad [50] und Danlos [51] hingegen sehen einen direkten azyklischen Graphen als geeignete Struktur zur Darstellung der Abhängigkeiten zwischen Zielen in einem Diskurs. Beide Datenstrukturen haben aber ein gemeinsames Manko: Kanten sind zwar gerichtet und geben somit an, welches Ziel von welchem hervorgerufen worden ist; sie sind aber nicht benannt, so dass es nicht möglich ist, die *Art* der Abhängigkeit zu charakterisieren. Dieser Umstand macht es besonders kompliziert, einen Algorithmus anzugeben, der aus einem Diskurs die Abhängigkeitsstruktur der einzelnen Ziele ermitteln kann.

Diese Problematik gehen [52] an, indem sie die Abhängigkeit zwischen Zielen als formallogische Relationen formulieren. So wird es möglich, durch Verwendung mehrerer Relationen verschiedene Arten von Abhängigkeiten zu formulieren. Die Ermittlung der Relation zwischen zwei Zielen wird durch Reihe von Axiomen in einer nicht-monotonen Logik formuliert, die jedoch Kausalzusammenhänge in der – in dieser Arbeit so bezeichneten – beschriebenen Situation außer Acht lassen. Somit bleibt offen, für welche Relationen die angegebenen Axiome eine Theorie bilden, mit deren Hilfe vollständig und korrekt Zusammenhänge zwischen Dialogzielen inferiert werden können.

Eine parallel existierende Variante der Diskursanalyse geht von der Diskurspragmatik von Sprechhandlungen aus (siehe etwa [53] oder [54]). Nach dieser sogenannten *conversational game theory* wird die Diskursstruktur rekonstruiert, indem untersucht wird, welche Erwartungen ein Sprechakt an die Reaktion des Gesprächspartners stellt, und ob diese in der Antwort auch erfüllt werden. Ein effektiver Algorithmus, auf dessen Basis sich ein Dialogsystem in einem Diskurs engagieren könnte, müsste allerdings auch einen Bezug zur beschriebenen Situation herstellen; ohne ihn ist oft nicht zu klären, ob eine Reaktion nicht nur nach formalen, sondern auch nach inhaltlichen Aspekten die an sie gerichteten Erwartungen erfüllt.

Keine der besprochenen Theorien bemüht sich jedoch darum, den Bezug zwischen beschriebener und beschreibender Situation durch einen effektiven Algorithmus herzustellen, um den Verlauf eines Diskurses auch aus den Aktionen und Beobachtungen in der beschriebenen Situation erklären zu können.

Im Licht dieses Überblicks bietet das in den Abschn. 7.6 und 7.7 beschriebene Verfahren eine Lösung dafür an, wie die Kohärenz eines Mensch-Maschine-Diskurses[44] als Entscheidungsproblem formuliert werden kann: bei gegebenen aktuellen Aufgaben besteht die Ermittlung des Fokus darin, nach diskurspragmatischen Kriterien eine Bewertung der aktuellen Aufgaben zu ermitteln und die als am vordringlichsten bewertete zu fokussieren.

Die Frage, wie eine Reaktion des Nutzers in den Diskurszusammenhang zu integrieren ist, kann ebenso als Entscheidungsproblem formuliert werden. Zur diskurspragmatischen Bewertung tritt hier aber auch noch die Berücksichtigung sachlogischer Aspekte: eine Aktion – sei sie nun eine Sprechhandlung in irgendeiner Modalität oder eine Handlung in der beschriebenen Situation – kann nur dann als mit einer Aufgabe in Zusammenhang stehend interpretiert werden, wenn sie in der aktuellen Situation dieser Aufgabe ausführbar ist. Wie dies effektiv festgestellt werden kann, wurde in früheren Kapiteln bereits erörtert.

Im Kap. 8 soll diese Thematik weiter vertieft werden, um die Bedeutung der entwickelten Lösung für die Diskursanalyse weiter zu untersuchen, und sie als ersten, für das Assistenzsystem internen Anwendungsfall der Lösung zu formulieren. Zunächst soll aber noch ein weitere Konsequenz aus dem konzipierten Ansatz besprochen werden: auch die

---

[44] Die Thematik ergibt sich ja aus der Einführung von „Zwischenzielen" zur Behebung von Störungen.

Relaxation von Zielen kann als Entscheidungsproblem formuliert werden, wenn Strategien zur Relaxation als Tasks zur Behebung von Störungen verstanden werden.

7.8.2 Relaxation von Zielen

In Abschn. 2.3.5 wurde bereits angesprochen, dass unter *Relaxation* eine Modifikation des ursprünglichen Ziels anhand anwendungspragmatischer Kriterien verstanden wird. Anders als bei der Relaxation eines Planungsproblems geht es also nicht darum, eine Approximation für eine exakte Lösung zu finden, sondern die *Problemstellung selbst* zu ändern; in der Regel deshalb, weil sie in ihrer ursprünglichen Form nicht lösbar ist. In Abschn. 2.3.5 wurde auch darauf hingewiesen, dass zur Relaxation domänengebundene Heuristiken notwendig sind. Denn außer dem Wissen, welches Element im Zustandsraum als Ziel nicht brauchbar ist, liegen ja keine Informationen zur Steuerung des Auswahlprozesses für ein „Ersatzziel" vor. Es sollte natürlich „möglichst nahe"am bisherigen Ziel liegen[45] – eine Anforderung, die Kenntnis einer Metrik auf dem Zustandsraum erfordert.

Eine alternative Möglichkeit, die Kandidaten für Ersatzziele zu ordnen, besteht in der Schätzung ihres Nutzens (eventuell im Vergleich zum ursprünglichen Ziel). Dieser Ansatz ermöglicht die Verwendung einer Entscheidungsstrategie, wie sie in Abschn. 7.5.2 besprochen wurde, zur Auswahl eines Ersatzziels: In der Regel besteht Unsicherheit darüber, welche Eigenschaften des Ziels für den Nutzer welche Bedeutung haben. Das Assistenzsystem hat sich also als neue aktuelle Aufgabe zu stellen, interaktiv eine Hypothese über die Bewertungsfunktion des Nutzers für die Eigenschaften von als Ziel geeigneten Elementen im Zustandsraum zu konstruieren. Die Frage nach einer geeigneten Ausgestaltung der Interaktion ist für diese Aufgabe von besonderer Relevanz und abhängig von den verfügbaren Modalitäten zur Kommunikation zwischen Mensch und Maschine – eine Problemstellung, die über den Rahmen dieser Arbeit hinaus geht. Ist diese Aufgabe jedoch gelöst, kann das Assistenzsystem nach Elementen suchen, die den Eigenschaften im Sinne einer MADL-Entscheidung möglichst nahe kommen, und in einem zweiten Entscheidungsschritt Vorschläge für ein Ersatzziel generieren. Abb. 7.11 illustriert dies schematisch in einer Rekonstruktion der Entscheidungsstrategie *Take the Best*: In jedem Schritt einer Iteration ist der Nutzer aufgefordert, die unter den verbliebenen – im ersten Schritt also unter allen – wichtigste Eigenschaft auszuwählen. Das Assistenzsystem berechnet dann mit einer MADL-Entscheidungsprozedur Vorschläge, indem es als Entscheidungskriterium von den Elementen des Suchraums fordert, möglichst nahe an der gewählten Eigenschaft zu liegen. Die Vorschläge werden dem Nutzer präsentiert, der sogleich einen daraus auswählen kann – damit ist die Aufgabe gelöst. Falls er die Vorschläge aber ablehnt, wird er gebeten, das nächst wichtige Kriterium zu benennen. Aus dieser Angabe wird ein zusätzliches Entscheidungskriterium abgeleitet, das bei der Bewertung der

---

[45] Diese Vorstellung erklärt die Bezeichnung *Relaxation*: das ursprüngliche Ziel soll möglichst gut approximiert werden.

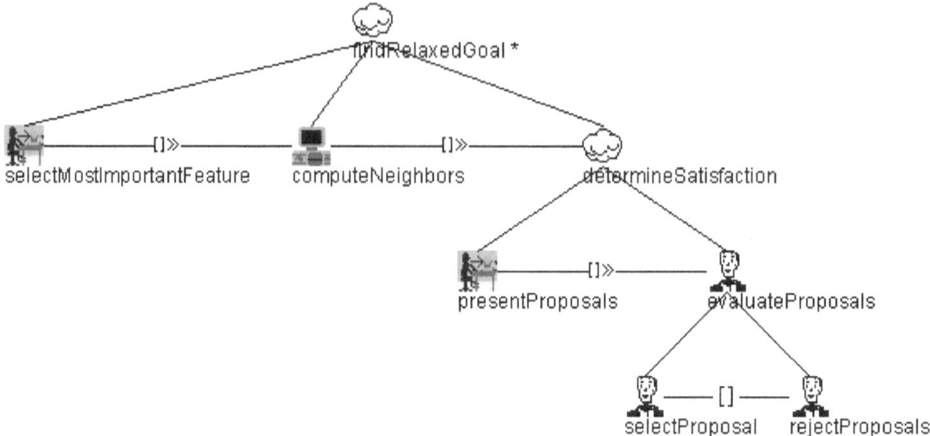

Abb. 7.11 *Concurrent Task Tree* zur Relaxation eines Ziels

Alternativen berücksichtigt wird. Dieses Prozedere kann solange fortgesetzt werden, bis der Nutzer alle Eigenschaften des ursprünglichen Ziels übernommen hat. Aber selbst dann besteht noch Spielraum für eine Relaxation: MADL fordert ja nur, dass die Alternativen möglichst nahe an den ausgewählten Eigenschaften liegen, nicht aber mit ihnen identisch sein müssen. Lehnt der Nutzer jetzt auch noch alle Vorschläge ab, ist die Relaxation jedoch endgültig gescheitert.

Die Relaxation eines unerfüllbaren Ziels erweist sich also als Variante der Auflösung von Unsicherheit; damit ist der bisher entwickelte Apparat auch auf diese in einem interaktiven Assistenzsystem regelmäßige Aufgabe anwendbar. Im folgenden Kapitel werden wir diese Beobachtung weiter vertiefen.

Literatur

1. T. Bauereiß, Automatische Übersetzung von ctt in pddl. Master's thesis, Lehrstuhl für Künstliche Intelligenz, Universität Erlangen-Nürnberg (2009)

2. J. Hoffmann, B. Nebel, J. Artif. Intell. Res. (JAIR) **14**, 253 (2001)

3. R. Alford, U. Kuter, D.S. Nau, in C. Boutilier (ed.). *IJCAI 2009, Proceedings of the 21st International Joint Conference on Artificial Intelligence, Pasadena, July 11–17, 2009* (2009), S. 1629–1634

4. I. Millington, *Artificial Intelligence for Games* (Morgan Kaufman, 2006)

5. R.R. Murphy, *Introduction to AI Robotics* (MIT Press, 2000)

6. M. Daily, J. Harris, D. Keirsey, D. Olin, D. Payton, K. Reiser, J. Rosenblatt, D. Tseng, V. Wong, in *Proc. IEEE Intl. Conf. Robotics and Automation* (Philadelphia, PA, 1988)

7. A. Kelly, O. Amidi, H. Herman, T. Pilarski, A. Stentz, N. Vallidis, Y. Warner, Int. J. Robotics Res. **25**(5–6), 449 (2006)

8. Y.T. Kim, S. Candido, S. Hutchinson, in *Proceedings of the IEEE International Conference on Advanced Robotics* (Jeju island, South Korea, 2007)

9. S. Candido, Y.T. Kim, S. Hutchinson, in *Proceedings of the IEEE-RAS Internation Conference on Humanoid Robots* (Daejeon, Korea, 2008)

10. N. Wirth (ed.), *Compilerbau* (B.G. Teubner, Stuttgart, 1986)

11. M. Rauterberg, in *HCI (1)*, ed. by M.J. Smith, G. Salvendy (Elsevier, 1993), S. 612–617

12. M. Rauterberg, in *Advances in Occupational Ergonomics and Safety I*, ed. by A. Mital, H. Krueger, S. Kumar, M. Menozzi, J. Fernandez (International Society for Occupational Ergonomics and Safety, Cincinnati, 1996), S. 154–157

13. M. Rauterberg, in *ECBS* (IEEE Computer Society, 1996), S. 435–441

14. M. Fjeld, S. Schluep, M. Rauterberg, in *Proceedings of 7th IFAC/IFIP/IFORS/IEA Symposium on Analysis, Design and Evaluation on Man-Machine Systems* (1998), S. 591–596

15. M. Fjeld, S. Schluep, M. Rauterberg. Automatic, action driven classification of user problem solving strategies by statistical and analytical methods: A comparative study (1998)

16. R. Piccard, *Affective Computing* (MIT Press, 2000)

17. U. Hansmann, L. Merk, M.S. Nicklous, T. Stober, *Pervasive Computing. The Mobile World*, 2nd edn. (Springer, 2003)

18. B. Zenker, Strategische Entscheidungen bei der Mensch-Maschine-Interaktion. Master's thesis, Lehrstuhl für Künstliche Intelligenz, Friedrich-Alexander-Universität Erlangen-Nürnberg (2008)

19. B. Zenker, in *Proceedings of 6th IFIP Conference on Artificial Intelligence Applications and Innovations (AIAI 2010)* (Larnaca, Cyprus, 2010)

20. S. Coradeschi, A. Saffiotti, in *Proc. of the 17th IJCAI Conf.* (Seattle, WA, 2001), S. 407–412. Online at http://www.aass.oru.se/~asaffio/

21. M. Fichtner, Anchoring symbols to percepts in the fluent calculus. Ph.D. thesis, Fakultät Informatik, Technische Universität Dresden (2009)

22. M. Peterson, *An Introduction to Decision Theory* (Cambridge University Press, 2009)

23. F. Burstein, C.W. Holsapple (eds.), *Handbook on Decision Support Systems 1*. International Handbooks on Information Systems (Springer, 2008)

24. F. Burstein, C.W. Holsapple (eds.), *Handbook on Decision Support Systems 2*. International Handbooks on Information Systems (Springer, 2008)

25. R.T. Clemen, *Making Hard Decisions*, 2nd edn. (Duxbery Press, 1995)

26. A. Rapoport, *Decision Theory and Decision Behaviour* (Kluwer, 1989)

27. H. Jungermann, H.R. Pfister, K. Fischer, *Die Psychologie der Entscheidung – Eine Einführung*, 2nd edn. (Elsevier Spektrum Akademischer Verlag, 2009)

28. G. Gigerenzer, D.G. Goldstein, Psychol. Rev. **103**, 650 (1996)

29. C.E. Shannon, Bell Syst. Tech. J. **30**, 50 (1951)

30. J.R. Quinlan, *C4.5: Programs for Machine Learning* (Morgan Kaufmann, 1993)

31. Y. Shoham, K. Leyton-Brown, *Multiagent Systems: Algorithmic, Game-Theoretic, and Logical Foundations* (Cambridge University Press, Cambridge, UK, 2009)

32. A.M. Feldman, *Welfare Economics and Social Choice Theory* (Kluwer, Boston, 1980)

33. L. Chen, P. Pu, Survey of preference elicitation methods. Tech. rep., Swiss Federal Institute Of Technology In Lausanne (EPFL) (2004). My note

34. S. Russell, P. Norvig, *Artificial Intelligence: A Modern Approach* (Prentice Hall, 2009)

35. M. Negnevitsky, *Artificial Intelligence: A Guide to Intelligent Systems*, 2nd edn. (Addison Wesley, 2004)

36. J.A. Baier, F. Bacchus, S.A. McIlraith, Artif. Intell. **173**(5-6), 593 (2009)

37. S. Sohrabi, J.A. Baier, S.A. McIlraith, in C. Boutilier (ed.). *IJCAI 2009, Proceedings of the 21st International Joint Conference on Artificial Intelligence, Pasadena, July 11–17, 2009* (2009), S. 1790–1797

38. C.W. Hsu, B.W. Wah, R. Huang, Y.X. Chen, in *Proc. ICAPS Workshop on Preferences and Soft Constraints in Planning* (2006), S. 54–58

39. C.W. Hsu, B.W. Wah, R. Huang, Y.X. Chen, in *Proc. Fifth International Planning Competition, International Conf. on Automated Planning and Scheduling* (2006), S. 39–42

40. A. Gerevini, D. Long, Plan constraints and preferences in pddl3 - the language of the fifth international planning competition. Tech. rep., Department of Electronics for Automation, University of Brescia, Italy (2005)

41. H. Wandke, Theor. Issues Ergonomics Sci. **6**(2), 129 (2005)

42. C.D. Wickens, J. Lee, Y.D. Liu, S. Gordon-Becker, *Introduction to Human Factors Engineering*, 2nd edn. (Prentice-Hall, Upper Saddle River, 2003)

43. R. Reiter, Artif. Intell. **32**(1), 57 (1987)

44. G. Steinbauer, F. Wotawa, in *Proceedings of the 19th International Joint Conference on Artificial Intelligence (IJCAI-05)* (2005)

45. J. Weber, F. Wotawa, in *Proceedings of the 5th Mexican International Conference on Artcial Intelligence (MICAI 2006)* (Apizaco, Mexico, 2006)

46. M. Hofbaur, J. Köb, G. Steinbauer, F. Wotawa, J. Intell. Robotic Syst. **48**(1), 37 (2007)

47. J. Weber, F. Wotawa, in *Proc. of the 20th International Conference on Industrial, Engineering and Other Applications of Applied Intelligent Systems (IEA/AIE 2007)* (2007)

48. S. Thrun, W. Burgard, D. Fox, *Probabilistic Robotics* (MIT Press, 2005)

49. B.J. Grosz, C.L. Sidner, Comput. Linguist. **12**(3), 175 (1986)

50. C. Gardent, K. Konrad, in *Proceedings of LACL (Logical Aspects of Computational Semantics))* '98 (Grenoble, France, 1998)

51. L. Danlos, in *In Proceedings of SIGDIAL'04* (2004), S. 127–135

52. N. Asher, A. Lascarides, *Logics of Conversation* (Cambridge University Press, 2005)

53. J. Kowtko, S. Isard, G. Doherty, Conversational games within dialogue. Tech. rep., Human Communication Research Centre, University of Edinburgh (1993)

54. I. Lewin, M. Lane, in *In Proc. Gotalog-00, 4 th Workshop on the Semantics and Pragmatics of Dialogue, Gothenburg* (2000)

Task-Analysen in der Mensch-Maschine-Interaktion

Nachdem in den vorausgehenden Kapiteln ein algorithmisch effektiv realisierbares Modell dafür entwickelt wurde, wie sich Assistenzsysteme implementieren lassen, die den in Abschn. 2.4 postulierten Anforderungen genügen, soll in diesem Kapitel der Aspekt der Interaktivität in den Fokus des Interesses rücken.

8.1 Realisierung pragmatischer Vorgänge in der Mensch-Maschine-Interaktion

In Abschn. 3.3 wurde erörtert, dass die Interaktion zwischen Mensch und Maschine einen Teilaspekt zweckrationalen und kooperativen Handelns darstellt: Im Verlauf einer Problemlösung tauschen Kooperationspartner über in den Ablauf integrierte Sprechhandlungen Informationen aus[1]. Die chronologische Aneinanderreihung dieser Sprechhandlungen ergibt einen sogenannten *Diskurs* oder *Dialog* zwischen Mensch und Maschine. Der logische Zusammenhang zwischen Äußerungen, nämlich die Argumentationsstruktur, wird in der natürlichen Sprache nicht immer explizit markiert und muss daher bei der Interpretation eines Diskurses rekonstruiert werden.

Wenn sich ein Computer in einem derartigen zweckrationalen Diskurs engagieren soll, ergibt sich fast zwangsläufig die Frage, ob er dazu in die Lage versetzt werden kann, indem ihm Problemlösekompetenz für den Gegenstandsbereich der Interaktion verliehen wird. Dabei kann man sich einerseits darauf beschränken, diese Kompetenz ausschließlich für einen bestimmten Gegenstandsbereich zu realisieren – mit allen damit verbundenen Komplikationen, wenn die Kompetenz erweitert oder sogar der Gegenstandsbereich gewechselt werden soll. Andererseits kann man sich darum bemühen, Algorithmen zu realisieren,

---

[1] Diese Sprechhandlungen können dabei auch darin bestehen, den Kooperationspartner zur Weitergabe von Information oder zur Ausführung einer auf die Lösung der Aufgabe bezogenen Handlung zu veranlassen.

© Springer-Verlag Berlin Heidelberg 2015
B. Ludwig, *Planbasierte Mensch-Maschine-Interaktion in multimodalen Assistenzsystemen*,
Xpert.press, DOI 10.1007/978-3-662-44819-9_8

die ganze Klassen von Gegenstandsbereichen behandeln können, sobald ihnen das notwendige domänenrelevante Wissen zur Verfügung gestellt wird – letztlich mit dem Ziel, kognitive Prozesse beim menschlichen Problemlösen erklären zu können[2].

Der in der vorausgehenden Kapiteln entwickelte Ansatz versucht, einen Mittelweg einzuschlagen – ohne dabei eine psychologische Theorie implementieren oder validieren zu wollen: nach einem sehr allgemeinen, nicht auf spezielle Gegenstandsbereiche konzentrierten Verfahren kann spezifiziert werden, wie die Kooperation zwischen Mensch und Maschine realisiert wird, um die Anforderungen an Assistenzsysteme zu erfüllen. Teilaufgaben, die dabei der Maschine zur Ausführung zufallen, sollen mit dafür besonders gut geeigneten algorithmischen Verfahren bearbeitet werden. Die Aufgabe der Kooperation, die ja insbesondere in der Koordination der Handlungen von Mensch und Maschine und in der Interaktion zwischen beiden liegt, wird vom in den vorausgehenden Kapiteln beschriebenen Kontrollalgorithmus übernommen. Zu diesem Zweck gibt er an spezifische Problemlöser Daten für Teilaufgaben weiter und erhält von ihnen Daten über angestellte Beobachtungen oder durchgeführte Berechnungen[3]. Auf diese Weise ist der Kontrollalgorithmus in der Lage, den Fortschritt der von der Maschine auszuführenden Teilaufgaben festzustellen. Für die vom Menschen auszuführenden Teilaufgaben muss sich der Kontrollalgorithmus auf die Beobachtung der Umgebung verlassen, wie wir in den Abschn. 7.5, 7.6 und 7.7 gesehen haben.

In Abschn. 3.3 wurde eine Klassifikation der Teilaufgaben in *Vorgänge* in einer Weise vorgenommen, die es in den späteren Kapiteln erlaubte, für jeden Vorgang bei der Kooperation einen Algorithmus zu finden, der – mit geeignetem Wissen aus dem Gegenstandsbereich der Kooperation konfiguriert – die Koordination bei der Lösung einer Assistenzaufgabe zwischen dem Kontrollalgorithmus des Assistenzsystems, seinen domänenspezifischen Problemlösern und dem menschlichen Nutzer leisten kann. Um die Ergebnisse aus den vorausgehenden Kapiteln aus der Perspektive, die in Abschn. 3.3 eingenommen worden war, zu rekapitulieren, sollen im Folgenden den einzelnen Vorgangsklassen die geeigneten – vorher erarbeiteten – Lösungsansätze zugeordnet werden:

- Nutzervorgänge (Abschn. 3.3.1)
  Das Handeln des Nutzers wird im Assistenzsystem mit Hilfe nichtdeterministischer Aktionen modelliert. Somit ist es möglich, Erwartungen zu bestimmen, wie der Nutzer agieren sollte, um die Lösung der aktuellen Aufgabe zu erreichen. Inwieweit der Nutzer diesen Erwartungen entspricht, und damit die zur Lösung der Aufgabe erforderlichen Effekte eintreten, muss das Assistenzsystem über Beobachtungen der Umgebung und Interpretation der Beobachtungen im Sinn der Effekte der beabsichtigten Aktion feststellen (siehe Abschn. 7.6 und 7.7).

---

[2] Ein sehr prominentes Beispiel hierfür ist ACT-R (beschrieben in [1]). Eine umfassende Darstellung des Gebiets findet sich in [2].
[3] Siehe dazu die Abb. 7.6 und 7.7.

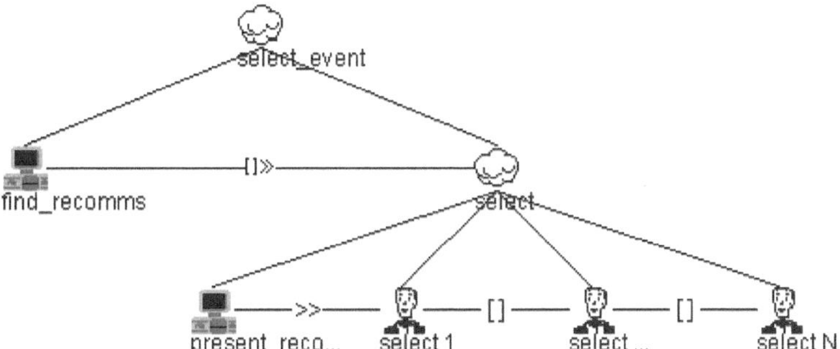

Abb. 8.1 *Concurrent Task Tree* aus der ROSE-Domäne für den interaktiven Informationsvorgang zur Auswahl einer Veranstaltung

- Informationsvorgänge (Abschn. 3.3.2)

  Um die Unsicherheit über die aktuelle Situation zu verringern und Information für die Lösung der aktuellen Aufgabe zu gewinnen, werden nichtdeterministische Informationsvorgänge durchgeführt. Wie in Abb. 7.8 zu sehen, gibt es nicht-interaktive Informationsvorgänge, aber auch interaktive, wie Abb. 8.1 zeigt. Unter der Annahme, dass zumindest alle prinzipiell möglichen neuen Aussagen (z. B. Werte einer Variablen – in Abb. 8.1 wären das etwa die N Empfehlungen) bekannt bzw. berechenbar sind, lassen sich Informationsvorgänge mit Hilfe des *Choice*-Operators in *Concurrent Task Trees* darstellen[4].

- Auswahlvorgänge (Abschn. 3.3.3)

  Geht es – wie in Abb. 8.2 – darum, aus einer bekannten Liste von Optionen eine Auswahl zu treffen, liegt – ähnlich der Ausgangslage bei Informationsvorgängen – Unsicherheit über die aktuelle Information vor. Der Unterschied zu Informationsvorgängen besteht darin, dass zur Auswahl nicht der Kooperationspartner involviert werden muss. Die algorithmische Durchführung der anstehenden Entscheidung geschieht aber wiederum durch Ausführung einer *choose*-Operation (siehe Abschn. 7.5.2).

- Planungsvorgänge (Abschn. 3.3.4)

  Bei einer zweckrationalen Kooperation ist es notwendig, dass die Kooperationspartner ihre Handlungen auf das gemeinsame Ziel hin ausrichten. Mit Hilfe des in Kap. 7 entwickelten Planungsverfahrens, in dem die Vorteile der in Kap. 6 vorgestellten Ansätze zur Planung für die Verwendung in interaktiven Planungsdomänen kombiniert sind, wird ein Assistenzsystem in die Lage versetzt, Aktionen zielorientiert auszuwählen und durchzuführen.

- Ausführungsvorgänge (Abschn. 3.3.5)

  Ausführungsvorgänge dienen dem Handeln in der aktuellen Situation. Dabei sind aber auch alle tatsächlich eintretenden Änderungen zu protokollieren, damit explizite

---

[4] Siehe Abschn. 6.3 und 7.6 zur Interpretation von *Choice*-Operatoren.

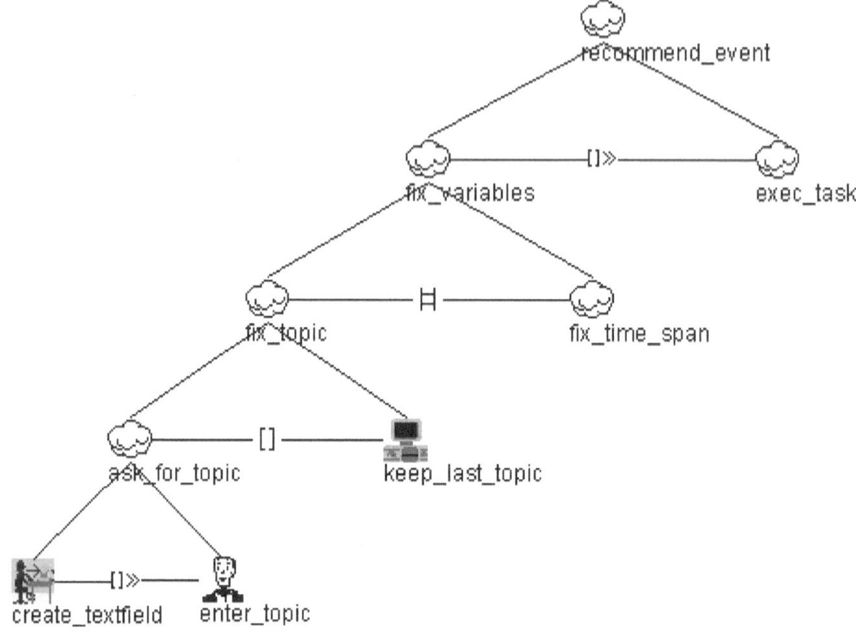

Abb. 8.2 *Concurrent Task Tree* für den Informationsvorgang zur Festlegung der Parameter für die Empfehlung einer Veranstaltung. Dieser Task generiert den Dialog in Abb. 6.5

Kenntnis aller für das gemeinsame Ziel relevanten Fakten in Entscheidungs-, Diagnose- und Neuplanungsprozesse eingehen kann (siehe Abschn. 7.7 und 7.8). Um dies zu ermöglichen, wurde in Abschn. 7.5.1 ALGO als formale Programmiersprache zur Ausführung von Plänen eingeführt. Sie übernimmt die Protokollierung sämtlicher von der Ausführung von Plänen verursachten eingetretenen Veränderungen in der aktuellen Situation, sowie die Kommunikation mit spezifischen Problemlösern, die zur Ausführung der Teilaufgaben des Systems notwendig sind[5]. Insbesondere steuert sie auch die Aktivität der Diagnose (siehe Abschn. 7.7) und der Neuplanung (siehe Abschn. 7.8) und organisiert auf diese Weise die Ausführung von Plänen, wenn Abweichungen zur geplanten Ausführung der aktuellen Aufgabe auftreten.

- Kommunikationsvorgänge (Abschn. 3.3.6)
  Wenn die Lösung der aktuellen Aufgabe die Interaktion mit dem Kooperationspartner erfordert, sind Kommunikationsvorgänge, d. h. also Sprechhandlungen, auszuführen. In dieser Arbeit sind Sprechhandlungen immer als primitive Operatoren behandelt worden, ohne auf ihre Realisierung in der Durchführungsebene einzugehen. Die besprochenen Beispiele legten stets Interaktion mit Hilfe einer graphischen Benutzero-

---

[5] Zu diesen Problemlösern werden hierbei auch Sensoren und Aktoren gezählt, um sie nicht stets separat erwähnen zu müssen.

berfläche zugrunde. Die Motivation dazu liegt in dem Bestreben, den Entwurf des Assistenzverfahrens von modalitätsspezifischen Problemen und Fragestellungen zu trennen. Aufgrund des hohen Ambiguitätsgrads natürlicher Sprache und der erheblichen Fehleranfälligkeit dieser Modalität entstünden sonst eine Reihe neuer Entscheidungsprobleme, die ihre eigenen Problemlöser erfordern. Es bleibt eine Herausforderung für die Zukunft, nachzuweisen, dass sich die Ausführung, Diagnose und Neuplanung von Kommunikationsvorgängen über natürliche, insbesondere gesprochene Sprache auf dieselbe Weise in das beschriebene Modell integrieren lassen wie andere Ausführungsvorgänge mit den ihnen zugeordneten Problemlösern[6].

Obwohl es die Auflistung der verschiedenen Typen von Vorgängen vermuten lässt, geht der in dieser Arbeit beschriebene Ansatz weder von der Motivation aus, eine algorithmische und daher mechanistische Simulation von Kooperation zu entwerfen, noch verfolgt er die Ziele von Theorien, die in der Künstlichen Intelligenz unter dem Namen *general problem solving* bekannt wurden[7]. Vielmehr wird der Versuch unternommen, in kooperativen Prozessen die Problemstellungen *Suche nach Alternativen*, *Planung*, *Entscheidung* und *Verifikation* so „herauszupräparieren", dass neben diesen allgemeinen Verfahren jeweils spezielle Problemlösungen (insbesondere für Suche und Verifikation) und das für sie notwendige domänenrelevante Wissen sichtbar werden.

Zur Verdeutlichung dieser Zielsetzung soll nun nochmals das Dialogbeispiel aus Abschn. 3.5 kommentiert werden; dieses Mal jedoch unter Benutzung der bislang erarbeiteten Verfahren. Aus dieser Analyse soll die These abgeleitet werden, dass das Handeln in einer aktuellen Situation einer Domäne eng mit Kooperation und Interaktion verwoben ist. Es wird sich dann in Abschn. 8.3 bei einem Blick in die Literatur der Diskursanalyse herausstellen, dass viele alternative Modelle der Diskursanalyse gerade deswegen problematisch sind, weil sie die Verflechtung der einzelnen Domänen nicht auflösen.

Hier zunächst einmal der Dialog mit Hinweisen auf die „im Hintergrund" ablaufenden pragmatischen Vorgänge:

UU# Sp: Äußerung	Pragmatischer Vorgang
1.1 M: okay, the problem is we better ship a boxcar of oranges to Bath by 8 AM	M ist bereits mit einem Planungsvorgang beschäftigt und hat bei der Planung zwischen mehreren Aktionen zu entscheiden. Seine Auswahl teilt er in einem Kommunikationsvorgang mit.
2.1 S: okay.	Kommunikationsvorgang nach Informationsvorgang: S kann verifizieren, dass in der aktuellen Situation die vom Nutzer benannte Aktion ausführbar ist. Indem er dies mitteilt, erfüllt der den Zweck von 1.1, Unsicherheit über die Entscheidung zu beseitigen.
3.1 M: now … umm … so we need to get a boxcar to Corning, where there are oranges	M entwickelt den Plan weiter und teilt das nächste Planungsziel mit.

---

[6] Siehe dazu [3, 4].
[7] Siehe [5–10].

3.2 :	there are oranges at Corning	In einem Informationsvorgang versucht *M* nun, Unsicherheit über ein Faktum der initialen Situation zu beseitigen.
3.3 :	right?	Dazu sucht er Bestätigung von S
4.1 S:	right.	Durch den Kommunikationsvorgang sorgt S dafür, dass der Vorgang zu 3.2/3.3 erfolgreich abgeschlossen werden kann.
5.1 M:	so we need an engine to move the boxcar	M identifiziert das nächste Teilziel.
5.2 :	right?	Wieder dient ein Kommunikationsvorgang der Aufforderung zur Bestätigung. Die vielen Kommunikationsvorgänge zur Bestätigung eines Sachverhalts zeigen, dass M eine sehr vorsichtige Kooperationsstrategie anwendet, indem er sehr wenige autonome Entscheidungen trifft. Er bewertet die Option der Rückfrage fast immer höher als eine seiner eigenen Optionen.
6.1 S:	right.	Kommunikationsvorgang nach Verifikation der Vorbedingung: Bestätigung
7.1 M:	so there's an engine	M sucht eine Situation, in der die Vorbedingungen für die Ausführung einer Aktion gegeben sind, die das in 5.1 formulierte Ziel erreichen kann.
7.2 :	at Avon	Wie dieses Beispiel veranschaulicht, fügen Menschen während der Problemlösung Kommunikationsvorgänge ein: Hier teilt M das Ergebnis seiner Suche mit.
8.1 S:	right.	Kommunikationsvorgang: Bestätigung
9.1 M:	so we should move the engine at Avon	Wieder analysiert M, dass es mehrere Alternativen geben kann, will aber die Entscheidung nicht alleine herbeiführen und sucht Bestätigung.
9.2 :	engine E	In diesem nachgeschobenen Kommunikationsvorgang konkretisiert M die Instantiierung der in 9.1 beschriebenen Aktion.
9.3 :	to ...	
10.1 S:	engine E1	S erkennt nun, dass die von M benannte Aktion nicht durchführbar ist. Seine Strategie, auf die Fehlerdiagnose zu reagieren, besteht in der Auslösung eines Kommunikationsvorgangs: durch Relaxation der Parameter der Aktion und nach einer verifizierbaren Instantiierung hat S eine durchführbare Aktion gefunden, die er M mitteilt.
11.1 M:	E1	M erkennt einen Widerspruch zwischen den Informationen in 9.2 und 10.1. Eine Bewertung beider Alternativen ergibt, dass die Variante 9.2 nicht erfüllbar ist, aber die Variante 10.1. Deshalb ändert er die Instantiierung der thematisierten Aktion und teilt dies in einem Kommunikationsvorgang mit.

12.1 S:	okay.	S erkennt, dass seine Fehlerbehebungsstrategie erfolgreich war und teilt M in einem Kommunikationsvorgang mit, dass die diagnostizierte Störung erfolgreich behoben werden konnte.
13.1 M:	engine E1 to Bath	M plant nun weiter.
13.2 :	or, we could actually move it to Dansville, to pickup the boxcar there	Dabei findet er eine andere in der aktuellen Situation ausführbare Aktion, die er höher bewertet als die bisher beste Variante.
14.1 S:	okay.	S teilt mit, dass er die Aktion ebenfalls als ausführbar ansieht. Er sagt aber nichts zur Bewertung bestehender Alternativen.
15.1 M:	um and hook up the boxcar to the engine,	M plant nun weitere Aktionen, um das Planungsproblem zu lösen.
15.2 :	move it from Dansville to Corning	
15.3 :	load up some oranges into the boxcar	
15.4 :	and then move it on to Bath	
16.1 S:	okay.	Kommunikationsvorgang: Bestätigung, dass der Plan ausführbar ist.
17.1 M:	how does that sound?	Wieder zeigt sich die vorsichtige Strategie von M. Die Bewertung des Plans scheint nicht hoch genug zu sein, als dass M ohne Rückfrage die Korrektheit des Plans als gegeben ansähe.
18.1 S:	that gets us to Bath at 7 AM	S verifiziert den von M kommunizierten Plan und nennt weitere Konsequenzen einzelner Schritte des Plans.
18.2 :	and	
18.3 :	so that's no problem.	Schließlich erkennt S, dass der Plan die Aufgabe löst und auch keine anderen Randbedingungen, die er zur Bewertung und Verifikation des Plans heranzieht, verletzt. In einem Kommunikationsvorgang teilt er dies mit.
19.1 M:	good.	Die Reaktion von S passt zur Erwartung von M, wie sich S auf den Vorgang 17.1 verhalten werde. Damit sieht er diesen Informationsvorgang als erfolgreich an.
20.1 S:	ok.	S teilt mit, dass die ursprüngliche Aufgabe erfolgreich gelöst ist.

Der Dialog, der zwischen zwei menschlichen Dialogpartnern geführt wurde (siehe [11]), illustriert zwei Herausforderungen an jedes Modell der Mensch-Maschine-Interaktion: zunächst ist an vielen Äußerungen von M zu sehen, dass Menschen *während der Durchführung pragmatischer Vorgänge über sie* kommunizieren, und dass mehrere Kommunikationsvorgänge aus der Durchführung eines einzigen pragmatischen Vorgangs resultieren können. Dies hat zur Folge, dass es keine Eins-zu-Eins-Zuordnung zwischen Äußerungen in einem Dialog und pragmatischen Vorgängen geben kann. Um dieses Phänomen bei der maschinellen Diskursanalyse korrekt behandeln zu können, müssten auch die Nutzervorgänge detailliert modelliert sein[8]. Bis zu einem gewissen Grad lassen sie sich auf Grund von Erwartungen über übliche Abläufe für konkrete Aufgabenstellungen formalisieren: In Abb. 8.3 ist ein *Concurrent Task Tree* dargestellt, der den pragmatischen Prozess der interaktiven Konstruktion eines Plans zeigt. Anhand dieser Task-Analyse für die interaktiv zu lösende Aufgabe kann auch der obige Dialog großteils erklärt werden[9].

Neben die Ambiguität bei der Segmentierung tritt eine inhaltliche Mehrdeutigkeit: die Äußerungen oben illustrieren, dass es in der natürlichsprachlichen Kommunikation keine eindeutig genormte Markierung von Sprechakten gibt, aus denen der Kommunikationszweck einer Sprechhandlung identifiziert werden könnte. So sind 18.3, 19.1 und 20.1 zwei sehr einfache Beispiele für unterschiedliche Verbalisierungen derselben Aussage über den Status von aktuellen Aufgaben. 15.4 und 18.1 wiederum illustrieren, dass bei den Inhalten von Kommunikationsvorgängen eine noch erheblich größere Variabilität bei der Verbalisierung anzutreffen ist. Für die Analyse natürlicher Sprache ist dieser Umstand schwierig: Der Rückschluss von einer Formulierung auf einen Sachverhalt in einem pragmatischen Vorgang ist nicht eindeutig. Ansätze zu einer Lösung gehen weit über den Rahmen dieser Arbeit hinaus und werden die Forschung noch lange beschäftigen.

Die Beispiele verdeutlichen aber auch, dass ohne korrekte Analysen pragmatischer Vorgänge die Aufgabe des Sprachverstehens noch erheblich komplizierter ist, weil der richtige Bezug zur aktuellen Handlung nicht herstellt werden kann. Mit der Realisierung eines effektiven Modells der pragmatischen Vorgänge bei der Mensch-Maschine-Interaktion wird also eine Sicht auf Diskurse frei, die die Pragmatik, also das kooperative Handeln, Planen und Entscheiden in den Vordergrund stellt. Derartige Ansätze sind auch in den früheren Arbeiten wie etwa [12–18] zu finden. Allerdings werden in diesen Arbeiten die pragmatischen Vorgänge nicht bis zu effektiven Algorithmen „in die Tiefe" analysiert.

8.2   Kollaboration und Interaktion als eigenständige Domänen

Neben der Frage, welche pragmatischen Vorgänge wie verbalisiert werden, liegt die Herausforderung für die Diskursanalyse also in der Identifikation der – für Assistenzsysteme oder andere Anforderungen des maschinellen Sprachverstehens – erforderlichen Vorgänge selbst und der sie auslösenden Aufgaben bei der zweckrationalen Interaktion. Dieses sogenannte *Collaborative Problem Solving*, das in vielen Arbeiten im Bereich der Diskursanalyse thematisiert wird[10], behandelt eine neue Dimension von Aufgaben, die nicht bereits von den Task-Modellen des Gegenstandsbereichs abgedeckt sind. Insbesondere

---

[8] Das wird in der Regel gar nicht möglich sein ohne eine kognitive Theorie, die für jeden Nutzer dessen „interne" kognitive Prozesse aufschlüsseln kann.

[9] Der *Concurrent Task Tree* ist insofern zu als Prinzipschema zu verstehen, als er keine vollständig ausführbare Lösung erlaubt. Der Dialog ist ja nicht Produkt einer tatsächlichen Mensch-Maschine-Interaktion, sondern Ergebnis eines *Wizard-of-Oz*-Experiments.

[10] Zu den einschlägigen Arbeiten gehören [19–22]

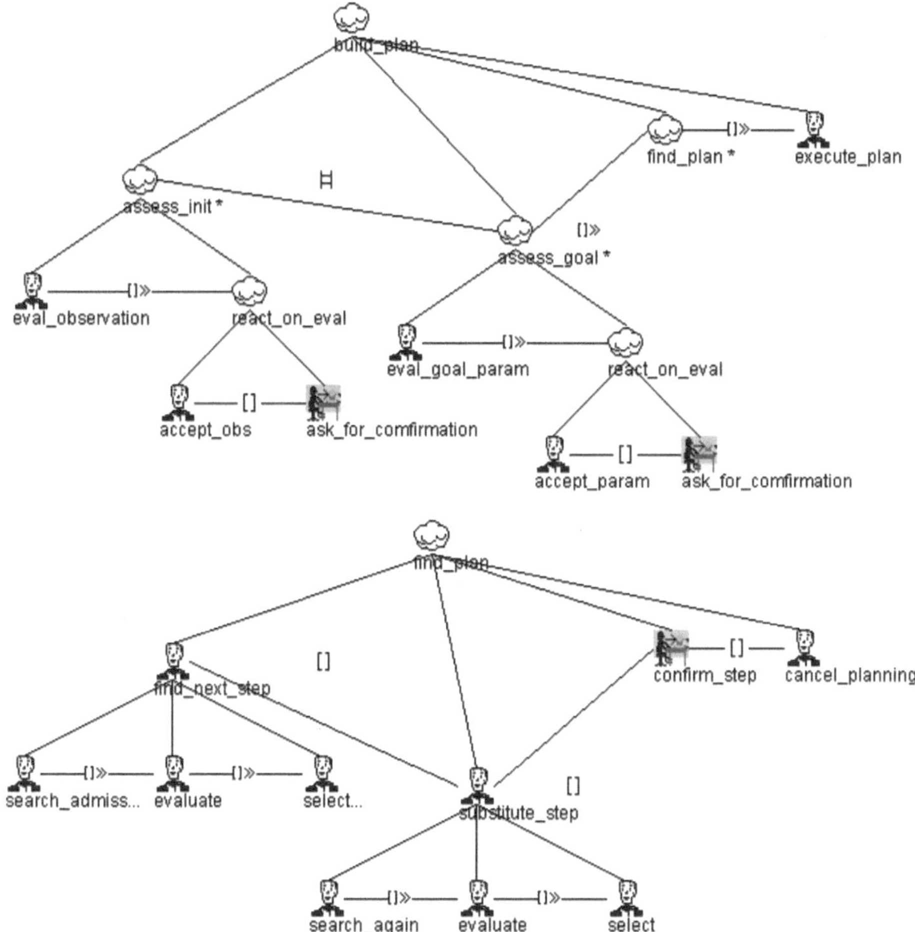

Abb. 8.3 *Concurrent Task Tree*, wie M im TRAINS-Szenario interaktiv Pläne konstruiert. Der Übersichtlichkeit halber ist der abstrakte Task `find_plan` aus dem Baum für `build_plan` herausgenommen und separat dargestellt

belegen [23, 24] die These, dass beim kollaborativen Problemlösen zu den eigentlich in der Anwendungsdomäne zu lösenden Aufgaben ein erheblicher Aufwand für das „Management" der Kooperation und insbesondere für den gegenseitigen Abgleich des Informationsstands über die aktuelle Situation erfordert. Der im letzten Abschnitt besprochene Dialog zeigt dies deutlich: M stellt viele Rückfragen, die dadurch motiviert sind, dass er S als Kooperationspartner anerkennt und unter Ausnutzung dieser neuen Option, Unsicherheit zu eliminieren, Lösungen plant und Entscheidungen trifft. Ein anderes Beispiel ist die Korrektur in 10.1. Die Äußerung kommt nur dadurch zustande, dass S Fehler von M während der Konstruktion einer Lösung vermeiden will.

Der *Concurrent Task Tree* in Abb. 8.3 illustriert eine Task-Analyse der im Dialogbeispiel auftretenden pragmatischen Vorgänge zur kooperativen Konstruktion eines Plans. Sikorski und Allen [23] folgend modelliert er die Assistenzvorgänge bei der Bestätigung der Aussagen über die aktuelle Situation (`assess_init`) sowie der Aussage über das zu erreichende Ziel (`assess_goal`) und bei der schrittweisen Konstruktion des Plans (Teilbaum `find_plan`). In dieser Analyse bleibt aber unerwähnt, wie die Äußerung 10.1 zustande kommt. Dazu müsste zusätzlich eine Task-Analyse erstellt werden, wie S die Aussagen von M verifiziert und bei beobachteten Störungen Reparaturstrategien durchführt.

Der Aufwand bei der Wissensakquise ist also enorm, und mit der Modellierung der Kooperation und geeigneter Reparaturstrategien ist es noch nicht getan:

Neben der Organisation der Kooperation zwischen Mensch und Maschine stehen nämlich noch weitere Aufgaben an, wenn eine effiziente Kommunikation im Sinn der Anforderungen an Assistenzsysteme erreicht werden soll. Zentral ist dabei die situationsabhängige Auswahl einer geeigneten Kommunikationsstrategie. In [25] und [26] wird beispielsweise anhand von Wizard-of-Oz-Experimenten belegt, dass Menschen bei der zweckrationalen Interaktion die Art und Weise, wie sie mit dem Dialogpartner kommunizieren, an die Möglichkeiten der zur Verfügung stehenden Modalitäten, aber auch an die vom Dialogpartner gewählte Formulierung anpassen. Diese Aufgabe ist also orthogonal zum Management der Kooperation; betrifft sie doch vor allem die tatsächliche Umsetzung von Kommunikationsvorgängen in eine Reihe von Sprechakten.

Kann unter diesen Umständen das in den vorausgehenden Kapiteln beschriebene Verfahren der interaktiven Assistenz einen Beitrag zur Entwicklung eines komplexen und effektiven Dialogmodells leisten? Sofern sich Aufgaben, wie etwa die eben besprochene Durchführung von Kommunikationsvorgängen von anderen Aufgaben isolieren lassen, bietet sich das Konzept der hierarchischen Planausführung aus Abschn. 7.4 an. Wie die zitierten Arbeiten belegen, lässt sich der prinzipielle Ablauf von Aufgaben aus orthogonalen Bereichen der Mensch-Maschine-Kooperation tatsächlich isolieren und damit auch modularisieren. Man erhält dann einzelne Planungsdomänen für die orthogonalen Bereiche. Bei der hierarchischen Planung und Planausführung sind aber – wie in früheren Abschnitten ausgeführt – auch Entscheidungs- und Bewertungskriterien zu formalisieren, ohne die eine Lösung für eine aktuelle Aufgabe nicht geplant und umgesetzt werden kann. Diese Kriterien bilden einen Flaschenhals bei der Konstruktion einer modularen Assistenzdomäne: [25] und [23] belegen an Datenmaterial, dass die Kriterien aus den einzelnen Bereichen in einer aktuellen Situation voneinander abhängig sind.

Genau an diesem Punkt treffen sich die Forschungsinteressen des *Human Factor Engineering* (siehe [27]) und der Künstlichen Intelligenz: In empirischen Studien müssen diese Abhängigkeiten ermittelt werden. Ohne sie fehlen adäquate Entscheidungsregeln, und es können keine ergonomisch positiv bewertbaren Assistenzsysteme entwickelt werden[11].

---

[11] Allen et al. [28] belegt sogar den Umkehrschluss, dass auf der Basis eines expliziten Modells für kollaboratives Problemlösung Task-Analysen für eine Anwendungsdomäne mit maschinellen Mitteln erstellt werden können.

Planungs- und Entscheidungsprobleme sind also bei der Mensch-Maschine-Interaktion, und damit insbesondere auch in interaktiven Assistenzsystemen, omnipräsent. Die Frage, mit welchen Operatoren und Entscheidungskriterien sie sich formalisieren lassen, bleibt ein aktueller Forschungsgegenstand vieler Disziplinen.

Welche „Zwischenlösungen" gibt es? In der automatischen Dialogverarbeitung wurden einige Zeit lang planbasierte Dialogmodelle diskutiert, die auf Bibliotheken für Pläne im Gegenstandsbereich des Dialogs und für Diskurspläne aufbauten (siehe z. B. [12, 29–32]). Die Verfahren hatten gegen zwei Probleme anzukämpfen: um zu ermitteln, welcher – meist als Graph dargestellte – Plan in der aktuellen Situation anwendbar sei, sind Algorithmen zum Graph-Matching erforderlich, die durch hohe Komplexität und wenig Effizienz gekennzeichnet sind. Außerdem wurde im Lauf der Diskussion nicht klar, über welche Expressivität die verwendeten Plansprachen verfügten und welche Aussagen über sie in der Frage der Vollständigkeit und Korrektheit des Planungsproblems getroffen werden könnten.

Aus der Sprachphilosophie hingegen wurde der Ansatz der Sprechakte propagiert (allen voran von [33]), der in der Künstlichen Intelligenz von der Forschungsrichtung der Multi-Agenten-Systeme aufgegriffen wurde. Von der grundlegenden Arbeit [34] inspiriert, entwickelten auch Dialogforscher Modallogiken für Sprechakte, um die Interpretation von Diskursen als Erfüllbarkeitsproblem behandeln zu können (siehe z. B. [35, 36]). Diese Arbeiten thematisierten aber nie, wie die *Inhalte* der diskurspragmatischen Aktionen vom Dialogsystem ermittelt werden könnten. Damit eigneten sich die Arbeiten zwar zur Analyse von Dialogen etwa aus Corpora, aber eben nicht zur Definition von Algorithmen, die aus einer aktuellen Situation einer Anwendungsdomäne heraus nicht nur Sprechakte, sondern auch Inhalte von Dialogäußerungen hätten generieren können, um einen zweckrationalen Dialog führen zu können.

8.3 Vergleich mit strukturellen Verfahren zur Dialoganalyse

Eine andere Familie von Analyseansätzen stellt nicht das *Collaborative Problem Solving* in den Vordergrund, sondern die Analyse der Abfolge von Äußerungen in einem Dialog. Eine komplexe und detaillierte Aufschlüssung der Struktur natürlichsprachlicher Dialoge bieten [37] und die linguistische Literatur, auf der POESIO und RIESER aufbauen. Sie beschreiben mit Hilfe der Diskursrepräsentationstheorie (DRS)[12], wie die im Dialog wahrnehmbaren Ergebnisse kognitiver Prozesse der Dialogteilnehmer formalisiert werden können. Die Analyse geht über die in Abschn. 3.3 eingeführten pragmatischen Vorgänge hinaus: Sie berücksichtigt bei der Erstellung einer strukturellen Analyse für einen Dialog nämlich auch die bereits in Abschn. 8.1 beobachtete Problematik, dass pragmatische Vorgänge nicht atomar sind, sondern dass menschliche Dialogteilnehmer *während* eines pragmatischen Vorgangs einzelne Schritte verbalisieren und zum Zweck einer –

---

[12] Eine Einführung in die DRS gibt [38].

auch sprachlichen – Kooperation kommunizieren. Allerdings sind nur in Spezialfällen[13] effektive Algorithmen bekannt, die Strukturanalysen, wie sie in [37] beschrieben sind, automatisch ermitteln können.

Über das Mittel der abstrakten Tasks (siehe Abb. 8.3) erlaubt auch der in den vorausgehenden Kapiteln beschriebene Ansatz die „Ausdehnung" oder „Verteilung" von Kommunikationsvorgängen auf einen kompletten Plan für die Ausführung eines komplexen Tasks. Insofern leistet der Ansatz eine effektive algorithmische Analyse und Generierung von Dialogen im Sinne von [37]. Einige primitive Tasks werden auf der Applikationsebene nochmals zerlegt und dürfen auch Kommunikationsvorgänge enthalten. Schwieriger aber sind die Nutzer-Tasks: Ihre Teilschritte weder geplant noch beobachtet werden können. Dies wäre jedoch Voraussetzung dafür, dass mit Hilfe geeigneter `observe`-Tasks die Sequenz der Sprechhandlungen 9.1 bis 13.1 in Abschn. 8.1 vom Assistenzsystem wahrgenommen und korrekt in den Ablauf der Ausführung des aktuellen Plans integriert werden kann. Das Ergebnis dieser Sequenz hingegen ist vom *Concurrent Task Tree* für `build_plan` erfasst: es kann als Ausführung des Nutzer-Tasks `find_next_step` in die Ausführung eines Plans für den Task `build_plan` integriert werden; analog dazu ist 13.2 einer Ausführung von `substitute_step` zuzuordnen.

Wo steht nun das Verfahren zur interaktiven Assistenz im Forschungsgebiet der Diskursanalyse im Vergleich zu den strukturanalytischen Modellen? Wenn die Interaktion nicht natürlichsprachlich stattfände, sondern über eine graphische Nutzeroberfläche vollzogen würde, wäre die Strukturanalyse einer zweckrationalen Mensch-Maschine-Interaktion durch *Concurrent Task Trees* gegeben: Denn der Nutzer darf nur an genau definierten Punkten in einer exakt festgelegten Art und Weise mit dem System interagieren[14]. Der Unterschied zwischen einem interaktiven Assistenzsystem, das über eine graphische Schnittstelle zur Interaktion verfügt, und einem, das natürlichsprachliche Interaktion zulässt, ist also enorm. Diese Beobachtung wirft nun die Frage auf, ob der beschriebene Ansatz zur Realisierung interaktiver Assistenzsysteme mit den zusätzlichen Anforderungen, die von dem Wunsch nach Interaktion in natürlicher Sprache herrühren, kompatibel sind.

Eine Antwort auf diese Frage hängt vor allem auch davon ab, wie die Struktur eines Dialogs identifiziert werden soll. Poesio [37] und früher beispielsweise auch [43–46] sehen die Strukturidentifikation nicht als klassische Mustererkennungsaufgabe an, sondern sie operationalisieren Sprechakte anhand von Vorbedingungen und Effekten auf mehreren diskurspragmatischen Rezeptionsebenen. Diese Sicht erlaubt nun auch grundsätzlich die Modellierung der operationalisierten Sprechakte als Tasks im Sinne des in den Abschn. 7.4 und 7.5 beschriebenen Verfahrens. Da diese Operationalisierung der Diskurspragmatik über Sprechakte ja zur Absicht hat, Dialogäußerungen wie 9.2 oder 14.1 aus dem obigen Beispiel zu erklären, also letztlich eine Analyse dafür abzugeben, welche Dialogäußerungen welchem pragmatischen Vorgang im Gegenstandsbereich zugeordnet werden müssen, ergibt sich ein weiterer, zu den bisher besprochenen wiederum orthogonaler Bereich der

---

[13] Siehe dazu etwa [39–42].
[14] Alle diese Punkte sind in einem *Concurrent Task Tree* als *interaction tasks* erfasst.

Diskursanalyse, mit eigenen Tasks, Diagnosen und Reparaturstrategien, aber von den anderen abhängigen Bewertungs- und Entscheidungskriterien. Ihre Formalisierung ist ein eigenständiger Problemkomplex; Grundlagen für die Integration von Diagnosen in die Diskursrepräsentationstheorie wurden etwa in [47, 48] für die syntaktische und semantische Analyse gesprochener Sprache gelegt, die Diagnose von Störungen in der Diskurskohärenz wird in [49] erörtert. Reparaturstrategien auf Basis einer expliziten pragmatischen Modellierung werden unter anderem in [3, 4, 50] thematisiert.

Die Diskussion der verschiedenen Herangehensweisen an die sogenannte „tiefe" Diskursmodellierung hat also gezeigt, dass dort algorithmische Problemstellungen existieren, für die in dieser Arbeit einwickelte Verfahren zur interaktiven Assistenz einen Lösungsweg offerieren können. Allerdings sind die notwendigen „Vorarbeiten" in der Literatur großteils noch nicht weit genug vorangekommen, dass der „Flaschenhals" der Wissensakquisition beseitigt wäre.

Wegen dieses Mangels an effektiven Dialogmodellen wurden in den letzten Jahren immer wieder anwendungsspezifische interaktive Systeme entwickelt[15], die den Großteil der Komplexität ausblendeten und sich darauf konzentrierten, den „Kern" des Problemlöseprozesses mit Hilfe a-priori spezifizierter endlicher Automaten zu formalisieren. Wie schon in den Abschn. 2.3.4 und 6.5 dargelegt, wird dazu eine Vergröberung des tatsächlichen Zustandsraum als Basis für die Konstruktion eines Automaten herangezogen. Die Zustandsübergangsrelation wird oft aus Beispielcorpora mit Hilfe maschineller Lernverfahren gewonnen.

Werden die Automaten klein gehalten, dann ist das interaktive System wenig leistungsfähig, weil es nur eine geringe Zahl verschiedener Zustände, in denen sich der aktuelle pragmatische Vorgang befinden kann, zu unterschieden vermag. Werden sehr viele Zustände modelliert, steigt die Komplexität des Modells – gerade hinsichtlich seiner Wartbarkeit und Erweiterbarkeit – stark an. Dagegen verfolgt der hier vorgestellte Ansatz die Idee der Modularisierung, und zwar in zwei Richtungen:

1. Generierung eines Plans zur Lösung der aktuellen Aufgabe als des dafür mindestens notwendigen Automaten.
2. Strukturierung der Domäne durch Tasks; dazu zählen insbesondere auch Tasks zur Organisation von Kooperation, Interaktion, Diagnose und Behebung von Störungen bei der Lösung einer Aufgabe.

Diese Modularisierung flexibilisiert den Entwurf eines Assistenzsystems und erlaubt darüber hinaus, seine Leistungsfähigkeit inkrementell zu erweitern. Insbesondere ist es möglich, Reparaturtasks für Störungen ohne Eingriffe in den „normalen" Ablauf eines modellierten pragmatischen Vorgangs zu ergänzen.

Dieser Aspekt sei schließlich am Beispiel der interaktiven TV-Bedienhilfe, die auch schon in Abschn. 3.2.3 vorgestellt worden war, illustriert. Die TV-Bedienhilfe verfügt

---

[15] Einen Überblick über die angewandten Verfahren geben [51–53].

Abb. 8.4 Animation zur Inbetriebnahme der Fernbedienung

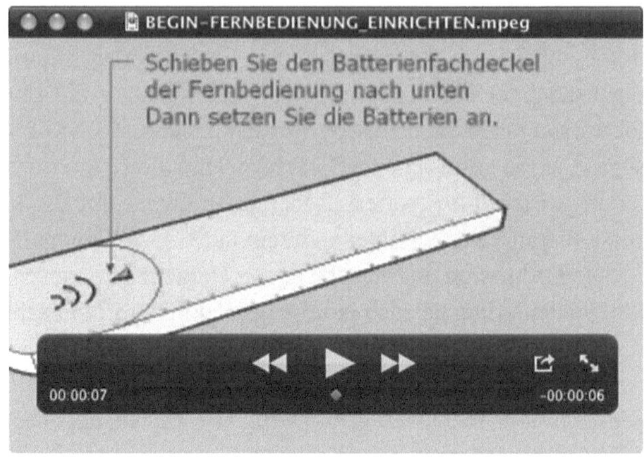

über ein Repertoire von Animationen, mit denen die zur Erstinbetriebnahme durchzuführenden Schritte visualisiert werden, so dass der Nutzer sie an seinem eigenen Gerät nachvollziehen kann. Zur Ermittlung der Sequenz von Animationen wird zunächst ein Plan erstellt, der abhängig von der aktuellen Situation eine Lösung für die Aufgabe der Erstinbetriebnahme darstellt. Da die TV-Bedienhilfe nicht auf dem TV-Gerät selbst laufen kann, sondern auf einem PC bzw. einem Mobilgerät, können nicht einmal die System-Tasks während der Planausführung durchgeführt werden; sie werden daher einfach übersprungen. Für komplexe Tasks liegen Animationen vor. Die TV-Bedienhilfe versucht, mit möglichst wenigen Animationen auszukommen, um den Nutzer nicht mit Information zu überfrachten. Deshalb wird bei allen Verwaltungsoperationen[16], die komplexe Tasks einleiten, geprüft, ob für den gesamten komplexen Task eine Animation vorliegt. Falls dem so ist, wird sie abgespielt: Im Beispiel geht es konkret um den Schritt der Erstinbetriebnahme eines neuen TV-Geräts, bei dem die Fernbedienung aktiviert werden muss. Dazu sind die Aktionen durchzuführen, die im folgenden Ausschnitt aus dem Plan zur Erstinbetriebnahme enthalten sind:

```
BEGIN-FERNBEDIENUNG-EINRICHTEN
  DO-BATTERIEN-EINSETZEN
  DO-FERNBEDIENUNG-AUF-TV-STELLEN
END-FERNBEDIENUNG-EINRICHTEN
```

Die Einrichtung einer Fernbedienung besteht also aus den beiden Schritten, zunächst Batterien einzulegen und dann an der Fernbedienung den TV-Modus zu aktivieren. Die interaktive Bedienhilfe illustriert diese Schritte mit Hilfe einer Animation, von der ein Schnappschuss in Abb. 8.4 zu sehen ist.

In der Verwaltungsoperation end-..., die dem illustrierten Task zugeordnet ist, wird der Nutzer um Rückmeldung gebeten (siehe Abb. 8.5). Falls er mitteilt, dass er die Ani-

---

[16] Verwaltungsoperationen und ihre Funktionsweise sind in Abschn. 7.2 erläutert.

Abb. 8.5 Rückfrage beim
Nutzer, ob die dargestellte
Animation nachvollziehbar ist

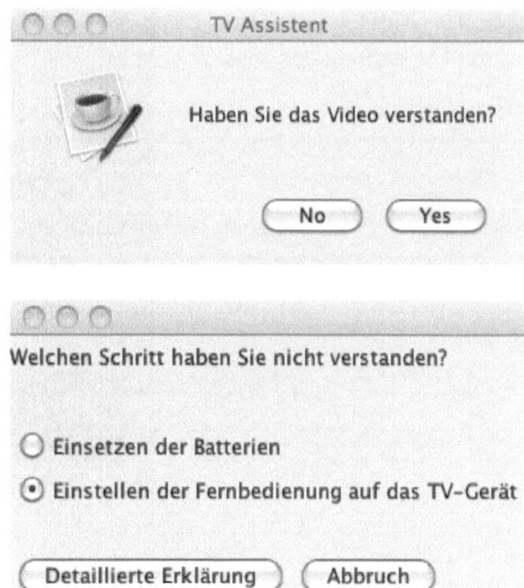

Abb. 8.6 Dialog, in dem der
Nutzer mitteilen kann, welchen
Teilschritt in einer Animation
er nicht verstanden hat

mation nicht nachvollziehen konnte, liegt eine Störung im Ablauf der aktuellen Aufgabe
vor. Die TV-Bedienhilfe ermittelt dann eine Diagnose durch eine weitere Rückfrage, die
für das aktuelle Beispiel in Abb. 8.6 gezeigt wird. Zweck der Rückfrage ist es, möglichst
den ersten Teilschritt des nicht verstandenen komplexen Tasks zu identifizieren. Auf Basis dieser Diagnose verfolgt die TV-Bedienhilfe eine Strategie zur Fehlerbehebung in drei
Stufen:

1. Falls der markierte Task komplex ist, wird die Veranschaulichung des unverstandenen
   Tasks durch Animationen für seine Teilschritte präzisiert.
2. Falls der Task nicht komplex ist, wird eine alternative Animation gezeigt, falls dies
   möglich ist. Sie soll den Task aus einer anderen Perspektive, mit anderen zusätzlichen
   verbalen Erläuterungen oder schlichtweg in einem anderen Zoomfaktor illustrieren.
3. Der Nutzer kann solange zurückmelden, dass er nicht verstanden hat, wie der Task
   zu lösen ist, bis keine weiteren Animationen mehr für ihn vorliegen. In diesem Fall
   reagiert die TV-Bedienhilfe damit, dass sie ein Eingabefenster präsentiert, in dem der
   Nutzer seine Schwierigkeiten bei der Durchführung des Tasks beschreiben kann.

Bei geeigneter Datensammlung und -auswertung ist es möglich, aus dem Freitext-
Feedback Anhaltspunkte für die Optimierung des Bedienablaufs oder zumindest für
die Erweiterung der Diagnosen und Animationen, mit denen die TV-Bedienhilfe zu
konfigurieren ist, zu gewinnen.

Wenn nun in unserem Beispiel der Nutzer die Animation in Abb. 8.4 nicht versteht,
dann wird zur Illustration des Tasks in kleineren Schritten die Animation abgespielt, aus
der ein Ausschnitt in Abb. 8.7 zu sehen ist. Sie illustriert den ersten Schritt des präzisierten
Plans für den Task BATTERIEN EINSETZEN:

Abb. 8.7 Animation zur präziseren Darstellung des Tasks
DECKEL ÖFFNEN

```
BEGIN-BATTERIEN-EINSETZEN
  DO-DECKEL-OEFFNEN
  DO-POLUNG-BEACHTEN
  DO-BATTERIEN-EINLEGEN
  DO-DECKEL-SCHLIESSEN
END-BATTERIEN-EINSETZEN
```

Während der Task BATTERIEN EINSETZEN komplex ist, und seine präzisere Illustration daher mehrere Schritte erfordert, besteht FERNBEDIENUNG AUF TV STEL-
LEN aus einem einzigen Nutzer-Task:

```
BEGIN-FERNBEDIENUNG-AUF-TV-STELLEN
  DO-TASTE-TV-DRUECKEN
END-FERNBEDIENUNG-AUF-TV-STELLEN
```

Er wird durch die Animation in Abb. 8.8 veranschaulicht.

Die TV-Bedienhilfe stellt also exemplarisch dar, wie die – in diesem Fall vertikale, d. h.
an der hierarchischen Taskstruktur ausgerichtete – Modularisierung einer Domäne in die
Praxis umgesetzt werden kann.

8.4 Fazit: Zur Verwandtschaft zwischen Assistenz- und Dialogsystemen

Der überblicksartige Abriss über die Forschung zu Dialogtheorien und Modellen zur automatischen Verarbeitung von zweckrationalen Dialogen zielte darauf ab, herauszuarbeiten,
dass vielen Fragestellungen der Dialogtheorie die zwei selben Probleme zugrunde liegen
wie algorithmischen Modellen für Assistenz: Planung und Planausführung bei unsicherer

Abb. 8.8 Animation zur präziseren Darstellung des Tasks FERNBEDIENUNG AUF TV STELLEN

Information und Entscheidungen mit der Anforderung, zielgerichtet, also zweckrational, getroffen zu werden. Die algorithmischen Methoden, die in dieser Arbeit für Assistenzsysteme entwickelt wurden, lassen sich also prinzipiell auch verwenden, um in der Interaktions- und der Kooperationsdomäne Pläne zu generieren und auszuführen sowie Entscheidungen zu treffen. Es wird aber noch viel Forschungsarbeit aufzuwenden sein, um eine Operationalisierung der Dialog- und Interaktionsdomäne zu erreichen, die zur Verarbeitung mit den gängigen Werkzeugen für Planung und Entscheidungsfindung geeignet sind. Erste Schritte in diese Richtung sind in [54] beschrieben.

Beim Blick über den aktuellen Stand der Dialogtheorie wurde deutlich, dass nicht nur die Anwendungsdomäne für sich relevant ist, sondern dass die Domänen der (natürlichsprachlichen) Interaktion und Kooperation immer präsent sind. Während aber die Modellierung der Anwendung natürlich von Domäne zu Domäne wechselt, gibt es gerade bei der Domäne der Interaktion viele anwendungsinvariante Komponenten im Domänenmodell. Mit einem geeigneten, ausreichend großen Inventar an Tasks lässt sich also durchaus ein Dialogsystem betreiben. Bei dieser Vorgehensweise wird allerdings der nach dem aktuellen Stand der Literatur gängige Ansatz bei der Entwicklung von Dialogsystemen auf den Kopf gestellt: Im Gegensatz zu den Ergebnissen der theoretischen Arbeiten setzt das ingenieurmäßige Vorgehen bei der Konstruktion von Dialogsystemen auf flache semantische Analyse auf der Grundlage von *word spotting-* und *concept spotting*-Verfahren und auf datengetriebenes Lernen eines Amalgamats diskurs- und anwendungsspezifischer Aktionen – meist unter Benutzung von POMDPs und *reinforcement learning*[17]. Dahinter steht die Konzeption, den Zustand der Anwendung, des Nutzers und Kooperation als nicht beobachtbar zu betrachten und aus den beobachtbaren Äußerungen der Dialogteilnehmer zu schätzen. In Gegensatz zu diesem Modell wiederum steht die Modellierung der Domäne mit Hilfe von *Concurrent Task Trees* Planoperatoren, unter denen sich *auch* Operatoren für Sprechhandlungen finden. Es wird also auch der Zustand der Domäne als explizit zu

---

[17] Die Vorgehensweise ist unter anderen in [55–58] erörtert.

repräsentieren verstanden, nicht nur der der Interaktion. Ob sich dieses Konzept auch in größeren Domänen mit komplexer natürlichsprachlicher Interaktion hinsichtlich Effizienz, Robustheit und Skalierbarkeit bewährt, muss sich noch erweisen.

Literatur

1. J.R. Anderson, D. Bothell, M.D. Byrne, S.A. Douglass, C. Lebiere, Y. Qin, Psychol. Rev. **111**(4), 1036 (2004)

2. U. Schmid, *Inductive Synthesis of Functional Programs – Learning Domain-Specific Control Rules and Abstract Schemes.* No. 2654 in Lecture Notes in Artificial Intelligence (Springer, 2003)

3. G. Skantze, Error handling in spoken dialogue systems – managing uncertainty, grounding and miscommunication. Ph.D. thesis, KTH, Department of Speech, Music and Hearing (2007)

4. M. Hacker, D. Elsweiler, B. Ludwig, in *Proceedings of the 19th Eureopean Conference on Artificial Intelligence, ECAI'2010* (IOS Press, Lisbon, 2010)

5. A. Newell, J. Shaw, H. Simon, in *Proceedings of the International Conference on Information Processing* (1959)

6. A. Newell, A guide to the general problem-solver program gps-2-2 (technical report no. rm-3337-pr). Tech. rep., RAND Corporation, Santa Monica, California (1963)

7. G. Ernst, A. Newell, *GPS: a Case Study in Generality and Problem Solving* (Academic Press, 1969)

8. A. Newell, H. Simon, *Human Problem Solving* (Prentice-Hall, Englewood Cliffs, NJ, 1972)

9. J.E. Laird, A. Newell, P.S. Rosenbloom, Artif. Intell. **33**(1), 1 (1987)

10. J. Laird, in *Proceedings of the First Conference on Artificial General Intelligence (AGI-08)* (2008)

11. D. Gross, J.F. Allen, D.R. Traum, The trains 91 dialogues (trains technical note 92-1). Tech. rep., Computer Science Dept., University of Rochester (1993)

12. L. Lambert, S. Carberry, in *Proceedings of the 29th Annual Meeting of the ACL* (1991), S. 47–54

13. L. Lambert, S. Carberry, in *Proceedings of the 30th Annual Meeting of the Association for Computational Linguistics* (Newark, Delaware, 1992), S. 193–200

14. J. Chu-Carroll, S. Carberry, in *Proceedings of the Twelfth National Conference on Artificial Intelligence* (1994), S. 799–805

15. J. Chu-Carroll, S. Carberry, in *Proceedings of the International Conference on Multi-Agent Systems* (1995), S. 49–56

16. J. Chu-Carroll, S. Carberry, in *Proceedings of the IJCAI-95 Workshop on Agent Theories, Architectures, and Languages* (1995), S. 67–79

17. J. Chu-Carroll, S. Carberry, in *Proceedings fo the 14th International Joint Conference on Artificial Intelligence* (1995), S. 1243–1250

18. J. Chu-Carroll, S. Carberry, in *Proceedings of the 33rd Annual Meeting of the Association for Computational Linguistics* (1995), S. 136–143

19. J. Allen, N. Blaylock, G. Ferguson, in *First International Joint Conference on Autonomous Agents and Multiagent Systems*, ed. by M. Gini, T. Ishida, C. Castelfranchi, W.L. Johnson (ACM Press, 2002), S. 774–781

20. N. Blaylock, J. Dowding, J. Allen, in *Proceedings of the 3rd International NASA Workshop on Planning and Scheduling for Space* (Houston, Texas, 2002)

21. G. Ferguson, J. Allen, AI Mag. **28**(2), 23 (2007)

22. N. Blaylock, in *Proceedings of the Workshop on the Semantics and Pragmatics of Dialogue (DECALOG 2007)* (Rovereto, Italy, 2007)

23. T. Sikorski, J. Allen, in *Working Notes of the AAAI Fall Symposium on Communicative Action in Humans and Machines* (Boston, MA, 1997)

24. M.G. Core, J.F. Allen, in *Working Notes of the AAAI Fall Symposium on Communicative Action in Humans and Machines* (Boston, MA, 1997)

25. I. Kruijff-Korbayová, N. Blaylock, C. Gerstenberger, V. Rieser, T. Becker, M. Kaißer, P. Poller, J. Schehl, in *Proceedings of the Ninth Workshop on the Semantics and Pragmatics of Dialogue (DIALOR 2005)*, ed. by C. Gardent, B. Gaiffe (Nancy, France, 2005), S. 155–158

26. T. Becker, N. Blaylock, C. Gerstenberger, I. Kruijff-Korbayová, A. Korthauer, M. Pinkal, M. Pitz, P. Poller, J. Schehl, in *Proceedings of the ECAI Sub-Conference on Prestigious Applications of Intelligent Systems (PAIS 2006)* (Riva del Garda, Italy, 2006)

27. C.D. Wickens, J. Lee, Y.D. Liu, S. Gordon-Becker, *Introduction to Human Factors Engineering*, 2nd edn. (Prentice-Hall, Upper Saddle River, 2003)

28. J. Allen, N. Chambers, G. Ferguson, L. Galescu, H. Jung, M. Swift, W. Taysom, in *National Conference on Artificial Intelligence (AAAI)* (Vancouver, 2007)

29. L. Ardissono, G. Boella, L. Lesmo, Int. J. Hum. Comput. Stud. **52**, 583 (2000)

30. L. Ardissono, G. Boella, R. Damiano, Int. J. Hum. Comput. Stud. **48**, 649 (1998)

31. S. Carberry, A. Pope, Int. J. Man-Mach. Stud. **39**, 529 (1993)

32. N. Lesh, J. Marks, C. Rich, C.L. Sidner, in *Transactions on Electronics (IEICE)* (2004)

33. J. Searle, *Speech Acts* (Cambridge University Press, 1969)

34. P.R. Cohen, H.J. Levesque, Artif. Intell. **42**(2-3), 213 (1990). http://dx.doi.org/10.1016/0004-3702(90)90055-5

35. D. Sadek, Attitudes mentales et interaction rationnelle: vers une théorie formelle de la communication. Ph.D. thesis, Université Rennes I (1991)

36. M. Ochs, C. Pelachaud, D. Sadek, in *AAMAS (1)*, ed. by L. Padgham, D.C. Parkes, J. Müller, S. Parsons (IFAAMAS, 2008), S. 89–96

37. M. Poesio, H. Rieser, Dialogue & Discourse (Online) **1**(1) (2010). http://elanguage.net/journals/index.php/dad/article/view/91

38. H. Kamp, U. Reyle, *From Discourse to Logic: Introduction to Model-theoretic Semantics of Natural Language, Formal Logic and Discourse Representation Theory*. Studies in Linguistics and Philosophy (Springer, 1993)

39. P. Blackburn, J. Bos, *Representation and Inference for Natural Language – A First Course in Computational Semantics* (CSLI Publications, 2005)

40. K.E. Lochbaum, in *ACL* (1991), S. 33–38

41. K.E. Lochbaum, Comput. Linguist. **24**(4), 525 (1998)

42. K.E. Lochbaum, in *IJCAI* (1995), S. 1260–1266

43. M. Poesio, D.R. Traum, Comput. Intell. **13**(3), 309 (1997)

44. M. Poesio, D. Traum, in *Proceedings of the Twente Workshop on the Formal Semantics and Pragmatics of Dialogues (13th Twente Workshop on Language Technology* (1998), S. 207–222

45. D.R. Traum, AI Mag. **19**(2), 125 (1998)

46. A. Roque, D.R. Traum, in C. Boutilier (ed.). *IJCAI 2009, Proceedings of the 21st International Joint Conference on Artificial Intelligence, Pasadena, July 11–17, 2009* (2009), S. 1537–1542

47. K. Bücher, M. Knorr, B. Ludwig, in *ECAI*, ed. by F. van Harmelen (IOS Press, 2002), S. 465–469

48. B. Ludwig, M. Hacker, in M. Ghallab, C.D. Spyropoulos, N. Fakotakis, N.M. Avouris (eds.). *ECAI 2008 - 18th European Conference on Artificial Intelligence, Patras, Greece, July 21–25, 2008, Proceedings, Frontiers in Artificial Intelligence and Applications*, vol. 178 (IOS Press, 2008), S. 323–327

49. B. Ludwig, *Ein konfigurierbares Dialogsystem für Mensch-Maschine-Interaktion in gesprochener Sprache*. Studien zur Mustererkennung (Logos-Verlag, Berlin, 2004)

50. G. Skantze, Speech Commun. **45**(3), 325 (2005)

51. R. de Mori (ed.), *Spoken Dialogue With Computers*. Signal Processing and its Applications (Academic Press, 1998)

52. D. Gibbon, I. Mertins, R.K. Moore (eds.), *Handbook of Multimodal and Spoken Dialogue Systems: Resources, Terminology and Product Evaluation*. The Springer International Series in Engineering and Computer Science (Springer, 2000)

53. J.A. Larson, *VoiceXML – Introduction to Developing Speech Applications* (Prentice Hall, 2002)

54. B. Ludwig, in *Proceedings of the 7th SIGdial Workshop on Discourse and Dialogue*, ed. by J. Alexandersson, A. Knott (Sydney, 2007)

55. J. Williams, S. Young, IEEE Audio, Speech Lang. Process. **15**(7), 2116 (2007)

56. S. Varges, G. Riccardi, S. Quarteroni, A.V. Ivanov, in *Proceedings of ASRU'09* (Merano, Italy, 2009)

57. S. Varges, S. Quarteroni, G. Riccardi, A.V. Ivanov, P. Roberti, in *Proceedings of ACL-IJCNLP'09* (2009)

58. S. Varges, G. Riccardi, S. Quarteroni, A. Ivanov, in *SIGDIAL'09* (London, UK, 2009)

Definition der Syntax von ALGO

```
tokens {
  SYM_ADD = 'add';
  SYM_ALL = 'all';
  SYM_ALLOC = 'alloc';
  SYM_AS = 'as';
  SYM_CHAR = 'char';
  SYM_CLONE = 'clone';
  SYM_CONST = 'const';
  SYM_DO = 'do';
  SYM_EDGE = 'edge';
  SYM_EFF = 'eff';
  SYM_ELSE = 'else';
  SYM_ENDNODE = 'endnode';
  SYM_ELEMENT = 'element';
  SYM_EQUAL = 'equal';
  SYM_FALSE = 'false';
  SYM_FIND = 'find';
  SYM_FLOAT = 'float';
  SYM_FROM = 'from';
  SYM_GET = 'get';
  SYM_GRAPH = 'graph';
  SYM_INPUT = 'input';
  SYM_IF = 'if';
  SYM_INT = 'int';
  SYM_LIST = 'list';
  SYM_MORE = 'more';
  SYM_NEXT = 'next';
  SYM_NODE = 'node';
  SYM_PARSE = 'parse';
  SYM_PRE = 'pre';
  SYM_PRINT = 'print';
  SYM_PROC = 'proc';
```

© Springer-Verlag Berlin Heidelberg 2015

B. Ludwig, *Planbasierte Mensch-Maschine-Interaktion in multimodalen Assistenzsystemen*,
Xpert.press, DOI 10.1007/978-3-662-44819-9

```
    SYM_PROGRAM = 'program';
    SYM_REMOVE = 'remove';
    SYM_RETURN = 'return';
    SYM_SET = 'set';
    SYM_SOME = 'some';
    SYM_STARTNODE = 'startnode';
    SYM_SUBSTITUTE = 'substitute';
    SYM_TEST = 'test';
    SYM_TO = 'to';
    SYM_THROW = 'throw';
    SYM_TREE = 'tree';
    SYM_TRUE = 'true';
    SYM_UNEQUAL = 'unequal';
    SYM_VALUE = 'value';
    SYM_VAR = 'var';
    SYM_WHILE = 'while';
    SYM_WITH = 'with';
    SYM_ZERO = 'zero';
}

program : SYM_PROGRAM block

block :
  SYM_BLOCK_START
  (variables)?
  (constants)?
  (procedures)?
  statements
  SYM_BLOCK_END

statements : (statement SYM_EOSTATEMENT)*

variables :
  SYM_VAR var_decl
  (SYM_COMMA var_decl)*
  SYM_EOSTATEMENT

var_decl :
  ( SYM_CHAR SYM_NAME
  |
    SYM_EDGE SYM_NAME
  |
    SYM_ELEMENT SYM_NAME
  |
    SYM_FLOAT SYM_NAME
```

```
    |
      SYM_GRAPH SYM_NAME
    |
      SYM_INT SYM_NAME
    |
      SYM_LIST SYM_NAME
    |
      SYM_NODE SYM_NAME
    )
constants :
  SYM_CONST const_decl
  (SYM_COMMA const_decl)*
  SYM_EOSTATEMENT

const_decl  :
  ( SYM_FLOAT SYM_NAME SYM_ASSIGN number
  |
      SYM_INT SYM_NAME SYM_ASSIGN number
  )
procedures :
  SYM_PROC (proc_decl)
  (SYM_COMMA proc_decl)*
  SYM_EOSTATEMENT

proc_decl :
  ( SYM_CHAR SYM_NAME
  |
      SYM_EDGE SYM_NAME
  |
      SYM_ELEMENT SYM_NAME
  |
      SYM_FLOAT SYM_NAME
  |
      SYM_GRAPH SYM_NAME
  |
      SYM_INT SYM_NAME
  |
      SYM_LIST SYM_NAME
  |
      SYM_NODE SYM_NAME
  )
  parameters block

parameters :
  SYM_BRACKET_OPEN
```

```
    (param_decl (SYM_COMMA param_decl)*)?
    SYM_BRACKET_CLOSE

param_decl  :
    ( SYM_CHAR
    |
      SYM_EDGE
    |
      SYM_ELEMENT
    |
      SYM_FLOAT
    |
      SYM_GRAPH
    |
      SYM_INT
    |
      SYM_LIST
    |
      SYM_NODE
    )
    SYM_NAME

statement :
    ( add
    |
      alloc
    |
      assignment
    |
      input
    |
      parse
    |
      print
    |
      remove
    |
      render
    |
      return_from_block
    |
      setvalue
    |
      do_action
    |
```

```
      do_throw
  |
      while_do
  |
      if_then_else
  |
      substitute
  )

add : SYM_ADD SYM_TO factor_ident

alloc : SYM_ALLOC factor_ident
        SYM_AS expression

assignment : factor_ident
             SYM_ASSIGN expression

if_then_else : SYM_IF condition block
               ( SYM_ELSE block )?

input : SYM_INPUT expression
        SYM_COMMA factor_ident

parse : SYM_PARSE expression
        SYM_WITH expression

print :SYM_PRINT expression

return_from_block : SYM_RETURN
                    expression

remove : SYM_REMOVE factor_ident
         SYM_FROM factor_ident

setvalue : SYM_SET factor_ident
           SYM_TO expression

do_throw : SYM_THROW character
           SYM_COMMA (SYM_PRE|SYM_EFF)

do_action : SYM_DO predicate

substitute : SYM_SUBSTITUTE function

while_do : SYM_WHILE condition block
```

```
condition :
  ( SYM_TEST
    SYM_BRACKET_OPEN
    predicate
    SYM_BRACKET_CLOSE
    SYM_ASSIGN truth_value
  |
    SYM_SOME
    SYM_BRACKET_OPEN
    SYM_TEST
    SYM_BRACKET_OPEN predicate
    SYM_BRACKET_CLOSE
    SYM_SEP
    SYM_TEST
    SYM_BRACKET_OPEN predicate
    SYM_BRACKET_CLOSE
    SYM_ASSIGN truth_value
    SYM_BRACKET_CLOSE
  |
    SYM_MORE
    SYM_BRACKET_OPEN expression
    SYM_BRACKET_CLOSE
  |
    SYM_EQUAL
    SYM_BRACKET_OPEN expression
    SYM_COMMA expression
    SYM_BRACKET_CLOSE
  |
    SYM_UNEQUAL
    SYM_BRACKET_OPEN expression
    SYM_COMMA expression
    SYM_BRACKET_CLOSE
  |
    SYM_ZERO
    SYM_BRACKET_OPEN expression
    SYM_BRACKET_CLOSE
  )
expression :
    term
    ( ( SYM_PLUS | SYM_MINUS ) term )*

term :
    factor
    ( ( SYM_TIMES | SYM_DIV ) factor )*
```

```
factor :
  (
   number
   |
   character
   |
   factor_ident
   |
   proc_ident
   |
    const_list
   |
   edge
   |
    element
   |
   function
   |
   graph
   |
   node
   |
   SYM_BRACKET_OPEN expression
   SYM_BRACKET_CLOSE
  )

const_list :
  SYM_LIST_START
  ( expression
    ( SYM_COMMA expression )* )?
  SYM_LIST_END

element :
  SYM_ELEMENT
  SYM_BRACKET_OPEN number
  SYM_BRACKET_CLOSE

node :
  SYM_NODE
  SYM_BRACKET_OPEN
  expression
  ( SYM_COMMA expression
    SYM_COMMA expression )?
  SYM_BRACKET_CLOSE
```

```
edge :
  SYM_EDGE
  SYM_BRACKET_OPEN
  expression
  SYM_COMMA expression
  ( SYM_COMMA expression )?
  SYM_BRACKET_CLOSE

graph :
  SYM_BLOCK_START
  ( edge ( SYM_COMMA edge )* )?
  SYM_BLOCK_END

function :
  ( SYM_GET
    SYM_BRACKET_OPEN expression
    SYM_COMMA
    expression SYM_BRACKET_CLOSE
  |
    SYM_FIND
    SYM_BRACKET_OPEN expression
    SYM_COMMA expression
    SYM_BRACKET_CLOSE
  |
    SYM_NEXT
    SYM_BRACKET_OPEN expression
    SYM_BRACKET_CLOSE
  |
    SYM_ALL
    SYM_BRACKET_OPEN
    predicate
    SYM_BRACKET_CLOSE
  |
    SYM_VALUE
    SYM_BRACKET_OPEN
    expression
    YM_BRACKET_CLOSE
  |
    SYM_CLONE
    SYM_BRACKET_OPEN
    expression
    SYM_BRACKET_CLOSE
  )
```

```
truth_value :
  ( SYM_TRUE | SYM_FALSE )

predicate :
  character
  (SYM_COMMA
    (factor_ident | character))*

character : SYM_STRING

number :
  ( SYM_MINUS SYM_NUMBER | SYM_NUMBER )

factor_ident : SYM_NAME

proc_ident :
  SYM_NAME
  SYM_BRACKET_OPEN
  ( expression ( SYM_COMMA expression )* )?
  SYM_BRACKET_CLOSE

COMMENT : '#' (.)*
WS : (' ' | '\t')
NEWLINE : ( '\r' | '\n' )
SYM_BLOCK_START : '{'
SYM_BLOCK_END :'}'
SYM_BRACKET_OPEN : '('
SYM_BRACKET_CLOSE : ')'
SYM_LIST_START : '['
SYM_LIST_END : ']'
SYM_PLUS : '+'
SYM_MINUS : '-'
SYM_TIMES : '*'
SYM_DIV : '/'
SYM_NAME :
  ('A'..'Z'|'a'..'z')
  ('A'..'Z'|'a'..'z'|'-'|'_'|'0'..'9')*
SYM_STRING : '"' (~'"')+ '"'
SYM_COMMA : ','
SYM_EOSTATEMENT : ';'
SYM_ASSIGN : '='
SYM_NUMBER : ('0'..'9')+('.'('0'..'9')+)?
SYM_SEP : ':'
```

```
tokens {
PLUS    = '+';
  MINUS    = '-';
  MULT    = '*';
  DIV    = '/';
  EXP    = '^';

  EQ    = '=';
  GE    = '>=';
  LE    = '<=';
  L    = '<';
  G    = '>';
  NEQ    = '!=';

  TRUET    = 'true';
  FALSET    = 'false';

  CONNECTION  = 'CON';
  IMPORTFILE  = 'IMPORT';
  MEASURE    = 'MEASURE';
  AS    = 'AS';
  PREDICTOR  = 'PREDICTOR';


  DECISION    = 'DECISION';
  EXTENDS    = 'EXTENDS';
  ALTERNATIVE  = 'ALT';
  GOAL    = 'GOAL';
  WEIGHT    = 'WEIGHT';
  PARETO    = 'PARETO';
```

```
    MIN     = 'MIN!';
    MAX     = 'MAX!';
    SAT     = 'SAT!';
    FIX     = 'FIX!';


    QUOTE       = '"';
    COMMENTID   = '#';
    FUNOPEN     = '(';
    FUNCLOSE    = ')';
    ARRAYOPEN   = '[';
    ARRAYCLOSE  = ']';
    COMMA       = ',';
    DOT     = '.';
    PERCENT     = '%';
    COLON       = ':';
    COMBINATORMEDIAN= '?';
    COMBINATORBEST  = '!';
}

prog:  head body;

head  :
      NEWLINE?
    ( connection
    | measure
    | importFile
    | assignmentCommand
    )*
    ;


connection
    : CONNECTION name AS name NEWLINE
    ;


measure
    : MEASURE name
      ARRAYOPEN
      (measureItem)?
      (COMMA measureItem)*
      ARRAYCLOSE
      NEWLINE
    ;
```

```
measureItem
  :
    quotedString COLON expr
  ;

importFile
  :   IMPORTFILE name
  ;

body
  :
  decision+
  ;

decision
  :
  (name)?
  name (EXTENDS name)?
  NEWLINE? decisionBody
  ;

decisionBody
  :   '{' NEWLINE?
          assignmentCommand*
          (goalAttribute|alternative)*
        '}'
    NEWLINE?
  ;

alternative
  :   ALTERNATIVE quotedString
  (
  ( actions )
  |
  ( name (INT )? )
  |
  ( 'IMPORT' name ) ) NEWLINE?
  ;

actions
  :   ARRAYOPEN
        (action)?
        (COMMA action)*
        ARRAYCLOSE
  ;
```

```
action
  :
  (   name (nam | quotedString)*
  )
  |
    assignment
  |
  (
    qualifiedDecisionName (INT)?
  )
  |
  (
    L ID (INT)?
  )
  |
  (
    '(' action ')'
  )

  ;

goalAttribute
  :
    GOAL ( quotedString )?
  (
    ( goalFormular
    ( WEIGHT expr )?
      NEWLINE )
  |
    ( constraint
      NEWLINE
    )
  )
  ;

constraint
  :
    expr
    comparator
    expr
  ;

comparator
  :
```

```
      EQ
   |  NEQ
   |  L
   |  LE
   |  G
   |  GE
   ;

goalFormular
   :
   (
     (
       (MIN FUNOPEN expr FUNCLOSE)
       |
       (MAX FUNOPEN expr FUNCLOSE)
     )
     |
     (
       (SAT FUNOPEN expr
            COMMA expr FUNCLOSE)
       |
       (FIX FUNOPEN expr
            COMMA expr FUNCLOSE)
     )
   )

   ;

assignmentCommand
   :
     assignment NEWLINE
   ;

assignment
   :  name '=' expr
   ;

quotedString
   :
     ANY
   ;

qualifiedDecisionName
   :
     DECISIONID
```

```
    ;

name
  :  ID
  ;

stat
  :
     mathstat
  |  range
  ;

range
  :
     ARRAYOPEN
     atom ('..' | '-') atom
     ARRAYCLOSE
  ;

mref
  :
    ID FUNOPEN quotedString  FUNCLOSE
  ;

mathstat
  :
    expr (NEWLINE | EOF)
  ;



expr
  :    term
     (
     ( PLUS expr )
  |
     ( MINUS expr ) )?
  ;

term
  :    atom
     ( MULT atom )?
  ;
```

```
atom
  :
  (   INT
  |   FLOAT
  |   MINUS a=atom
  |   probDist
  |   ID
  |   function
  |   '(' expr ')'
  |   mref
  |   TRUET
  |   FALSET
  )
  (   PERCENT )?
  ;


function
  :
    name FUNOPEN
    ( atom ( COMMA atom )* )?
    FUNCLOSE
  ;

probDist
  :
    ARRAYOPEN probDistEntry
    (COMMA probDistEntry)*
    ARRAYCLOSE
  ;

yprobDistEntry
  :
    INT PERCENT COLON INT
  ;

COMBINATOR
  : COMBINATORMEDIAN | COMBINATORBEST;
DECISIONID
  : COMBINATOR ID;
ID    : ('a'..'z'|'A'..'Z'|'/'| UML)
          ('a'..'z'|'A'..'Z'|INT |'.'|'_'|'/'|UML)* ;

INT   : '0'..'9'+ ;
FLOAT   : INT ( DOT '0'..'9'+)?;
```

```
NEWLINE   :   (COMMENT | '\r' | '\n')+ ;
COMMENT   :   COMMENTID (~('\n'|'\r'))*;
WS    :   ( '\t' | ' ' | '\r' | '\n'| '\u000C' )+;
ANY   :   QUOTE (~('\n'|'\r' | QUOTE))* QUOTE;
```


```
NEWLINE   :   (COMMENT | '\r' | '\n')+ ;
COMMENT   :   COMMENTID (~('\n'|'\r'))*;
WS    :   ( '\t' | ' ' | '\r' | '\n'| '\u000C' )+;
ANY   :   QUOTE (~('\n'|'\r' | QUOTE))* QUOTE;
```